中国博物馆全书

MUSEUMS OF CHINA

中国瑰宝系列

王照宇 主编

華中科技大學出版社
http://press.hust.edu.cn
中国·武汉
有书至美
BOOK & BEAUTY

第四章 华中地区

第五章 华东地区

第六章 华南地区

第七章 西南地区

第八章 港澳台地区

观看之道

何为博物馆？

近年来，你会发现许多热门的博物馆展览，越来越频繁地出现一票难求的情况。尤其是节假日，看着排满长队的观众，我们不难发现孩子的身影越来越多，还有白发苍苍的老者，许多年轻人也逐渐将博物馆变成打卡胜地。一个不争的事实毋庸置疑已经出现，博物馆已经成为一个没有年龄界限和职业界限的公共空间。对文物感兴趣的人会说，博物馆是一个藏满珍宝的“宝库”；对美术爱好者而言，博物馆是一个可以一睹诸多作品真迹的最佳处所；带着孩子去参观的家长会说，博物馆是孩子初次接触人文历史的最佳选择。由是，博物馆便成了假期里最热闹的地方。那么，我们去博物馆究竟是为了什么？究竟又可以看到什么？如何去欣赏博物馆的每一个方寸之间呢？法国作家兼人类学家列维－施特劳斯（Claude Levi-Strauss，1908 年—2009 年）在自己的作品《我们都是食人族》一书中有过这样一句经典论述：

> “按照数千年的标准来看，人类的热情含混难辨。时间的长流未曾增减人类感受到的爱与恨，他们的投入、奋斗与欲望。无论是往昔或今日，人类始终相同。任意地消失十个或二十个世纪的历史，也不影响我们对人性的认识。唯一无法弥补的损失是在这些世纪中诞生的艺术品。人类是因为他们的作品才有差异，甚至才得以存在。就如生育出小树的木头雕像，只有艺术品才能证实，在时间洪流里，人类当中确实发生过一些事情”。

何其经典的论述！

“人类是因为他们的作品才有差异，甚至才得以存在”，毋庸置疑，文物是我们了解人类文明最为直观有力的途径。

世界上最早的博物馆诞生于公元前 283 年的埃及亚历山大博物馆，如果从这里说起，两千多年来博物馆的概念一直在发生变化。尤其是 21 世纪，博物馆的有关概念衍变得更为剧烈，折射出人类活动的急剧变化。最近一次的博物馆概念的变化发生在 2022 年。是年的 8 月 24 日，在布拉格举行的第 26 届 ICOM（International Council of Museums）大会通过新的“博物馆定义”。国际博物馆协会（ICOM）正式官宣公布适用于全球博物馆行业的“博物馆新定义”，原文如下：

A museum is a not-for-profit, permanent institution in the service of society that researches, collects, conserves, interprets and exhibits tangible and intangible heritage. Open to the public, accessible and inclusive, museums foster diversity and sustainability. They operate and communicate ethically, professionally and with the participation of communities, offering varied experiences for education, enjoyment, reflection and knowledge sharing.

将其翻译成中文，其文如下：

“博物馆是为社会服务的非营利性常设机构，它研究、收藏、保护、阐释和展示物质与非物质遗产。向公众开放，具有可及性和包容性，博物馆促进多样性和可持续性。博物馆以符合道德且专业的方式进行运营和交流，并在社区的参与下，为教育、欣赏、深思和知识共享提供多种体验。”

实际上，现代意义上的“博物馆”概念自 1946 年以来，国际社会对它的认识一直在不断地发生变化。半个多世

纪以来，国际博物馆协会（ICOM）对博物馆的定义曾作过多次重要修订，发布过 8 个版本的“博物馆定义”。我们大抵可以梳理一下它的概念衍变，看看我们对博物馆的认识究竟发生了哪些变化。

1946 年：博物馆是指向公众开放的美术、工艺、科学、历史以及考古学藏品的机构，也包括动物园和植物园，但是图书馆如无常设陈列室者则除外。

1951 年：博物馆是运用各种方式保管和研究艺术、历史、科学和技术的藏品以及植物园、动物园、水族馆的具有文化价值的资料和标本，供观众观赏、教育而公开开放为目的的，为公共利益而进行管理的一切常设机构。

1962 年：国际博物馆协会将承认以研究、教育、欣赏为目的，而收藏、保管具有文化或科学价值的藏品并进行展出的一切常设机构，均视为博物馆。

1974 年：博物馆是一个不追求营利的、为社会和社会发展服务的公开的永久性机构。它把收集、保存、研究有关人类及其环境见证物当作自己的基本职责，以便展出，公之于众，提供学习、教育、欣赏的机会。

1989 年：博物馆是为社会及其发展服务的非营利的永久性机构，并向大众开放。它为研究、教育、欣赏之目的征集、保护、研究、传播并展示人类及人类环境的见证物。

2001 年：博物馆是一个为社会及其发展服务的、向公众开放的非营利性常设机构，为研究、教育、欣赏的目的征集、保护、研究、传播并展出人类及人类环境的物证。

2004 年：博物馆是为社会和社会发展服务的非营利的常设机构，对公众开放，为研究、教育和欣赏的目的，收藏、保护、研究、传播和陈列关于人类及人类环境的物质或非物质证据。

2007 年：博物馆是一个为社会及其发展服务的、向公众开放的非营利性常设机构，为教育、研究、欣赏的目的征集、保护、研究、传播并展出人类及人类环境的物质及非物质遗产。

大半个世纪以来，博物馆概念的衍变总体上有一个规律，即对博物馆的认知越来越多元，越来越开放。早期的博物馆概念包括了动物园、植物园及图书馆在内，自 20 世纪 60 年代开始，上述概念逐渐被摒弃，“人类及人类环境的见证”逐渐成为关键词，一直持续到今天。人们逐渐形成共识，博物馆的核心应该是与“人类及人类环境的见证”有关，而非其他。但藏品始终是博物馆的核心与基础，那么博物馆究竟收藏哪些东西？

我们以中国最大规模的博物馆——故宫博物院为例，其藏品总计 1863404 件，它们分为绘画、法书、铭刻、青铜器、金银锡器、珐琅、漆器、玉石器、雕塑、陶瓷、织绣、生活用具、古籍文献、古建藏品等 25 个类目。这个类目基本上可以涵盖博物馆所藏的所有内容，也是我们去博物馆所能看到的基本内容，只是每个馆所藏之物各有所长，直接影响了我们所观看到的对象。

博物馆的观看之道

博物馆因其所处地理位置与历史等原因，直接影响了每个博物馆的藏品特色与陈展定位。

每个博物馆所在的城市不同，直接决定了该地区出土的有关文物与流传文物的特点，譬如江南地区自明清以来文人墨客较多，使得江南一隅的诸多博物馆大多以书画收藏为主。

另有一句流行的俗语，“地上文物看山西，地下文物看陕西”，因陕西、河南等地在北宋以前一直是中国的政治文化中心，建都王朝极多，再加上气候相对较为干燥，使得地下遗存文物保存较好，容易发掘出土大批相对完好的文物。例如 1970 年，在陕西西安南郊何家村唐长安城兴化坊内，所发现的何家村唐代窖藏就足以撑起半个陕西历史博物馆，因为在这个窖藏中出土了 1000 多件金银器皿，其中的金银铜钱币、玛瑙器、琉璃器、水晶器、玉带、玉臂环、金饰品、金箔、玉材、宝石等应有尽有。而山西地区冬季比较寒冷，可以将木质建筑中的蛀虫冻死，再加上山西气候不像南方那么潮湿，于是不易腐蚀木质建筑；再加上山西省山区较多，使得建筑很难被洪水淹没，同时也能阻挡一定的水汽气流的影响，所以山西的古代建筑保存得更好。

由于中国地域较广，历史悠久，文物种类极多，且每个博物馆又各有所长，所以对于每个博物馆的特色我们要有所了解，观其精华。目前国际上通用的做法是以博物馆的藏品与基本陈列内容为博物馆类型划分的主要依据，将博物馆划分为四个类型：（1）历史博物馆；（2）艺术博物馆；（3）科学博物馆；（4）综合博物馆。实际上许多博物馆都是同时具有几个类型，单一类型的博物馆并不多，譬如故宫博物院既是综合博物馆，又是艺术博物馆。上海博物馆主要是一个综合性的古代艺术博物馆。我国的大部分博物馆则往往是集历史与艺术为一体的综合性博物馆。近年来随着社会发展，专题性的博物馆逐渐增多，譬如中国农业博物馆、中国丝绸博物馆、北京大钟寺古钟博物馆、苏州碑刻博物馆等等，它们往往集中着眼于某一个固定的专题进行陈展与研究。

山西应县木塔

陕西兵马俑

三代礼器——青铜器

铜是人类最早认识和使用的金属之一。由于新制作的铜器色呈金黄，故而古人称之为金，又以祭祀为吉礼，故称之为“吉金”。

青铜是红铜与锡或铅的合金，熔点在 700℃ ~900℃之间，比红铜的熔点（1083℃）低。含锡 10% 的青铜，硬度为红铜的 4.7 倍，性能良好。中国的青铜器发端于黄河流域，早在新石器时代的龙山文化与齐家文化就发现了青铜制品。

中国青铜器时代，包括夏、商、西周、春秋及战国早期，延续时间约一千六百余年。进入夏商周以后，青铜器的制作水平获得了较大提高，社会需求量也较大，成为最能代表当时艺术成就的一个工艺门类，尤其在春秋以后，青铜器的制作产生了许多技法，可以制造出各种复杂的器物。每一器种在每个时代都呈现出不同的风采，同一时代同一器种的式样也丰富多样，不同地区的青铜器也有所差异，犹如百花齐放，因而使青铜器具有很高的观赏价值。当你在博物馆里看到一件青铜器时，可以从器型、纹饰、工艺、铭文等方面来欣赏。

青铜器器型

一般来说，夏代（约公元前 2070 年—公元前 1600 年）是青铜器的初期，从出土器物来看，此时期的青铜器种类不多，器形不大，质地单薄，纹饰也较少。

在商代，青铜器器型丰富，形成了比较完备的青铜器分类，主要可以分为礼器、乐器、兵器、工具及车马器等。

种类	按器形用途分类的名称
食器	炊器：鼎、鬲 (lì)、甗 (yǎn) 盛食器：簋 (guǐ)、盨 (xǔ)、敦 (duì)、豆、铺、盂
酒器	尊、方彝 (yí)、壶、樽 (zūn)、卣 (yǒu)、罍 (léi)、瓿 (bù)、觥 (gōng)、盉 (hé)、缶 (fǒu)、爵、角、觚 (gū)、斝 (jiǎ)、觯 (zhì)
水器	大型水器：鉴、盘 一般水器：匜 (yí)、盂等
乐器	钟、钲 (zhēng)、铙 (náo)、鼓、铃、铎 (duó) 等
兵器	戈、矛、铍 (pī)、戟、钺 (yuè)、剑、镞 (zú)、刀、胄 (zhòu) 等

八牛贮贝器

后母戊鼎

晋侯鸟尊

西周伯矩鬲

杂器（多为实用品）	家具：禁、俎(zǔ)、案 车马饰：辖軎（wèi）、毂(gǔ)饰、轴饰、辕饰、衡饰、銮饰、踵(zhǒng)饰、舆饰、衔、镳(biāo)、轭(è)饰、当卢、马冠、铜泡 日用品：带钩、灯、炉等 度量衡：尺、量、衡、权 货币：布币、刀币 凭证信物：符、玺印

曾侯乙铜鉴缶

龙形觥

莲鹤方壶

铸客大鼎

杜岭二号方鼎

象纹铜铙

子仲姜盘

铜猪尊

铜鸮卣

利簋

王子午鼎

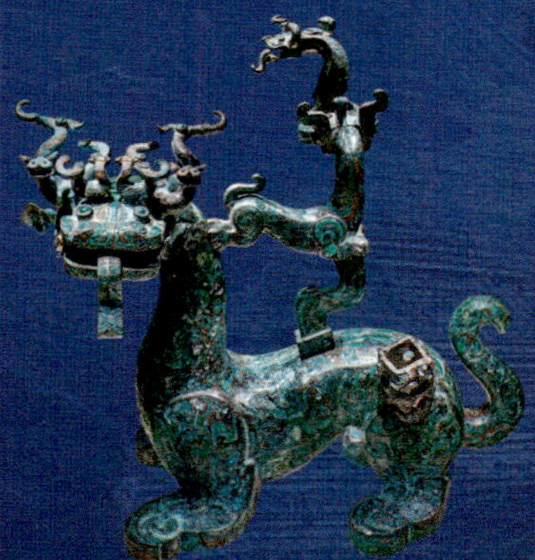
青铜神兽

西周中期以后，青铜器随葬品的数量与等级的森严都达到了顶峰。主要用鼎和簋进行组合，鼎大部分为奇数，簋则为偶数。各个等级的统治者可以享用的青铜器形制、数量、质量、品种和组合方式等都有明确的规定，其中最高等级是天子九鼎，以下诸侯七鼎，卿大夫五鼎，依次递减。进入东周以后，低等级贵族使用高等级的青铜器的情况逐渐成风。

青铜纹饰

青铜器上的纹饰始于夏代晚期。商周时期，青铜器纹饰种类日益丰富。从商代后期开始，青铜器制作技艺愈加精湛，流行饕餮纹、云雷纹、夔纹、龙纹、虎纹、象纹、鹿纹、牛头纹、凤纹、蝉纹、人面纹等纹饰。

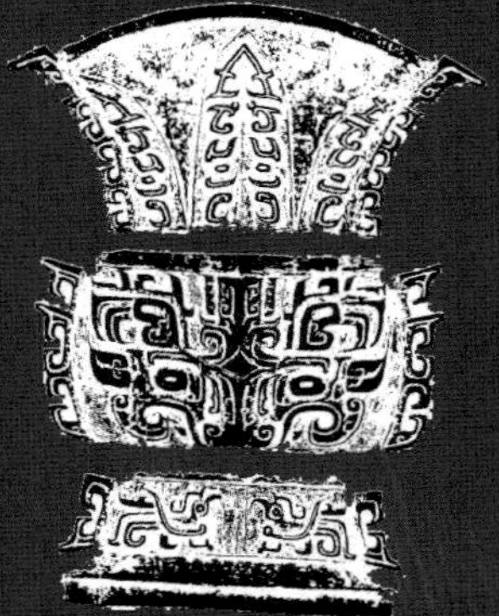

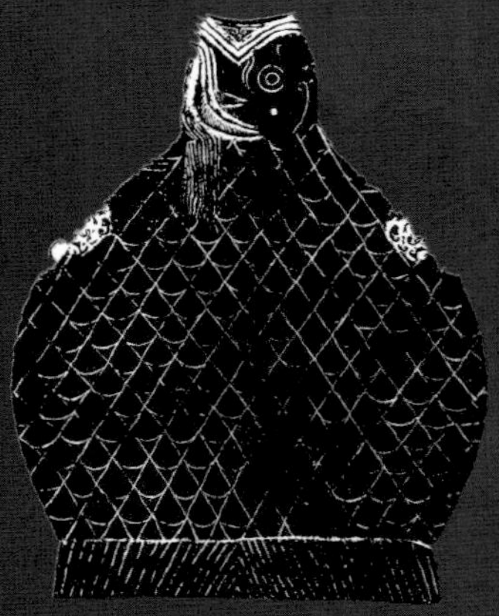

总体而言，铜器上的纹饰可以分为动物纹、几何纹等。

动物纹一般刻画的是想象中的动物。以龙纹最为常见和多变，龙在商代人的眼中是多种多样的，衍生了夔龙、蟠龙、交龙、曲龙、团龙等各种龙纹，到了春秋时，则不再以左右对称的形式出现。

兽面纹又叫饕餮纹，是商代最典型的纹饰之一。在商代早期，兽面上仅有一对眼睛，对角的刻画十分简单；商代晚期到西周早期的兽面最为发达，种类多，表现的也较为程式化，但是工匠还是在“角”上费劲心思，让兽面纹变得不那么“统一”。这些兽面纹不仅具有神秘感，更展现了古人对自然的敬畏与崇拜。春秋时期，神秘的兽面纹几乎见不到了，装饰风格开始趋于“平淡”“写实”。

而牛、羊、象、鱼、龟、蛙、蛇、蝉等现实生活中的动物，随着现实生活类纹饰的大量运用，开始成为青铜纹饰的主要形象。

几何纹在商代早期作为主纹饰的机会不多，在动物纹盛行的时代，几乎都是“陪衬”。当动物纹“退居二线”后，几何纹“闪亮登场”，各种形式的几何纹不断出现。春秋战国时期，几何纹作为主体纹已屡见不鲜。最常见的几何纹饰有连珠纹、云雷纹、弦纹、曲折雷纹、网纹等。

如果说看到一件青铜器上有细密的的几何纹，或是展示带有人物生活的场景纹饰时，我们可以毫不犹豫地判断其为春秋时期的文物。

狩猎、采桑、宴乐、攻战、搏斗等画面是春秋战国时期的特色。这类纹饰出现的时间较晚，脱离了规律化的对称式图案，而是用流畅的线条，结合绘画、镶嵌、雕刻等形式描绘出各种场景。

青铜器的铸造工艺

范铸法

范铸法又称模铸法，是青铜器早期就已使用的铸造工艺，并被广泛使用。其方法是先以泥制模，雕塑各种图案、铭文，阴干后再经烧制，使其成为母模；然后再以母模制泥范，同样阴干烧制成陶范，将熔液浇注入陶范范腔里成器，脱范后再经清理、打磨加工后即为青铜成品。

失蜡法

失蜡法在春秋中期时出现，用于铸造极为繁复精密的器具。其方法是先用蜂蜡做成铸件的模型，再用黏土等耐火材料敷成外范；加热烘烤后陶化，蜡模全部熔化流失，使整个铸件模型变成空壳，再往内浇注熔液，冷却后脱范，便铸成器物。所铸之器结构复杂，纹饰繁缛华丽，观之玲珑剔透。

其他铸造工艺

若器形过大或形状过于复杂，需要将整个器物分为数件分别翻范浇铸，最后拼接成一个整体，这种铸造方法称为分铸法。铸造多个较小物件时，将多个铸范层叠装在一起，由一个浇口浇注铜水，一次铸成多件器物，这种工艺称为叠铸法。叠铸法多用于铸造钱币等小型器物，出现于春秋时期，汉代时逐渐流行。

青铜铭文

青铜铭文，又称金文、钟鼎文。青铜器铭文的字体主要为篆书，多铸刻在青铜器的内底、盖内。铭文始见于商代早期，一般为一字、两字，四五字已算少见，这一时期被称为“简铭期”。商代中晚期逐步增多，但文字均较短，最短者仅一二字，最长者也不超过 50 字。内容大多较为简单，主要为所有者的族名、祭祀对象、作器者名、用途等。

西周以后，青铜器沿袭商代后期凝重典雅的风格，铭文增多，进入所谓的“长铭期”。如陕西出土的现藏台北故宫博物院的毛公鼎，铭文多达 497 个字。在这一时期，铭文内容更为丰富，记录了家族几代的故事，如西周史墙盘铭文，记述了西周文、武、成、康、昭、穆七王的美德、政绩。

随着铭文由短到长，铭文字体也经历了由简到繁、由粗到细的变化过程。而布局逐渐横竖成行，显示出古人对美的追求和制作技艺的精湛。

春秋以后，诸侯争霸，奴隶制瓦解，呈现出“礼崩乐坏”的局面，青铜铸造不再为周王室垄断，各诸侯国的铸器增多，形成了不同的地域风格，体现了社会大变革时代的艺术特色。

战国时期，随着铁器的出现，青铜器逐渐以制造精致灵巧的日用器物为主，鎏金、镶嵌、镂刻、金银错等装饰手法广泛使用，形成了青铜器光彩夺目的格调。

总体而言，青铜器以夏商周三代艺术成就最高，且各个时期的青铜器在造型、纹饰、器物种类及铭文方面都有明显的差别，是我们欣赏青铜艺术需要关注的特点。

散氏盘正面

散氏盘铭文

在中国的诸多博物馆中，尤其是江南地区的博物馆，多以书画收藏最具特色，而书画又最能体现中国传统古典艺术的特征。这是因为以中国绘画历史之悠久，风格样式之别致，工具技法之特殊而论，在东方艺术中堪说罕见，在世界美术史上也绝无仅有。中国书画浓郁的民族风格，鲜明的美学特色，严整的艺术体系，是在代代传承，革故鼎新的历史积累中形成的。在悠久的历史发展进程中，它又对中西艺术交流尤其对东方艺术的发展起了重大作用。远在汉唐时代，中国绘画就不断的向外扩散，影响了邻近如日本、朝鲜和东南亚的艺坛。中国书画之所以最能代表东方艺术的精神，之所以具有丰富多变的艺术表现手法，是多种因素整合的结果。

其一是特殊的工具材料。

中国画的笔有羊毫、兔毫、狼毫等不同类别，总的来看是柔软而富有弹性的，吸水多，变化多，给画家发挥的空间很大。

古代的绘画底子先是墙壁，后来用绢，再是用纸。画在墙上、绢上的画一般浓淡变化较少，元代以后逐渐选用容易渗化的宣纸。

中国画以用墨为主，与水调和便有多种变化。中国画的颜料也用水调和，多数情况下是对线、墨的辅助和补充。中国画的这几种基本工具材料都是富于变化的，通过对不同的水分掌握，可以发挥不同作用。由此，历代画家总结出许多不同技法。

明·徐渭《墨葡萄图》（立轴）

宋·范宽《溪山行旅图》（立轴）

其二是特殊的造型观念。中国历来的画家都很重视用笔和用墨，并且强调“以形写神”，重视“气韵”，既扎根于现实，又不为现实景物所囿，能“以大观小”，“小中见大”，又采取移步换影式的透视画法，对于时间空间的处理是很为独特的。

其三是特殊的处理手法。独特的工具材料在独特的造型观念指引下，生发出中国画独特的处理手法。

第一是以线条为主要造型手段，这是中国画技法的精华部分。线条的勾勒有丰富的表现力，它可以表达出画家对物象的审美感受和自己的心理情感。这种表达以中国人物画最为典型，古人把人物画的线条技法概括为“十八描”：高古游丝描、琴弦描、铁线描、行云流水描、蚂蝗描、钉头鼠尾描、混描、橛头钉描、曹衣描、折芦描、兰叶描、竹叶描、减笔描、蚯蚓描、枯柴描、枣核描、橄榄描、柳叶描、战笔水纹描。

第二是重视笔情墨趣。这一点尤其在水墨写意的山水、花鸟画中体现得突出。它们的具体运用，有画家明显的主观感情渗透其中，山水之境，花鸟之趣，作者之情在作品中融为一体，特别富于感染力。尤其水墨写意在山水画中的技法——皴法，用墨的浓淡干湿运笔，再以中锋侧锋来表现。

髡残扇（扇面）

第三是虚实的特殊处理。虚与实的对比、衬托，体现于画面整体结构和笔墨具体运用的两个方面。有宾有主，有疏有密，有轻有重，有大有小，有纵有横，有开有合，有藏有露，虚中有实、虚实相生。虚实使画面产生了节奏，有了变化与统一，对比与和谐，这是中国画独辟蹊径的处理方法，尤其是黑白之论，在西方绘画是没有的。

除了欣赏绘画的技法，在博物馆看到一幅绘画作品，我们还能从哪些方面去认知和鉴赏呢?

首先可以从整体上看绘画作品，一般在博物馆陈列的书画作品，有立轴（垂直悬挂的卷轴，是最常见的装裱形式）、手卷（横幅的卷轴，适合表现宽阔的景观）、册页（将多幅作品装裱成册，便于翻阅和携带）、扇面（画在扇子上的绘画，包括折扇和团扇）四类。

其次，可以从所画的题材来认知：以人物形象为主体的人物画，包括历史人物、宗教人物、神话人物等；以自然山水为主的山水画，强调意境和笔墨情趣；以花卉、禽鸟、虫鱼等自然生物为题材的花鸟画。

再次，还可以绘画技法上区分，注重细节、线条和丰富的色彩的是工笔画；强调意境和情感表达，笔法自由、简练的是写意画；不用线条勾勒，直接用色彩或墨色渲染，形成形象的是没骨画。

最后，还可以从画面色彩来赏析，仅使用墨色作画，强调墨色浓淡变化的是水墨画；结合墨色和色彩，既有墨的韵味，又有色彩的丰富性的是彩墨画。

这些对画的分类并不是互斥的，一幅中国画可能同时属于多个分类。例如，一幅作品可以既是山水画，又是写意画，同时也是立轴形式的装裱。

中国书画作品还可以从题款欣赏鉴别：

题款，又称落款、款题等，指中国书画上的画题、诗句、跋语、署名等题字。

题是在画面上题写诗文，写在书画前面的文字称为“题”，写在后面的称为“跋”。款是落款，记写年月、签署姓名别号和钤盖印章等的部分。

印章，是完成一幅书画作品的最后一道工序。印章除了表示这种作品为某人所画的标志以外，还具有审美价值。所以印章的形状五花八门，各有千秋，一般有方形、圆形、扁形、腰圆、半圆、椭圆、葫芦形、自然形、肖形等。印章的篆刻方法可分为阳文和阴文两种形式。阳文印章一般白多朱少，盖出来的印白底红字；阴文印章一般朱多白少，盖出来的印红底白字。

宋 · 赵佶《瑞鹤图》（手卷）

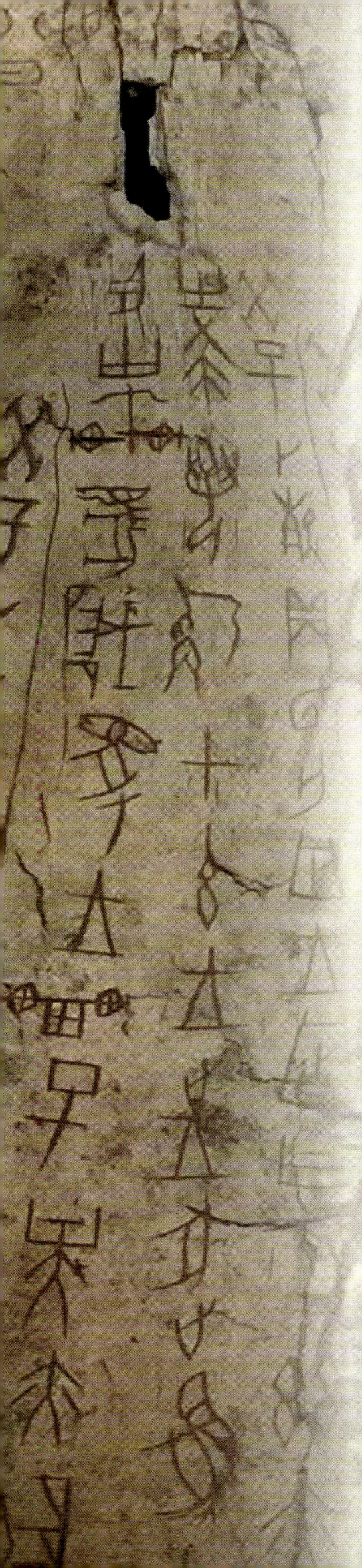

自中国宋代、元代以来，文人绘画逐渐兴起，中国画作品中出现了题款诗词，并且多有私印或闲章钤盖，为绘画艺术增添了新的内容，形成了融诗、书、画、印为一体的作品。宋元以后，这四者逐渐结合在一起，并通过整幅画面来呈现给观者。诗、书、画、印的和谐统一，完美结合，是文人画的贡献，更是中国画的重要特色之一。

中国书法是汉字的书写艺术，最早可追溯到三千多年前商代的甲骨刻辞和青铜器题铭。在其发展过程中，形成了篆、隶、草、楷、行五种书体以及手札、手卷、扇面、中堂、条幅、对联等多种形式。

汉字结构的复杂性，使得中国书法在视觉上产生无穷无尽的变化。特殊的书写工具毛笔，造成了书法线条的丰富变化。这种变化的复杂与丰富构成了中国书法从形式层面跨越到精神层面的基础。

汉字书写最初以书面交流的实用性为目的，但在书写过程中，人们发现了汉字书写所表现出来的美感，由此把它发展为一门自觉独立的艺术，这一特性吸引越来越多的文人士大夫参与其中，加速了书法的文人化进程。文人士大夫逐渐成为中国书法艺术实践的主体，他们的参与提升了书法的地位，使书法在中国艺术的殿堂里占据独特的中心位置。

书法在历史发展过程中形成了一套丰富完备的理论和技法体系，通过口传心授、文献记载以及创作实践而不断传承发展，使每个时代的书法都呈现出鲜明的风格特色：晋人尚韵，唐人尚法，宋人尚意，元、明、清尚态。历史上出现了一些著名的书法家和作品，如王羲之与《兰亭序》、颜真卿与《祭侄文稿》、苏轼与《黄州寒食诗帖》等。

笔墨的使用方面，中国书法与国画大致相同，但是不及绘画丰富。

书法的欣赏主要包括三个方面，章法、结体与线条。其中章法是一幅书法作品的谋篇布局，艺术欣赏的总体观。

章法没有一成不变的规律，章法的美，最核心就是要“变化而统一”“参差而均衡”“对比而和谐”。一幅字的布局就像一首乐曲，要利用音的强弱和节奏的快慢来制造乐曲的变化和对比。

结体就是单个字的结构，结体总的要求是，单个字的分布要匀称，不松弛，不拥挤；组织要和谐、均衡、重心稳当；有主次、有对比、虚实结合、不呆板。中国古人总结的规则是“左丰右瘦，应左昂右低”。

线条则是书法形式美中最活跃的因素，也是书法的最基本因素。一般来说，书法的线条要具有力度感，也就是古人常说的“力透纸背”；其次线条得有韵律感，它要求书法家通过线条的刚柔、疾徐、有节奏地起伏往来，传达出书写者不同的个人情感与个人风貌。

印刷术发明以前，以书面形式记录信息进行沟通交流的功能都由书法承担，书法的形式也丰富多样，从手札、手卷、扇面到中堂、条幅、对联等，一应俱全；书法的展示空间从室内的家居、殿堂、商铺、寺庙延伸到大自然的名山大川；日常生活的很多材质都可以成为书法镌刻或书写的媒质，如纸张、金属、石头、木板、织物等；书法也出现在国家庆典、祭祀等重大活动以及平民的喜庆、丧葬、宗教等日常活动中并承担重要功能，如石碑石刻、青铜器铭文、春联、墓碑墓志、抄经等。

书法深入到中国人传统生活的方方面面，无时无刻不与日常生活发生千丝万缕的联系。书法是与生活联系最紧密、参与者最广泛、最受大众喜爱并最具民族特色的中国传统艺术，深刻体现了中国文化的审美意境和艺术精神。

石鼓文

铭文

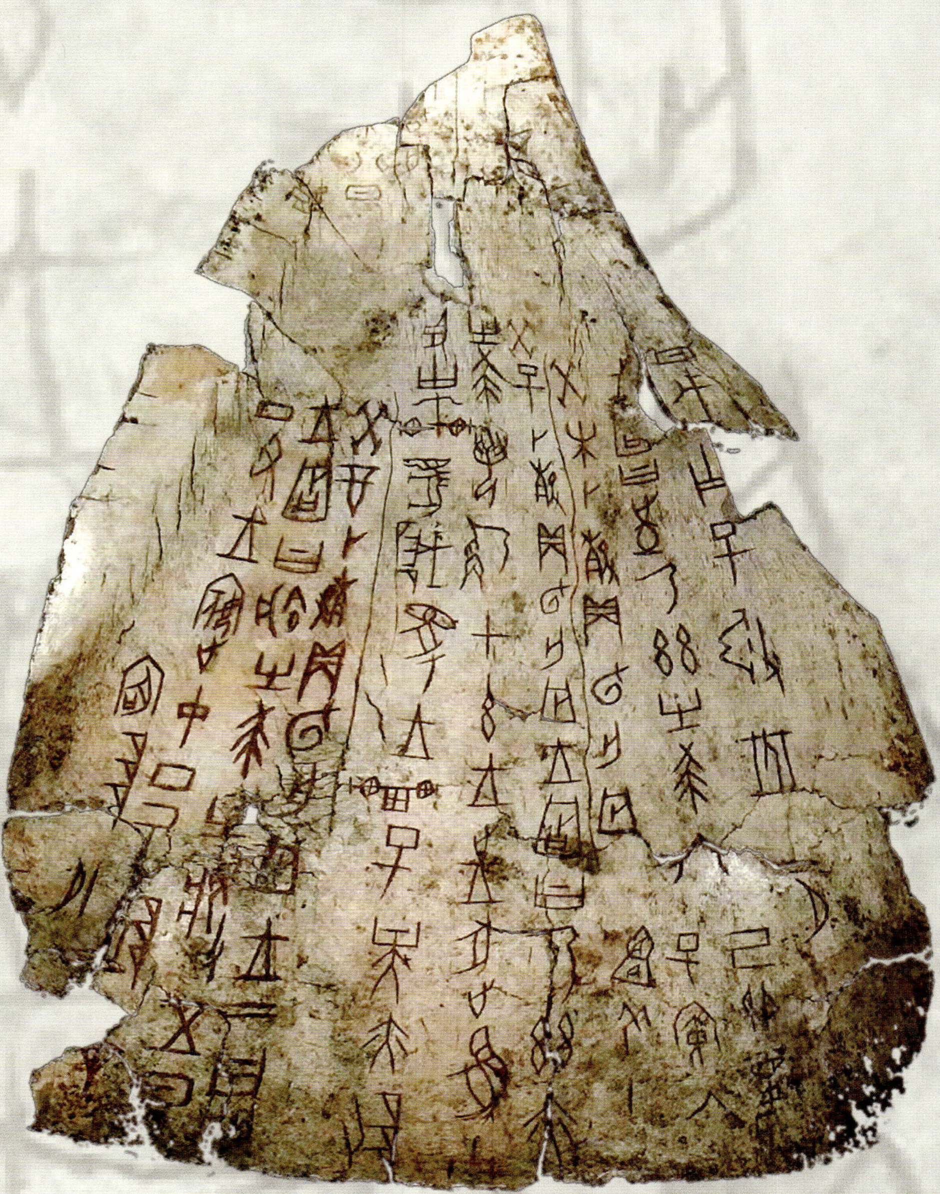

甲骨文

“君子无故，玉不去身”——玉石之美

玉神人

中国文化中的玉，源远流长，内涵较宽，已有七千年的辉煌历史。汉代许慎《说文解字》中说，玉，石之美兼五德（仁、义、智、勇、洁）者。凡具坚韧的质地、晶润的光泽、绚丽的色彩、致密而透明的组织、舒扬致远的声音的美石，都被认为是“玉”。因为玉的硬度较高，所以加工过程大体有选料、画样、锯料、打钻、做坯、做细、光压、刻款等工序，仿古玉还要增加“致残”和“烧古”等工序。

中国玉器历史的发展，与历史发展同步，大概经历了以下几个阶段段：

新石器时代

新石器时代是中国玉器艺术的初始阶段，史前人类在打制石器的过程中，发现了比石材更美丽的玉石，将其用于制作各类工具、武器、祭祀和装饰用品。红山文化玉良渚文化、齐家文化、龙山文化等众多新石器文化中都发现了玉器，这时期的玉器多带有神秘色彩。在造型方面，除了模仿生产工具外形之外，有大量的主观认知下想象出来的神化之物造型，以夸张、示意的手法雕琢出大量用于祭祀礼仪和权力象征的玉器，形成了中国古代玉器艺术的第一个高峰。

白玉猪龙

夏、商、西周

夏、商至西周历经千余年（约公元前 2070 年—公元前 771 年），中国历史在此期间进入了青铜时代，玉器文化也随之进入了成长时期。这一期的玉器多采用象征主义的艺术手法，礼仪和装饰性用途逐渐凸显，“以玉作六器，礼天地四方”，玉器雕刻也从这一时期开始成为一个独立的行业。其玉材仍然取自全国各地，同时和田玉的使用增多，并逐渐成为制作王室玉器的主要玉材。

春秋战国

春秋战国时各诸侯国的经济、政治、文化大发展，铁器也在此时出现。并被用在砣机上，以铁砣换下青铜砣，提高了碳玉的效率。同时活环工艺出现，让玉器造型更加丰富。这一时期的玉器根据其用途大致可分为礼器类、实用器类、装饰与陈设类，许多玉器的造型、纹饰非常具有艺术性，构思独特新颖，造型美观，雕琢精巧。到了战国晚期，玉器在装饰上出现了现实主义的萌芽，为后来的秦汉玉器大发展奠定了基础。

神兽纹玉樽

秦、汉、魏、晋、南北朝

秦朝由于历史短暂，所见玉器并不多。汉代玉器艺术继承了夏、商、周玉器制作的精华，装饰风格由抽象转为写实，尤其是动物写实主义风格突出。而且玉器设计制作比前代更为精巧，结构上也打破了对称的格局，并且创造出了独特的雕球风格，其中最具代表性的就是汉八刀和游丝毛雕。汉代玉器可以分为礼玉、葬玉、饰玉、陈设玉四大类，此时，用于丧葬的玉器占有重要的地位。玉器在汉代的发展，建立了中国玉文化的基本格局。

魏晋南北朝时玉器制作进入了低潮期。出土玉器或传世的数量不多，但

是出现了少量的佛教题材玉器。这一时期的玉器制作技艺有片雕、镂雕和圆雕三种，在功能上逐渐以装饰玉、实用赏玩玉为主，并且玉器逐渐走进了商品流通领域，不再为统治阶级所专有。

金元鱼戏莲图玉带饰

隋、唐、五代十国

隋和五代十国历时较短，玉器艺术没有形成自身的风格。唐代频繁的中外经济、文化交流，给玉器艺术创作带来了新的元素，玉器制作开始受到域外风格影响，加入金银装饰的同时，也开启了珍玩为主、礼仪为辅的新格局。这期间的玉器镂雕技艺飞速发展并成为主流，禽鸟走兽、花木瓜果都成为形制流行主题，神秘主义逐渐消失，写实性与实用性进一步提升。

宋、辽、金

宋代玉器作品的构图更加复杂，形神兼备，写实风格强烈，富有艺术趣味。此时的玉器种类丰富，主要有礼器类、佩饰类、用具类、陈设类等，玉器制作有官办玉雕作坊，玉作名师辈出，而且民间玉器作坊也欣欣向荣，共同推动了宋代玉器文化的发展。

白玉瓜瓞绵绵烟壶

与宋对峙的辽、金，获得了大量的汉族玉工，利用中原文化的玉器工艺，制作出了大量符合自己民族文化与审美的玉器，如秋山玉和春水玉，在玉器发展史上别具一格，风情独特。

元、明、清

元、明、清时期的玉器发展达到顶盛时期，新疆和田玉大批量运到中原地区。皇帝的喜好又推动了玉雕工艺的发展，北京、苏州、扬州等玉雕中心形成，出现了玉匠云集的繁华景象加之频繁的对外交流，进一步促进了雕刻工艺的发展步。“花下压花”“管钻镂空”“多向打孔”等玉雕手法被大量使用。

元代玉器保留了游牧民族的豪放特性。其中官办玉器制作管理严格。专向皇室供玉，主要制作大型的精品玉器，如雕琢精湛的珍品玉器、大型玉山子。

明代玉器转向精雕细琢的艺术风格，明代中期时开始出现带有文人色彩的玉器，小件器物玲珑有致，总体趋于简洁风格。至晚明时期，带有祥瑞吉祥寓意的玉器大量出现，成为此时的主流，陆子冈借鉴元代“春水秋山玉”的形式制作出两面浮雕的“子冈牌”，代表了当时苏州最高的琢玉技巧。

有清一代，随着“康雍乾”盛世的到来，玉器制作水平也达到了前所未有的高度。清代玉器在工艺上集阴线、阳线、俏色、平凸、隐起、镂空等多种技法，并借鉴其他艺术门类和异域玉器文化的元素，制作出了与以往不同的或华贵、或精湛、或恢宏、或古雅的玉器作品，体现了清代高超的艺术造诣。

金叶玉卉水仙盆景

当我们去博物馆赏析玉石器时，首先要看器物的用料，如玉质、玉色、光泽、

鲁国大玉璧

致密度、绺裂、玷污等。

中国古代传统玉材主要由硬玉、软玉和其他品种构成。

硬玉以翡翠为主，翡翠的颜色十分耀眼，常见的有白色、绿色、黄绿色、紫红色等，以绿色的品种最为丰富，如翠绿、黄绿等。优良翡翠，质地细腻，色泽浓艳纯正，透明度高。

因为翡翠在我国产量不高，我国的传统玉器，以软玉为主要原料。软玉品种众多，如白玉、青玉、青白玉、碧玉、黄玉、墨玉、糖玉、花玉等，其中白玉之中以新疆和田的羊脂白玉质量最为上乘。

赏析玉器时，还要看造型，一般来说一件好的玉器，其造型要比例适当，匀称不呆板，均衡而又稳定。

青玉双蟠纹宜子孙珮

博物馆所藏玉器主要有以下种类：

玉琮：是一种外方内圆长短不一的筒状玉器，一般有花纹，在新石器文化遗址中有大量较长的玉琮出现。商周以后，玉琮扁矮，平素无花，汉代以后几乎绝迹，明清后又出现仿古玉琮。

玉璧：扁圆形，正中有孔。大致用作祭器，主要用作祭天、祭神、祭山、祭海、祭星、祭河等，是一种重要的礼器。

玉琥：一种琢雕成虎形的玉器，是一种祭器。

玉璋：形与圭相似，上端为一道斜边。

玉璜：半壁曰璜，用以祭北方。或做成鱼形、蚕形等，一般四角有小孔，也是佩饰之物。

玉环：一种圆形而中间有孔的玉器。

玉带：唐、宋时期官员所用的玉饰的腰带，以之区别官阶之高低。

玉衣：玉制的葬服，又称“玉匣”“玉柙”。把玉石琢成各种形状的小薄片，角上穿孔，按等级不同采用金镂后银镂、铜镂连缀而成。

袓像飞鸟纹玉琮

第三看装饰，好的玉器纹饰结构章法有条不紊、统一和谐。

最后，玉器的做工也至关重要，上等玉器做工线条利落流畅，娴熟精工。而板滞纤弱、拖泥带水的做工就是次等之物。

作为“艺术之祖”，中国的雕塑艺术是世界雕塑苑里的一颗璀璨明珠。由于扎根并生长于文化肥沃的华夏大地，它形成了浓郁的中国民族风格。自原始社会开始，中国的雕塑就逐渐形成了艺术创作与社会现实紧密结合、装饰色彩浓郁、语言洗炼等特征，同时又具有明显的绘画性，这无疑都强化了雕塑的文人特质。

自汉代传入中国的佛教艺术，也深深地影响了中国的雕塑艺术，许多存世的雕塑作品，大多以佛教题材为创作母题，折射出中国雕塑家们一种兼容并包的文化情怀。

在原始社会遗迹中，陶器是我们了解中国远古雕塑的最好材料。它们不仅题材丰富，造型多样，而且雕凿手法也颇为多样。

夏商周时期的雕塑，题材多样，造型简洁，圆雕、浮雕与线刻紧密结合，已显现出中国雕塑艺术的民族风格。

秦汉时期是中国统一的多民族封建国家建立与巩固的时期，也是我国民族艺术风格确立与发展的一个关键时期。这时期的帝王们，将雕塑艺术看作是宣传统一霸业、显示封建皇权威严、美化陵寝建筑、纪念功臣将帅们的有效工具，在这种观念支配下，雕塑艺术取得了辉煌成就，显示出封建王权的强大与力量。秦始皇陵出土的大型陶塑兵马俑，数量较多，布局严谨，手法写实，性格鲜明，形象生动。它以气势磅礴、威武雄壮的场面再现了当时秦帝国军队的宏伟气派，成为秦代造型艺术取得划时代成就的重要标志。

击鼓说唱陶俑

六朝的雕塑主要以佛教石窟寺为代表，尤以四大石窟的彩塑为代表。隋唐时期则是中国雕塑艺术的全面高度发展时期，当时的佛教造像之多，规模之大，技法之精湛都可谓“前无古人，后无来者”。

位于河南洛阳伊水河畔的龙门石窟，是唐代洞窟中最为杰出的代表。五代两宋时期的雕塑艺术与社会生活紧密联系，创造了许多新的艺术品类，它服务人群的范围也在不断扩大，随之使创作的题材和风格更为多样化，构成这个历史时期雕塑艺术丰富多彩的面貌。

元代的雕塑艺术在前人的基础上进一步融合了各个民族的艺术成就，同时也积极借鉴吸纳国外的雕塑风格，展示出这一时期雕塑艺术的独特风貌。明清两代的雕塑艺术，在延续传统的基础上，呈现出进一步定型化、世俗化的倾向。具体来说，这个时期的雕塑艺术进展主要体现在敬神意识的淡薄与衰落和世俗审美趣味的上升。

在这个此消彼长的过程中，传统的佛教造像几成绝响，即使偶有佛寺造像，但也因流于固定程式而缺乏生机。世俗生活中的城隍、关帝、土地等神灵雕刻却是快速增长。皇家的陵墓仪卫雕刻在继承传统制度的基础上，一如既往地进行了下去，但却失去了汉唐时期所特有的恢宏气势。它们的装饰性雕刻种类繁多，材质各异，却过分追求细致琢磨，以致形成了堆砌、繁琐和毫无生气的面貌。自明中期以来，市民意识抬头，市民阶层形成并逐渐扩大，他们的审美需要使得小型案头雕刻和装饰工艺雕刻空前发展，受到后人们的一致肯定，成为该时期雕塑艺术领域里的一道靓丽风景。

敦煌莫高窟第45窟

俗世之美——金银器

金银是贵重金属，硬度适中，具有延展性，易锤打成形，又有亮丽的天然色泽，且不易氧化变色，是制作工艺品的良好材料，所以金银制品在世界各个民族都有着悠久的制作历史。

鎏金团兽形铜节约

金银器在我国商代已出现，四川广汉三星堆遗址的商代祭祀坑中出土的黄金面具，厚度非常薄，有了金箔雏形。

春秋战国时代金银器形制种类增多，已有金银镶嵌等工艺，且南北方差异较大，风格迥异。北方匈奴墓出土的大量金银器及其金细工艺的高度发展，尤令人瞠目。

秦朝的金银器实物增加，制作精细，已综合使用了铸造、抛光等技术。两汉时金银冶炼和提纯水平很高，金银器多为饰品，器形简洁，素面居多。金银的形制、纹饰、色彩更加玲珑精巧，富丽多姿，工艺逐渐发展成熟。

摩羯纹金花银盘

魏晋南北朝时期的金银器数量较多，其社会功能进一步扩大，技术则更加娴熟，图案与器形也不断创新，这一时期，各民族在长期共存的生活中，相互融合，对外交流进一步扩大，加之佛教及其艺术的传播，金银器的形制纹样发展中，融汇中国传统、北方草原和西方文明。

随着西方金银器的影响，隋唐时金银的冶炼技术、成型技术和装饰工艺技术达到很高的水平。金银器种类丰富，造型多样，制作工艺高超，纹饰精美。

唐代金银器的装饰题材丰富，人物、飞禽、走兽、龙鱼、花卉、几何等一应俱全。前期的人物题材主要是狩猎纹和伎乐纹，到后期，人物图案明显减少。动物纹里，前期以走兽做主题的较常见，还几见带有浓郁西方情调的翼兽，而后中国风的禽鸟纹样日益增多，到晚唐，己成为动物纹的主流。花卉纹运用也极多，以莲荷与牡丹居多，庄重富丽的宝相花使用逐渐增多。

金凤纹帔坠

宋代金银器世俗化、商品化的现象十分突出，造型上极为讲究，轻薄精巧，秀美典雅，花式繁多，以清素典雅为特色。

元代金银器与宋代相似，除日用器皿和饰品外，陈设品增多，造型纹饰十分讲究，出现了华丽繁复的趋向。

从元朝开始，金银器在设计与制作开始向上层社会转变，这种转变至明清而不废。明清金银器总体上趋于华丽浓艳，器形大多雍容华贵。明代金银器大

黄金面具

多生动古朴，纹饰结构趋向繁密。清代金银器总体上比较精细，复合工艺发达，金银器与珐琅、珠玉宝石等结合，增添了器物的高贵与华美。

当然，在宋元明清的几个朝代中，金银除了用于制作器物外，也大量作为货币来使用，尤其是白银货币得到了普遍流行。

金镂空葵瓣龙纹盒

金银器是最能体现每个时代物质文化发展水平的艺术门类，或者说手工艺门类，时代特色极为清晰浓郁。所以对于金银器的观赏，则主要集中在金银的成色、器物的造型与做工、纹饰等三个方面。

著名学者扬之水认为，金和银，首先是财富，但同时又具备诸多优良的品质，尤以金为著。极好的延展性，可耐高温，易于切割、弯折、捶打、拉伸、铸造，方便加工为各种艺术品，打磨抛光之后更呈现色泽之美。即便在“艺术品”的概念尚未出现的时候，“美”也是使用者和制作者的共同追求。金银器自然也是兼具富与丽的双重品质——是财富，又是一种艺术形态，而通过销熔的办法又可使之反复改变样态以从时尚，因此人们并不存心教它传之久远。

在中国传统文化中，“博物”一词，最早出现在《左传·昭公元年》一书：晋侯闻子产之言曰：“博物君子也”。这里的“博物”主要是形容人见多识广，博通万物，后引申为“万物”。言外之意，“博物”二字即有包罗万象的意思，博物馆所藏古物门类极多，任何一家博物馆都有其馆藏与陈展特色，限于篇幅，本文仅将其中的六个极为常见的文物门类如何赏析，做一个扼要的陈述，力图使入门者在大量观看实物后有一个基础的理论认知，希望能帮助各位读者更好地享受博物馆的时光。

金镶红蓝宝石冠

船型彩陶壶

土与火的再生——陶瓷

陶器与瓷器虽然都是用泥土制成的，但二者却有着较大的区别。陶器是以黏土为原材料，而瓷器则是以高岭土为原材料。陶器的烧成温度在 800℃—1100℃，而瓷器的烧成温度在 1200℃以上。

陶器的质地粗糙，颜色暗淡，不透明，而瓷器的质地光滑，表面通常呈半透明，反光能力强，颜色鲜艳。

陶器

一般来说，陶器与磨制石器的出现，是新石器时代的两大标志。陶器依照用途可以划分为饮食器、炊煮器与储藏器。常见的盆、钵、碗、杯、豆、勺等属于饮食器；陶鼎、陶鬲、甑、斝、釜等则属于炊煮器；陶壶、陶罐、陶瓶、陶瓮等属于储藏器。

八角星纹彩陶豆

陶器与瓷器在欣赏时有许多共同的特点，譬如造型方面，敞口几乎是所有饮食器的特点；炊煮器一般都有三足，有利于稳定与架在火上烧煮；储藏器则大多呈球形，便于扩大容积最大限度储藏东西。

陶器可以按颜色划分为红陶、灰陶、白陶及黑陶等。

红陶是新石器时代出现的一种器表呈红色的陶器，是中国最早的陶器品种之一。

红陶主要原料都是粘土，烧制的时候是将陶坯入窑焙烧采用氧化焰气，使陶胎中的铁转化为三价铁，器表于是呈现出红色。

根据陶胎粗细及含砂与否，红陶又可以分为泥质红陶和夹砂红陶。我国新石器时代的裴李岗文化、仰韶文化、马家浜文化等都以使用红陶为主。

猪纹陶钵

灰陶一般在新石器时代晚期文化中才占主要地位，灰陶的坯体入窑后，用还原焰焙烧，陶胎的铁氧化物还原为二价铁，于是使陶胎现出灰色。就时间来说，夏代的陶器就是以灰陶为主。进入商周时期，灰陶则占绝对统治地位。此时的青铜器较为发达，灰陶器仅作为一般日用器，其花纹装饰也就比较简单。新石器时代的龙山文化、屈家岭文化后期等都以灰陶为主。

白陶是一种素胎陶器，它是用瓷土和高岭土为原料，且都是手工制作，以后逐渐使用泥条盘制和轮制的方法。白陶的器型不多，在商代晚期获得了高度发展，尤以河南安阳殷墟出土数量最多，制作精致，胎质细腻洁白，器表多刻有饕餮纹、夔纹、云雷纹和曲折纹等，是仿制同期青铜礼器的一种极珍贵的工艺品。进入西周以后，白陶迅速衰落，就很少见了。

陶鹰尊

黑陶在所有陶器中艺术价值较高，其中蛋壳陶素有"黑如漆，声如磬，薄如纸，亮如镜，硬如瓷"的说法。黑陶按质地可以分为三种：泥质黑陶、夹砂黑陶、细泥黑陶。黑陶是继仰韶文化彩陶之后的优秀陶种，制作技艺比原始彩陶更纯熟、精致、细腻和独特。

能体现陶器艺术价值的地方，除造型外，彩绘是制陶技艺中的最为成功的技术之一。彩绘是在打磨光滑的红色陶坯上，用天然的矿物质颜料描绘各种图案，其工具极有可能就是毛笔。绘制以后用赭石与氧化锰作呈色元素入窑烧制，其胎地上可以呈现出红、黑、白等各种颜色的图案，与造型形成一种高度和谐统一的效果，体现了新石器时代最高的绘画成就。

瓷器

原始瓷器是在制陶技术的基础上发展而来的，从我国各地出土的商周青瓷器来看，已基本上具备了瓷器形成的条件。

原始瓷器的器物大多是尊、簋、罍、匜、盂、壶、罐、豆、鼎、杯等，至春秋战国时期也有一部分钟、錞于等仿青铜礼器。原始瓷制作技艺显得粗糙，且烧制温度也较低，表现出原始性和过渡性。

夏商至东汉晚期是中国“原始瓷器”阶段。这一阶段的瓷器除造型仿陶瓷和青铜器外，装饰也比较简单，纹样多见几何纹，如编织纹、网格纹、弦纹、水波纹等。

青瓷神兽尊

三国两晋南北朝时期，是瓷器在器形、造型、装饰手法等方面发展出自己独立特色的时期，浙江上虞、慈溪、余姚一带的越窑成为制瓷业的中心。瓷器品种以青瓷为主，器形种类非常丰富，有饮食器、文房用具、卫生用具、照明用具、随葬用具等。

动物造型在三国、西晋时，特别精妙，动物形象细腻传神，栩栩如生，是瓷塑艺术与生活用品的美妙结合。东晋以后，造型则以简单使用为主。

隋唐五代时期，形成了南青北白的格局。南方青瓷以越窑青瓷居于首位，与此同时，北方制瓷业迅速发展，特别是以河北邢窑为代表的白瓷制造水平可以与南方的青瓷一争高下。除此之外，如黑釉瓷、黄釉瓷、花釉瓷、彩绘瓷等其他瓷类，共同构成了一个五彩缤纷的制瓷局面。

两宋时期，瓷器生产没有所谓的烧造中心，名窑遍及全国，是中国瓷业最为繁荣的时期。当时出现了“定窑”“汝窑”“官窑”“哥窑”“钧窑”，合称为宋代“五大名窑”，此外还有“建窑”等其他名窑。

白瓷皮囊壶

釉色品种方面，青瓷、白瓷继续盛烧，彩绘瓷经过漫长的探索后，摆脱了青釉的影响，成功烧造了以白为地，施透明釉的白地黑花瓷器，代表了中国古代制瓷工艺的又一次飞跃，为元代青花瓷、釉里红等彩绘瓷的出现奠定了坚实的技术基础。

装饰工艺方面，在隋唐五代时期以釉为美的基础上，又充分展示了胎装饰和彩装饰的艺术魅力。刻花、划花、印花、贴塑、绘花等各种装饰手法异彩纷呈，在瓷器装饰上出现了“百花齐放”的繁荣景象。

官窑也在这一时期正式出现，北宋官窑的窑址虽然还没有找到，但南宋官窑的窑址已经科学发掘，窑炉结构、瓷器的胎釉和造型特征等非常清楚，成为我国古代最早的官窑实例。

定窑白瓷器形种类丰富，釉色白中微泛黄，呈象牙白色，色调柔和，犹如东方人的肤色。造型轻巧规整。装饰工艺以刻花、印花为主。浅刀刻花，线条流畅，这种浅显的刻花与定窑白瓷柔和的釉色非常协调。

磁州窑的器形以生活用品为主，造型最为丰富的是瓷枕。磁州窑最吸引人的是贴近百姓生活，自由自在、不受拘束的装饰风格。磁州窑婴戏纹使用了很多

五代越窑秘色瓷莲花碗

现实生活中儿童玩耍的场景，如抽陀螺、放鸭、钓鱼、放风筝、玩鸟等，又亲切又自然。

定窑瓜式提梁壶

汝窑的天青釉匀净似玉，开片疏密有致，胎骨细腻坚实，造型优雅端庄。平整的裹足满釉支烧以及细小的芝麻状支烧痕充分显示了官汝窑瓷器高超的制作工艺。

哥窑窑址至今未被发现，但有传世的哥窑瓷器，目前主要收藏于故宫博物院、台北故宫博物院、上海博物馆以及海外一些大博物馆中。它的胎质有黑、深灰、浅灰及土黄等多种颜色，釉质均为失透的乳浊釉，釉色以灰青为主，且胎釉精良，做工精细，器型均为宫廷用瓷式样，与同时期的民窑瓷器大相径庭，故哥窑被普遍认为是宋代官办的窑厂。

汝窑天蓝釉刻花鹅颈瓶

钧瓷的釉汁凝厚，属于一种特殊的乳浊釉。釉中的呈色剂除了氧化铁之外还有微量的氧化铜。在高温还原气氛下，铁与铜的呈色相互交融，千变万化。“玫瑰红”“海棠红”“茄皮紫”等都是用来形容钧窑釉色的，素有“入窑一色，出窑万彩”之说。由于钧瓷特殊的釉色，在北宋晚期获得了朝廷的青睐，专门为宫廷烧造御用瓷器，包括花盆、洗、三足炉、尊等陈设器以及碗、盘、洗等日用品。其中花盆、鼓钉洗的数量最多，釉色也最漂亮。

元代开始，中国古代瓷器的装饰由重釉色发展到重彩绘。元明清时期出现了较多新的彩绘瓷类型，如釉里红、斗彩、五彩、粉彩、珐琅彩等。

在图案装饰上，元明清瓷色一改唐宋以来流行的刻花、印花等装饰手法，大力推广彩绘，在内容与技法以及表现形式等方面都取得了突出的成就。

元代彩绘，以青花最为著名，元代青花瓷的色料——青花钴料为来自波斯等地的“苏麻离青”，含铁较多，在高温还原下呈现宝石般浓艳的蓝色。

钧窑月白釉出戟尊

装饰题材以植物类（牡丹、荷花、菊花、梅花等）、动物类（龙、凤、鱼、孔雀、鸳鸯等）、人物类以及几何图案类为主。纹饰布局疏、密皆有，以繁密多见，但主次分明，繁而不乱。

青花瓷胎体质薄轻巧，釉质透明如水，在洁白的瓷体上绘以蓝色纹饰，清新素雅，遂成为景德镇的传统名瓷之冠。

明代出现了唐、宋以后中国制瓷业的第三个历史高潮。明代的彩绘以青花、釉里红、釉上五彩、釉上彩和釉下彩相结合的青花五彩、斗彩等品种最为著称，其次还有白釉红彩、白釉酱彩等许多品种。

明代以永乐、宣德、成化时期的青花瓷成就最高。永乐、宣德时期的青花瓷由于使用了进口钴料，呈色浓艳、稳重，布局风格，疏密得当。装饰清新、自然，是中国古代青花瓷的黄金时期。成化时期，青花瓷使用江西乐平县所产的陂塘青国产色料，呈色清新、淡雅、柔和。纹饰布局疏朗简洁，多留空白，胎釉细白，造型精巧。

钧窑玫瑰紫海棠式瓷花盆

成化斗彩瓷是釉下青花与釉上色彩的相互媲美。斗彩的代表器形有葡萄纹杯、三秋杯、鸡缸杯等。明晚期出现的五彩瓷，以红、绿、黄等色彩为主，鲜艳明丽，画面非常喜庆，常被用于婚礼、生日等重大庆祝场合。

清代时，康熙、雍正、乾隆三朝是制瓷的高潮期，除了青花瓷继续盛烧之外，还出现了珐琅彩、粉彩等品种。

其中康熙时的青花、三彩、五彩、豇豆红、郎窑红、珐琅彩等品种别开生面，尤其是珐琅彩，因其烧造时，最后一道工序在皇宫中完成，使它成为康、雍、乾时期最为名贵的瓷器品种。

雍正时的斗彩、粉彩等柔和粉润，清逸朴素。粉彩瓷更因纹饰淡雅、柔和，与五彩瓷艳丽的呈色非常不同，有“软彩”之称（五彩被称为“硬彩”）。

乾隆时，瓷器制作技术更为精湛，但艺术格调华缛繁琐，堆砌罗列严重，与前朝相比有衰退迹象，成为清代制瓷业的一个转折点。

值得注意的是，自清末民国以来，陶瓷造假之风盛行，影响了我们对陶瓷的赏析与认知，所以初学者尽可能多去博物馆观看原作，增加视觉经验与审美认识，日积月累即可以体味到陶瓷器的真实之美。

青花釉里红镂雕开光盖罐

元青花四爱图梅瓶

编者按

本出版物内所包含的各博物馆相关资讯与数据，均基于编纂时所获得的资料。鉴于博物馆官方网站的信息可能会进行不定期的更新和调整，若本书中的信息与博物馆官方发布的最新资料存在差异，敬请读者以博物馆官方公布的最新信息为最终依据。

嘉庆粉彩堆贴螭龙纹瓶

中国国家博物馆
元中都博物馆
保定直隶总督署博物馆
北京天文馆
中国科学技术馆
大同市博物馆
西柏坡纪念馆
元明清天妃宫遗址博物馆
中国航空博物馆
河北博物院
中国考古博物馆
晋祠博物馆
天津博物馆
磁州窑博物馆
国家海洋博物馆
北京古代建筑博物馆
国家自然博物馆
中国铁道博物馆
北京大运河博物馆
中国农业博物馆
中国园林博物馆
首都博物馆
孔庙和国子监博物馆
中国科学技术馆
中国电影博物馆
平遥县双林寺彩塑艺术馆
山西博物院
内蒙古博物院
文化和旅游部恭王府博物馆

第一章 华北地区

HUABEIDIQU

永乐宫壁画艺术博物馆

故宫博物院

天津自然博物馆

山西古建筑博物馆

定州市博物馆

中国地质博物馆

清华大学艺术博物馆

明十三陵博物馆

山西地质博物馆

避暑山庄博物馆

中国妇女儿童博物馆

中国煤炭博物馆

祁县乔家大院民俗博物馆

大沽口炮台遗址博物馆

北京天文馆

天津市武清区博物馆

晋国博物馆

北京汽车博物馆

故宫博物院

概况

故宫博物院位于北京，成立于1925年，是在明清皇宫及其收藏基础上建立起来的集古代建筑群、宫廷收藏、历代文化艺术为一体的大型综合性博物馆，是中国现存规模最大、保存最完整的古代宫殿建筑群，也是中国最大的古代文化艺术博物馆。

位置规模

北京故宫博物院是国家一级博物馆，位于北京市中心的天安门广场北侧，占地 100 余万平方米，保存古建筑约 9000 间。前身是明清皇宫紫禁城，可分为外朝和内廷两部分。外朝有太和殿、中和殿、保和殿等大殿，内廷有乾清宫、坤宁宫、交泰殿、养心殿等宫殿。

藏品概括

故宫博物馆藏品文物体系完备，涵盖了中国古代艺术、历史和文化的各个方面，总数 180 余万件（套），可分为绘画、法书、碑帖、铜器、金银器等 25 大类，其中珍贵文物占藏品总数的 90%，《清明上河图》《平复帖》等国宝级文物享誉海内外。

博物馆特色

故宫博物院最大的特点便是其依托古代建筑的建馆模式，它是一座居住过明清两代 24 位帝王的古老宫殿，还是一个承载丰富文化遗产的现代博物馆。故宫博物院通过现代博物馆的展览与研究功能，将几百年皇家历史与当代观众连接起来。它是“老去的”历史遗迹，它也通过博物馆的形式持续“鲜活”着。

呈现古代宫殿式建筑

故宫博物院以宏伟的皇家建筑群闻名，红墙黄瓦与宫殿的雕梁画栋相映成辉，它不仅是古代皇权的象征，也是中国古代建筑艺术与工艺的巅峰之作。

再现古代宫廷生活

故宫博物院通过复原宫廷的房间和日常生活场景，真实再现了明清时期皇室的生活环境。这种展示方式能够让观众身临其境地感受到几百年前皇宫的氛围。

展现皇家收藏品味

故宫博物院的藏品以明清宫廷文物类藏品、古建类藏品、图书类藏品为主。珍宝、钟表、书画、陶瓷、雕塑等艺术藏品展示了皇家的收藏品味。

展览分布图

注意 本书的文物所在位置是以作者当前写作阶段的位置作为参考标注的，由于各博物馆经常会有临时特展或巡回展，所以无法保证位置固定不变，请各位读者知晓，以实际的参观情形为准。故宫书画类国宝和其他一些珍品平时收在库房里，只有举办特展或是“出差”到其他博物馆展出时才拿出来，因此无法确定其展览地点。

北宋 张择端《清明上河图》卷

五代 顾闳中《韩熙载夜宴图》

发展沿革

1925 年，故宫博物院成立。

1929 年，文物入藏，古建保养修缮。

1950 年，启用“国立北京故宫博物院”新院印。

1971 年，确定院内机构，恢复开放。

1999 年，“故宫博物院五十年入藏文物精品大展”开幕。

2003 年，首次推出“明清宫廷书画展”。

早期历史（20 世纪初）

扩建发展（

展厅陈设

原状陈列

这是故宫博物院历史悠久、极具特色，且深受广大参观者喜爱的展览类型。原状陈列是指在原有的宫殿建筑中，按照历史档案记载，恢复和重现历代皇帝和皇室成员的生活场景，展现宫廷史迹和故事，让观众能够真切地感受历史文化氛围。故宫博物院的原状陈列主要分布在外朝和内廷的部分宫殿中，如太和殿、中和殿、保和殿、乾清宫、坤宁宫、养心殿等。

2004年，“石鼓馆”“钟表馆”“珍宝馆”开放。

2010年，“故宫淘宝”网上开张。

7年～2011年）

2012年，多次举办故宫讲坛、讲座。

2020年，开展故宫直播活动。

2023年，举办“数字故宫”建设成果发布会。

焕新发展（新世纪至今）

专馆

这是故宫博物院最基本、最常见的展览类型。专馆是指在固定展厅中，按照不同的主题，展示故宫博物院的各类文物藏品，以及相关的历史和艺术知识。故宫博物院的专馆主要分布在东、西、南3个区域，包括陶瓷馆、雕塑馆、钟表馆、珍宝馆、戏曲馆、家具馆等。

临时展览

这是故宫博物院最活跃、最多样的展览类型，常设在临时展厅中。根据不同的主题，展示故宫博物院的特殊藏品，或者与其他国内外博物馆进行文物交流和展示。临时展览主要分布在武英殿、文华殿、延禧宫、永寿宫、慈宁宫等地，和钟表馆、珍宝馆、戏曲馆、家具馆等馆。

顾闳中《韩熙载夜宴图》

- 五代十国（宋摹本）·书画
- 纵 28.7 厘米，横 335.5 厘米
- 故宫博物院藏

《韩熙载夜宴图》是中国十大传世名画之一，为五代十国时期南唐画家顾闳中奉诏而作，如实再现了南唐大臣韩熙载夜宴宾客的历史情景，现存宋摹本。画家在细致描绘宴会上弹丝吹竹、清歌艳舞、主客揉杂、调笑欢乐等热闹场面的同时，深入刻画了主人公超脱不羁、沉郁寡欢的复杂人性。此作代表了中国古代工笔重彩画的最高水平，在美术史上具有重要地位，也是研究五代十国时期服饰、装饰、乐器、舞蹈、人文生活艺术等的重要实物参照。这件国宝描绘了一次完整的韩府夜宴过程，即听乐、观舞、暂歇、清吹和散宴五个场景。整幅作品构图富于想象力，造型准确精微，线条工细流畅，色彩明丽协调，在栩栩如生地刻画人物的同时，有着如连环画般具体生动的情节描述，写实性强，较之前唐人仕女画前进了一大步。

画面中40余人分为多组，宾主有序，动静相宜。如左图，侍女手捧载有酒壶、酒杯的托盘，向手持乐器伫立的歌女恭谨躬身，二人似在交谈。

画家使用屏风这一古代室内常见的陈设物分隔不同时空的场景，令各场景画面既彼此独立，又不乏连贯性，同时毫无割裂感。这些屏风被画家描绘得富于美感和立体感，本身也丰富了画面。

细节之美 心不在焉的主角

主角韩熙载的形象和个性被画家刻画得极为传神。无论是亲自擂鼓助兴、净手、欣赏乐舞还是手持鼓槌送别之时，轩昂、长髯、高帽的他始终紧锁眉头，心不在焉，若有所思，与周围环境对比鲜明，表现出空虚苦闷、无可奈何的复杂内心世界。五代政权更迭之时，韩熙载虽满腹才华，无奈南唐颓势积重难返，因此他躲进声色犬马之中，以避免成为亡国之相。

这位似在合手和拍的赏乐者是韩熙载的门生、紫微郎朱铣。坐于长案另一端的太常博士陈致雍是韩熙载的朋友。此作中的主要人物都确有史料记载。

韩熙载面部的胡须、眉毛勾染得非常到位，其蓬松的须发好似真是从皮肤中长出来的一般。他看似正与到访的宾客们一同聚精会神地聆听琵琶演奏，但目光游离，表情凝重，显得心事重重。“宴罢又成空，魂迷春梦中”，后主李煜的词也许正是他复杂心境的真实写照。

仕女们衣物上的纹饰均以重彩勾填，整体而微，极尽工细。不只如此，画中帐幔、枕席等陈设物上的纹饰也十分精致，多彩而不凌乱。

张择端《清明上河图》

北宋·书画

纵24.8厘米，横528厘米

故宫博物院藏

北宋末年，都城东京汴梁是当时世界上最大的城市，面积约为50平方千米，人口逾150万人。这座城市临汴河而建，城内人的衣食用度、商贸、交通等皆仰赖此河漕运，南北中外商人、使节、游客汇集于此，商品经济空前繁荣，城内店铺林立、市民熙来攘往，一派盛世富贵的景象。

翰林图画院画师张择端，在清明初春时节，于汴梁城东南的东角子门取景，以汴河两岸风光与城市繁华热闹的场景入画，绘制出一幅超5米的长卷，就是《清明上河图》。

繁华汴梁城

《清明上河图》如实展现了当时汴梁城的繁华景象，画中建筑鳞次栉比，绘制人物800余，其画景极广，画工极精，被赞为“中国十大传世名画”之一。

《清明上河图》属于界画科范畴的风俗画题材，在成画之时，并不太被重视，只是被登记入档，存于宫廷画院之内，直到流传到清代，它的价值才逐渐被人看到。此图画尽城市繁华，除了绘制了数量庞大的各色人物、牲畜，还有各建筑、桥梁、舟楫、轿辇等，且对照写实还原，体现了当时的社会风貌。《清明上河图》不仅展现了当时汴梁城一派繁荣热闹之太平盛景，还昭示了北宋王朝末年文恬武嬉、军备废弛之末世端倪。因此它具有极高的历史价值和艺术价值，无疑是中华传统文化的瑰宝。

此画采用全景鸟瞰式的散点构图，从展卷到末端可分为三段景致，分别是以田园林木为主的市郊景色、以汴河漕运为主的虹桥风光，以及以街道衙楼为主的市区情景。三段画面自然地衔接起来，却长而不冗，繁而不乱，严密紧凑，一气呵成。

宋代的“外卖员”

热闹的交易

在热闹的桥边，我们可以看到两个衣袖颇长的人，他们被称为“牙郎”。所谓“牙人”、“牙郎”是指为买卖双方说合，抽取佣金的中间商。身着长袖的原因主要是在衣袖内以手指比画价格，为双方的交易留有余地。画面中众人都在看行船的热闹，唯有牙人和周围人手舞足蹈、聊得热络，似要积极促成手头的生意。

举扇回避

画面后端的十字路口也描绘了一处有趣的画面，一位骑马的士人持扇望向一旁正在行进的深色衣衫的文人，但行人却以扇遮面。由衣着来看两人皆为有身份之人，缘何如此不愿相见呢？这很可能与当时的党派之争有关，被贬之人往往只能徒步。二人身前背后的小厮一个昂首阔步，一个躬身面露难色，神情仪态亦颇耐人寻味。

市区街道

继续往左行进，离开汴河，便来到了城区。还未进城，便有公廨寺观，相比其他部分，这一区域显得略清净一些。再继续向前，很快就来到汴梁城的护城河，护城河桥上，贩夫走卒、官吏平民来来往往，有的人行色匆忙，但有的人却悠闲地靠在桥边栏杆上看河里的游鱼打发时间。

再往前就来到了汴梁城东南的城门——东角子门，穿过城门就是真正的市区街道了，城内商店鳞次栉比，各色商铺小店拥挤而有序地分布。街上行人摩肩接踵，车马轿驼络绎不绝。各色人物，身份不同，衣冠各异，同在街上忙闲不一、苦乐不均。

这一区域的景色，将北宋社会的真实面貌最完整、真实、客观地表达了出来，也将这幅画的“移步观景”推向最后的高潮。

《清明上河图》全图

郎窑红釉穿带直口瓶

- 清·瓷器
- 通高 20.8 厘米，口径 6.1 厘米，足径 9.1 厘米
- 故宫博物院藏

这件郎窑红釉穿带直口瓶是清康熙年间江西巡抚郎廷极督理当时的官窑景德镇窑事务时所创烧的瓷器。其红色釉浑然一体，有着接近宝石的光泽和类似玻璃的质感，是我国名贵铜红釉中色彩最浓艳的一种，醇美无俦，极为珍稀。

工艺之美 实用的设计

足外墙两侧各有一长方形穿孔，可穿系绳带。这种方法不仅易拆卸，还可使器物固定在摆放位置上，不致损坏。

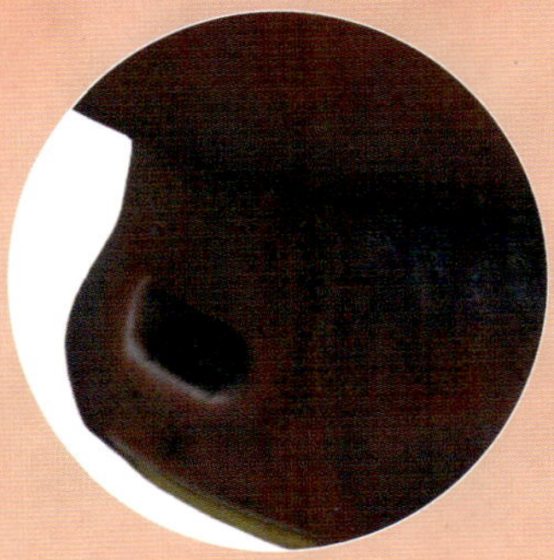

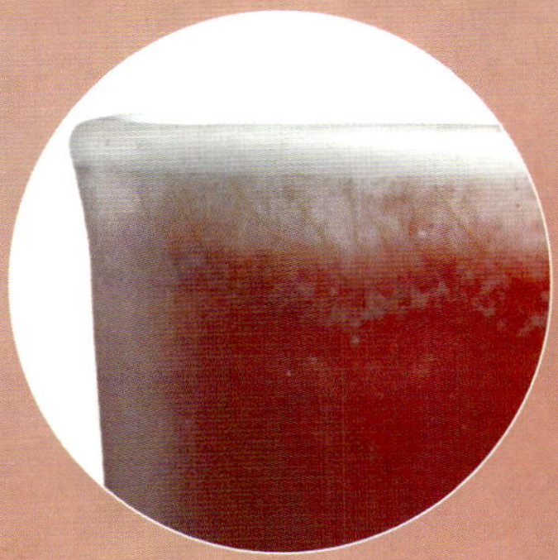

色彩之美 渐变的瓶口

瓶口部露出了白色胎体，是釉质在高温（1300℃以上）烧造时垂流形成的。此种瓷器的器口还有粉色、淡青或浅红色，俗称“灯草边”。

工艺之美 色彩浓重的器底

瓶底部红釉凝聚，釉色浓重，接近黑红色，原因与前述一致。为了流釉不过底足，工匠用刮刀在圈足外侧刮出一个二层台，阻挡流釉淌下来，这是郎窑红釉瓷器制作过程中一项独特技法。

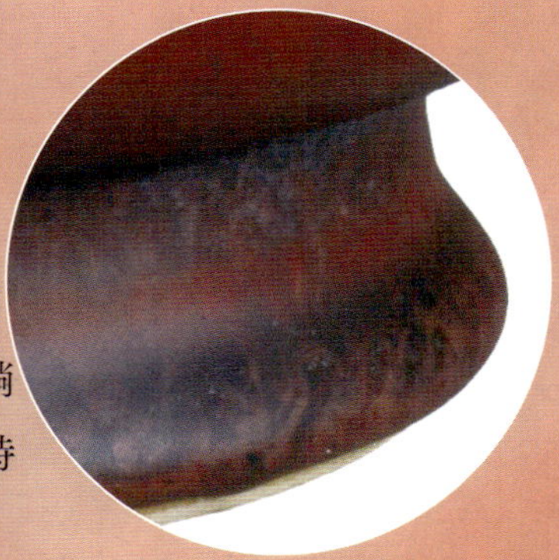

诗文之美 乾隆帝的赞许

外底施白釉并镌刻清乾隆帝御制诗：“晕如雨后霁霞红，出火还加微炙工。世上朱砂非所拟，西方宝石致难同。插花应使花羞色，比尽翻嗤画是空。数典宣窑斯最古，谁知皇祐德尤崇。乾隆乙未仲春月御题。”由此可见乾隆帝对郎窑红釉瓷器的喜爱和推崇。

金瓯永固杯

- 清·金银器
- 高 12.5 厘米，口径 8 厘米
- 故宫博物院藏

金瓯永固杯是清乾隆年间清廷造办处制造的礼器，已知存世四件，分别收藏于伦敦华莱士收藏馆（两只）和两岸故宫博物院中，这里展示的为故宫博物院所藏。

这件国宝为金质，鼎式，通体以錾刻技法制作出繁缛精美的纹饰。“瓯”意为小杯，古人常以“金瓯永固”比喻国土完整、天下太平。

金瓯永固

“金瓯”一词，既可指金属酒器，又可喻国土，“金瓯永固”就是国土完整稳固的意思。此杯为鼎形直口，杯沿有回纹，一面錾“金瓯永固”篆书字样，另一面錾“乾隆年制”字款；

夔龙耳

两侧有夔龙耳，杯足做成象头式样支撑杯身，杯壁以点翠为底上錾满宝相花，并嵌多种珠饰，华丽无比。

流光溢彩的珠宝

据记载，造办处共用九成金 20 两、珍珠 11 颗、红宝石 9 块、蓝宝石 12 块、碧玺 4 块，才制作出这件流光溢彩的金杯，极尽奢华。

黑漆彩绘楼阁群仙祝寿钟

- 清·漆器
- 高 185 厘米，面宽 102 厘米，侧宽 70 厘米
- 故宫博物院藏

这件黑漆彩绘楼阁群仙祝寿钟是清乾隆年间清宫造办处历时五年多制成的，设计巧妙，结构精密，丝毫不逊色于西方人献给清帝的钟表，反映了清代宫廷钟表工匠的高超技艺。这件国宝中的“建筑”为木胎黑漆彩绘二层楼阁，高大端庄，古朴华美，“建筑”的栏杆、柱头、屋脊上的吻兽等刻画入微。钟盘位于一层。器内共设有七套由盒装发条、塔轮和链条等组成的机械装置，分别控制走时、报时和布景箱内的活动装置等。

设计之美　精巧的机关

该祝寿钟分为两层，每层都设计有精巧的机关，表盘位于钟表下层中部，通过在弦孔内上弦控制走时及二层门内人偶的奏乐报时，上方人物及下方景箱皆随报时而变动，这离不开钟身内的七套报时系统。

报时人偶

二楼为三间房屋，内各有一报时人偶。每逢3、6、9、12时，房门开启，三人手执钟碗缓步出门。站定后，左边的人敲钟碗发出“叮”声，右边的人敲钟碗发出“当”声，“叮当”声响一次报一刻，响两次报两刻，依次类推。报完四刻后，中间的人敲钟碗报时。

钟盘

一楼的双针时钟硕大精美。钟盘上饰以造办处特有的黄色珐琅，写有“乾隆年制”字样。钟盘上的五个上弦孔分别控制五种功能：走时、报时、报刻、开关门、打乐。

纹样

“楼阁”通体彩绘多种寓意吉祥、祝颂福寿的纹饰，比如象征幸福的蝠纹和象征长寿的寿字纹。

亚醜方尊

- 商·青铜器
- 高 45.5 厘米，宽 38 厘米，口径 33.6×33.4 厘米，重 21.5 千克
- 故宫博物院藏

亚醜（音同“酗”）方尊为盛酒器，流行于商代早期及春秋战国时期。亚醜方尊原是完全相同的一对，另一件现藏于台北故宫博物院，相比此件较为残缺。这件方尊为亚醜族为祭祀太子与王后所制做的青铜重器。

这件方尊为侈口、广肩形、高圈足，器型高大。腹部及圈足布满兽面纹，颈部装饰夔龙纹，肩部装饰一圈浮雕兽首。器身竖向分布八条扉棱，并在口沿处向外延伸，更显雄奇。透过古老的方尊，我们也可一窥商周时期青铜器制作的高超工艺。

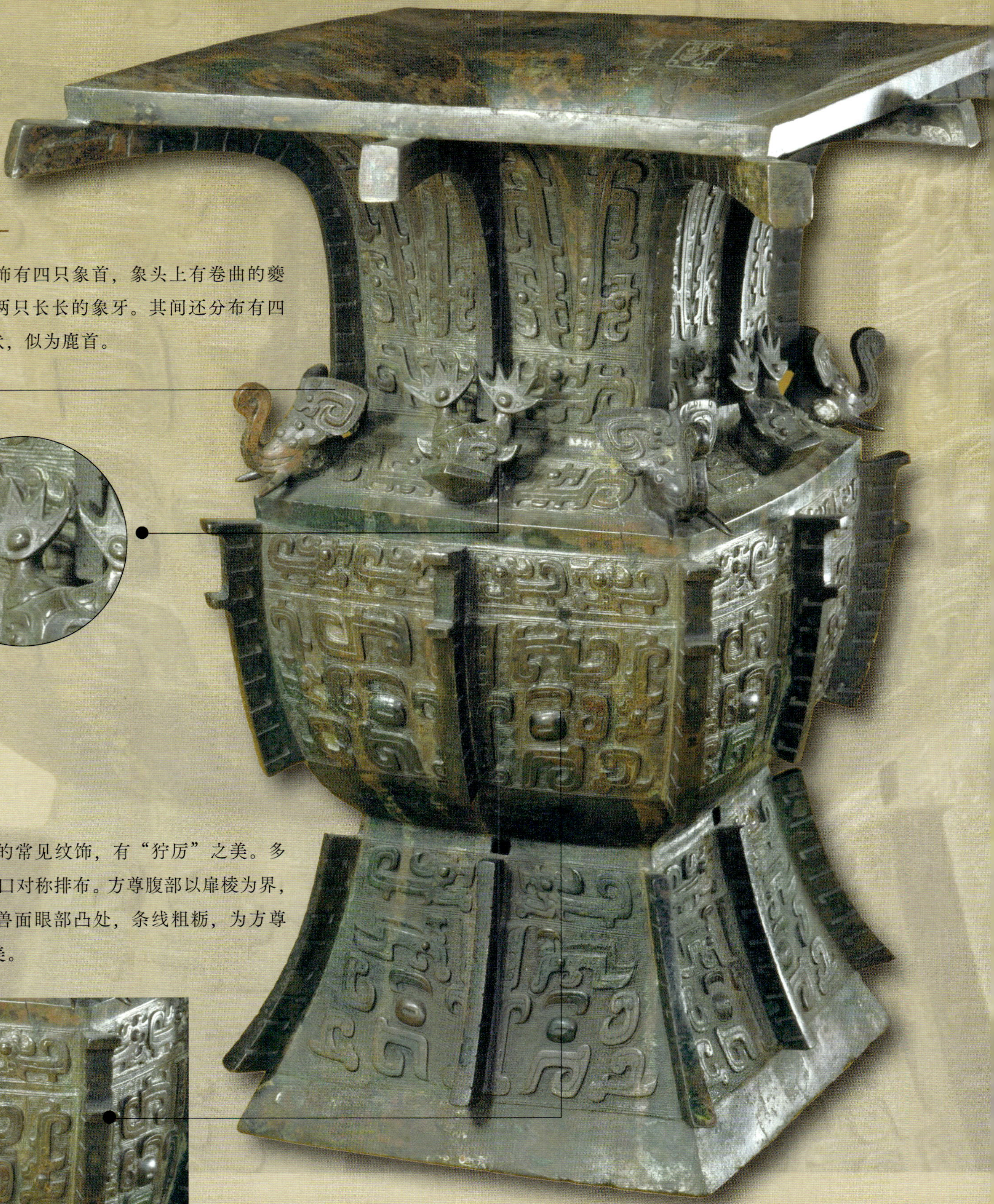

肩部兽首

在方尊肩部四角装饰有四只象首，象头上有卷曲的夔角，象鼻高举，并伸出两只长长的象牙。其间还分布有四只兽首，兽角呈枝杈形状，似为鹿首。

兽面纹

兽面纹是青铜器上的常见纹饰，有“狞厉”之美。多以鼻梁为中线，角、目、口对称排布。方尊腹部以扉棱为界，四面分别铸有兽面纹，兽面眼部凸处，条线粗犷，为方尊增添了一分庄重威严之美。

中国国家博物馆

概况

中国国家博物馆简称“国博”，是一座世界级博物馆，也是中国最重要的历史和文化博物馆之一，代表国家收藏、研究、展示、阐释中华文化代表性物证的最高历史文化艺术殿堂，承担着留存民族集体记忆、传承国家文化基因、促进文明交流互鉴的重要使命，被誉为“国家文化客厅”。

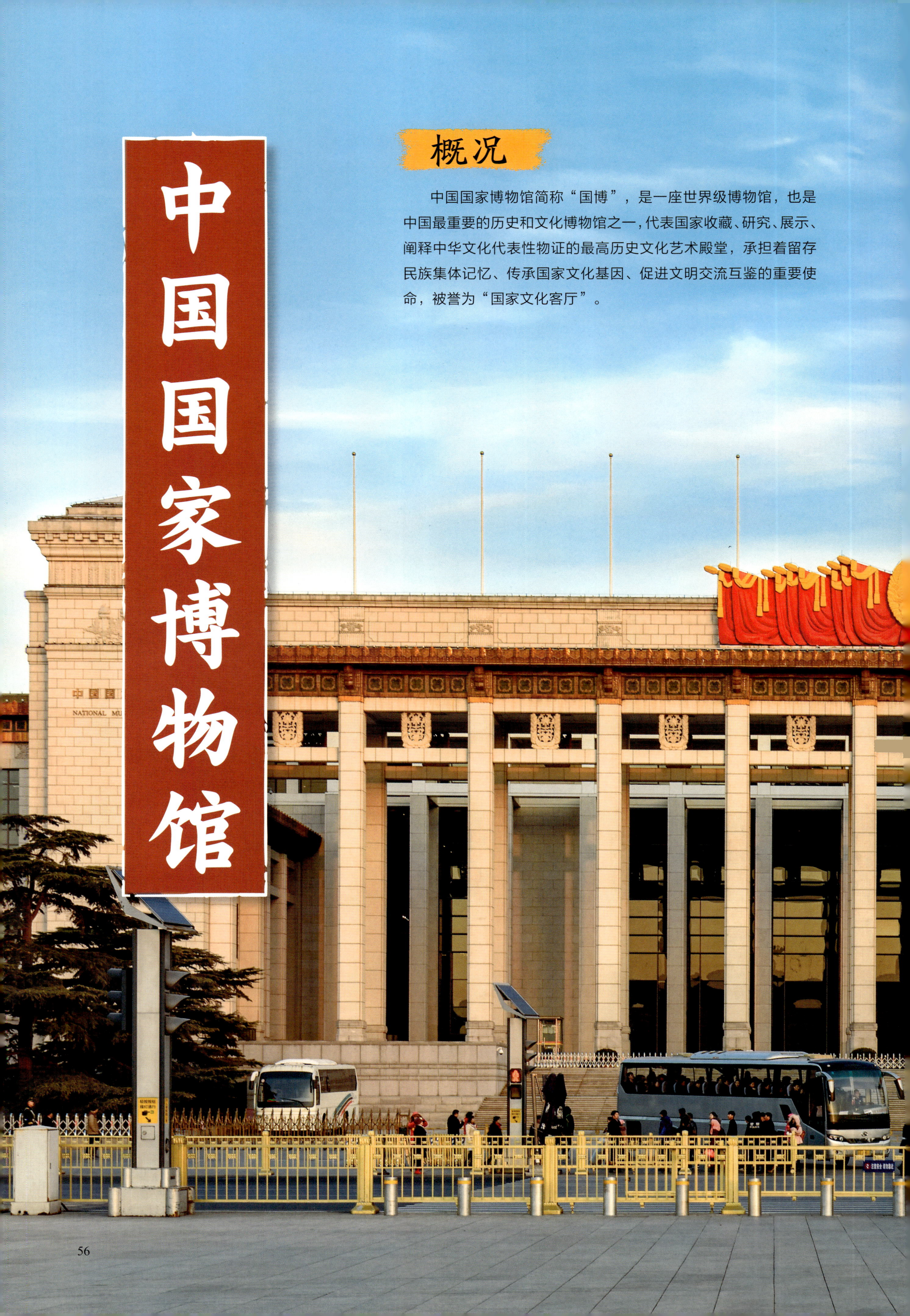

位置规模

国家博物馆坐落于中国的政治和文化中心——北京市，具体位置在东城区东长安街 16 号，紧邻著名的天安门广场。国博地上五层，地下两层，展厅多达 48 个，总建筑面积近 20 万平方米，是世界上单体建筑面积最大的博物馆之一。

藏品概括

国家博物馆的藏品蕴含了中国从远古时期到现代的广泛历史和文化物证。现有藏品数量超过 140 万件，包括古代文物藏品约 81.5 万件，近现代文物藏品约 34 万件，图书古籍善本 24 万余件，其中有近 6000 件国家一级文物。

博物馆特色

中国国家博物馆作为中国最具代表性的博物馆，在建筑形式、藏品品类、整体布局上都彰显着国家级博物馆的兼容并蓄，体现着中国人民“和”的精神。

传统与现代交融

中国国家博物馆的外观设计采用了较为传统的建筑风格，遵循中轴对称的原则，呈现出稳重、对称的美感。馆内的 368 个藻井彰显了中国传统建筑的特点，老建筑的琉璃瓦和新建筑的金属交相辉映，相得益彰。其中的中央大厅空间开阔，地下一层的剧场、数码影院和演播室等设施则展示了现代博物馆的功能性和科技感。

藏品品类丰富

古代文物藏品包括了从新石器时代到清末的各类文物，涵盖了青铜器、金银器、玉器、绢帛、书画、陶瓷器等多种类别；近现代文物藏品包括了各类历史文献、书籍、绘画、摄影作品、服饰、货币等。图书古籍善本包括各类经典著作、历代碑帖拓本等。

空间规划合理

国家博物馆的内部空间规划非常宽敞，展厅的设计考虑到了不同类型展览的需求。大型的中央展厅，适合举办国家级重要展览，而更为私密的小型展厅，适合展出精致的艺术品和文物。

展览分布图

注意 本书的文物所在位置是以作者写作阶段的位置作为参考标注的，由于各博物馆经常会有临时特展或巡回展，所以无法保证文物位置固定不变，请各位读者知晓，以实际的参观情形为准。

新石器时代仰韶文化陶鹰鼎

清玉山水人物图山子

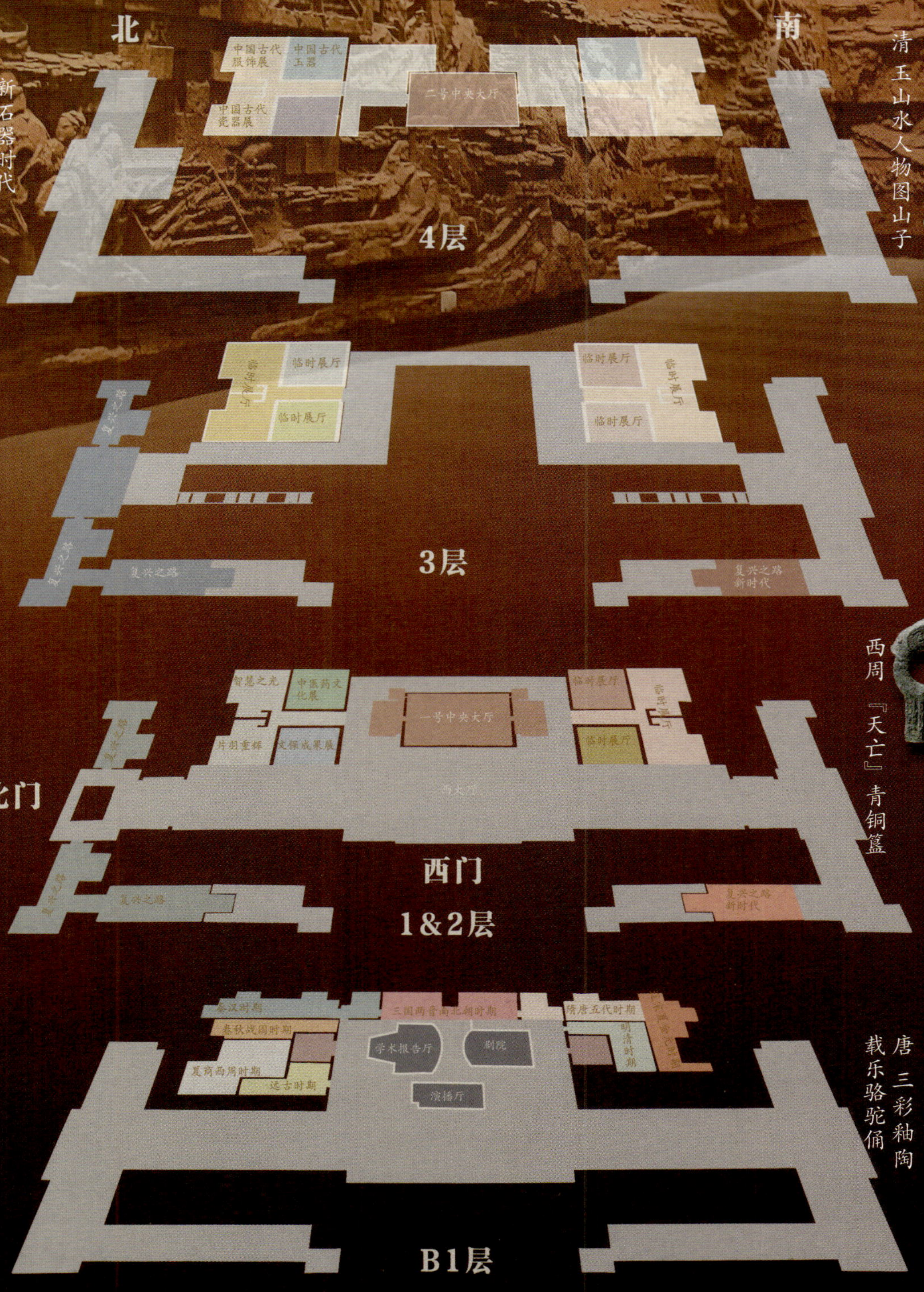

宋钧窑玫瑰紫海棠式瓷花盆

西周『天亡』青铜簋

明孝端皇后凤冠

唐三彩釉陶载乐骆驼俑

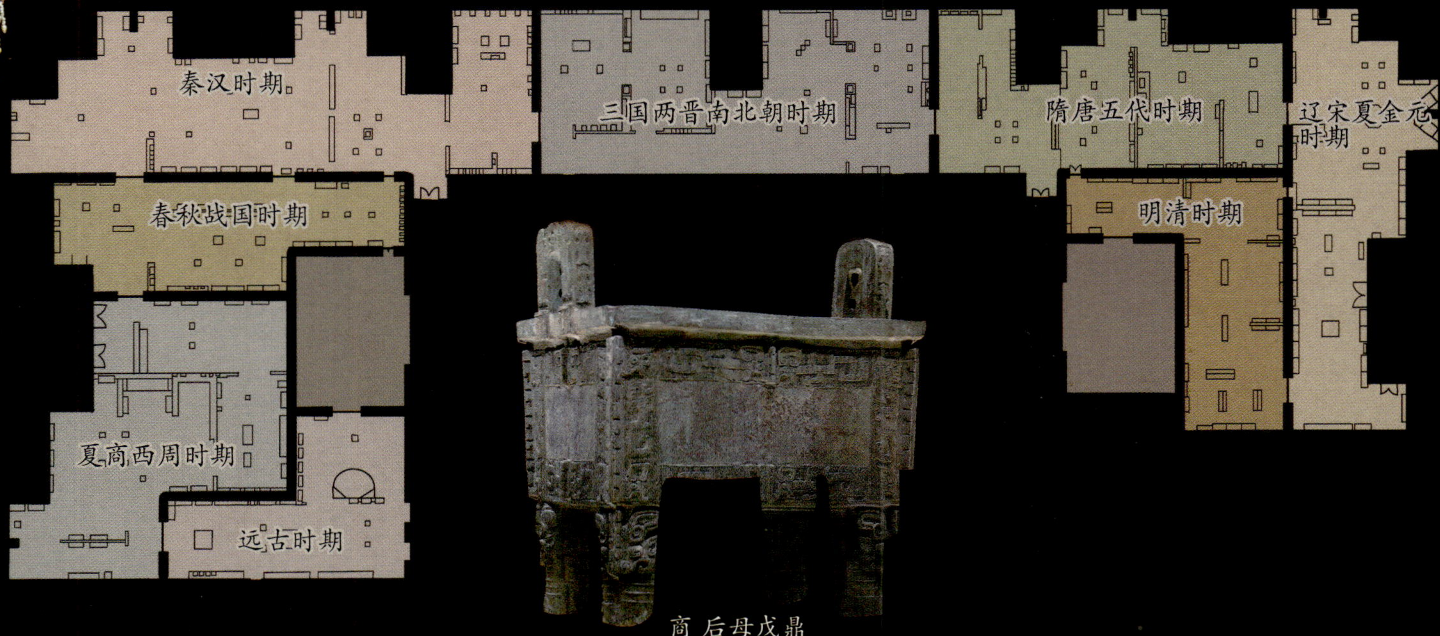

商后母戊鼎

发展沿革

1912年7月9日
民国政府教育部决定设立国立历史博物馆筹备处，以国子监为馆址。

1958年10月
在天安门广场东侧修建新馆，1959年8月工程竣工。

1983年初
分设为中国历史博物馆和中国革命博物馆。

2003年2月
在中国历史博物馆和中国革命博物馆两馆的基础上正式组建中国国家博物馆。

早期历史（20 世纪初）

两馆合并（

展厅陈设

基本陈列

基本陈列是国博的常设展览，固定展示博物馆的主要藏品，反映了中国悠久的历史和丰富的文化遗产。这些陈列通常包括以下几个方面：

①古代中国：这个展区主要展示了中国从远古时期到明清时期的历史文物和艺术品。

②复兴之路：此展区专注于近现代中国的历史，特别是从鸦片战争到新中国成立的过程。

③复兴之路·新时代部分：这部分展览是对“复兴之路”的延续，主要展示了改革开放以来中国的社会发展和历史进程，展示了新时代中国的面貌和成就。

2007年3月
中国国家博物馆改扩建工程正式动工。

2012年3月1日
正式对外开放。

2012年7月9日
中国国家博物馆建馆100周年纪念大会在国博剧场举行。

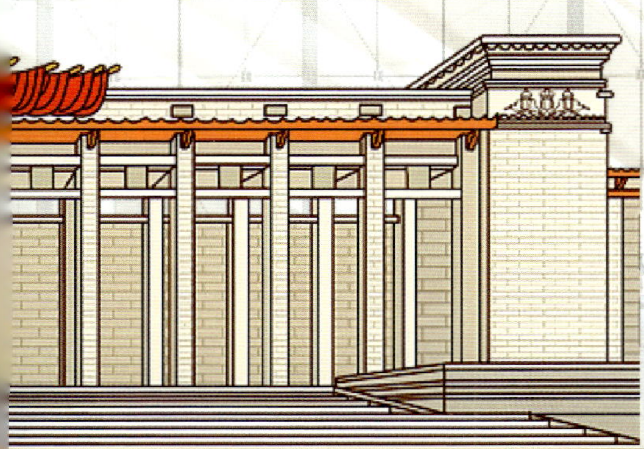

3年～2006年）

扩建发展（2007年～2011年）

专题展览

与基本陈列不同，专题展览更加灵活和多变，通常围绕特定的主题或事件进行设计。这些展览可能聚焦于某个特定的历史时期、文化现象、艺术流派或者特定的历史人物。例如，可能会举办关于中国古代某个朝代的文物展览，或者关于某位著名艺术家的作品回顾展。

后母戊鼎

- 商·青铜器
- 高133厘米，口长112厘米，口宽79.2厘米，重832.8千克
- 中国国家博物馆藏

这件后母戊鼎是商代青铜器（由铜与锡、铅的合金制成的器具，在古时被称为“金”或“吉金”，后世出土时因锈蚀呈青灰色，故名）巅峰之作之一。其造型、纹饰、工艺均具极高水准，是中国殷商时期文明发达、科技先进的最好物证。它也是中国迄今出土最大最重的古代青铜容器，堪称国之瑰宝。“鼎”是青铜器最重要的器型，其既是食器，又是古代中国贵族在祭祀、宴飨、征伐和丧葬等礼仪活动中使用的高规格礼器。这件国宝属于方鼎，另有圆鼎。

这件国宝采用范铸法（以陶土制成的模具——“范”来铸造青铜器，工序大致为制模、翻印、脱模、制芯和浇铸）制成。鼎身与四足为整体铸造，鼎耳是在鼎身铸成后再装范浇铸而成。其器型硕大雄浑、沉稳厚重（壁厚达6厘米），纹饰繁简适宜、诡怪狞厉。整器气势恢宏、震撼人心，是青铜器中当之无愧的“巨无霸”和极具知名度的“超级明星”。

敬爱的母亲戊

最初给该鼎命名的是郭沫若先生，称其为“司母戊鼎”，他认为“司母戊”即为“祭祀母亲戊”。有多位学者提出，“司”字应作“后”字解，因在古文字中，司、后是同译，是表达敬爱之意，所以铭文含义应为：将此鼎献给“敬爱的母亲戊”。2011年中国国家博物馆正式将其更名为“后母戊鼎”。

纹样之美 形态各异的浮雕纹样

后母戊鼎的鼎身以雷纹为地，四周浮雕刻有夔龙纹、兽面纹等纹样，以鱼纹和商朝特有的图案虎食人纹作为鼎耳的装饰纹样，展示了当时神秘粗犷的原始之美。

虎食人纹

人的头部恰好位于两个虎口之间，两侧的老虎张着血盆大口，两爪前伸，腿部弯曲，呈现蓄势待发之势。

肥遗纹

兽面纹的一种，由一对夔（kuí）龙纹拼合而成。

兽面纹

商代青铜器常见纹饰，是突出对象面部的对称式抽象图案；饕餮也是神话动物，一说为巫师的助手。

四羊方尊

- 西周·青铜器
- 高 58.6 厘米，上口最大径 44.4 厘米，重 34.6 千克
- 中国国家博物馆藏

这件四羊方尊又名“四羊青铜方尊”，是现存商代青铜方尊中最大的一件。它造型匠心独运、制作巧夺天工，整器纹饰繁缛但主题突出、气韵生动，是中国青铜铸造史上最伟大的器物和艺术品，同时也是三苗（传说中黄帝至尧舜禹时代的南方氏族部落）文化的典型代表。四羊方尊为古代祭祀仪式中的重要器具，于 1938 年在湖南省宁乡县黄材镇月山铺转耳仑的山腰地带（炭河里遗址）被发掘出土。

四羊方尊的铸造技艺非凡，采用了先进的两次分铸法：首先，羊角与龙头等精细部件被单独铸造完成；随后，这些部件被巧妙地安置于外范之中，再整体进行铸造，实现了部件与主体的完美融合。这件国宝采用了圆雕与浮雕相结合的装饰技法，将羊这一动物造型与“尊”这一器型有机融合，同时完美把握了平面纹饰与立体雕塑之间的关系。整器造型刚柔相济，纹饰精美绝伦，观感雄奇与秀丽兼具，达到了技术与艺术的双重巅峰。

羊形象的美好寓意

在青铜重器的设计中，羊象征着“善良知礼、外柔内刚”的美好品质，同时也象征着“吉祥”，因此四头羊铸于青铜礼器上，包含着古人对美好寓意的祈愿。

云雷纹、蕉叶纹、饕餮纹

整器以云雷纹为底。云雷纹的显著特点在于采用连绵不断的“回”字状线条来构建，富有几何韵律美。器颈则饰有由夔龙纹组成的蕉叶纹与带状饕餮纹。

灵动的卷角羊

器肩、腹与方形高圈足整体上被巧妙地设计为四只稳健站立的卷角羊。它们各据一隅，共同驮负着方尊的上半部。每只羊从头至脚遍布纹饰，前胸饰长冠鸟纹；器肩两羊之间均饰有高浮雕式盘龙，龙头上双角直立.

图2

九龙九凤

明定陵出土的凤冠共有四顶，分别是十二龙九凤冠、九龙九凤冠、六龙三凤冠及三龙二凤冠。孝端、孝靖两位皇后各2顶。四顶凤冠制作方法大致相同，只是装饰的龙凤数量不同。

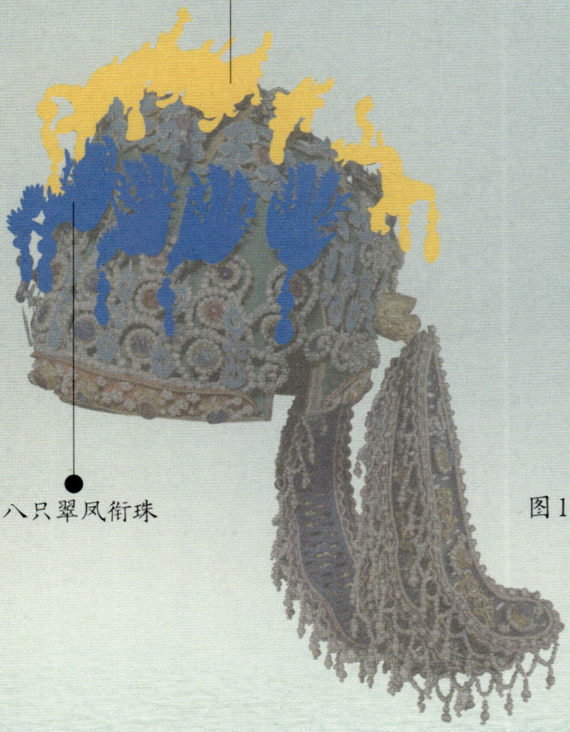

图1

图1　凤冠侧面
图2　凤冠背面

孝端皇后凤冠

- 明·杂器
- 通高 48.5 厘米，冠高 27 厘米，径 23.7 厘米，重 2320 克
- 中国国家博物馆藏

孝端皇后凤冠又名“九龙九凤冠”，是明万历皇帝的孝端皇后在位 42 年里出席重大活动所佩戴的。凤冠于 1957 年出土于明定陵地宫。经考古工作者的努力，将原本散落凌乱的珠翠复原为九龙九凤冠，后藏入中国国家博物馆。

孝端皇后凤冠顶部饰有九条金龙，下方和后部缀有九只点翠金凤，在明代凤冠是头饰中的最高等级，也是权力等级的象征。这顶凤冠上天然宝石百余粒，珍珠 4000 余粒，这些珠宝均为国外进口，十分贵重。并且制作难度极高，以大量的点翠、花丝、穿系等工艺来打造，显得华美无比，这也体现出了当时工匠们高超的技艺与审美。

珠光宝气的珍宝装饰

此冠装饰繁多，在冠的顶部饰有九条花丝工艺织成的金龙，口衔珠滴。金龙下有八只点翠制成的翠凤，后部也有一翠凤。在翠凤下面有三排以红蓝宝石为中心的珠宝钿，其间点缀着翠兰花叶，冠檐底部和博鬓上面镶嵌宝石珠花，极其绚丽。

金龙

将金子拔成细丝，交织成龙形，最后将其焊接在冠上。

点翠凤鸟

用翠鸟的羽毛，经过修剪后粘贴在金属底托上制成首饰。

珠宝钿

宝石未做切割，因此每颗随形宝石的形状都独一无二。

博鬓

左右各三扇，镶嵌镂空的金龙和珠花璎珞，好似金龙奔腾一般翱翔于珠花丛中，显得富贵华丽。

虢季子白盘

西周·青铜器

高 39.5 厘米，长 137.2 厘米，宽 86.5 厘米，重 215.3 千克

中国国家博物馆藏

这件虢季子白盘是西周贵族虢氏家族的器物。其造型独特，纹饰精美，铭文不仅与《诗》中所载史实互相征引，历史价值极高，还是书法史上的“四大国宝”之一。它不仅承载着记功颂德、记录历史的重要使命，更是祭祀仪式中不可或缺的礼器。此文物于晚清时期在宝鸡地区重见天日，历经沧桑后，现被尊为中国国家博物馆的镇馆之宝，其独特的历史价值与艺术魅力，令世人瞩目。

此国宝是一次战争的纪念品。盘内底部的 8 行 111 字铭文被视为西周金文中的绝品，风格对后世有深远影响。其外形很像现在人们日常使用的浴缸，盘口呈圆角长方形，腹壁斜下内收。它在清代时曾被当作马槽。这件国宝的主人叫“虢季子白”，“虢”是他的姓氏，“季”表示他在兄弟之中排行第四（排行前三依次称“伯”、“仲”和“叔”），“子”是古代对人的一种尊称，“白”才是他的名字。

铺首衔环

盘的四面分别置有一对“铺首衔环”。铺据说是由饕餮演化而来的神兽，人令其衔住门环镇守在青铜器、陶器、画像石、墓门和棺椁等器具上，用以驱邪。

外壁纹样

盘外壁通体饰有纹饰。其中器口缘下部周饰窃曲纹（一种由鸟纹、龙纹衍化而来，为适应装饰部位形状需求而变形的动物纹，打破了商代以直线为主、讲究对称的装饰特点，变为“直中有圆”，是周代的重要纹饰），器腹环饰波曲纹，其走势略似波浪，线条“圆中有方”。

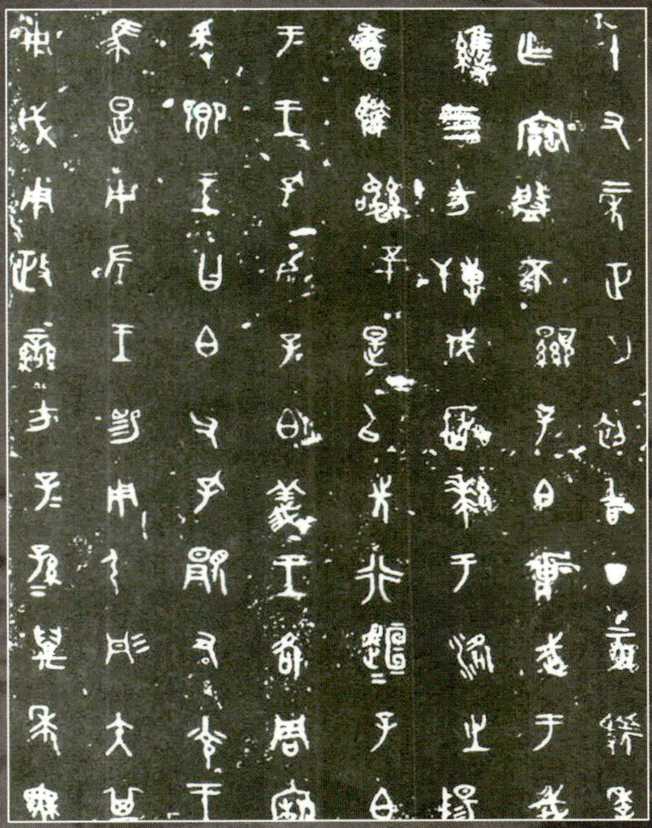

诗意金文，清丽流畅

盘底刻有清丽流畅的金文，共计8行111字。铭文记载了虢季子白与北方少数民族进行的一场战争的过程。其语句以四字为主，文辞优美，用韵精当，是一篇铸在青铜器上的诗。金文的布局和字形构造手法独特，与同时期西周的其他铭文大相径庭。该铭文极为重视文字的独立性，笔画追求一种行云流水般的美感；字形构造疏密有致，部分线条被特意拉长，营造出动态的空间效果。

利簋

- 西周·青铜器
- 高 28.0 厘米，口径 22 厘米，方座长 20 厘米，宽 20.2 厘米
- 中国国家博物馆藏

这件利簋于 1976 年在陕西省临潼县零口镇出土，是迄今确知的最早的西周青铜器。此件青铜器历史意义极为重大，是镇国青铜器之一。通过辨识其铭文，人们知晓了武王征商这一重大历史事件的确切日期，还能明了当时的历史脉络、政治架构的运作方式及军事策略的部署。

同时，利簋在青铜器时代的分期与断代研究中占据了举足轻重的地位，为学者们构建更加精准的历史时间框架提供了坚实依据，明确了周朝建国的时间，进一步推动了青铜文化乃至整个古代文明研究的深入与拓展。利簋的艺术价值同样不可忽视，它展示了当时青铜器铸造的高超技艺和书法价值，体现了中国古代青铜器艺术的独特魅力。

纹样之美

神话纹样

器腹和方座座壁分别饰以神秘、威严的饕餮纹，底纹为云雷纹。器身其他地方饰有蝉纹、夔龙纹等，双耳饰有兽首。纹样精美，带有原始的神话特征，反映了西周时期的工艺美术水平及神话思维特点。

饕餮纹

利簋的核心区域——腹部与方形底座，均采用了威严的饕餮纹作为装饰元素，饕餮与夔、龙、凤等共同隶属于虚构的神话生物范畴。饕餮纹被精妙地设计为以鼻梁为中轴线，其上的眉、眼、耳、角等元素均遵循对称美学原则，巧妙地分布于两侧，展现出一种既和谐又富有张力的视觉效果。饕餮纹所展现的狰狞面貌，不仅蕴含着一种难以言喻的神秘与庄严，还是权力意志与道德训诫的载体。

器内铭文

器内铭文开头的“武王征商，唯甲子朝，岁鼎”，意即武王伐纣战役发生于某年“甲子”日的早晨，当天“岁”星（即木星）正当中天。专家依据古籍中的天象记录，结合天文学知识与碳 14 测年法，精确计算出武王伐纣的决胜战——牧野之战发生于公元前 1046 年 1 月 20 日。没错，这场战役只打了一天！这证实了古籍中“战一日而破纣之国”的记载。至此，周朝于何时建立的历史谜题被破解，利簋居功至伟。

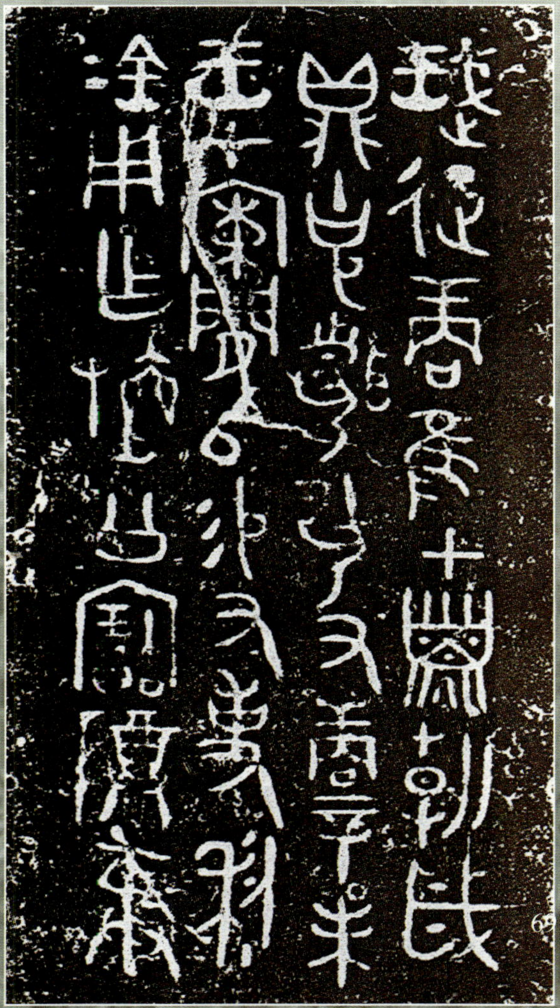

首都博物馆

概况

首都博物馆集文物收藏、展览展示、学术研究、考古发掘、公共教育及文化交流等多重功能于一身，展现了北京乃至中国的悠久历史和灿烂文化。

位置规模

首都博物馆坐落于北京市西城区复兴门外大街 16 号，是长安街西延长线上的标志性文化建筑，为北京乃至中国省级综合性博物馆的杰出代表。该博物馆占地面积近 6.5 万平方米，总建筑面积达 6.3 万平方米，地上六层，地下一层。

藏品概括

首都博物馆拥有藏品超过 12 万件（套），其中珍贵文物多达 6 万件（套），涵盖青铜器、陶瓷器、佛造像、玉器、金银器、钱币、书法、绘画、织绣、文玩等多个门类，见证了从新石器时代至清代，北京乃至中华文明的发展历程。

博物馆特色

首都博物馆以深厚的北京文化特色和独特的建筑空间而闻名。馆内展览不仅展示了北京 70 万年的人居史、3000 年的建市史和 870 余年的建都史，还全面呈现了北京文化的丰富性和历史深度。

古典美与现代美的结合

首都博物馆的建筑融合了古典与现代之美。它继承了中国古建筑的屋顶和城墙元素，同时在室外地面和室内装饰上融入了清代和明代的建筑特色，三栋独立建筑通过中央大厅和竹林庭院巧妙连接。自然光线的运用、下沉式庭院和流水景观的布置，为观众提供了一个既现代又自然的观赏环境。

展现北京人文特色

首都博物馆通过举办民俗展览、提供沉浸式文化体验、举办文化活动等多种方式，生动展现了京味文化的鲜明特色和独特魅力。

展览分布图

注意 本书的文物所在位置是以作者当前写作阶段的位置作为参考标注的，由于各博物馆经常会有临时特展或巡回展，所以无法保证位置固定不变，请各位读者知晓，以实际的参观情形为准。故宫书画类国宝和其他一些珍品平时收在库房里，只有举办特展或是“出差”到其他博物馆展出时才拿出来，因此无法确定其展览地点。

元景德镇窑青白釉水月观音菩萨像

明金真武像

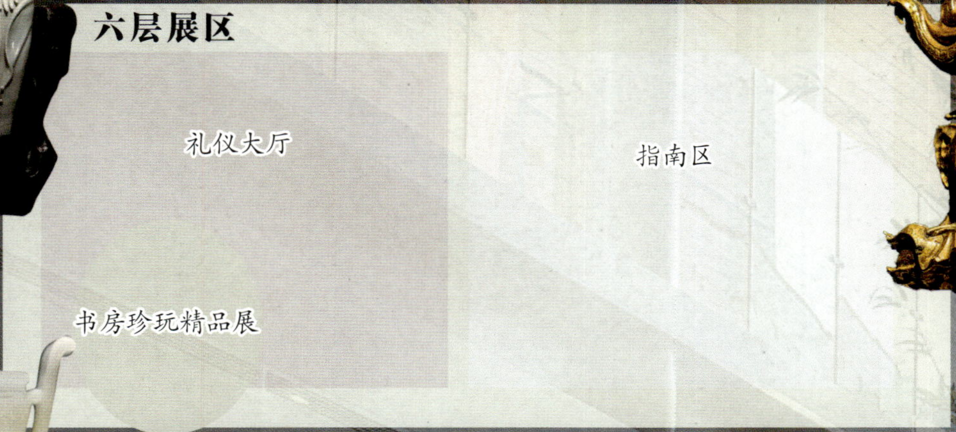

清白玉兽面纹朝天冠耳炉

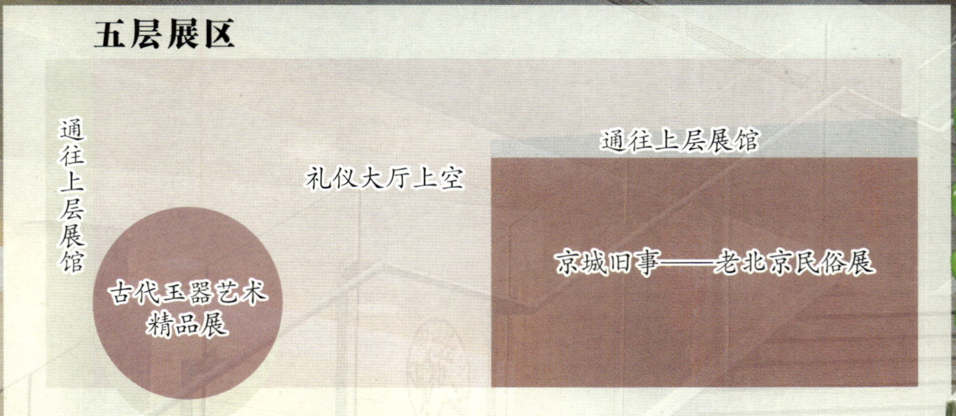

清碧玉螭龙云纹鸡心佩

清紫地珐琅彩花卉纹瓶

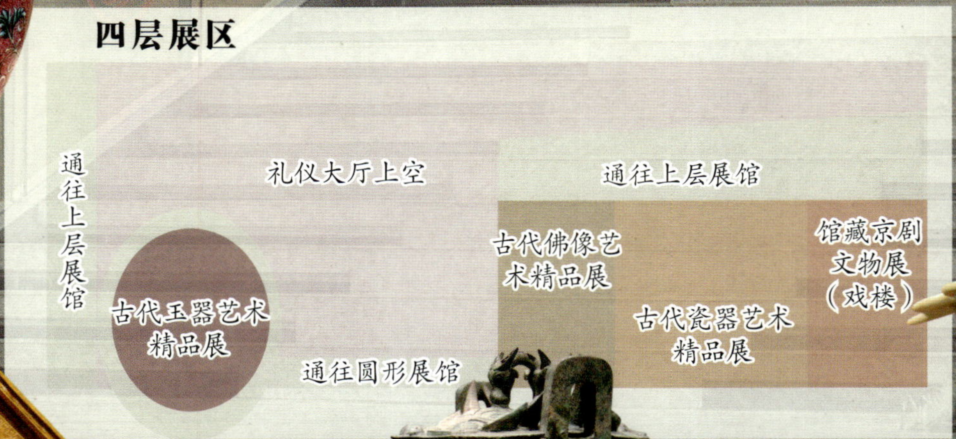

明錾花人物楼阁图八方盘

西周伯矩鬲

元景德镇窑青白釉戏剧舞台人物纹枕

发展沿革

1953年
首都博物馆开始筹备，其馆址最初设于国子监街孔庙内。

1981年
首都博物馆老馆正式对外开放，成为北京最大的地志性综合博物馆。

博物馆主要围绕藏品收集、展览策划及基础设施建设展开。

1999年
新的首都博物馆建设项目得到北京市委、市政府的批准并立项。

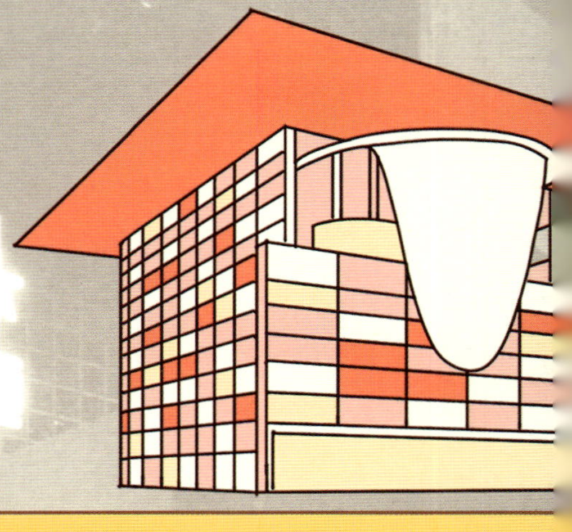

筹备与初建阶段（1953年～1998年）

新馆规划与建设

展厅陈设

原状陈列

首都博物馆的基本陈设设置于西侧方形展厅内，详细地介绍了北京的通史、民俗与重要文化遗产。这些展览全面呈现了北京地区从史前至今的悠久历史，聚焦老北京四季时令节俗，展现民俗风情与京味文化。基本陈设展览包括“北京通史陈列”“岁华纪胜——老北京民俗展”等。

2001年
新的首都博物馆正式奠基兴建。

2005年12月
新的首都博物馆开始试运行。

2006年5月18日
新馆正式开馆。

2020年11月7日
首都博物馆龙山分馆揭牌成立。

2023年12月
北京大运河博物馆（首都博物馆东馆）正式开馆。

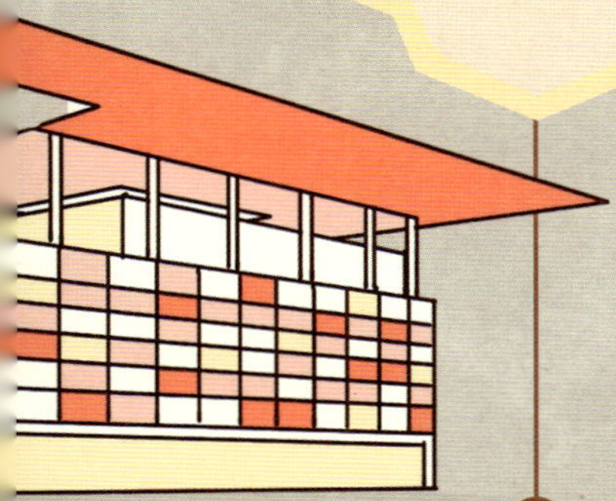

（1999年～2006年）

焕新发展（新时代至今）

专题、艺术陈列

首都博物馆的专题、艺术陈列设置于东侧圆形展厅内，通常围绕特定的文物类型或考古成果进行展示。此类展览主要聚焦北京地区的文物与文化，如燕地青铜文化、玉器文化的专题展览，同时也会展出境内外博物馆的珍品。

景德镇窑青花凤首扁壶

- 元·陶瓷器
- 高 18.7 厘米，口径 4 厘米
- 首都博物馆藏

此器物为元代景德镇窑所产的青花凤首扁壶，出土于北京西城元代窖藏。元代中期，青花瓷迎来其辉煌时期，此器物便是元代青花瓷中的精品。此青花凤首扁壶设计独出心裁，以昂首的凤首作为壶嘴，卷曲的凤尾作为把手，壶身中部绘有凤身，两侧延伸出双翅，栩栩如生。其制作工艺精湛，壶嘴通过模制成型，把手则经由捏塑后巧妙结合，展现了高超的陶瓷技艺。

它虽为国家一级文物，但命运却历经波折。1970 年初春，这件国宝在北京旧鼓楼大街的一次施工中被发现，出土时已经碎成 48 块碎片。幸运的是，2004 年，首都博物馆委托修复专家蒋道银先生对其进行了细致的修复，经过长达 13 个月的精心修复，这件扁壶重获新生，再现昔日风采。

器物之美 立体凤首

元青花凤首扁壶的壶嘴设计为一个优美的凤首，用靛蓝釉料铺色，通过细腻的线条与颜色的深浅对比，来表现凤首上飘逸的长羽与颈部细小的短羽。

造型之美 凤凰翱翔

元青花凤首扁壶壶嘴塑造的凤首立体鲜活，壶柄卷曲成凤尾状，壶体上部及两侧绘有凤身和凤翼，底部则以缠枝花卉点缀，整体宛如一只凤凰在花海中翱翔。壶身绘制的凤凰图案流畅地过渡到壶嘴的立体形态之中，二者衔接浑然天成。

纹样之美 壶底缠枝花卉纹

凤凰造型底部的缠枝花卉纹样，用靛蓝釉料绘于壶身和底座。线条细腻，绘画手法借鉴西方绘画技巧，运用色彩的渐变突出花卉叶片的立体感。

景德镇窑青白釉戏剧舞台人物纹枕

- 元·陶瓷器
- 长 32.5 厘米，高 15.8 厘米
- 首都博物馆藏

景德镇窑青白釉戏剧舞台人物纹枕胎质纯净坚硬，釉色青白温润，给人以清新脱俗之感。瓷枕身上的戏台造型，通过塑雕与镂雕的双重技法，将楼台亭阁、人物群像刻画得栩栩如生。瓷枕上的戏剧舞台场景细腻入微，台上 18 位角色，男女老少，或动或静，或主或宾，各自沉浸在剧情之中，展现了极高的艺术表现力。

瓷枕的诞生，深刻根植于元代戏曲文化的繁荣之中，它不仅仅是一件寝具，还是元代戏曲风靡一时的社会风貌的生动缩影。其雕刻工艺之精湛，巧妙融合了建筑美学、舞台设计与瓷塑艺术的精髓，不仅展现了元代戏曲的独特魅力，也彰显了景德镇匠人超凡的制瓷技艺。

人物之美 情深男女

瓷枕四面图案、人物、场景各不相同。如下图中的正中心门框内上演的剧情：男士微微放低身姿，将弯曲的手臂伸向旁边的女士。旁边的女士一手抚上男士肩头，一手微搭至男士手臂之上。两人均面向着对方，虽无言语，但通过匠人栩栩如生的雕刻，使我们感受到两人之间的情深意切，极富戏剧感染力。

如意纹样式的镂空装饰，塑造出编织质感。

镂空纹样

瓷枕底部围有一圈镂空栏杆，各色人物在小小的舞台上表演，四周的观者都能欣赏到不同的戏剧场面。侧面可见匠人镂雕的技艺之精湛，其中好似悬挂于舞台之上的镂空纹样，极具动态感，趣味无穷。

瓷枕内也雕刻有姿态万千的人物，有的端坐在内，好似在认真观看眼前的剧目。

立体花朵点缀人物旁边。

伯矩鬲

- 西周·青铜器
- 通高33厘米，口径22.9厘米，重7.5千克
- 首都博物馆藏

这件伯矩鬲制作于西周初期，于1975年在北京市房山区琉璃河遗址251号墓出土。伯矩鬲以其独特的造型、精湛的工艺和深厚的历史文化内涵，被誉为“最美铜鬲”。它不仅展示了西周初期青铜铸造技术的高超水平，还为我们研究古代社会制度、礼仪文化提供了宝贵的实物资料。

尤为难得的是，伯矩鬲还保留有青铜器盖，这在西周早期的青铜鬲中实属罕见，大多数同类器物因原配木盖腐朽而失传。鬲体口沿外折，方唇立耳，颈部束紧，三足呈袋状，整体造型稳重而不失灵动。颈部装饰多种精美纹样，七只风格各异的牛首兽面纹错落有致地分布于器身之上，气势非凡。整器纹饰繁复而精美，以牛头纹为核心，高浮雕与平雕技法交织，营造出一种雄浑壮阔的视觉效果，令人叹为观止。

威武霸气的牛首纹样

盖面与袋足上的牛头采用高浮雕手法雕出，牛角翘出器表，气势非凡。在商周祭祀仪式中，牛象征着最高等级的供奉，而牛首作为青铜器常见的装饰元素，排列得如此密集且气势磅礴，实属世间罕见。

牛首盖钮

此青铜器顶覆以平盖，盖钮由两个圆雕式小牛首相背而立构成，牛首栩栩如生。只见小牛牛角端高扬，目光炯炯地望向前方，两耳张开，呈现活泼之态，生动传神。

器上铭文

伯矩鬲上器盖内部与器身颈部的内壁镌刻着相同的一段文字，计15字，内容为：“于戊辰之日，燕侯赐予伯矩贝币，用作敬奉父戊之尊贵礼器。”此段铭文记录了器物背后的历史故事——燕侯于戊辰之日赐予贵族伯矩贝币，伯矩以此铸鬲纪念其父。

錾花人物楼阁图八方盘

- 明·金银器
- 高 0.9 厘米，盘径 16.2 厘米，边长 6.6 厘米
- 首都博物馆藏

錾花人物楼阁图八方盘出土于北京右安门外万贵墓，盘体呈八边形，其制作始于模具铸造，成型后再以精细錾刻工艺雕琢纹饰。盘沿环绕着连续而富有韵律的几何图案，盘心展现了一幕幕生动的人物故事图景。相较于常见的圆形盘，此类金银材质的角口角形盘实属罕见，其形制设计彰显了工匠对边角处理的精湛技艺。

此金盘图案繁复细腻，囊括了人物百态、楼阁巍峨、树木葱郁、水波粼粼、桥梁横跨、骏马奔腾及山石嶙峋等元素，其中人物与楼阁尤为醒目，共细腻刻画了 21 位人物，他们或策马奔腾，或怀抱古琴，或交谈甚欢，或对坐畅饮，姿态各异，錾刻手法自然流畅，既显洒脱不羁，又饱含神韵。楼阁重檐则采用极为严谨的线条勾勒，整体画面在动态中蕴含静谧，以錾刻形式在金器上完美再现了中国传统绘画的艺术魅力。

构图之美 大气磅礴的构图

在金八方盘的盘心区域里，设计者以其非凡的匠心，将楼阁、树木、小桥、流水与人物等元素有序铺陈。画面的右侧四分之一处，矗立着一座主体建筑——重檐歇山顶楼阁。这座楼阁气势磅礴，绣窗雕栏精细繁复，酒幌随风轻舞。阁内人物分为两组，上下相望，或举杯共饮，或凭栏沉思，相互映衬，生动至极。

羽化登仙

据考证，金盘上的纹饰灵感源于元杂剧的经典之作——马致远的《吕洞宾三醉岳阳楼》与范康的《陈季卿误上竹叶舟》。盘中的楼阁为岳阳楼，楼阁之上，那位身负长剑、脚踏祥云的仙人正是吕洞宾的化身。吕洞宾身旁那位手捧荆篮的人物，是被其度化成功的书生陈季卿。

策马奔腾

整个画面以楼阁、水波、石桥为纽带，自然地将空间划分为上下两层。下层留白广阔，留给了一队形态各异的行者：主人策马疾驰，侍者携琴担物，路人低语交谈，若扶栏远眺。这组人物生动展现了一幅动中有静、静中有动的古代生活图景。

景德镇窑青白釉水月观音菩萨像

- 元·陶瓷器
- 高67厘米
- 首都博物馆藏

此尊水月观音菩萨像，1955年出土于北京市西域区。水月观音这一形象，由唐代画家周昉创造，后经宋代流传并逐渐世俗化，成为佛教艺术中极具代表性的本土化形象。而这件瑰宝的创作过程融合了模印、刻画、贴塑等多种工艺手法，展现了匠人们超凡的技艺与对佛教文化的深刻理解。不仅如此，青白釉瓷器作为元代瓷器的代表，其独特的釉色与质感，更为这尊观音像增添了几分神秘与高贵。

这件菩萨像面容祥和，额头饱满宽广，双目轻合，流露出无尽的慈悲与智慧，头戴的宝冠虽出土时有所残损，却不失庄严精致。其体态优雅，右腿弯曲支撑，左腿自然下垂，右臂悠然搭于右膝，左臂则轻置于身体左侧，气质超凡脱俗，令人心生敬仰。这样的姿态正是广为人知的水月观音形象。

联珠璎珞

观音像身着繁复华美的服饰，上身是双领下垂的袈裟，下身配以长裙，胸前及衣裙上装饰着精致的联珠璎珞。璎珞纹由联珠装饰贴塑而成，宝珠颗颗分明，凸显观音菩萨的华美高贵。

精致臂钏

观音像手腕上佩戴的臂钏由宝珠组成，完美地贴合于手碗处，展现出健康丰韵的曲线，典雅十足。

雕刻之美

端庄神圣的面容

菩萨造像头戴宝冠，其上依稀可见小化佛形象，原应还有发髻冠饰，但岁月侵蚀已破损难辨全貌。观音面容端庄，双目微合，透出慈祥与高雅，额头宽广，面颊饱满，修眉凤眼，鼻梁挺拔，嘴角微扬，尽显温婉之态。这尊观音像对于肌肉的刻画亦极为细腻，仿佛能感知到菩萨的呼吸与微笑。在青白色釉料的映衬下，观音面部更加温婉动人，充满了艺术感染力。

国家自然博物馆

国家自然博物馆位于北京市东城区天桥南大街 126 号，北京中轴线南段东侧，毗邻世界文化遗产北京天坛，是中国唯一的国家级、综合性自然博物馆，代表国家保护、研究、收藏、阐释和展示自然物以及人类社会发展过程中具有历史、科学和艺术价值的自然遗产。

早在 1951 年，原中央文化部与中国科学院共同成立中央自然博物馆筹备处，筹划成立这座博物馆。同年，原中央文化部和中国科学院共同发文向全国征集标本和展品，并接收了南京博物院、中国科学院等机构的大批鸟类、珊瑚、植物标本和古脊椎动物化石等。1962 年定名为北京自然博物馆。2023 年更名为国家自然博物馆。

该馆主要从事古生物、动物、植物和人类学等地球科学、生命科学领域的标本收藏、科学研究和科学普及工作。

展厅陈设

国家自然博物馆目前建筑面积23246平方米，其中展厅面积9987.8平方米，重点展示地质、古生物、古人类、动物、植物、海洋生物、人体、中医药、微生物和生态等方面内容。

博物馆基本陈列以生物进化为主线，设有古爬行动物、无脊椎动物、古哺乳动物、神奇的非洲等常设展览，展示了生物多样性以及与环境的关系，构筑起一个地球上生命演化发展的全景图。每年还推出不同主题的临时展览和巡回展览。此外，“田家炳楼”标本楼也藏有部分馆藏标本。

藏品介绍

截止到2023年12月，该馆藏品共计40.16万件，其中不乏世界上出现最早的有胎盘哺乳动物中华侏罗兽化石、复原全身羽毛颜色的赫氏近鸟龙化石、保存完整的“黄河象”化石等珍贵藏品。此外，馆内还收藏有许多珍贵的国礼标本。

中国考古博物馆

中国考古博物馆（中国历史文化展示中心）是中国历史研究院下设的大型历史考古类博物馆，建于 2019 年，2023 年 9 月 15 日正式面向社会公众开放，是我国第一家以考古命名的国家级专业博物馆。

中国考古博物馆地处北京奥林匹克公园核心区，外形如“尊”，以考古出土文物和珍贵古籍文献为依托，致力于展示与传播中华优秀传统文化，讲好中华文明源远流长和中华文化辉煌灿烂的中国故事。

展厅陈设

该博物馆常设展厅 7000 多平方米，展品 6000 多件，以“仓储式陈列，沉浸式体验”为特色，将考古发掘出土物以遗址、遗迹单位为中心密集式陈列，古籍、档案以阵列式展出。

该馆设基本陈列展览“历史中国　鼎铸文明——中国历史研究院文物文献精品展”，包括“文明起源”“宅兹中国”“大国一统”“和融万方”“民族觉醒”5 个专题，展示具有当代价值、世界意义的中华优秀传统文化精品。

藏品介绍

博物馆内藏品包括考古发掘出土品，以及珍贵古籍、档案文献等。考古出土藏品种类丰富，有青铜器、玉石器、金银器、陶瓷器、骨角牙器、漆木器等大类，年代从旧石器时代晚期一直到明清时期。藏品中尤以二里头、兴隆洼、殷墟、陶寺、古长安城、古洛阳城等出土文物最有特色。

档案馆藏以晚清和民国时期资料为主，有文稿、日记、书信、电稿、奏折、契约等种类，其 80% 以上为原始资料。此外，还有大量的海内外数字化档案文献。

西周 玉琮

商 嵌绿松石象牙杯

藏品精选

铜牺尊

这件铜牺尊被塑造成了一只站立的神秘怪兽形象，头部向前伸展，鼻子高耸，耳朵直立，在腹部的两侧有鸟类形状的竖立装饰。牺尊的表面装饰着夔龙纹、饕餮纹和虎纹等多种纹饰。胸前和臀部，则各装饰有一条回头卷尾的龙。盖子的内侧底部和器腹内部，都刻有两行共六个字的铭文“邓仲作宝尊彝”。因此，这件牺尊也被称作“邓仲牺尊”。

尊背部的盖钮上，站立着一只凤凰。而在尊颈背上，附着一只尾巴卷曲的虎，仿佛正在行走。

北京大运河博物馆

北京大运河博物馆位于北京市通州区绿心路1号院5号楼，坐落在北京城市副中心城市绿化森林公园内，总建筑面积约9.97万平方米，由共享大厅、展陈大楼（主楼）和休闲水街共同组成，是一座智慧型综合性博物馆，集收藏保管、开放式展陈、科学研究、社会教育、文保修复等功能于一体。

北京大运河博物馆于2019年10月28日动工建设，2023年12月27日正式对公众开放。

博物馆设计理念源于古运河图景中的船、帆、水三个元素，以运河为线索，将历史文化融入建筑之中。共享大厅屋顶造型取自“船”，展陈大楼（主楼）屋顶造型取自“帆”。两座建筑之间的休闲水街，与展陈大楼（主楼）立面的街巷路口、篷架、门楼等元素相结合，形成一处类似运河驳岸码头的场景。

藏品精选

黄道窑黄釉蓝斑席纹执壶

高 22.1 厘米，口径 10.1 厘米，腹径 15 厘米，底径 11.3 厘米，唐代器物。

壶撇口卷沿，矮颈，丰肩，圆腹，饼形足。肩部饰带状曲柄和短直流，另两侧有对称双系。通体施黄釉，施釉不及底。器身刻有跳刀席纹，并在肩部点缀蓝斑。胎质细密，呈灰白色。釉面有细碎开片。

展厅陈设

北京大运河博物馆围绕大运河与北京相辅相成的密切关系，以人、水、城为内容主线，从人文地理视角、生态文明高度展示北京城市发展历史、建设成就，推出一系列展览。以北京城市总体规划为指导，配合北京城市战略定位，与首都博物馆从历史文化的角度共同诠释“都”与“城”的关系。

北京大运河博物馆展陈体系由基本陈列、专题展览、临时展览、开放展示四大类型构成。基本陈列为“京华通惠　运河永济——北京与大运河历史文化陈列”；专题展览有“北京大运河揽胜图卷”“不止运河——沉浸式体验展”等；临时展览有“北京画院藏花鸟画精品展”“北京城市副中心建设发展影像展”“三星堆与金沙展”等；开放展示包括“石刻园林展示区”“博物馆防震科普展”“公共艺术平台”等。

北京古代建筑博物馆

北京古代建筑博物馆位于北京先农坛内，具体地址是北京市西城区东经路 21 号。它是我国第一座收藏、研究和展示中国古代建筑技术、艺术及其发展历史的专题性博物馆，于 1991 年 9 月 25 日正式对外开放。

北京古代建筑博物馆建筑布局整齐大气，雄伟壮观，古色古香，给人一种庄严肃穆的感觉。现有的陈列基本位于太岁殿、拜殿、西配殿等展区。

展厅陈设

展厅内陈列的“中国古代建筑展”诠释了中国传统建筑文化的精奥。它以图表照片、实物、模型等形式，展现了中国古代建筑从原始状态发展到明清时期宫廷建筑所走过的漫长里程。

民居展厅用实物展示了我国民居的演进——从巢居到干栏式建筑，从半地穴式建筑到泥墙房屋。其中婉容故居模型备受瞩目。

博物馆的主要展览有“先农坛历史文化展”和“中国古代建筑展”。

古建介绍

北京古代建筑博物馆主要藏品有堪称中国沙盘之最的“北京旧城模型”、中国藻井艺术孤品“北京隆福寺藻井”、按比例缩小后外观和结构与实物相同的“北京天坛祈年殿模型”，还有众多反映中国古代宫式和民间建筑的模型以及大量建筑文物、标本等。

北京先农坛始建于明永乐十八年（1420年），原名“山川坛”，是明清两代帝王祭祀先农神和举行亲耕典礼的地方。

宰牲亭

宰牲亭院落是祭祀先农坛内诸神时宰杀牺牲的地方。室内明间正中心有一洗牲池，池上下都有排水口，宰牲过程中产生的毛血等物可流入其中。宰牲亭的屋顶形式为重檐悬山顶，这种形式在国内现存的明代官式建筑中是罕见的，被誉为“明代官式建筑中的孤例”。

清华大学艺术博物馆

清华大学艺术博物馆凝聚着几代清华人的心愿，承载着清华人传承中华文化艺术使命的梦想。作为中国顶尖大学之一，清华大学在博物馆建设上有着久远的历史，早在 1926 年便在学校创办了“考古陈列室”，1948 年成立文物馆，1952 年文物馆被裁撤，部分藏品外拨。1999 年中央工艺美术学院加盟清华大学，美院丰富的旧藏为艺术博物馆的建设提供了契机。2003 年，艺术博物馆项目启动，由瑞士著名设计师马里奥 · 博塔担纲艺术博物馆的建筑设计。2016 年 9 月，博物馆正式向公众开放。

该博物馆位于北京市海淀区清华园 1 号清华大学校内，总建筑面积 3 万平方米，展厅面积 9000 平方米，是一座现代化的综合性艺术博物馆。

建筑特色

该博物馆的建筑设计本身就称得上是一件艺术品，它由瑞士建筑设计大师马里奥 · 博塔主持设计，整个建筑的造型采用立体几何的形状，顶部线条方正，底部支撑则选用罗马式圆柱，两者的结合构成了一种刚柔并济的独特美感。

藏品介绍

清华大学艺术博物馆现有藏品2.5万余件，包括书画、陶瓷、织绣、家具、青铜器及综合艺术品等6大类。藏品绝大多数来自原中央工艺美术学院自1956年以来的历年收藏，此外主要来自校友和社会贤达的捐赠。

该馆除具备展览、典藏、研究、公共教育等主要职能外，重点在展览策划、精品推介、举办各种学术活动，开展公共服务、打造教育平台等方面，为传播历史人文艺术和现代科技创新成果发挥不可替代的作用。

藏品精选

海兽镜

唐代器物，直径15厘米，厚1.5厘米，重356克。

海兽葡萄镜，也叫海马葡萄镜或禽兽葡萄镜。海兽就是海外引进之兽的意思。其形制以高突棱为界分内外两区。它以内圈高浮雕海兽（狮子）为主题，外圈间饰葡萄、雀鸟、蜂蝶和花草，把铜镜装饰得富丽精致。

其他博物馆

大钟寺古钟博物馆

开馆时间：9：00—17：00（周二至周日）
停止入馆时间：16：30
休息：周一（其他时间参考博物馆公告）
地址：北京市海淀区北三环西路甲31号

大钟寺博物馆的前身是大钟寺，始建于清雍正十一年（1733年），原名觉生寺，因寺内珍藏一口明代永乐年间铸造的巨钟而得名，是中国唯一一座以古钟文化为主题的博物馆。馆内收藏了数百件古钟珍品，包括永乐大钟、柏林寺铜钟等，展现了丰富的历史和文化内涵。

中国海关博物馆

开馆时间：9：00—16：30（周二至周日）
停止入馆时间：16：00
休息：周一（其他时间参考博物馆公告）
地址：北京市东城区建国门内大街2号

中国海关博物馆是中华人民共和国海关总署直属的国家级行业博物馆。博物馆主体建筑采用古典园林风格，馆内藏品涵盖了从战国至当代各个历史时期的海关重要文物。展厅分为三层，以时间线串联，二层为千秋古关和近代海关，一层为现代海关，地下一层为临时展览。“海关902”艇专题展是博物馆的一大亮点。

中国妇女儿童博物馆

开馆时间：9：00—17：00（周二至周日）
停止入馆时间：16：30
休息：周一（其他时间参考博物馆公告）
地址：北京市东城区北极阁路9号

中国妇女儿童博物馆是中国第一家以妇女儿童为主题的国家级专题博物馆。博物馆设有6个基本陈列和5个专题展览，旨在促进妇女儿童事业发展和服务广大妇女儿童。博物馆采用多种现代化展示手段，打破传统枯燥的展览模式，为观众提供体验式参观感受。

中国科学技术馆

开馆时间：9：00—17：00（周二至周日）
停止入馆时间：16：30
休息：周一（国家法定节假日除外），农历除夕、正月初一、正月初二
地址：北京市朝阳区北辰东路5号

中国科学技术馆涵盖基础科学、生命科学、航空航天等多个科学领域，首批入选国家一级博物馆。新馆内有“儿童科学乐园”“华夏之光”“探索与发现”“科技与生活”“挑战与未来”5大主题展厅，公共空间展示区，以及球幕影院、巨幕影院、动感影院、4D影院等。

中国园林博物馆

开馆时间：9：00—17：00（周二至周日）
停止入馆时间：15：30
休息：周一（其他时间参考博物馆公告）
地址：北京市丰台区射击场路15号

中国园林博物馆是中国第一座以园林为主题的国家一级博物馆。博物馆由室内展厅、室内展园与室外展区3部分组成，拥有室内展厅9个、室内展园3个、室外展区3个，完整展示了中国园林和中华民族园林文化的发展脉络，是园林文化爱好者和游客的重要打卡地。

中国航空博物馆

开馆时间：9：00—17：00（周二至周日）
停止入馆时间：16：00
休息：周一（其他时间参考博物馆公告）
地址：北京市昌平区小汤山镇顺沙路99号院

中国航空博物馆，是大型航空专业博物馆，国家一级博物馆，分室外展区和室内展区，室外展区主要有馆标区、英烈墙、英雄广场、利剑雕塑等，室内展区分布在综合展馆和洞库展厅内。

中国地质博物馆

中国地质博物馆，是集收藏、研究展示地层古生物、矿物岩石、宝石等与地质相关内容的专题性博物馆，国家一级博物馆。设有地球展厅、矿物岩石展厅、宝石展厅、史前生物展厅等4个基本陈列展厅，藏品丰富且成体系化。

开馆时间：9：00—16：30（周二至周日）
停止入馆时间：16：00
休息：周一（其他时间参考博物馆公告）
地址：北京市西城区西四羊肉胡同15号

明十三陵博物馆

开馆时间：9：00—16：30（周二至周日）
休息：周一（其他时间参考博物馆公告）
地址：北京市昌平区十三陵镇昌赤路

明十三陵博物馆由明成祖朱棣及其以后共计十三位皇帝及二十三位皇后、一位皇贵妃以及数十位殉葬宫人的陵墓组成，是全国重点文物保护单位，设定陵、长陵、昭陵、神道4个分馆。馆藏文物主要有帝后衣冠和金银器皿等，如金丝翼善冠、六龙王凤冠、衮服、金酒注等。

北京汽车博物馆

北京汽车博物馆是中国国家公益性汽车主题博物馆，于2011年建成开放，集博物馆、展览馆、科技馆三位一体，以“科学—技术—社会”为主题，展现世界汽车百年发展历史及中国汽车工业的起步、发展与壮大的历史。

开馆时间：9：00—17：00（周二至周日）
停止入馆时间：16：30
休息：周一（其他时间参考博物馆公告）
地址：北京市丰台区南四环西路126号

中国人民革命军事博物馆

开馆时间：9：00—17：00（周二至周日）
停止入馆时间：16：00
休息：周一（其他时间参考博物馆公告）
地址：北京市海淀区复兴路9号

中国人民革命军事博物馆（简称“军博”）是中国唯一的国家级大型综合性军事博物馆，主要从事收藏、研究、陈列反映中国共产党领导的军事斗争历程和人民军队建设成就的文物、实物、文献、资料等，藏品数量丰富，品类广泛。

中国电影博物馆

中国电影博物馆是目前世界上最大的国家级电影专业博物馆，也是为纪念中国电影诞生100周年而建设的标志性建筑。该博物馆设有21个展厅和6个影厅，包括一个巨幕厅。馆内展示了1500余部电影、4300余张图片。

开馆时间：9：00（周二至周日）
停止入馆时间：16：30（周二至周五）
19：00（周六、日）
闭馆时间：17：00（周二至周五）
20：00（周六、日）
休息：周一（节假日照常开放）
地址：北京市朝阳区南影路9号

北京天文馆

开馆时间：9:00—16:30（周一、周三至周日）
停止入馆时间：16：00
休息：周二（其他时间参考博物馆公告）
地址：北京市西城区西直门外大街138号

北京天文馆，是中国第一座大型天文馆，国家一级博物馆。天文馆包含A、B两馆，馆内设有宇宙剧场、4D剧场、3D剧场3个科普剧场，另有天文展厅、太阳观测台、大众天文台、天文教室等科普教育设施，还包括位于建国门附近的明清两代皇家古观象台。

孔庙和国子监博物馆

开馆时间：9：00—17：00（周二至周日）
停止入馆时间：16：30
休息：周一（其他时间参考博物馆公告）
地址：北京市东城区安定门内国子监街15号

孔庙和国子监博物馆是国家二级博物馆。孔庙为三进院落，中轴线上依次建有先师门、大成门、大成殿、崇圣祠。前院西侧的持敬门与国子监相通。国子监是元、明、清时期国家最高学府和教育管理机构，又称“太学”“国学”，为三进院落，中轴线上依次建有集贤门、太学门、琉璃牌坊、辟雍殿、彝伦堂、敬一亭，主体建筑经历700多年依然完好，是唯一保存完整的古代最高学府校址。

全国农业展览馆

开馆时间：9：00—16：30（周二至周日）
停止入馆时间：16：00
休息：周一（其他时间参考博物馆公告）
地址：北京市朝阳区东三环北路16号

全国农业展览馆，又称中国农业博物馆，是宣传党和国家“三农”政策、保护研究传承中华农业文明、展示现代农业发展成果、促进农产品流通、普及农业知识的国家级专业博物馆，国家一级博物馆。博物馆设有“中华农业文明”“中国传统农具”等6个固定陈列，另有临时展览、流动展览、数字展厅等多种展览形式。

北京鲁迅博物馆

开馆时间：9：00—16：00（周二至周日）
休息：周一（其他时间参考博物馆公告）
地址：北京市西城区阜成门内大街宫门口二条19号

北京鲁迅博物馆由原北京鲁迅博物馆和北京新文化运动纪念馆合并组建而成。该馆是为了纪念和学习鲁迅先生而建立的社会科学类人物博物馆，主要负责鲁迅和新文化运动时期著名人物、重大事件有关实物、资料的征集、保管、研究和宣传展示等工作。

中国铁道博物馆

开馆时间：9：00（周二至周日）
停止入馆时间：15：30（周二至周五）
16：00（双休日及法定节假日）
闭馆时间：16：00（周二至周五）
16：30（双休日及法定节假日）
休息：周一（其他时间参考博物馆公告）
地址：北京市朝阳区酒仙桥北路1号院
北京市延庆区八达岭长城景区
北京市东城区前门大街甲2号

中国铁道博物馆是国家级专业铁路博物馆，拥有正阳门馆、东郊馆和詹天佑纪念馆3个展馆。其中，东郊馆主要展示机车车辆，包括中国现存最早的“0”号蒸汽机车及功勋机车。詹天佑纪念馆则是为纪念詹天佑而建的专题人物纪念馆。正阳门馆的固定展览为“中国铁路发展史”。

文化和旅游部恭王府博物馆

开馆时间：8:30—17:00（周二至周日）
停止入馆时间：16：10
休息：周一（其他时间参考博物馆公告）
地址：北京市西城区前海西街17号

文化和旅游部恭王府博物馆，简称“恭王府博物馆”，是集文物研究与保护、博物馆建设、旅游开放、文化空间与产业开发等职能于一身的综合性公共文化机构，是国家一级博物馆。博物馆分为府邸和花园两部分，整体建筑分东、中、西三路，每路由南至北贯穿多个四合院，共有建筑群落30余处。原为清乾隆四十五年（1780年）大学士和珅奉旨所建的十公主府，后被皇帝赐予庆郡王永璘为王府，清咸丰二年（1852年）恭亲王奕䜣迁居此府，始称恭王府。馆藏文物包括家具、器物、古籍、老照片、书画、印章、恭王府旧藏拍卖图录等。

审美的参差：雍正的素雅和乾隆的喜庆

在清朝瓷器发展历史上，雍正皇帝无疑是一个艺术家，他有着极高的艺术造诣和极简审美，雍正时期的瓷器以素雅浅淡的纹样颜色，错落有致的瓷面构图，纤细柔美的笔触线条著称。有人曾经形容雍正时期的瓷器器型为“增一分则拙，减一分则陋。”而乾隆皇帝的审美可以用“错彩镂金”形容，繁缛华丽，喜庆热闹。乾隆时期的瓷器色彩华丽，施釉精美到无以复加。据清宫造办处等档案显示，雍正和乾隆皇帝都非常积极参与到瓷器生产中来，会亲自监督修改画稿，甚至有先做成木样呈览，批准后进行烧造的瓷器。所以某种意义上，瓷器的风格，代表了父子两人两极的审美。

继承与创新

以单色釉瓷器和器形的优雅著称的雍正瓷器，大多继承明代及康熙朝的技术。

而乾隆帝除了有单色釉瓷器外，在珐琅、釉彩方面都进行了创新。“东北花棉袄”实际上是瓷胎画珐琅技术的长足发展。

技术的突破

雍正时，因为无法突破各色釉料的技术壁垒，追求单色素雅的极致呈现；乾隆时，在紫禁城造办处和景德镇御窑厂的技术人员的努力下，瓷胎画珐琅的技术得到了长足发展，在视觉特征上有了巨大转变，色彩变得丰富，有错彩镂金之感。

洛可可风

洛可可的风格对当时清代宫廷的影响随处可见，不仅是建筑风格，瓷器在创烧中，也有意或无意间吸收了西方宫廷流行文化。比如，乾隆曾命令广州、景德镇等地制造了一批西式的御用铜胎、瓷胎画珐琅器。

天津博物馆

概况

天津博物馆是一座历史艺术类综合性博物馆，是国家一级博馆。其历史渊源可以追溯至1918年成立的天津博物院。1952年，天津市市立第一博物馆和天津市市立第二博物馆合并成立天津市历史博物馆，视为今天天津博物馆的前身。1955年华北博物馆并入，奠定天津博物馆发展的坚实基础。2012年5月，天津博物馆新馆建成对外开放，使天津博物馆走向现代化科技化的发展前沿。

天津博物馆新馆的空间主题为“世纪之窗”，以宏大的公共空间作为纽带，巧妙地将各个展厅串联起来，为公众打造一个沉浸式的参观体验区。

藏品介绍

天津博物馆藏品丰富，特色鲜明，集古代艺术珍品与近现代历史文献、地方史料于一堂。馆内藏品近20万件，涵盖青铜器、瓷器、书画、玉器、文房用具等，另有敦煌遗书、民间工艺精品及历史档案。

图书资料多达20万册，为学术研究与公众教育提供了坚实支撑。

位置规模

天津博物馆位于天津市河西区平江道62号，整座博物馆建筑面积达6.4万平方米，地上五层，地下一层，内部共计13个展厅。博物馆北向主入口，宽达50米，高耸17米，以壮观的“层叠门户”形态，引领着访客穿越广场，步入博物馆的深邃世界。

博物馆特色

天津博物馆以融合地域、文化和时代特色的建筑，丰富多样的珍贵藏品，以及注重青少年教育的社会活动而闻名。馆内文物涵盖青铜器、瓷器、书画、玉器等，尤其以明清瓷器和宋至清的名家书画为亮点，展现了深厚的历史底蕴和艺术价值。

历代艺术珍品荟萃

馆内玉器藏品逾万件，纵贯古今，品类全面。以明清时期为主的丰富瓷器藏品，展现了中华瓷器艺术的精湛。书画藏品从宋至清，汇聚了范宽、赵孟頫、仇英等大师的杰作。这些国家一、二级文物，不仅数量众多，品质卓越，而且具有深厚的历史底蕴和艺术价值。

时空交融的世纪之窗

由何镜堂院士设计的新馆建筑，强调地域性、文化性和时代性，高悬的天窗与侧墙格栅营造出深邃神秘的氛围，光影交错间更显庄严神圣，成为连接各展厅的纽带，让人感受到历史的厚重与魅力。

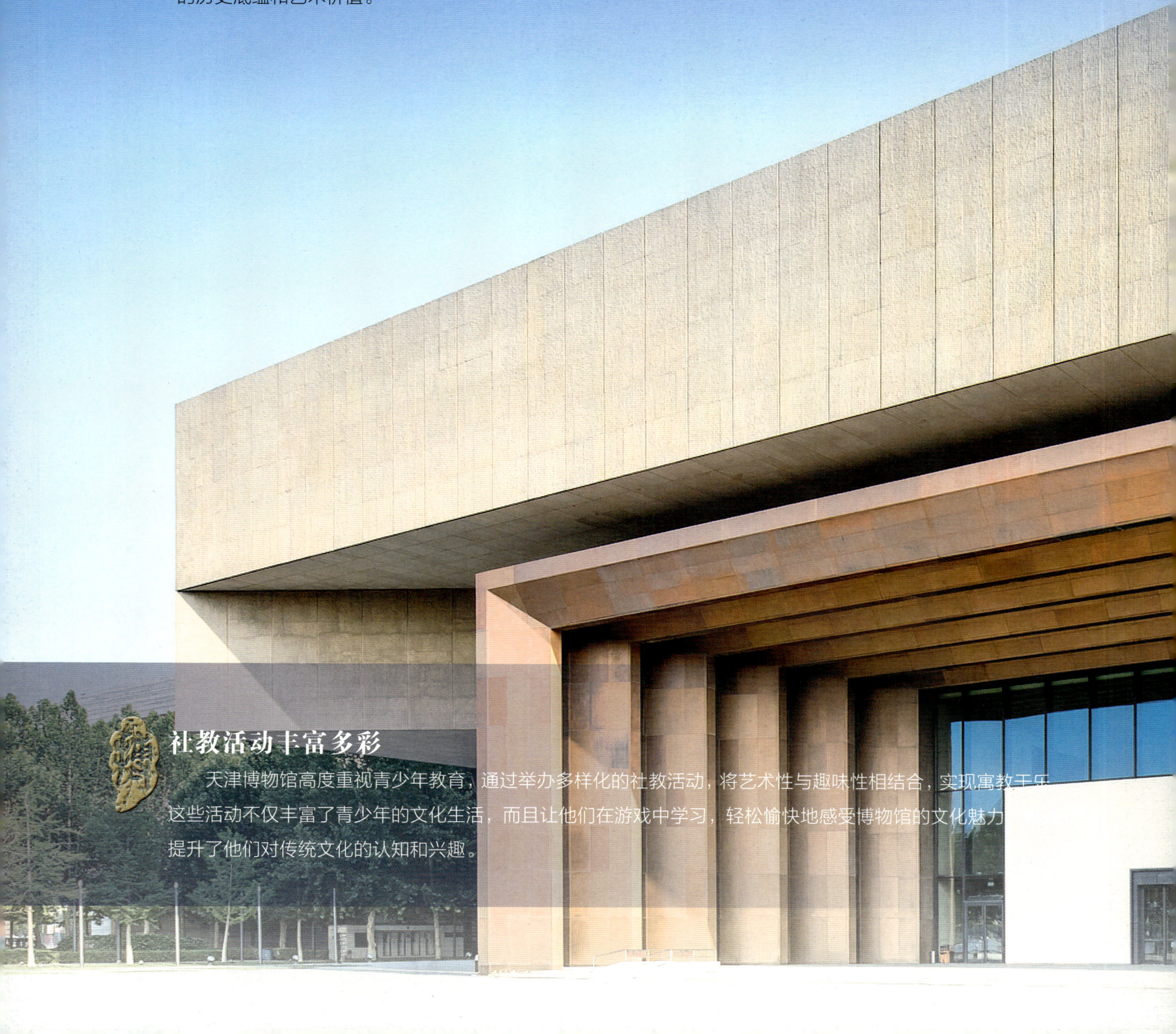

社教活动丰富多彩

天津博物馆高度重视青少年教育，通过举办多样化的社教活动，将艺术性与趣味性相结合，实现寓教于乐
这些活动不仅丰富了青少年的文化生活，而且让他们在游戏中学习，轻松愉快地感受博物馆的文化魅力
提升了他们对传统文化的认知和兴趣。

展览分布图

注意 本书的文物所在位置是以作者当前写作阶段的位置作为参考标注的，由于各博物馆经常会有临时特展或巡回展，所以无法保证位置固定不变，请各位读者知晓，以实际的参观情形为准。

明铜鎏金四臂文殊菩萨像

西周克镈

清白玉双石榴

汉羊灯

明德化窑白釉陈伟款立云观音像

清白玉泛舟山子

清白玉山水人物纹笔筒

清乾隆款斗彩农耕图双耳扁壶

发展沿革

1916年4月
严智怡等人在河北公园（今中山公园）内的商品陈列所里成立了“天津博物院”筹备处。

1918年6月
天津博物院正式成立。

1952年10月
天津市市立第一博物馆和天津市市立第二博物馆合并，成立天津市历史博物馆。

1955年3月
华北人民博览馆撤销，房舍和部分展品移交天津市历史博物馆。

博物馆的雏形建立（1918年～1954年）

博物馆的发

展厅陈设

基本陈列

馆内设立四大核心展区：“天津人文的由来”，追溯古代天津的悠悠岁月；“中华百年看天津”，聚焦天津在中国近代化进程中的关键角色与卓越贡献；“耀世奇珍——馆藏文物精品陈列”，彰显中华民族数千年文明史的璀璨物质遗产；“聚赏珍玉——中国古代玉器陈列”，聚焦中国古代玉器，全面展示中国玉文化的辉煌成就。

1968年
天津市历史博物馆、天津市艺术博物馆、天津自然博物馆和天津市泥人张彩塑工作室合并为天津市博物馆。

2004年12月
天津博物馆正式开馆。

2008年
博物馆新馆开工建设。

2012年
天津博物馆新馆建成，面向大众开放，成为天津地区最大的公益性文化机构。

程（1955年～2007年）

新世纪的新建工程（2008年至今）

主题展览

“瓷都芳华——馆藏明清景德镇窑瓷器展”作为天津博物馆的主题展览，常年展出。天津博物馆以明清景德镇窑瓷见长，举办此主题展览旨在引领公众领略古代瓷器艺术之美，同时追溯明清景德镇窑的历史演进。此主题展览不仅让文物焕发新生，更成为提升中华文化国际影响力的闪亮名片。

临时展览

天津博物馆还根据不同时期的文化热点和观众需求，策划了一系列的特色临展，如“瞬间与永恒——波兰琥珀文化艺术展”“肇基文明——天津博物馆藏商周文物特展”“沽上风物——天津民间工艺展”等。除了围绕天津本地艺术文化生活创设展览外，也涵盖中外不同文化艺术的展示与交流。这些展览丰富了人们的精神文明生活，是群众了解历史文化、欣赏艺术珍品的重要场所。

太保鼎

- 西周·青铜器
- 通高 57.6 厘米，口长 35.8 厘米，宽 22.8 厘米
- 天津博物馆藏

这件太保鼎出土于清代中晚期，是山东省寿张县梁山出土的被誉为“梁山七器”的七件青铜器之一，此鼎是七器中唯一一件收藏在国内博物馆的。鼎腹内壁铸“大保铸”三字，“大保”即太保，太保为官职名，是监护与辅弼国君之官。据学者考证，这件太保鼎是西周成王时的重臣召公奭（shì）所铸造的。因此这件文物是极其罕见的古代青铜艺术瑰宝，其艺术价值与历史意义无可估量。

太保鼎鼎身不大，但四足修长，且整个器型重心比较高，整体显得更加细长。最为显著的是柱足上装饰的扉棱和柱足中部装饰的圆盘，这在西周青铜器中是独一无二的，与当时常见的方鼎样式有很大区别。鼎口上铸双立耳，耳上浮雕双兽；鼎腹部四面饰蕉叶纹与饕餮纹，四角饰扉棱。

卷耳大尾双兽

造型之美 双兽耳

鼎耳上有两只浮雕的卷尾大耳双兽，两兽相对而立，分居在鼎耳两侧，呈攀爬之势，造型生动。

纹样之美 兽面纹鼎足

鼎足以兽面纹饰扉棱，兽面双眼圆润突起，下端还有圆盘式的造型，极其独特。

兽面纹

圆盘造型

白釉龙柄联腹传瓶

- 隋·陶瓷器
- 高 18.5 厘米，口径 5.2 厘米，底径 2.5 厘米，腹径 11 厘米
- 天津博物馆藏

目前已知最早的白瓷出现于北朝时期的范粹墓，但那时的白瓷普遍釉色泛青。随着时代发展，隋朝时的白瓷器釉色更为纯净洁白，而这件白釉龙柄联腹传瓶便是其中的典型佳作。其独特的双腹相连造型，乃隋代的创新器形，也是当时白瓷最高制作工艺的代表。

此瓶设计精妙，盘口雅致，单颈流畅，胎质纯白，釉面光滑细腻，光泽柔和而温润，表面隐约可见精致纹理。腹部双连造型独特，其间巧妙镶嵌双环系扣，增添一抹古朴韵味。肩部两侧，匠人精心捏塑双龙为柄，形态栩栩如生，活灵活现。瓶底还刻有五字铭文。与此瓶造型相似的另一件瓶，现藏于中国国家博物馆，但那件并无刻款，因此天津博物馆的这件文物更显珍贵。

动物之美 对称龙柄

此瓶最为醒目之处便是瓶口处的精致双龙柄，为手工捏制而成。双龙的身形修长，姿态矫健。龙首处的鬃毛向上自然卷曲，龙头探入瓶口深处，仿佛沉醉于瓶内的琼浆玉液。

造型之美 双腹相连

这件传瓶的瓶腹圆润饱满，其上的环状线条将瓶身分成 5 份，比例和谐。双腹相连，连接处上方有两环位于前后两侧，尽显对称之美。

底部铭文

文物的瓶底刻有铭文：“此传瓶，有**並**”。因此可以推断出此瓶应叫传瓶。铭文中的“有**並**”则可以理解为瓶子成双。

范宽雪景寒林图轴

- 宋·书画
- 长193.5厘米，宽160.3厘米
- 天津博物馆藏

《雪景寒林图》乃宋代北方山水画画家范宽所绘。范宽，同李成、董源并称北宋山水画三大家。他长年隐居钟南山和太华山中，观摩写生，其作品被元代书画鉴赏家汤垕（hòu）评价为“得山之骨法”。这幅《雪景寒林图》是我国大陆现存的唯一范宽真迹，故而十分珍贵。

在《雪景寒林图》中，范宽大师以浓墨重彩勾勒出山石的坚硬与林木的萧瑟，皴擦渲染间展现出雪后山川的磅礴与宁静，其间的房屋小桥又为整体增添一份生命力。整幅画布局精妙，层次丰富而不失和谐，让人仿佛置身于那片银装素裹、幽静深邃的寒林雪景之中。

意境之美 清冷的雪后美景

画面描绘了大雪覆盖的秦陇山川，山峰挺立，山间藏古寺，静谧而神秘。山脚密林环绕，草房的人儿藏于门后，更添温暖。溪水悠悠，无波却显活力。整体意境静谧清冷，却蕴藏淡淡生机。

隐秘署名

在茂密的树林里，可隐约看到“臣范宽制”四字，这是范宽有意留下的小惊喜。

隐秘草房

树林左边，有几块大石头把画面左边的几间小草房隐藏起来。草房只露出一点点影子。这时候，有个人从草房里探出头来，开门看雪。画家的一点巧思给这冷冷清清的地方增添了一丝温暖。

高大主峰

画面中最醒目的是居中靠上的主峰。主峰高大挺拔，巍峨险峻，只在顶部有一些植被覆盖，大部分山石裸露在外，正是北方山峰的特色之一。后面的侧峰用留白营造出云雾缭绕之感，拉开了主次之分，笔墨前重后轻，雪后的寂静和萧瑟之意油然而生。

清冷小屋

主峰下面是个建在半山腰的房屋，给人一种干净又冷清的感觉。主峰浑厚雄伟，更显得这座房屋难以到达。

小桥流水

远处的小溪静静流淌，流经至画面右下角，那里静卧着一座银装素裹的小桥。当我们踏上这座桥梁，缓缓向左行进，便仿佛步入了一片矗立于皑皑白雪之中的寒林秘境。

茂密树林

画面前方，范宽绘制的山石树木笔触浓墨重彩，湿润有光泽，多用皴擦与渲染，层次分明却又和谐统一。细密的雨点皴与粗犷有力的线条交织，生动展现了山石的坚韧与枯木枝干的锐利质感。

青玉翼龙纹双耳壶

- 元·玉器
- 高 15.5 厘米，口径 5.9 厘米，底径 5.3 厘米
- 天津博物馆藏

受宋朝文化影响，玉器在元代受到高度重视和推崇。在众多元代传世玉器中，玉壶的出现相对较少，可见这件青玉翼龙纹双耳壶的稀有。此壶为元代宫廷所制，刀工刚劲有力，至今难觅同类，推测此壶应为元代宫廷专用的尊贵之物，因此更显珍贵。

青翠玉料雕琢的椭圆形玉壶，颈侧饰以云纹半环形耳，浮雕与阴线雕刻相辅相成。壶体浮雕翼龙翱翔于波涛间，形象生动。从上到下，共含六层纹饰，主次有序，逐层递进，这种布局与元代青花瓷器上的纹饰排列方式颇为相似，展现了元代艺术造型中注重层次与和谐统一的特点。

玉龙翱翔

壶腹的正面和背面各雕有一只形态迥异的祥龙，它们身披鳞纹，展鸟形之翼，脚踏三爪，威风凛凛。两只翼龙在海浪中翻腾翱翔，场面无比恢宏。

壶腹的正面和背面各雕有一只栩栩如生的翼龙。

莲瓣纹、T 字形纹

壶体下半部饰以莲瓣纹，底部则为椭圆形的圈足。莲瓣纹整齐排列环绕一周，层次分明，线条流畅；圈足之处亦有 T 字形纹样整齐排列。

乾隆款珐琅彩芍药雉鸡图玉壶春瓶

- 清·陶瓷器
- 高 16.3 厘米，口径 4 厘米，底径 5 厘米
- 天津博物馆藏

玉壶春瓶的造型创烧于北宋时期，得名于诗句“玉壶先春”，自元代以来盛行至今。这件玉壶春瓶便是其中的佼佼者。此壶为瓷胎画珐琅，珐琅彩釉质地凝重，画笔运用涩滞，作画难度远超其他釉色。腹部花鸟栩栩如生，色彩丰富艳丽，技艺精湛高超。瓶身墨书题诗，实为诗、书、画三绝的彩瓷艺术珍品。

这款珐琅彩芍药雉鸡图玉壶春瓶细颈鼓腹，小巧玲珑，又高雅端庄。瓶颈部以蓝料绘就蕉叶纹，腹部以工笔绘制雉鸡、芍药等图案，画工精美，达宫廷贡品水准。玉壶春瓶成品制成后需皇帝挑选，仅保留完美者，其余就地砸碎并深埋，故而此瓶异常珍贵。

主题之美 生机勃勃的图景

瓶身描绘了一幅春意盎然、生机勃勃的美好图景。随着玉壶春瓶的缓慢转动，双雉相偎，奇石伫立，枝叶繁茂，鲜花吐蕊，一幅幅精致画面交错展开，令人眼花缭乱、心情愉悦。

天津自然博物馆

天津自然博物馆（主馆区）位于天津市河西区友谊路31号天津市文化中心区域内。其前身北疆博物院（旧址区）位于天津市河西区马场道117号天津外国语大学内。北疆博物院是目前国内唯一一座原址、原建筑、原藏品、原展柜、原文献资料完好保存至今的百年博物馆。

截至2021年末，天津自然博物馆有藏品36万余件（套），其中珍贵文物1299件（套），包括动物、植物、古生物、古人类、岩石矿物标本以及历史民俗文物等。该博物馆开创了中国古哺乳动物学研究的先河，揭开了中国旧石器时代考古学和古人类学研究的序幕。

场馆特色

天津自然博物馆主馆区总建筑面积3.5万平方米，展示面积1.4万平方米，基本陈列以“家园”为主题，是全国第一个采用主题单元化和全景式展示的集自然探索、科学体验、科学教育于一体的自然博物馆。其中一层“家园·探索”展区设有共享大厅、自博商店、4D影视厅、科普剧场、科普教室、恐龙主题餐厅、科普展演区、恐龙谷等。

标本展示

布氏和政羊

哺乳纲，偶蹄目，牛科，和政羊属。

图中左边为布氏和政羊骨架，来自甘肃和政，时代为晚中新世。

布氏和政羊是一种中等大小的麝牛类牛科动物，两角基部粗壮，尖端较钝，先朝后侧方伸出，然后弯向前方，并稍向下延伸。中科院古脊椎所邱占祥院士于2000年首次报道了甘肃临夏盆地的布氏和政羊并建种，此后再未见其他地点有关于和政羊化石的报道。

小知识

天津自然博物馆的前身北疆博物院，有一段颇为传奇复杂的经历。

1914年在天津耶稣会的赞助下，法国地质学家桑志华（Emile Licent，1876—1952）搜集了许多地质、岩矿、古生物和动植物等方面的标本和化石，将它们保存在法租界内的崇德堂。1922年，在教会和法租界的支持下，桑志华在天津工商学院附近修建了专门的北疆博物院。

博物院聘请外籍专家对中国北方的古生物领域进行考察，出版著作，为中国北方地区古生物领域的考察和研究提供了重要依据。

国家海洋博物馆

2010 年，国家发展改革委正式批复国家海洋博物馆落户天津市滨海新区新生态城海轩道 377 号，该馆于 2019 年正式对外开放。这座博物馆由自然资源部与天津市人民政府共建共管，集收藏、展示、研究、教育于一体，是我国唯一国家级综合性海洋博物馆。

国家海洋博物馆是天津市的文化地标，整个建筑包括主展馆、水上展场区域、景观绿地等功能区域。远看博物馆，给人以鱼跃入海、伸开手掌等诸多遐想，而它的正面又好像岸边的船坞，动静相互结合。这座博物馆的建成，是我国海洋事业发展的里程碑，更是人类与海洋互动的新空间、新媒介。

展厅陈设

国家海洋博物馆拥有藏品 4 万多件（套），包括海洋人文藏品与自然类藏品。海洋人文藏品包括陶瓷器、古籍文献等 30 余个门类，涵盖了体现中国海洋文化发展各个时期的历史见证物；自然类藏品包括现生类标本和化石类标本。

该馆占地面积 15 公顷，建筑面积 8 万平方米，展览展示面积 2.3 万平方米，建筑主体有 3 层、局部 4 层，陈列展览内容围绕“海洋与人类”主题展开，分为“海洋人文”“海洋自然”“海洋生态”三大板块，共设 6 大展区 15 个展厅，同时设有博物馆商店、餐厅、咖啡厅、影院等公共服务设施。

标本展示

小鰛鲸

哺乳纲，鲸目，须鲸科，是国家二级保护动物。小鰛鲸又称小须鲸、尖嘴鲸，为小型须鲸的一种。体短粗，头部较小，正面形似等腰三角形。背部与体侧呈带有浅蓝色的暗灰或黑灰色，腹面白色，尾鳍腹面也呈白色，主要以虾类及小型鱼类为食。成年体长可达9米，体重可达13.5吨。

小鰛鲸主要分布于太平洋及大西洋，在中国主要分布在渤海、黄海、东海、南海海域。

小知识

我国大陆海岸线长度约18000千米，如果与7600多座大小岛屿的海岸线加在一起，总长度超过32000千米。我国是一个海洋大国，不仅拥有漫长的海岸线，更有丰富的海岸带资源。2007年，30名两院院士联名倡议建立我国的国家海洋博物馆，以此来增强全民族的海洋意识，进而开展海洋研究、普及海洋知识。于是，一座与我国海洋大国地位相匹配的现代化综合性国家级海洋博物馆应运而生。

其他博物馆

大沽口炮台遗址博物馆

开馆时间：9：00—16：30（周二至周日）
停止入馆时间：16：00
休息时间：周一（其他时间参考博物馆公告）
地址：天津市滨海新区塘沽东炮台路1号

大沽口炮台遗址博物馆，是依托大沽口炮台遗址建立的反映中国近代史上中华民族英勇抵御帝国主义入侵事迹及精神的遗址类革命纪念馆，是国家二级博物馆。博物馆占地面积54000平方米 建筑面积3900平方米，展陈面积1700平方米，馆内设有陈列展厅、临时展厅、3D影厅等展区。

天津沉香艺术博物馆

天津沉香艺术博物馆，是以沉香文化为主题的地方主题性博物馆，是国家二级博物馆。博物馆馆藏各类沉香香品200余件。2013年，联合天津博物馆，举办“天香飘渺：沉香及中国古代香器特展”；2014年，联合故宫博物院、山东博物馆、景德镇陶瓷考古研究所，举办“空灵之约：中国沉香文化展”，展览荣获中国第十一届全国博物馆十大精品陈列展优胜奖。

开馆时间：10：00—16：00（周二至周日）
休息时间：周一（其他时间参考博物馆公告）
地址：天津市蓟州区洞甲路

周恩来邓颖超纪念馆

开馆时间：9：00—16：30（周二至周日）
停止入馆时间：16：00
休息时间：周一（其他时间参考博物馆公告）
地址：天津市南开区水上公园西路9号

周恩来邓颖超纪念馆，是全国爱国主义教育示范基地、全国廉政教育基地、全国民族团结进步教育基地、国家一级博物馆。馆内设有主展馆、西花厅展区、周恩来总理专机展区、“新海门”号船舶展区等四大基本陈列，实景再现周恩来、邓颖超的生活和工作环境等，展现了两人光辉灿烂、为人民鞠躬尽瘁的一生。

元明清天妃宫遗址博物馆

元明清天妃宫遗址博物馆，是依托元明清天妃宫遗址，展示古代建筑基址、妈祖文化形象、天津城历史的遗址类专题性博物馆，是国家二级博物馆、天津市文物保护单位、天津市爱国主义教育基地。博物馆占地面积5800平方米，建筑面积3000平方米，馆内设有4个基本陈列。馆内藏品7822件（套），以张湾沉船最具特色。

开馆时间：9：00—16：30（周二至周日）
停止入馆时间：16：30
休息时间：周一（其他时间参考博物馆公告）
地址：天津市河东区大直沽中路51号

天津市武清区博物馆

开馆时间：9：00—16：30（周二至周日）
停止入馆时间：16：00
休息时间：周一（其他时间参考博物馆公告）
地址：天津市武清区泉旺路52号

武清区博物馆，是保护收藏、研究展示、宣传科普武清区历史文化的地方综合性博物馆，是国家二级博物馆。博物馆建筑面积9200平方米，展陈面积为4610平方米，主体建设设计新颖别致。馆内设有5个常设陈列展厅和1个临时展区，馆内藏品2393件（套），其中珍贵文物93件（套）。

平津战役纪念馆

平津战役纪念馆，是反映解放战争三大战役之一的平津战役的专题革命纪念馆，是全国爱国主义教育示范基地、全国国防教育示范基地、全国青少年教育基地、全国廉政教育基地、国家一级博物馆。馆内基本陈列有序厅、战役决策厅、战役实施厅、人民支前厅、英烈业绩厅、伟大胜利厅6个板块，从政策主张、军事行动、地下工作、英烈人物和人民支前等方面全面展示平津战役全过程。

开馆时间：9：00—16：30（周二至周日）
停止入馆时间：16：00
休息时间：周一（其他时间参考博物馆公告）
地址：天津市红桥区平津道8号

泥人张彩塑：色彩与泥土的交响曲

天津的泥人张彩塑是北方流传的一派民间彩塑，深得百姓厚爱，是天津艺人张明山于 19 世纪中叶创造的彩绘泥塑艺术品，流传、发展已有 100 多年的历史，2006 年入选首批国家级非物质文化遗产名录。

泥人张的彩塑，把传统的捏泥人提高到圆塑艺术的水平，又装饰以色彩、道具，形成了独特的风格。它是继元代刘元之后，我国又一个泥塑艺术的高峰，其作品艺术精美，影响远及世界各地，在我国传统民间手工艺史上占有重要的地位。

题材广泛

泥人张彩塑创作题材广泛，或反映民间习俗，或取材于民间故事、舞台戏剧，或直接取材于《水浒传》《红楼梦》《三国演义》等古典文学名著。

色不等于彩

泥人张彩塑用色简雅明快，强调色彩不仅仅是对客观事物固有颜色的简单模仿，还包含了艺术家的主观理解和创造性表达。“色”是物体本身所具有的颜色，是客观存在的；而“彩”则是艺术家根据自己对色彩的理解和情感，对“色”进行调配和组合后的结果，是一种主观的艺术表达。

艺术表现

泥人张作品的表现手法以写实为主，兼有夸张、写意。人物塑造强调生动鲜活，动态注重神韵结合，衣纹处理注重线条流畅、舒展优美。

材料讲究

泥人张彩塑所用材料是含沙量低、无杂质的纯净胶泥，经风化、打浆、过滤、脱水，加以棉絮反复砸揉而成为“熟泥”，其特点是黏合性强。

河北博物院

概况

河北博物院是河北省省级综合性博物馆、全国爱国主义教育示范基地、国家一级博物馆。包括主院区、建华院区、育才院区三部分。主院区是石家庄市标志性文化景观。

河北博物院前身为河北省博物馆，于1953年成立。2012年，原河北省博物馆、河北省民俗博物馆、河北省文物出境鉴定中心、河北省文物交流中心四个机构合并组建为河北博物院。

位置规模

河北博物院主院区位于河北省石家庄市长安区东大街 4 号，总建筑面积达 5.3 万平方米。主院区分为南北两区，北区为旧展区，现作为临时展区；南区为新建区，为常设展区，功能以文物展示为主。除主院区外，还有建华院区和育才院区两院区，以藏品保管和文物修复为主。

藏品介绍

河北博物院现有馆藏文物 21 万件，其中一级文物 340 件（套），二级文物 1926 件（套），三级文物 17383 件（套）。藏品囊括青铜器、陶瓷器、漆器、石器、骨角器、玉器、书画、近现代文物等多个品类。其中尤以满城汉墓文物、河北四大名窑、元青花瓷器、石刻造像、明清名人字画以及抗战时期革命文物最具特色。

博物馆特色

河北博物院文物年代跨度大，从新石器时代的骨针到近现代的文书档案，展现了河北多民族、多文化的地域特色，成为传播燕赵文化和中华文明的窗口。河北博物院以其丰富的馆藏和独特的地域文化吸引了众多游客和学者，不仅是了解河北历史文化的重要场所，而且是研究中国古代文明发展的学术基地。

古韵廊柱照映历史

河北博物院以廊柱式建筑闻名。北区建筑风格仿照人民大会堂，南区以高大廊柱环绕，与北区建筑形制和主色调相呼应，形成统一风格。

地域文化特点鲜明

河北博物院展品丰富，覆盖史前至近现代历史，突出河北在中国古代政治、文化和艺术中的重要地位。标志性展览如古中山国展厅，展示了战国时期中山国的丰富文物。此外，满城汉墓出土的金缕玉衣、长信宫灯等文物更是镇馆之宝，反映了西汉贵族的生活和汉代丧葬习俗。

展览分布图

注意 本书的展厅所在位置是以作者当前写作阶段的位置作为参考标注的，由于各博物馆经常会有临时特展或巡回展，所以无法保证位置固定不变，请各位读者知晓，以实际的参观情形为准。

西汉 错金铜豹镇

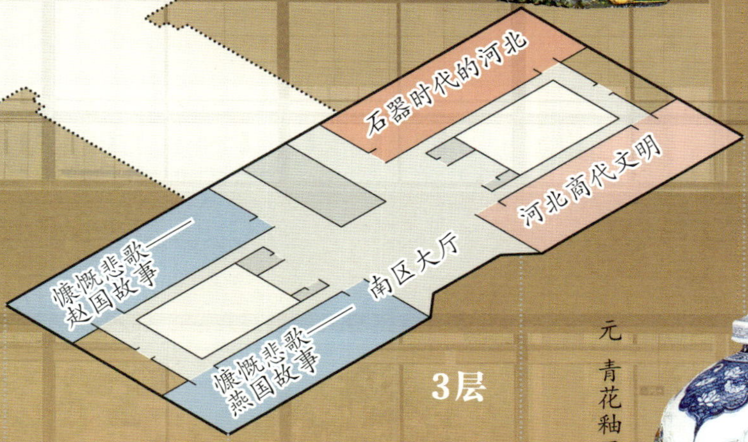

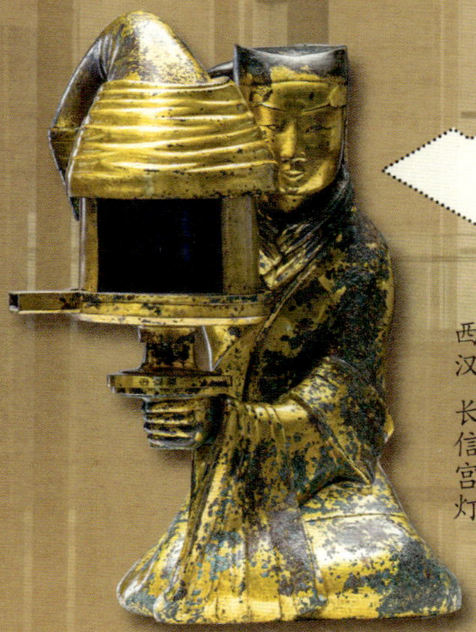
西汉 长信宫灯

元 青花釉里红镂雕开光盖罐

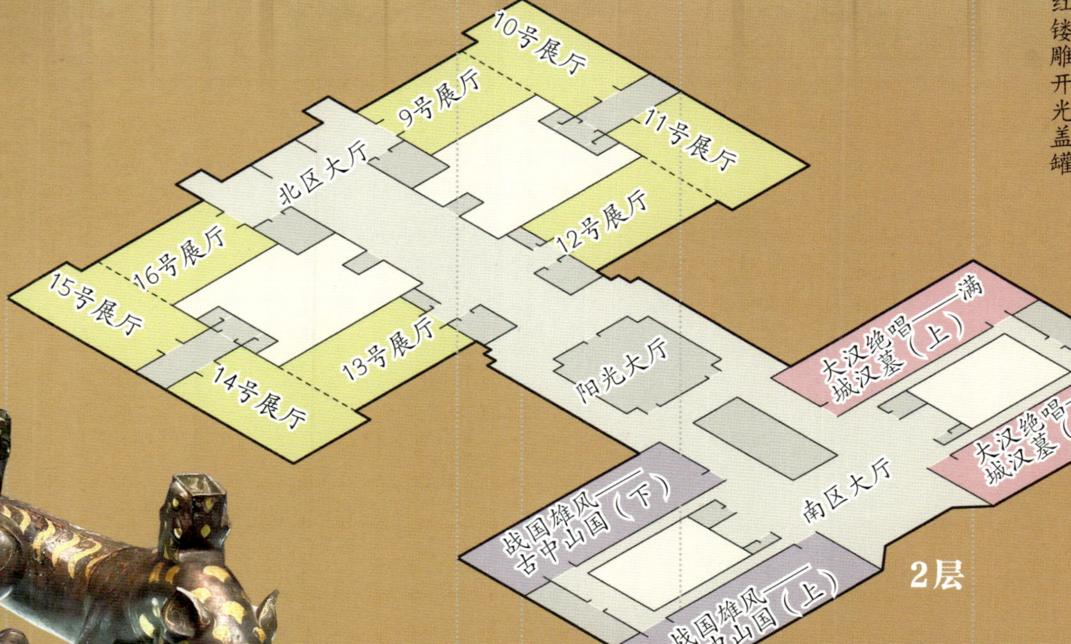

西汉 铜朱雀衔环杯

北齐 青釉仰覆莲花尊

战国 错金银虎噬鹿屏风座

金 白釉戳印双鹿纹如意形枕

西汉 错金博山炉

西汉 坐形白玉人

发展沿革

1950年 河北省文物管理委员会成立，负责文物保护和博物馆建设工作。

1953年 河北省博物馆筹备处成立，馆址位于保定市古莲花池院内，当时藏品寥寥无几。

1982年 河北省博物馆迁至省会石家庄市，借用河北省展览馆办公并举办展览。

1986年 河北省展览馆和河北省博物馆合并改建为新的河北省博物馆。

白手起家的征集时期

形成体系的扩建期

展厅陈设

常设展览

河北博物院共推出 10 个常设展览，包括“石器时代的河北”“河北商代文明”“慷慨悲歌——燕赵故事”“战国雄风——古中山国”“大汉绝唱——满城汉墓”“曲阳石雕”“北朝壁画”等。这些常设展以“石器时代—商—春秋—战国—汉—北朝”为时代顺序，通过 5000 余件（套）精美的文物和现代化展示手段，记录了河北 200 万年来连绵延续的人类发展史。

2012年
河北博物馆与另外三个机构合并为河北博物院。

2015年
河北博物院完成整合组建，博物院突出整体环境与规模。

2014年6月9日
河北博物院举行挂牌仪式并正式对外开放。

近些年，河北博物院利用数字化与信息技术为观众提供了更好的观展体验。上线了“360度全景展厅”，不断更新馆内的展陈多媒体设备。

从博物馆到博物院　　**新时代科技数字化展馆**

交流展览

河北博物院作为拥有古中山国历史文物较多的博物院，为了更好地与其他博物馆进行交流研究，举办过两次合作交流展览，分别是“鲜虞风云——古中山国文物精品展”“父子家国——汉代中山王陵及王室墓出土文物特展”。通过各类交流活动来展现河北的历史文化与文物背后的深厚内涵。

临时展览

除了常设展览，河北博物院还会举办一些内容有趣的临时展览，例如“故宫·茶世界：紫禁清韵——茶文化精品博物展”“珍奇生灵——濒危动物展”“香聚香识——古人的‘香’生活”“Case Lab 元世界福尔摩斯沉浸式主题展（中国·河北站）”等，通过这些不同角度、多元化的展览，为访客提供更丰富的观展体验。

长信宫灯

- 西汉·青铜器
- 通高 48 厘米，重 15.85 千克
- 河北博物院藏

西汉长信宫灯 1968 年出土于河北省满城县西汉中山靖王刘胜之妻窦绾的墓中。此灯通体鎏金，造型为一位身姿婀娜的年轻侍女屈膝举灯，信女神态优雅恬静，衣纹清晰，层层堆叠。灯上共有铭文 9 处，记载了灯的重量、容量、铸造时间和所有者。这盏宫灯由头部、身躯、右臂、灯座、灯盘、灯罩六个部分分铸而成，灯罩可左右开合，以调节灯光的亮度。

古代青铜灯多以动物油脂为燃料，点燃后形成的烟会弥漫整个室内，散发出刺鼻的气味。西汉长信宫灯体内中空，灯火点燃时，烟气通过人像右手进入体内，被导入宫灯底座的置水的盘中。浓烟或被清水吸收，或沉于灯内，最大限度避免了室内的空气污染，显示出独特的环保理念。其别具匠心的设计理念凸显出汉代人们的生活智慧。长信宫灯也因其精美的造型与超前的设计被誉为“中华第一灯”。

持灯的宫女发式是汉代女子常见的挽髻，类似于今天的盘头。头上戴的头巾叫巾帼，可以戴在头上，也可罩住前额，还可围在发际，两侧垂带。

铭文之美

铜灯身世

铜灯灯体有九处刻有铭文，共计 65 个字。根据铭文可以知道长信宫灯的流转，其中比较确定的是：长信宫灯曾在皇太后窦猗的宫殿“长信宫”的浴府中使用。

错金铜博山炉

- 西汉·青铜器
- 通高 26 厘米，腹径 15.5 厘米，足径 9.7 厘米
- 河北博物院藏

这件错金铜博山炉出土于河北省满城县西汉中山靖王刘胜墓。西汉时期，贵族们嗜好熏香，同时有着对仙山、天神的崇拜，博山炉的器型恰好满足了当时贵族的两种需求，在当时盛极一时。

该炉主体装饰华丽的错金云纹，器盖雕刻了一幅仙山盎然的景色，精美至极，推测为刘胜沐浴时焚香所用。此炉山峦起伏，错金工艺错出的云气产生了流动的视觉效果。融汇了仙山、神龙、灵兽等多种元素，反映了汉代贵族对求仙和长生的信仰，也体现了盛世时期汉代工匠非凡的智慧与高超的创造力。

狩猎纹

盖顶的山峦间有小树生长，其间虎豹奔走，小猴伫立，猎人扛弓寻猎，追赶着野猪，生动地刻画出了秀丽山景中的狩猎场面。

交龙纹

座柄为透雕的缠绕于一体的三条龙，龙头托住炉盘，龙身用极细的线条绘出云纹，营造出飞翔感。

西汉刘胜金缕玉衣

- 西汉·玉器
- 全长188厘米，金丝重量约1.1千克
- 河北博物院藏

这件西汉刘胜金缕玉衣出土于河北省满城县西汉中山靖王刘胜墓，是我国考古发掘中出土年代最早、最完整、规格最高的玉衣，整件玉衣共用玉片2498片。金缕玉衣制作极其繁琐，需要耗费大量的人力物力，工匠们制作前需挑选上好的玉石，反复打磨切割后制成玉片，再用金丝将玉片串连起来。金缕玉衣体现了汉代的经济实力、匠人超凡的手艺，以及当时王公贵族对永生的狂热。按照东汉时期的礼仪制度，玉衣的使用有明确的等级：帝王用金缕，诸侯王用银缕，列侯可用铜缕。刘胜作为诸侯王，却使用了等级较高的金缕，可能与西汉时期玉衣使用规制不严有关。

历史之美 金贵的玉衣

金缕玉衣又称“玉匣”“玉柙”，可以追溯到东周时的“缀玉面幕”“缀玉衣服”，流行于西汉时期。汉代贵族相信用玉衣作为殓服能令肉体不腐。《汉旧仪》载：“王侯葬，腰以下玉为札，长尺，广二寸半，为匣，下至足，缀以黄金缕为之。”这种葬俗可能始于战国末年贵族穿玉衣入葬。到了三国时期，魏文帝曹丕下诏禁用玉衣，至此玉衣作为丧葬殓服的功能就在中国历史上消失了。

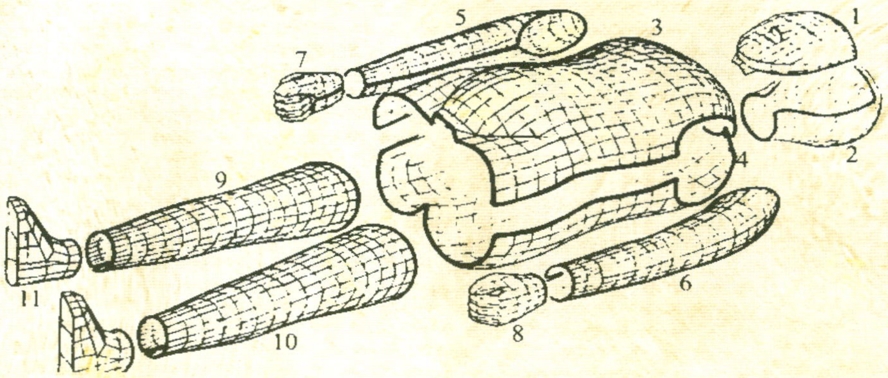

为了方便穿戴，玉衣的头套、上衣、脚套等多个部分都可以彼此分离。上衣由前片和后片组成，头部由头罩和脸盖组成，袖筒、裤筒、手套和鞋都是左右分开的。

国宝小知识：窦绾金缕玉衣

窦绾金缕玉衣长1.72米，玉片数2160片，金丝700克，玉衣上衣部分的玉片较大，未用金丝串联，而是用丝织物粘贴。玉片也为岫岩玉。面部制作得更加精细，除了刻画出精致的眼睛、鼻子、嘴巴外，还在头罩两侧做出了耳朵的轮廓。

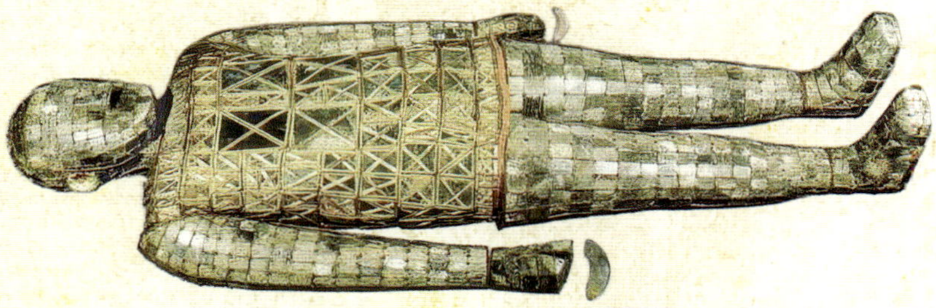

窦绾金缕玉衣（西汉，河北博物院藏）

工艺之美 温润的玉片

绝大多数玉片为长方形和方形，由岫岩玉制成，上衣呈绿色，玉质莹润，下身为灰白和淡黄色。整体主要分为头罩、上衣、手套、裤筒和鞋等五部分，上衣由前片、后片构成，袖筒、裤筒、手套和鞋都是左右分开的。其外观与人体几乎相同。

玉衣腹部凸起，形似现代的“啤酒肚”，加上出土时发现的大量酒器，印证了墓主人刘胜嗜好饮酒的特点。据《汉书·景十三王传》记载：“胜为人乐酒好内，有子枝百二十余人。”刘胜喜好酒色，醉心奢侈享乐，其陪葬品华丽奢侈，长信宫灯、错金铜博山炉等精美文物皆出土自其墓中。

金缕玉衣手部做成握拳状，以金线连接，左右各握一件璜形玉握。

彩绘散乐浮雕

- 五代·石雕
- 长 136 厘米，高 82 厘米
- 河北博物院藏

彩绘散乐浮雕出土于河北省曲阳县王处直墓，出土时嵌于墓室西壁南部下方，为五代时期的彩绘浮雕作品。散乐浮雕表现的是乐队吹奏表演的热闹场面，由 15 人组成，右边第一个人物是着男装的女子，右下角为两名头戴高帽、缠布带的男子。12 名演奏者都为身穿短襦长裙、肩部缠绕帔巾的女性形象。伎乐人物丰满圆润，表情生动，具有极高的艺术感染力。其手上的传统弹拨乐器、打击乐器和管乐器刻画精细逼真，为研究五代时期的乐器提供了宝贵的参考资料。

浮雕所出土墓葬的主人王处直为唐末五代时期北方割据军阀，后梁龙德元年（921 年）其养子王都发动叛变，将王处直囚禁而死。或许是为了名声考虑，王都为王处直修建了精美的陵墓，墓的华丽从这件浮雕上便可见一斑。同出土的还有一件与其大小、形制类同的彩绘侍奉浮雕，上雕有 14 位手捧壶、扇、拂尘等日常用品的仕女，与这件散乐浮雕相互呼应。

塑造之美 立体的人物

女子头梳抱面高髻、椎髻、环髻等不同发式，头上插梳或戴花，身穿红色或白色衣裙，外穿褐、白、红三色窄袖短襦，白色帔巾从胸部后搭于肩上，腰上系带于腋下，脚穿红色高头履。

右边第一个为着男装的女子，站在队首，手持竿子，是乐队的指挥，时人称为“竹竿子”。她头戴朝天幞头，身穿褐色圆领缺胯袍，双手交握在前胸，手执一端系有双环丝带的细棒。

乐器之美 绕梁三日

这件浮雕石刻精准地描绘出了乐女们手上的传统弹拨乐器、打击乐器和管乐器，对了解、研究五代时期的乐器种类提供了丰富的史料。

座鼓

鼓是我国的传统打击乐器之一，其音色威武雄壮。

拍板

又称檀板、绰板。演奏时，乐师左右手分握木板，拍击发声。

横笛

汉代以前，笛子多为竖吹。横吹笛是张骞出使西域后传入中原的。

筚篥

又称管子，多为木制，开八孔，通过吹奏管口上插的苇制哨子而发声。其音色清透嘹亮，表现力丰富。筚篥也是从龟兹传入的。

羯鼓

亦是从龟兹、疏勒等西域地区传入中原的打击乐器。

方响

又称方响、铜磬，是中国传统打击乐器之一，由十六块铁板排列而成，具有固定音高，用铁锤或木槌敲击发声。

笙

笙是中国传统吹奏乐器，以簧、管共振发声，音质柔和清雅，可用于和声伴奏。

琵琶

此琵琶应为曲项琵琶，为西域龟兹传入中原的乐器，为四弦四柱，用拨子弹奏。

筝

汉、晋以前的筝多为十二弦，之后逐渐出现了十三弦、十五弦、十六弦、二十一弦。这面浮雕上乐女所弹奏的为十三弦筝。

箜篌

是汉代由西域传入中原的乐器。其背部如弓，琴弦系在框架上，演奏时将琴身抱在怀里，从后方用双手拨弹，类似今天的竖琴。

避暑山庄博物馆

避暑山庄博物馆是清代宫廷历史类博物馆，位于河北省承德市双桥区山庄东路 6 号，在全国重点文物保护单位避暑山庄内。避暑山庄曾是清康熙、乾隆、嘉庆三代帝后驻跸热河、处理军政、礼仪宴飨、政余读书、起居游乐的主要区域。博物馆陈列展览面积 1.3 万多平方米，库房 1300 平方米。

避暑山庄博物馆的前身是 1949 年 2 月筹建的热河省古物保管所和 1956 年组建的河北省承德市避暑山庄博物馆。同年辟正宫“澹泊敬诚”“四知书屋”两殿堂和月色江声岛的莹心堂为展室，对游人开放。该馆兼有地志博物馆性质。

场馆特色

承德避暑山庄始建于清康熙四十二年（1703 年），经康熙、雍正、乾隆三朝，历时 89 年于 1792 年建成，占地 564 万平方米，是中国现存最大的皇家园林。避暑山庄按中国地理形貌选址设计，以西北山区、东南湖区、北部平原区之地形地貌构成中国版图的缩影。山庄造园取法自然，不假雕饰，120 余组建筑掩映于山水草木之间，构成融南秀北雄于一体、集全国名胜于一园的壮美景观。

藏品精选

仿哥釉八卦琮式瓶

清乾隆时期文物，高 28.1 厘米，口径 8 厘米，底径 10.9 厘米。

这件清乾隆仿哥釉琮式瓶，哥釉特征明显，釉面肥厚匀净，开片自然随意，形如冰裂，八卦纹凸线挺拔如万物相连。器底有青花“大清乾隆年制”三行篆书款。

藏品介绍

博物馆陈列清代遗留下来的宫廷文物，馆内藏品共 21737 件（套），珍贵文物数 10081 件（套），重要碑刻 21 件，历史典籍、图书资料 28400 余部（册），还保存了乾隆五十五年（1790 年）乾隆皇帝亲躬修撰文字的石鼓 10 墩。

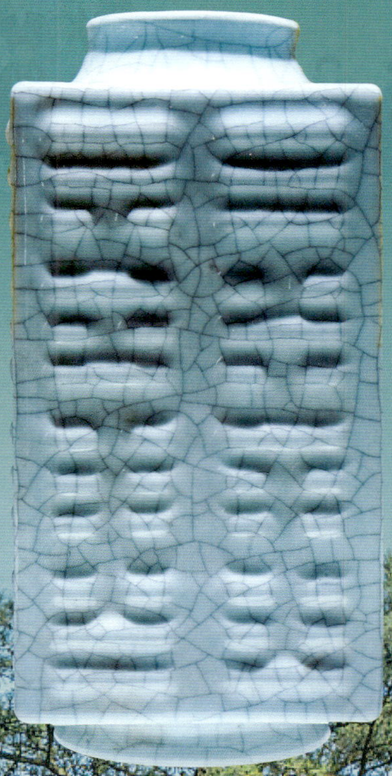

定州博物馆

定州博物馆为国家一级博物馆。该馆始建于1959年，原址在定州文庙院内。2018年迁入新馆，新馆位于河北省保定市定州市中山东路，毗邻开元寺塔、贡院、文庙和晏阳初旧居等景点和宋街、开元寺大街等仿古街区。

博物馆总占地面积约55亩，建筑面积2.56万平方米。分地下一层和地上四层，由常设展厅、临时展厅、学术报告厅、公共活动空间、快乐学堂、休闲娱乐区、库房区、办公区等组成，能够满足收藏、展示、研究、培训和教育等各项功能需求，公共服务设施完备。

展厅陈设

博物馆陈列“汉家陵阙”“北朝佛陀”“尘外千年”“天下大白”“金翠明珠”“故乡星空”等多个主题展览，以汉代王陵藏珍、北朝造像精品、塔基地宫瑰宝、定窑瓷器精华、明清首饰集锦、历史名人荟萃为主线，诠释了两千多年来中山古国的辉煌与荣光，展示定州深厚的文化底蕴和独具特色的文化内涵。

藏品介绍

博物馆馆藏文物 10 万多件（套），其中国宝文物 3 件，国家珍贵文物 965 件。一级文物 107 件（套），二级文物 214 件（套），三级文物 644 件（套）。藏品以中山文化、定瓷文化、佛教文化、典籍文化为主要特色，有陶、瓷、玉、石、金、银、铜、骨、木等品类，以汉代和宋代文物为主，藏品具有地方特色和时代特征，品类丰富，价值厚重。

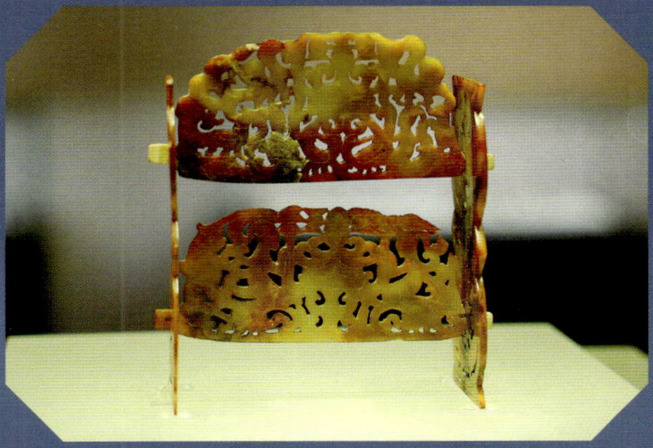

透雕神仙故事玉座屏

藏品精选

龙螭衔环谷纹青玉璧

该玉璧通高 30.5 厘米，最厚处约 1.1 厘米。玉料呈青色，局部有红褐色沁。体扁平，两面形式和饰纹相同，上部出廓处镂雕一螭一龙穿行于云雾中，中央顶端有一圆形穿孔以供挂系用；下部主体为一璧，近璧的内外缘各有一凸宽弦纹，内满饰凸起且排列有序的谷纹；璧主体外两侧各镂雕一形式相异且不对称的螭纹。

磁州窑博物馆

磁州窑博物馆位于河北省邯郸市磁县磁州路中段路北，占地 7.8 亩，建设总面积达到 5000 平方米。该博物馆分上下两层，设有四个大展厅，以及文物库房、学术报告厅、文物修复室、陶吧等功能区域。

磁州窑是中国北方一个巨大的民窑体系，其烧造历史悠久，自北朝创始，历经隋唐，到宋金元时期繁荣鼎盛，经明清至今，绵延不断，历千年不衰。

磁州窑中心窑场位于今磁县、峰峰矿区境内的漳河、滏阳河流域，以观台窑为代表。1996 年，磁州窑遗址被国务院确定为全国重点文物保护单位。

磁州窑产品种类繁多，器物造型古朴、挺拔，装饰艺术生动、豪放，装饰技法丰富多彩。特别是磁州窑工匠将传统中国绘画技法直接用于瓷画，创烧了“白地黑花”装饰技法，呈现出黑白对比、反差强烈的艺术效果，在世界陶瓷史上独树一帜。

展厅陈设

磁州窑博物馆的展览紧扣“白地黑花”的装饰艺术特征，展览主题为“黑与白的艺术”。该专题陈列分为四个主题：一是“窑火初燃”，展示北朝隋唐时期的磁州窑器物；二是“化境黑白”，展示宋金元时期磁州窑“白地黑花”装饰艺术由初创到成熟的过程；三是“余韵悠长”，展示明清民国时期的磁州窑器物；四是“美器由来”，展示磁州窑生产的整个工艺流程。

藏品介绍

磁州窑博物馆馆存藏品14765件（套），其中珍贵文物数为452件（套）。其特色藏品包括金代白地黑花缠枝芍药纹长颈花口瓶、北齐青釉龙柄鸡首壶、金代三彩迦陵频伽脊饰等。此外，博物馆还藏有许多生动的瓷枕，有的上绘小孩、马戏、花鸟、山水等图案，有的则带有诗词、文字，展现了古人的精致生活和独特文化。

藏品精选

红绿彩孩儿枕

红绿彩孩儿枕是宋金时期的一种瓷枕，以男孩形象为枕体，背部略下凹作为枕面，设计稳定平衡且舒适。其特点在于运用红绿彩描绿点红的装饰技法，色彩鲜艳且富有变化，展现出孩童的生动与可爱。此外，孩儿枕还蕴含着观音赐子、观赏赐福的寓意，体现了古代社会对于子嗣的期盼和祝福。

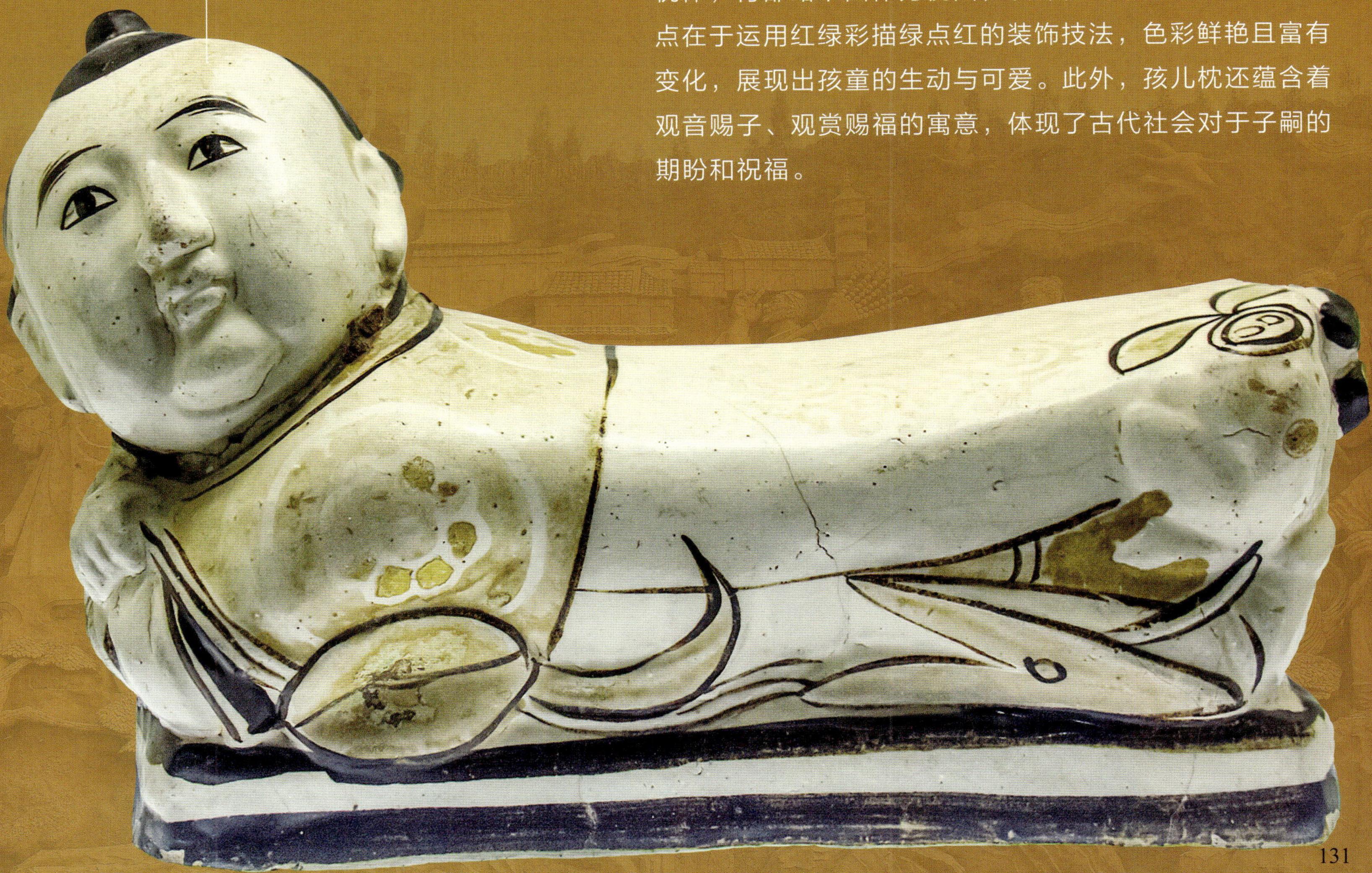

孩童头部抬起，抬眉向上看，展示了孩童的天真浪漫。

其他博物馆

西柏坡纪念馆

开馆时间：9：30—17：00（周二至周日）
停止入馆时间：16：30
休息时间：周一（其他时间参考博物馆公告）
地址：河北省石家庄市平山县西柏坡镇西柏坡村西柏坡景区内

西柏坡纪念馆，是纪念重要党史、弘扬优良革命传统的革命纪念馆，是国家一级博物馆。纪念馆设有西柏坡主题陈列馆、国家安全教育馆、西柏坡廉政教育馆。中共中央旧址、中央部委旧址等，集革命传统教育、党性教育、国家安全教育、廉政教育于一身。

邯郸市博物馆，是收藏、研究、展示邯郸地区历史文化的地方性综合博物馆，是国家一级博物馆、河北省爱国主义教育基地、河北省社会科学普及基地。馆内设有“‘甘丹’风华——邯郸历史文化陈列”“磁州窑、古代石刻艺术”“中国历代钱币专题陈列”等展览。馆藏文物以新石器时代磁山文化文物、先商文物、先秦两汉赵国文物、邯郸境内佛造像、磁州窑精品文物等最具特色。

邯郸市博物馆

开馆时间：9：00—17：00（周二至周五、周日）9：00—21：00（周六）
休息时间：周一（其他时间参考博物馆公告）
地址：河北省邯郸市人民路399号

元中都博物馆

开馆时间：9：00—17：00（周二至周日）
停止入馆时间：16：30
休息时间：周一（其他时间参考博物馆公告）
地址：河北省张家口市张北县桦皮岭南大街和察哈尔南大街交叉口

元中都博物馆，是收藏研究、展示宣传元朝历史以及元中都历史的主题性博物馆，是国家二级博物馆。博物馆主体建筑仿元中都建制，布局呈回字形，体现不同层次的宫殿群落。馆内共设有6个展厅，展出基本陈列“一座中都城　半部元朝史”，集文物保护、考古研究、陈列展示为一体。

邺城考古博物馆，原为北朝佛造像博物馆，是中国首座佛造像专题博物馆，依托邺城遗址及考古发掘文物建立，现为国家二级博物馆。馆内设有“序厅”“中原要地、富庶粮仓——史前至秦汉时期的邺地”“魏武雄才、崭新都城——曹魏时期邺城”“民族融合、文化激荡——十六国时期邺城”“隋唐文明之前奏——东魏北齐邺城”等陈列展。

邺城考古博物馆

开馆时间：8：30—17：30（周二至周日）
停止入馆时间：11：30—13：30、17：00
休息时间：周一（其他时间参考博物馆公告）
地址：河北省邯郸市临漳县金凤大街33号

石家庄市博物馆

开馆时间：9：00—17：00（周二至周日）
停止入馆时间：16：50
休息时间：周一（其他时间参考博物馆公告）
地址：河北省石家庄市长安区建设北大街11号

石家庄市博物馆，是收藏研究、展示宣传石家庄历史文化的地方性综合博物馆，是国家二级博物馆、河北省爱国主义教育基地、河北省青少年教育基地。馆内设有“农耕与民俗展”“践行社会主义核心价值观——道德模范事迹展”“文物数字展”“毗卢寺壁画摹本展”“石家庄历史文化巡展”等展览。

河北省科学技术馆

河北省科学技术馆，是隶属河北省科学技术协会的省级综合类科技馆，是国家二级博物馆。河北省科学技术馆由常设展厅、宇宙剧场、4D演播厅、科普剧场及辅助设施组成，共有展品400余件（套）。常设展区包括："力与机械""电与磁""数与形""戏水乐园""风的世界""小小建筑师""防震减灾""机器人"等。

开馆时间：9：30—17：00（周二至周日）
停止入馆时间：16：30
休息时间：周一（其他时间参考博物馆公告）
地址：河北省石家庄市东大街1号

唐山博物馆

开馆时间：9：00—17：00（周二至周日）
停止入馆时间：16：30
休息时间：周一（其他时间参考博物馆公告）
地址：河北省唐山市路北区龙泽南路22号

唐山博物馆坐落在凤凰山东麓，是一座集收藏、展示、研究、宣传、教育、休闲功能于一体的综合性博物馆。改扩建后的唐山博物馆由原唐山市展览馆南、北、西三馆合并，同时增扩两个新馆，形成了A、B、C、D、E五个单体馆。在使用布局上，A馆以唐山皮影、评剧、乐亭大鼓展示为主；B馆展示"古代唐山"陈列；C馆为"馆藏艺术品"陈列；D馆设有学术报告厅、专业图书资料室及办公区；E馆用于举办临时展览。

涿州市博物馆，是收藏研究、展示宣传涿州地区历史文化的地方性综合博物馆，是国家二级博物馆、河北省国防教育基地、保定市爱国主义教育基地、涿州市社会主义核心价值观教育基地。馆内基本陈设展以"幽燕沃壤 大美涿州"为主题脉络，分为"序厅""涿水长歌""石艺通灵""陶韵绚彩""峥嵘岁月""古城记忆"等展厅，另有临时展厅和地下中厅。

涿州市博物馆

开开馆时间：9：00—17：00（周二至周日）
停止入馆时间：16：00
休息时间：周一（其他时间参考博物馆公告）
地址：河北省涿州市华阳西路49号

保定直隶总督署博物馆

开馆时间：8：30—17：30（夏季，周二至周日）
9：00—17：00（冬季，周二至周日）
停止入馆时间：16：30
休息时间：周一（其他时间参考博物馆公告）
地址：河北省保定市裕华西路301号

保定直隶总督署博物馆，是保存较为完好的一座清代省级衙署博物馆，是国家二级博物馆、全国重点文物保护单位。博物馆依托清代直隶总督署建筑群落而组建，坐北朝南，分为东、中、西三路，各路均为多进四合院格局，为典型的北方衙署建筑风格。馆内基本陈列有"清代幕府专题陈列""直隶总督与直隶""馆藏文物精品展"等。

临城县邢窑博物馆，是征集收藏、研究保护、展示宣传邢窑生产历史与成果的地方性专题博物馆，国家二级博物馆。博物馆内基本陈设展览包括"走进邢窑""邢窑记忆""金代陶瓷印花装饰展"等，以邢窑的发展脉络为顺序，展示邢窑从北朝至金元各个时期的制品、标本、烧制工具及相关文物。

临城县邢窑博物馆

开馆时间：9：00—17：30（周二至周日）
停止入馆时间：17：00
休息时间：周一（其他时间参考博物馆公告）
地址：河北省邢台市临城县山南头村村东岐山白云洞景区内

磁州窑——瓷器上的水墨画

磁州窑是中国古代北方最大的一个民窑体系，也是著名的民间瓷窑，北方陶瓷的代表，窑址在今河北省邯郸市峰峰矿区的彭城镇和磁县的观台镇一带，自古素有“南有景德，北有彭城”之说。磁县宋代属磁州，故名。

常见器型

磁州窑创烧于北宋中期，北宋末到金代是其制瓷生产的繁荣期，产品以民间日用器为主，还有少量的文具、玩具、娱乐用品及各种瓷塑等。常见的器型包括各式的盘、碗、碟、盏、盏托、渣斗、瓶等，尤以多种多样的瓷枕最具代表性。

器物装饰技法

磁州窑最突出的特征是在施加白色化妆土的胎体上，利用绘、划、刻、剔、印、塑等多种技法来表现具有民间风俗风情的装饰内容，有着质朴奔放的民间艺术风格。

划花工艺

剔花工艺

彩绘内容

从现有博物馆藏磁州窑器物来看，其彩绘在用笔、构图、章法以及韵味上与传统书画高度同源，并且创造性地将中国绘画的技法，以图案的构成形式，巧妙而生动地绘制在瓷器上，具有引人入胜的艺术魅力。

磁州窑白釉黑彩孩儿垂钓纹枕

- 宋·陶瓷器
- 长 29 厘米，宽 22.1 厘米，高 11.8 厘米
- 河北博物院藏

瓷枕是磁州窑器物中的一个独立门类，造型多样，装饰技法繁多，装饰题材丰富，很能代表磁州窑的艺术特色。

磁州窑瓷枕的形式主要有亚腰形、叶形、元宝形、椭园形、八角形、如意形、长方形等；装饰技法包括珍珠地划花、篦划花、白剔花、黑剔花、白地黑花、素胎、三彩、模印花等。磁州窑装饰题材丰富，有花鸟草虫、珍禽异兽、婴戏、山水绘画、人物故事、神仙志怪、诗词曲赋等，不一而足，反映出宋元时期的民风、民俗和社会生活。

器型

枕呈腰圆形，前低后高，两端略翘，周边出檐。

彩绘

枕面用粗细两道弦纹为框，内绘童子垂钓图。童子身着长衫，手持鱼杆，神情专注地盯着鱼漂。

枕壁绘粗犷的卷枝蔓草。瓷枕底部压印“张家枕”戳记。

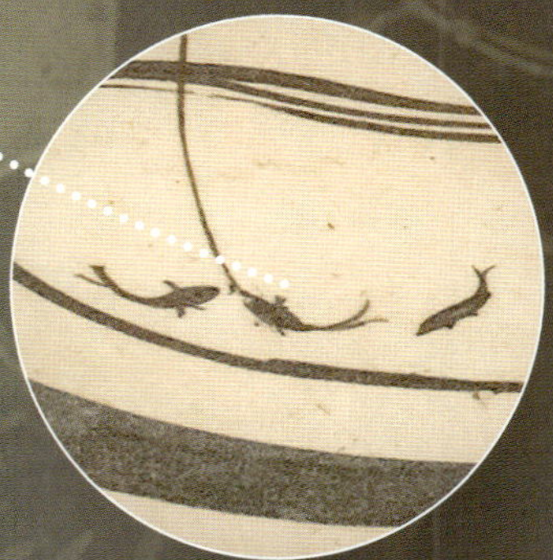

水中几条小鱼围着鱼饵觅食。画面简洁，主题突出，寥寥几笔就把恬静的乡间生活景象和儿童天真可爱的神态表现得淋漓尽致。

山西博物院

概况

山西博物院是国家首批一级博物馆，中央地方共建国家级博物馆培育对象。同样也是山西省最大的文物征集、收藏、保护、研究及展示的公共文化服务机构。

山西博物院前身是山西教育图书博物馆，1919 年建立，至今已走过百余年风风雨雨。2004 年博物馆正式更名为山西博物院，2019 年，分馆山西青铜博物馆正式成立。

位置规模

山西博物院位于山西省太原市滨河西路北段 13 号，博物院占地 168 亩，建筑面积 5.2 万平方米，展览面积 1.3 万平方米，文物库区达 1.2 万平方米。分馆山西青铜博物馆是中国第一个省级青铜专题博物馆。

藏品介绍

山西博物院具有丰富的文物资源，藏品 50 余万件，珍贵文物 40282 件（组），图书古籍 11 万余册。藏品囊括青铜器、瓷器、石刻、佛教造像、壁画、书画等多个品类，博物馆通过丰富的藏品陈列跨时空、多维度地将晋地风采展现在观众面前。

博物馆特色

山西博物院以独特的建筑造型和深厚的晋地文化特色而著称。博物馆建筑外部仿照斗拱结构，采用了外鼎内塔的造型，既呼应了尊贵、盛大等含义，又吸取了山西古建筑应县木塔的造型。内部共设四层，馆藏涵盖晋国青铜器、佛教造像等，展现晋地深厚历史文化，是研究和展示三晋文明的重要场所。

斗鼎映晋韵

山西博物院以独特的斗型建筑而闻名，新馆由主馆和四座角馆构成，沿中国传统中轴线布局，主馆如斗似鼎，象征安定与丰收，在四座角馆的衬托之下显得雄伟壮观。

展厅彰文化

山西博物院是山西省最大的文物征集、保护、收藏及研究机构，致力于展示与晋文化相关的文物，如晋国青铜器和墓葬文物，揭示古晋国的历史风貌。

藏品显价值

山西博物院馆藏丰富，其中佛教造像、壁画、墓葬壁画、石刻具有地域特色，是博物馆的重点展示部分，如北齐时期的释迦七尊像、娄睿墓壁画等，具有极高的文化价值。

展览分布图

注意 本书的文物所在位置是以作者当前写作阶段的位置作为参考标注的，由于各博物馆经常会有临时特展或巡回展，所以无法保证位置固定不变，请各位读者知晓，以实际的参观情形为准。

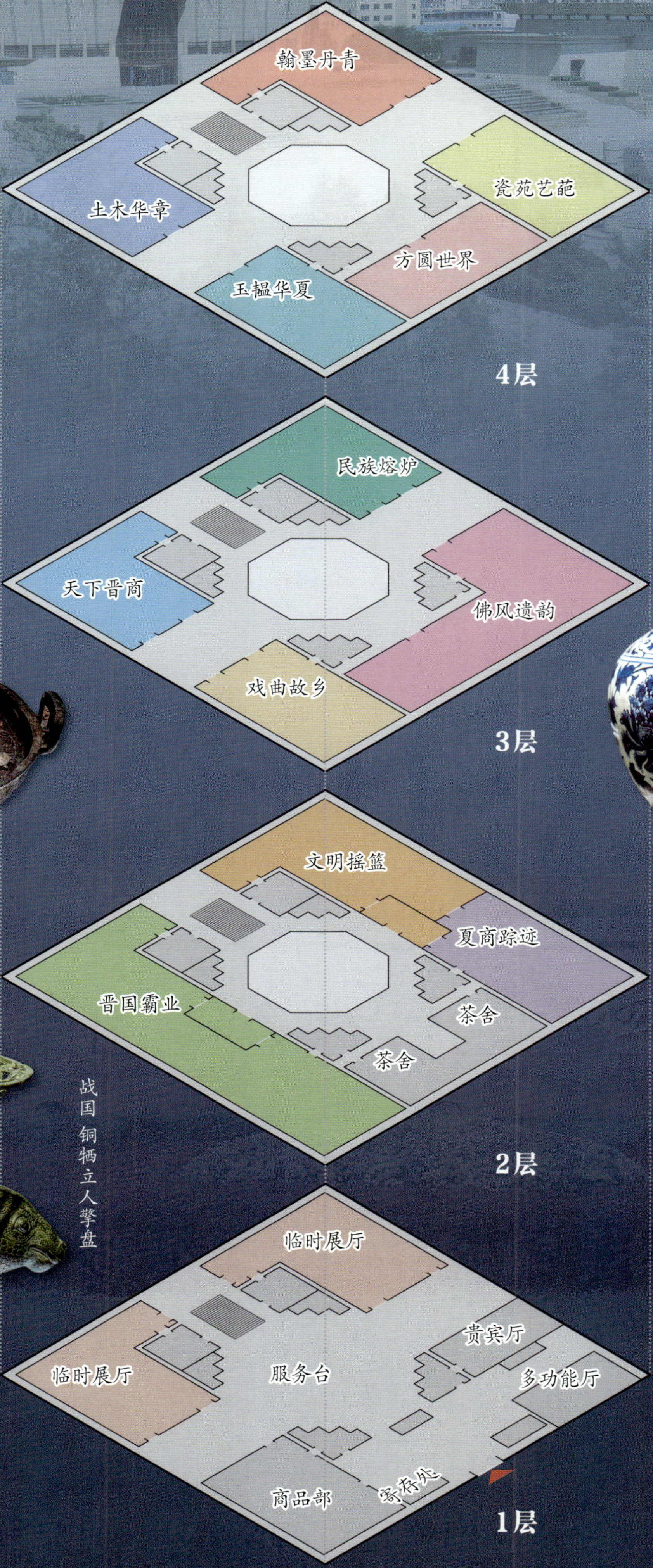

金董明墓戏俑

北齐释迦七尊像

春秋晋公盘

元青花缠枝牡丹纹罐

战国铜牺立人擎盘

春秋刖人守囿车

西汉胡傅温酒樽

发展沿革

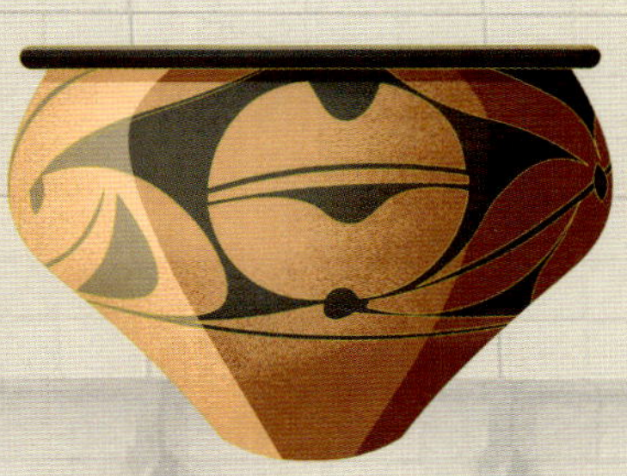

1919年
山西教育图书博物馆建立，这也是山西博物院的前身。

1933年10月
筹备开办山西省立民众教育馆。

1949年4月
更名为山西省图书博物馆，下设博物部。

1973年4月到8月
山西博物院精选78件展品，参加国家举办的“中华人民共和国出土文物展览”赴英、法、加、美、日等国展出。

1974年
博物馆举办了“侯马奴隶殉葬墓展览”。

近代文博的探索时期

脱胎换骨的建设时期

展厅陈设

基本陈列

“晋魂”系列展览于2005年在山西博物院新馆正式对外开放，包含了“文明摇篮”“夏商踪迹”“晋国霸业”“民族熔炉”“佛风遗韵”“戏曲故乡”“天下晋商”7个历史文化专题以及“土木华章”“玉韫华夏”“翰墨丹青”“方圆世界”“瓷苑艺葩”5个艺术专题。从历史、文化、考古、科技几大角度出发，在传统陈列方式中融入现代数字展示手法，多角度、全方位地将晋地五千年文化通过一系列历史文物展现在观众面前。展览不仅赢得了社会各方的一致好评，而且起到了社会宣教之用。

1986年
建立了山西省第一座国家级文物馆。

1991年
山西文物精华展在北京中国历史博物馆举办，这是新中国成立以来山西在首都举办的第一次大型综合性文物展览。

2004年
山西博物院新馆落成。

2019年
山西博物院的分馆山西青铜博物馆正式成立。

2020年4月
山西博物院与原省文物交流中心、原省文物鉴定站、原省文物资料信息中心和原省文物保护研究中心合并。

焕然一新的博物馆　　**稳步进取的科学发展时期**

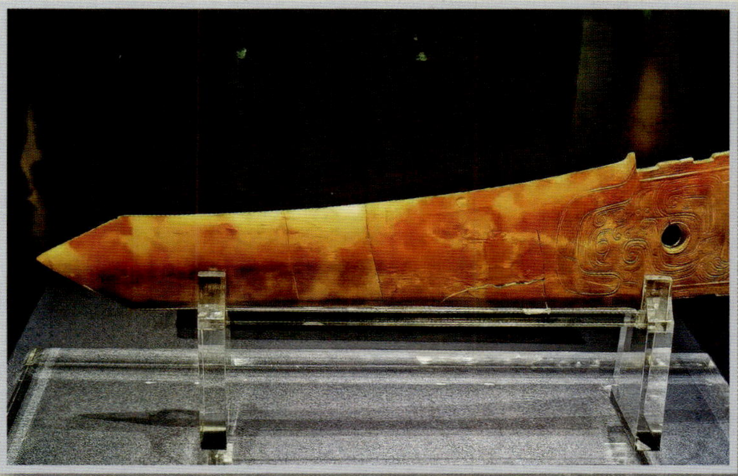

临展与特展

除基本陈列外，山西博物院也会定期举办临展与特展，通过众多精品文物的展示，宣传介绍山西及其他地域的历史文化。如展现山西地域历史文化的“观妙入真——永乐宫保护与传承特展”，展现其他地区文化的“盛京华彩——沈阳故宫典藏清代宫廷珍品展”等，以多角度、全方位的方式展开历史文化宣传工作。

数字化展览展示

山西博物院在不断的探索创新过程中，也学习运用众多新兴展示方式，以数字化科技推进数字文博事业的展开。如博物院官网的线上数字展厅，通过AR全息投影的方式，让观众足不出户就能身临其境地参观展品。同时馆方积极开展文物数字化采集工作，在搜集整理文物数据的同时进行文物三维扫描，在线上即可360°观赏文物细节。线下展览当中，将视频、投影、光电模拟等新兴展示方式融合传统文物展示，推陈出新，给观众提供了寓教于乐的观展体验。

龙形觥

- 商·青铜器
- 高 19 厘米，长 43 厘米，宽 13.4 厘米
- 山西博物院藏

龙形觥，于 1959 年出土于山西省石楼县桃花者村，因器型宛如一艘荡漾在水波中的龙舟，被学术界命名为“龙形觥”。器物上出现的鳄鱼纹在国内的青铜器中独一无二，与中原装饰风格相异。石楼县为夏代后裔“鬼方”所在地，从桃花者出土的酒器来看，方国的青铜酒器已经与商王朝没有太大的区别，但龙形觥采用夏族的象征“龙”作为器形，体现了方国的文化特点。

铜觥腹部弧形微鼓，背上有长盖，盖中央有蘑菇形钮，口沿处的贯耳可将器身挂起热酒，底部的长方形矮圈足则可平稳放置。器身满饰双头龙纹、凤鸟纹、鼍纹等纹饰，稳重而独特。从器身纹饰所出现的动物我们可考察到商代时期晋西北地区的早期气候环境。

咋舌龙纹

器腹饰有一硕大的龙纹，龙首张口吐舌，气势磅礴，龙身上饰回形纹，在平直之中略带起伏，似在水中摆动躯体。

鼍纹

器侧身饰有鼍纹，即鳄鱼纹。青铜器上饰以鼍的形象在世界范围内十分少见，以鼍为装饰，彰显了纹饰的特别与绝妙。

夔龙纹

圈足饰一对相对的夔龙纹，夔龙长嘴向上托起，仿佛令圈足更加坚固有力，使得龙形觥整体给人以安实稳固的观感。

狰狞的龙首

龙形觥前端呈龙首昂扬之姿，背部有弧形长盖，盖面呈现蜿蜒的龙身，盖身与龙首造型相呼应，盖顶有蘑菇状钮。前端龙首昂首翘鼻，双目圆鼓，双角粗壮，利齿毕露，面貌狰狞，龇牙咧嘴为流，酒似顺应龙之气息顺流而出，设计十分巧妙。

穿行的龙舟

龙形觥前端呈龙首昂扬之姿，背部有弧形长盖，上方的蘑菇形盖钮与器盖相连。盖面呈现蜿蜒的龙身，盖身与龙首造型相呼应。器身口沿外附有贯耳两对，下有长方形矮圈足。造型如龙舟停泊水面，奇特有趣。

凤鸟纹

器盖的后端饰有一倒置的凤鸟纹，鸟身沿下方的龙形绘制，修长轻巧，与龙相伴，有龙凤呈祥的美好寓意。

双角龙纹

盖后龙纹龙头朝下，尾部卷曲，与头部的龙首造型连为一体，首尾相应，空隙间辅以旋涡纹，使得整体纹饰协调相融。

晋侯鸟尊

- 西周·青铜器
- 高 39 厘米，长 30.5 厘米，宽 17.5 厘米
- 山西博物院藏

晋侯鸟尊 2000 年出土于山西省曲沃县晋侯墓，千年之梦在盗墓的爆炸声中惊醒，经历 3000 多年时光的洗礼，如今鸟尊经历三次修复，涅槃重生，是山西博物馆的镇馆之宝。凤是吉祥的神鸟，周人有“凤鸣歧山”的传说，认为凤是天降下的祥瑞，对此十分崇拜。鸟尊便是凤鸟崇拜的物化。

鸟尊造型写实，比例匀称，纹饰精巧，鸟是西周时期晋国的图腾，鸟与象这两种西周时期最流行的肖形装饰完美组合，造型独特精美，不仅为西周艺术珍品，同时也弥补了晋国早期历史的空白，具有重要的史学价值。整个鸟尊的主体就是一只回眸的凤鸟，其头顶凤冠，双目圆睁，翘首回望，通身上下布满精美细密的纹饰，造型生动，纹饰华美，尾部则塑为象鼻状。鸟和象，是西周最为常见的两种造型题材，晋侯鸟尊完美地融合了鸟和象，其构思奇特，造型写实而生动，装饰精致豪华，使之成为中国青铜艺术中罕见的珍品。

卷云纹

两翼与双腿饰云纹，主要为 S 形纹饰，线条卷曲有秩，富有动感，似凤鸟在云中穿梭一般。

羽纹

凤鸟颈、腹、背饰羽片纹，模拟凤鸟的羽毛，鸟背依形设盖，盖钮为小鸟，与大鸟呼应。

象纹、羽翎纹

尾部的象纹让鸟尊集鸟兽于一体，象首部分饰华丽的羽翎纹，以区分鸟身的鳞片纹，鸟与象既完美结合，又各有特色。

鸟与象的结合

凤鸟背上相依的小鸟是鸟尊器盖上的捉手，双腿粗壮，爪尖略蜷。尾部的大象造型活灵活现，在凤尾下设一象首，与双腿共同构成稳定的三点支撑，而大象的造型又利用了凤鸟卷曲向上的翅膀作为耳朵，融合自然，构思巧妙，充分显示出古代匠人的聪明才智以及晋国文化的独特魅力。

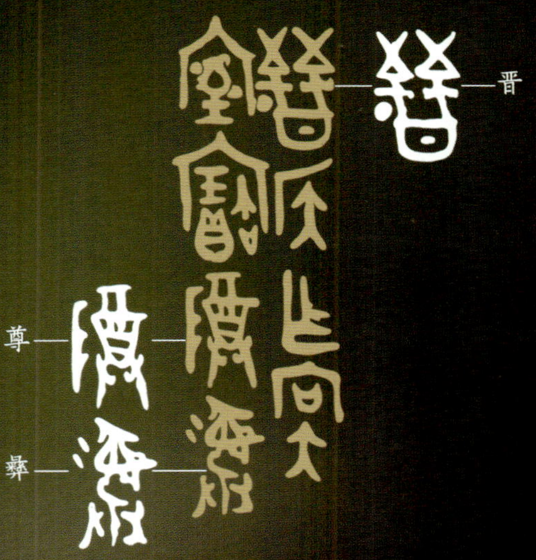

铭刻之美 文字背后的历史

器盖和腹底铸有铭文“晋侯作向太室宝尊彝”，说明该器为晋侯宗庙祭祀的礼器。鸟尊盖内铭文中的“晋侯”即第一位晋侯燮父。这个“晋”字是迄今为止考古出土最早的金文“晋”字，它见证了燮父改唐为晋的历史。

北魏司马金龙墓木板漆画

- 北魏·漆器
- 画通长 82 厘米，宽 40 厘米，厚约 2.5 厘米
- 山西博物院藏

这组木板漆画出土于山西大同石家寨太和八年（484 年）司马金龙墓。漆画绘于五块木制屏风之上，山西博物院藏有两块，这两块各分四层，描绘《列女传》中的故事内容。无论从画风还是书法来看都展现出浓郁的南北朝风格，作为第一批禁止出境文物具有极高的艺术价值及历史研究价值。

屏风原本是与石床相互组合的围屏构件，由五块木质漆画以榫卯结构拼接而成，榫卯结构的应用使得其在美观的同时，也具备了足够的稳定性。漆板画面色泽艳丽，线条飘逸流畅，浑然天成。南北朝漆器出土极少，传世之作中亦极难见到六朝时期的名画珍品，足可见其珍贵。

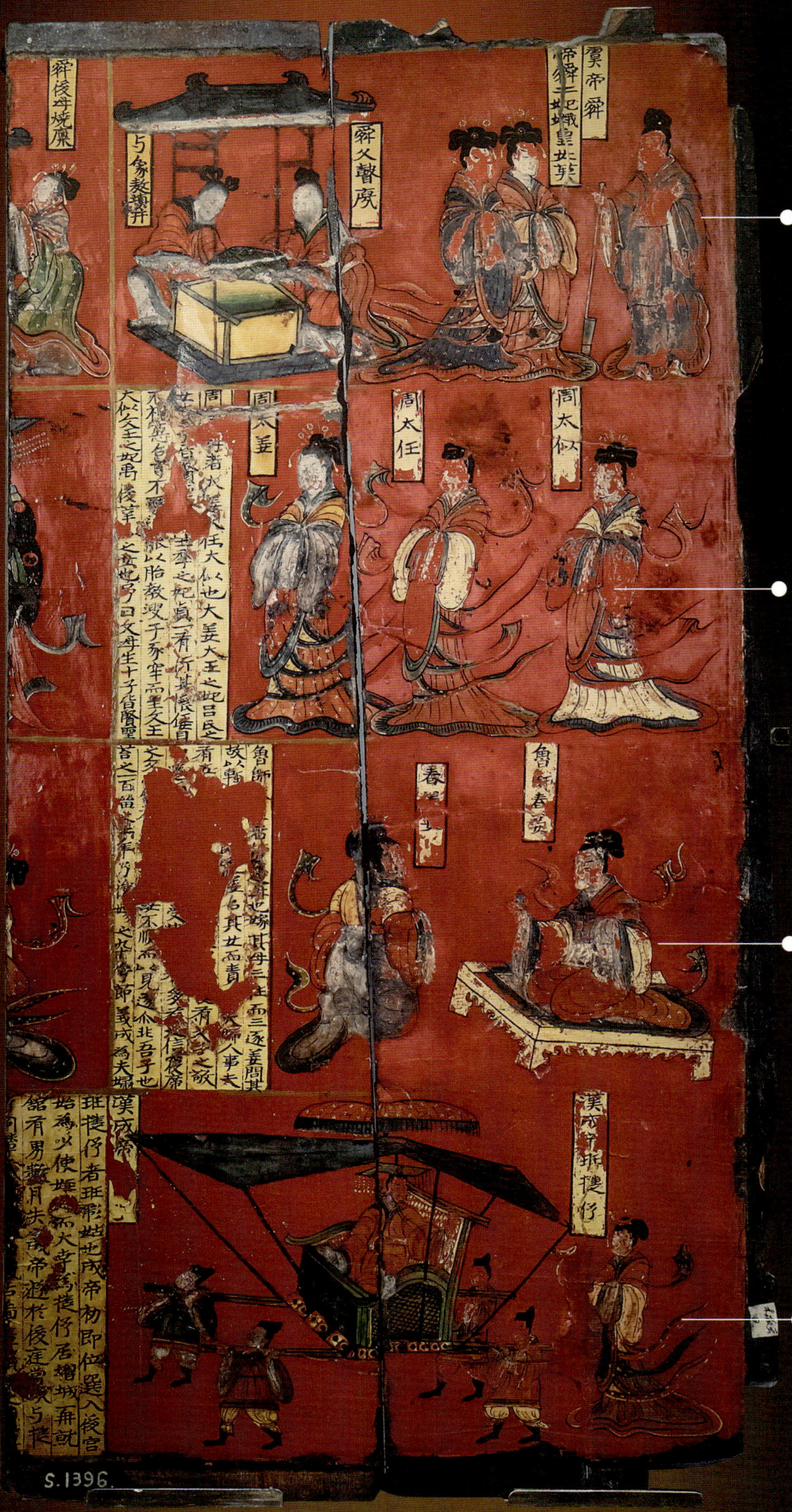

帝舜恪守孝道
出自《史记·五帝本纪》，表现帝舜孝顺父母的画面。

周室三母
描绘了雍容华贵的西周三位贤后周太姜、周太任、周太姒。

鲁师春姜
描绘了鲁师春姜与其女儿攀谈的画面。

班婕妤辞辇辇
描绘了汉成帝爱妃班婕妤品行贤良，劝诫帝王远离女色的故事。

绘画之美 飘逸动感

人物线条运用铁线描笔法，灵动流畅，笔触干净利落，自如地勾勒出人物衣带飘逸、裙裾柔软的轻盈灵动之态。同时主人物大于陪衬人物，具有早期人物画的构图风格，画面古朴，具有装饰美感。

大同市博物馆组合展出的五块司马金龙墓木板漆画（复制品）

魏晋书风

漆画中的书法部分以黄色为底，分别在人物周围记录了人物名称，并在画作旁对图画作简要的介绍。留在漆画上的墨笔字迹用笔蚕头燕尾，端庄秀丽，圆润娟秀，气质舒展，上承汉隶，下接唐楷，是少见的魏书真迹，对于研究魏晋书风具有极高的史料价值。

色彩明艳

屏风漆画继承了战国、汉代的漆画技法，以漆树中提取出来的生漆用作该漆画的涂料，除了有耐高温、耐腐蚀的优势外，还有色彩艳丽、光泽感强的特性，使得漆画历经数千年仍不失当年风采。

永乐宫壁画艺术博物馆

概况

永乐宫最初为纪念吕洞宾而建，与白云观、重阳宫并列为全真道教三大圣地，永乐宫壁画艺术博物馆便是围绕永乐宫而设置的。永乐宫壁画艺术博物馆以历史悠久的古建筑为依托，以展示被誉为“东方艺术画廊”的永乐宫壁画为特色，成为集精湛的建筑艺术、深厚的文化底蕴和辉煌的壁画成就于一身的特色交流平台，被评为国家三级博物馆。

位置规模

永乐宫壁画艺术博物馆位于山西省运城市芮城县永乐北街 78 号，建筑面积 2455 平方米、占地面积 25485 平方米、展厅面积 3056 平方米，壁画面积约 1076.52 平方米。

藏品介绍

永乐宫壁画艺术博物馆的展览内容不仅限于永乐宫壁画本身，还包括与壁画相关的各种文物和艺术品。永乐宫壁画是中国壁画艺术的巅峰之作，其绘制技艺高超，色彩鲜艳，人物形象生动，每一幅壁画都仿佛是一个故事，讲述着道教的神仙传说和教义。

博物馆特色

永乐宫壁画艺术博物馆以独特的壁画艺术、丰富的内容与形式、展示方式以及保护与传承并重的理念，成为中国壁画艺术领域的一颗璀璨明珠。壁画不仅是一幅幅艺术品，更是道教思想的重要载体，通过描绘道教的神仙形象、宗教仪式和神话故事，传达了道教的核心思想。

建筑与壁画的和谐交融

永乐宫壁画艺术博物馆通过其历史悠久的古建筑与珍贵壁画的完美结合，展现了独特的文化魅力。四座古建筑——龙虎殿、三清殿、纯阳殿和重阳殿，构成了一个完整的艺术空间，承载着超过 1000 平方米的元代壁画。这些壁画不仅装饰了建筑，更与其宗教和文化内涵相辅相成，体现了道教思想和艺术的深厚底蕴。

技术与艺术的双重价值

永乐宫壁画是中国古代壁画的杰作，与敦煌莫高窟壁画、北京法海寺壁画并称中国三大壁画。艺术特点包括宏伟的构图、精细的线条和丰富的色彩，尤其是三清殿的《朝元图》，以近 290 位神仙的生动描绘和复杂的场景布局，展示了元代壁画艺术的高超技艺。在技法上采用重彩勾填画法，使用天然矿物质颜料，使得壁画历经数百年依然光彩夺目。

保护与传承并重

永乐宫壁画艺术博物馆在保护壁画方面采取了多种措施，如控制室内温湿度、防止光线侵蚀等，确保壁画的保存状态良好。博物馆在传承壁画艺术的同时，也注重创新。通过与现代科技的结合，如虚拟现实（VR）、增强现实（AR）等技术的应用，让观众能够更加直观地了解壁画的艺术魅力，同时也为壁画的保护和传承提供了新的思路和方法。

发展沿革

最早建于公元1247至1358年间，由丘处机向皇帝提议并建造。

在距今约800年的历史长河中，永乐宫历经多次修建。

1952年
在全国第一次文物普查中，永乐宫得以被发现，从此轰动世界。

1956年
三门峡水库建设时期，鉴于永乐宫在艺术、建筑、宗教等多方面价值，决定将位于规划淹没区内的永乐宫整体搬至新址。

早期历史 （1247年～1952年）

整体迁址

展厅陈设

基本陈列

永乐宫壁画艺术博物馆内基本陈列共有6个展厅：壁画展厅、古建筑展示区、古代石刻展示区、“永乐宫搬迁纪实”展厅、“和光同尘——中国传统文化之道”专题展厅和壁画临摹品展厅，全方位展示永乐宫历史悠久的古建筑、精湛绝伦的壁画佳作与馆藏文物，为人们带来沉浸式的观展体验。

1966年
永乐宫不仅完成了这一搬迁壮举，更将建筑与壁画进行了加固修复。

1979年
永乐宫壁画艺术博物馆开始投入使用，永乐宫重获新生。

1998年10月底
永乐宫被列入世界文化遗产预备名录。

2022年5月
博物馆通过科技化手段进行了艺术在创作等形式，打造了一系列精美有趣的古建筑文化数字藏品。

2023年底
永乐宫文物保护研究中心成立。

53年～1997年）

现代化发展（1998年至今）

C 外出特展

因永乐宫壁画画幅巨大，且不可移动，因此永乐宫的壁画经常以复制品的实物形式与馆内其他珍品文物在全国进行巡回特展，运城博物馆、青岛市城阳区博物馆等地都有其踪迹。

壁画还通过数字化的科技手段与新媒体的呈现方式与世人见面，积极促进了永乐宫壁画的对外艺术交流。

朝元图

- 元·壁画
- 高 4.26 米，全长 97 米，总面积 403.34 平方米
- 永乐宫壁画艺术博物馆藏

在永乐宫现存 1000 多平方米的壁画中，《朝元图》画幅面积最大，总面积超 400 平方米。这套巨幅壁画位于永乐宫主殿——三清殿内，是永乐宫壁画的精华，于元泰定二年（1325 年）由元代著名画工艺人马君祥等人绘制完成。壁画尺寸巨大，绘制精美，人物众多，主题鲜明，是中国乃至世界绘画史上的罕见巨型佳作，象征着绘画史上群像构图发展的巅峰。

这幅画作细腻描绘了道教神祇朝圣元始天尊的恢宏盛大场景，画中人物数量近 290 位，身高皆超过真人尺寸，主像近 3 米高。画面构图磅礴，笔法灵动，色彩富丽，集唐宋壁画艺术之大成，堪称中国古代寺观壁画之巅峰。

金母元君

殿墙西壁南侧，主神像金母元君（西王母）神姿卓绝，头戴龙凤盘绕的花钗金冠，繁花似锦。内着轻盈青纱，外披赭红广袖罗裳，袖间巧饰羽毛，领、袖、裙摆处皆镶深色襕边，绘以金色云凤图案，金辉熠熠。下配长裙，赤色蔽膝添彩，组绶大珮错落有致，边缘百褶如云，足踏凤首，云纹缭绕，尽显尊贵。

秀丽玉女

画面中，亭亭玉立的玉女位于金母右侧，一手托着珊瑚，仪态端庄。玉女脸庞圆润丰满，神态安详，气质典雅。

洁白花卉

秀丽玉女的前方，案上摆有一盆，盆中花朵洁白素雅，嫣然绽放。碧绿叶片为底，托起层层叠叠的花瓣，线条描绘流畅细腻，精致立体。

勾陈大帝

北壁西侧，主神勾陈大帝安稳坐于华丽精致的宝座之上，身后数名仙官优雅站立。勾陈大帝双手在胸前握笏（即手板），头戴精致冕旒，身着蓝绿长袍，长袍自然堆叠，衣间纹理描绘细腻。勾陈大帝面容温和，胡须飘逸，根根分明。

西壁南侧

北壁西侧

人物众多，形态各异

《朝元图》在超 400 平方米的宏大篇幅内，精细描绘了天帝、王母等 8 位主神，以及围绕他们的 28 宿、12 宫辰等天兵天将，演绎了一场盛大的朝拜仪式，彰显了道教文化的博大精深。画面中，主神的庄严、武将的骁勇、力士的威武、玉女的雅致，无不栩栩如生。尤为难能可贵的是，这些壁画跟随建筑历经择地迁址，却依然保存完好，未有损坏，成为了中国文物保护史上的一座里程碑，是壁画修复保护技术的杰出代表。

引进仙官

殿墙西壁北侧，东华帝君前方，引进仙官正在拱手作揖，引进"三光"（一件珍稀陈设）。仙官形象精妙入微。其身着红色长袍，绿带搭于双肩，头顶精致冠帽，侧身而立，身材比例关系和谐。他微微低头，面容和蔼，洋溢着慈悲与安详。

东华帝君

西壁北侧

紫微北极大帝

北壁东侧

东壁南侧

天蓬大元帅

位于殿墙东壁的天蓬大元帅威猛非凡，手握三天火印，持长戟，左掌火轮炽热，尽显天庭神将风采。其貌若猪八戒，须发如刺猬般张扬，气势磅礴，令人敬畏。

技法之美 毛根出肉

端详《朝元图》的细节之处，可发现其用笔极其考究。画面中玉皇大帝的面容细节便是最好的例子。细细观赏，玉皇大帝的胡须与云鬓在靠近皮肤之处，用笔尖锐且细，随着毛发的散开，笔画渐渐变粗、变浓密，到了末端处，笔法渐收，笔画变淡。远远观之，好似毛发从皮肤自然生长出来一般，此为精湛的“毛根出肉”画法，如此精准、舒张自然的技法彰显了画师高超的画技。

东壁北侧

青龙星君

南壁东侧

白虎星君

南壁西侧

后土皇地祇

殿前东壁北侧的主神为后土皇地祇（即后土娘娘）。她面庞丰腴，神态安逸，头戴华丽镶金宝冠，颈间瓔珞垂挂。娘娘双手持笏，内着轻纱，外披广袖衣袍，根根青色羽毛饰于袖口处，长裙曳地，裙褶如云堆叠自然。她体态优雅，端坐在宝座之上，宝座精致华贵，宝珠镶嵌于层次丰富的祥云纹上，尽显后土娘娘的庄严尊贵。

孔雀蓝 象牙白 酡红 青碧 杏黄 金色

色彩之美 冷暖交织，华美典雅

《朝元图》的画面色彩以蓝、绿色系为主，两色交织，富丽雅致，明暗相宜。其间又用黄、白色系进行点缀，丰富了画面层次及人物关系。而红、金色系的巧妙加入，宛若画龙点睛之笔，为原本典雅的蓝绿色系增添了一丝冲击力，使得整幅画面冷暖对比鲜明，却不刺眼；配色简洁和谐，却不无趣。而精致勾勒出的流畅黑色笔触，更将画面层次拉开，突出了人物的细腻程度。因此《朝元图》虽人物众多，画面异常复杂，但整体依旧井然有序，主次分明，令人大饱眼福。

精致细节

壁画中不仅人物刻画得细腻入微，配景同样鲜活真实。不论是诸神脚下的朵朵祥云、案上盛开的花卉，还是华丽的服饰珠宝、精美的陈设摆件，皆描绘得细致入微。细节之处，线条流畅细腻，配色虽略有不同，各具特色，但皆与壁画整体十分契合，使得整幅作品层次更加立体分明，丰富了以人物为主的精致画面。

大同市博物馆

大同市博物馆是一座地志性综合博物馆，位于山西省大同市平城区太和路 506 号。

大同市博物馆最早为大同市文物陈列馆，成立于 1959 年；1963 年正式更名为大同市博物馆。成立半个多世纪以来，馆址由下华严寺、展览馆西厅到大同十中天文楼几次更换。最终于 2010 年 5 月 18 日在平城区太和路开建新馆，2014 年 12 月 31 日开馆迎客。

目前，大同市博物馆实行“总分馆制”，除总馆外，已有九座分馆对外开放，即梁思成纪念馆、平城记忆馆、明堂遗址博物馆、魁星文化博物馆、北朝博物馆、辽金元民族融合博物馆、大同红色记忆馆、古代铜造艺术博物馆、魏碑书法家张霭堂故居纪念馆。在总馆“融合”的主题引领下，各分馆既主题鲜明、各具特色，又互相联系、互为增补。

展厅陈设

大同市博物馆总馆占地面积 51556 平方米，建筑面积 32821 平方米。分地下一层、地上三层，局部有夹层。

总馆以大同历史文化的地域特色为主线，着重反映本地区民族融合的发展历程，开辟“沧桑代地”“魏都平城”“辽金西京”“明清重镇”4 个历史陈列，此外，还设有“大同恐龙”“梵语清音”两个专题展览；另设两个临展厅。

藏品精选

北魏司马金龙墓木板漆画

漆画以朱色漆为底，黑色漆描绘线条，再用铅白色点缀人物的脸部和手部，运用黄白、青绿、橙红、灰蓝等多种色彩来渲染服饰和器具。这幅屏风上的彩绘极为精致，人物的胡须、眉毛、衣带等细节都被精心勾勒，是北魏时期绘画艺术的典范。

漆屏上所绘的人物故事源自刘向的《列女传》等汉代文献，刻画帝王、忠臣、孝子、烈女的形象，意在用历史人物的故事来启发和教育人们。每幅画上都配有黄色墨书的榜题和题记，点明故事的主旨。墨书的笔画刚劲有力，字体结构端正而宽阔，展现出一种开放和强健的风格，接近楷书，但部分字体还带有隶书的风格。

平遥双林寺彩塑艺术馆

平遥双林寺彩塑艺术馆是一家佛教艺术馆，1988 年建立，位于山西省晋中市平遥县中都乡桥头村双林正街 28 号。1997 年 12 月 3 日“平遥古城”被列入《世界遗产名录》，双林寺为其中一项。

双林寺原名中都寺，宋代取佛经“双林入灭”之说，改名为双林寺。双林寺坐北朝南，庙群占地面积约 1.5 万平方米，由东面的禅院和西面的寺院组成。

彩塑特点

平遥双林寺彩塑艺术馆以其丰富的彩塑藏品而闻名，寺内现存宋、元、明、清历代彩塑两千余尊，大者丈余，小者尺许，或圆雕，或浮雕，或壁塑，色彩艳丽，形神兼备。这些彩塑艺术价值极高，堪称中国明塑中的佼佼者。

寺内四分之三的彩塑采用悬塑手法制作，这种手法使得彩塑呈现出强烈的立体效果。许多塑像前倾 10 度至 20 度，既解决了观者的视觉差，又改变了泥塑直立的传统雕塑方式，是古代匠师将力学和雕塑艺术完美结合的典型代表。

双林寺的彩塑使用当地红黏土制成，这种黏土黏性大，塑出的像光滑细腻、有质感。寺内彩塑注重塑眼睛，大多塑像是直接用黑色琉璃珠嵌入作为眼睛，经过千年仍十分传神。此外，双林寺彩塑注重个性刻画，每尊塑像都各具神态，无一雷同。

藏品精选

双林寺塑像——韦驮像

双林寺的这尊韦驮像，高 1.6 米，立于千佛殿观音旁边。

此像个性鲜明，刚柔并济，气势磅礴，堪称历代韦驮像之翘楚。雕像造型呈动感十足的 S 形，彰显出威猛无匹的力量感，视觉上极具冲击力。

韦驮身披精致甲胄，左手持金刚杵，右臂自然垂下，肘部向外，右手紧握成拳，挺胸抬头，笔直挺立，威风凛凛。甲胄与战袍飘带刻画入微，硬朗与柔软形成强烈对比。最引人注目的是面容间十分传神的眉眼处理，它眉头紧锁，双目炯炯，头部与身体向右转，而目光却转向左方，这一细节处理堪称匠心独运，赋予了韦驮像生动而深邃的灵魂。

其他博物馆

马邑博物馆

开馆时间：9：00—17：00（周二至周日）
休息时间：周一（其他时间参考博物馆公告）
地址：山西省朔州市朔城区东大街1号

马邑博物馆是国家三级博物馆、地方性综合类博物馆，位于山西省朔州市朔城区崇福寺对角。博物馆的建筑采用全木结构，呈现出辽金时期的建筑风格，与周边的崇福广场大戏台、尉迟敬德庙共同构成了朔城区三大古建筑群落。馆内共分为序厅、造像厅、陶瓷厅、铜器厅、字画厅、石刻厅和杂项厅等七个展厅，展出了自远古白垩纪时期至上世纪40年代的783件国家珍贵文物。

八路军太行纪念馆

八路军太行纪念馆，是国家一级博物馆，国家级抗战纪念设施、全国红色旅游经典景区、国家4A级旅游景区、全国爱国主义教育示范基地、国家国防教育示范基地、全国廉政教育基地。

开馆时间：8：30—17：30（周二至周日）
休息时间：周一（其他时间参考博物馆公告）
地址：山西省长治市武乡县城太行街363号

山西自然博物馆

开馆时间：9：00—17：00（周二至周日）
停止入馆时间：16：00
休息时间：周一（其他时间参考博物馆公告）
地址：山西省太原市万柏林区滨河西路北段17号

山西自然博物馆，是收藏研究、展示科普山西地区地质资源、自然资源的地方自然科学类博物馆，是国家一级博物馆。博物馆主体建筑呈“天圆地方”造型，设计新颖别致。馆内设有基本陈列“穿越时空”“远古物种”“物华天宝”“测绘天地”“衣被天下”“大地宝藏”“未来之路”等。馆内藏品山西鳄化石、晋地甲龙、择义王氏鳄、狗头金、自然银等藏品独具特色。

太原北齐壁画博物馆

太原北齐壁画博物馆，是墓葬壁画专题遗址类博物馆。太原北齐壁画博物馆既有太原娄叡墓、徐显秀墓壁画，也有忻州九原岗、朔州水泉梁的壁画，这些壁画讲述中华民族多元一体的早期格局，是研究草原历史文化不可替代的瑰宝。

开馆时间：9：00—17：00（周二至周日）
停止入馆时间：16：30
休息时间：周一（其他时间参考博物馆公告）
地址：山西省太原市迎泽区南十方街与东峰路交汇处往西150米

山西古建筑博物馆

开馆时间：9：00—17：00（周二至周日）
停止入馆时间：16：30
休息时间：周一（其他时间参考博物馆公告）
地址：山西省太原市迎泽区起凤街与五一广场交叉口西120米路北

山西古建筑博物馆，是研究和展示山西古代建筑历史、建筑艺术、建筑技术的地方性专题博物馆，国家二级博物馆。博物馆除展示古建历史文化外，还有4个基本陈设，即“石刻艺术展”，展出汉至清的石刻造像；“道教文物展”，展出道教各类造像艺术；“沧海遗珍展”，展出青铜器珍品；“陶瓷艺术展”，展出历代陶瓷精品。

临汾市博物馆

临汾市博物馆，是收藏研究、展示宣传临汾市历史文化的地方性综合博物馆，是国家一级博物馆，原位于省级重点文物保护单位铁佛寺内。博物馆主体建筑设计理念由象征“日月同辉”的陶寺古观象台而来。馆内设有“远古足迹”“最早中国”“晋霸春秋”“千秋平阳”4个基本陈列，此外还设有临时展览和巡回展览，展现华夏文明。

开馆时间：9：00—17：00（周二至周日）
停止入馆时间：16：00
休息时间：周一（其他时间参考博物馆公告）
地址：山西省临汾市滨河西路九州广场南端

吕梁市博物馆

开馆时间：8：00—17：30（冬：周二至周日）
8：00—18：00（夏：周二至周日）
休息时间：周一（其他时间参考博物馆公告）
地址：山西省吕梁市离石区龙凤南大街35号

吕梁市博物馆，原身吕梁汉画像石博物馆。以吕梁市辖区出土的“汉画像石”为主体，兼有青铜、陶瓷、杂项等文物展陈，是集收藏、保护、研究、教育、宣传功能为一体的专题性博物馆。“汉画像石”“商周青铜器”多数为国家一、二级文物，不少精品弥补了全国的空白，成为国内外孤品。

山西考古博物馆，前身是成立于1919年的原山西省教育图书博物馆，是国家二级博物馆。博物馆位于建于清光绪年间的文庙内，馆内设有多个基本陈列，分别是“考古的温度——山西‘十三五’考古成果展”，展示山西地区的考古成果，分为“延伸了历史轴线”“增强了历史信度”“丰富了历史内涵”“活化了历史场景”4个单元；“东成西就——两个十大考古发现与中华礼之源”；“见龙在田——山西出土龙文物展”。

山西考古博物馆

开馆时间：9：00—17：00（周二至周日）
停止入馆时间：16：00
休息时间：周一（其他时间参考博物馆公告）
地址：山西省太原市迎泽区文庙巷3号

晋国博物馆

开馆时间：9：00—17：00（周二至周日）
停止入馆时间：16：15
休息时间：周一（其他时间参考博物馆公告）
地址：山西省临汾市曲沃县曲村镇北赵村

晋国博物馆，是依托“曲村——天马遗址”而兴建的遗址类博物馆，是国家二级博物馆。遗址内的墓葬等级序列完整，数量多且保存完好，在全国同时期遗址中是极为罕见的。馆内设有3个基本陈列展，即“晋国历史文化展”“考古发掘史展”“晋侯墓地遗址展”，展示了曲沃县在晋国时期的历史文化面貌。

运城博物馆，前身为创建于1979年的运城地区博物馆，是收藏研究、展示传播运城历史文化的地方性综合博物馆，是国家一级博物馆。下辖山西省永乐宫壁画艺术博物馆和关公博物馆。运城博物馆内设有“华夏寻根专题展”“馆藏珍品专题展”“盬盐春秋专题展”“地灵人杰专题展”“土木华章专题展”“条山风云专题展”等基本陈列。

运城博物馆

开馆时间：9：00—17：00（周二至周日）
停止入馆时间：16：00
休息时间：周一（其他时间参考博物馆公告）
地址：山西省运城市盐湖区禹西路与魏风街交汇处

长治市博物馆

开馆时间：9：00—17：00（周二至周日）
休息时间：周一（其他时间参考博物馆公告）
地址：山西省长治市潞州区太行西街 259 号

长治市博物馆，是收藏研究、展示宣传长治市历史文化的综合性地方历史博物馆，是国家二级博物馆、山西省德育基地、山西省爱国主义教育基地。馆内分布有 6 个展厅，其中 4 个用于展出基本陈列，包括如“上党古代文明陈列”“长治古代琉璃陈列”“战国车马坑陈列”等；另有 2 个临时展厅。

晋商博物院

晋商博物院，是以山西督军府旧址为依托建立的一座集文物古建、园林景观、展览展示于一体的地方人文历史博物馆。晋商博物院集收藏、展览、议事、接待、外联等多项功能于一体，展示内容以晋商历史以及晋商创造的商业文化为主。

开馆时间：9：00—17：00（周二至周日）
停止入馆时间：16：30
休息时间：周一、除夕、正月初一（其他时间参考博物馆公告）
地址：山西省太原市杏花岭区府东街 101 号

侯马晋国古都博物馆

开馆时间：8：30—17：30（夏：周二至周日）9：00-17：00（冬：周二至周日）
停止入馆时间：16：30
休息时间：参考博物馆公告
地址：山西省临汾市侯马市市府西路 24 号

侯马晋国古都博物馆，是收藏研究、展示宣传侯马的晋国新田文化的地方性专题博物馆，是国家三级博物馆。博物馆馆内设有四个展厅，分别陈列晋国历史展，展示叔虞封唐到春秋争霸、三晋崛起的历史过程；古都新田展，介绍新田古都、晋国手工业；晋国军事、文化、祭祀及墓葬展。博物馆藏品以青铜器、玉器和侯马盟书为特色。

太原市博物馆，是收藏研究、展示宣传太原市历史文化的地方性综合博物馆，国家一级博物馆。馆内设有“锦绣太原历史文化展”“赵卿墓车马坑展”“抟土成金——馆藏明清瓷器展”“霸府名都——太原市博物馆藏北朝隋唐文物展”“魏碑溯源——平城时期魏碑书法艺术展”等。

太原市博物馆

开馆时间：9：00—17：00（周二至周日）
停止入馆时间：16：00
休息时间：周一（其他时间参考博物馆公告）
地址：山西省太原市晋源区长风商务区广经路 13 号

晋中市博物馆

开馆时间：9：00-17：00（周二至周日）
停止入馆时间：16：00
休息时间：周一（其他时间参考博物馆公告）
地址：山西省晋中市北部新城凤鸣街 181 号

晋中市博物馆，是收藏研究、展示宣传晋中市历史文化的地方性综合博物馆，国家二级博物馆。馆内以基本陈列包括“热土风云”“千年窑火”“古城气度　屋宇春秋”“晋商从这里走向辉煌”“妙境梵音”等，展示了晋中悠久的历史和厚重的文化积淀。

晋祠博物馆

开馆时间：8：30（旺季）9：00（淡季）
闭馆时间：18：00（旺季）17：00（淡季）
休息时间：以博物馆公告为准
地址：山西省太原市晋源区晋祠公园内

晋祠博物馆，是依托于全国重点文物保护单位晋祠而建立的地方性综合博物馆，是国家一级博物馆。晋祠为纪念晋国诸侯姬虞而建，集古代祠祀建筑、园林、雕塑、壁画、碑刻艺术于一体。馆内现存宋、金、元、明、清各式建筑100余座，宋元以来塑像100余尊，铸造艺术品30余尊，历代碑刻400余通，诗文匾联200余幅，古树名木96株。展馆包括董寿平美术馆、傅山纪念馆、晋溪书院、临时展览等。

祁县乔家大院民俗博物馆

开馆时间：8：00—18：00（周二至周日）
休息时间：参考博物馆公告
地址：山西省晋中市祁县东观镇乔家堡村中堂街2号

祁县乔家大院民俗博物馆，是依托始建于1756年的乔家大院，展示近现代山西民俗和乔家经商史迹的地方性专题博物馆，国家二级博物馆。乔家大院是典型的清代山西民居建筑群落，全面展陈了北方农耕习俗、晋商文化、乔家史料、非遗文化等内容。

山西国民师范旧址革命活动纪念馆

开馆时间：9：00—17：00（周二至周日）
休息时间：参考博物馆公告
地址：山西省太原市杏花岭区五一路276号

山西国民师范旧址革命活动纪念馆，是依托山西国民师范旧址而建立的遗址类革命纪念馆，是在第一次、第二次国内革命战争和抗日战争初期，中国共产党在山西地区开展革命活动、建立抗日民族统一战线、发动群众开展抗战活动的重要基地之一，是国家三级博物馆、国家级抗战纪念设施遗址、全国爱国主义教育示范基地、全国红色旅游景点、山西省文物保护单位。

北朝艺术博物馆

开馆时间：9：00—18：00（周二至周日）
停止入馆时间：17：00
休息时间：周一（其他时间参考博物馆公告）
地址：山西省大同市平城区明堂公园北门

北朝博物馆为大同市博物馆分馆之一，是以展陈北朝文物为主题的专题博物馆，分地上三层和地下一层，2017年1月正式对外开放。展览以“北朝风韵”为主题，共设七个单元，分为“妙相庄严”“石雕气象”“卤簿庄穆”“魏碑风骨”“彼岸世界”“殿堂华章”“生活百态”。配合图文版、多媒体等铺陈手段，通过艺术化展示手法，不仅全面再现了北朝社会历史文化，更印证了北朝时代的艺术繁荣，体现了北魏平城多元文化的汇聚和融合。

山西古建筑，你知道多少？

古建之美：千年古建筑奇迹，山西应县木塔

在朔州市应县，有一座举世无双的中国古建筑——佛宫寺释迦塔，又称应县木塔。木塔建于辽代清宁二年（1056 年），并由辽道宗赐名为“释迦塔”，佛宫寺释迦塔为全木质结构，外观五层六檐，实为明五暗四九层塔，塔高 67.31 米，为现存世界上最高、最古老的纯木结构楼阁式建筑，堪称天下第一木塔。

千年以来，宝塔经历过数次大地震及风雨侵蚀和灾难摧残，甚至经历炮火侵袭，但全木构塔身从未倾倒，可谓巧夺天工。

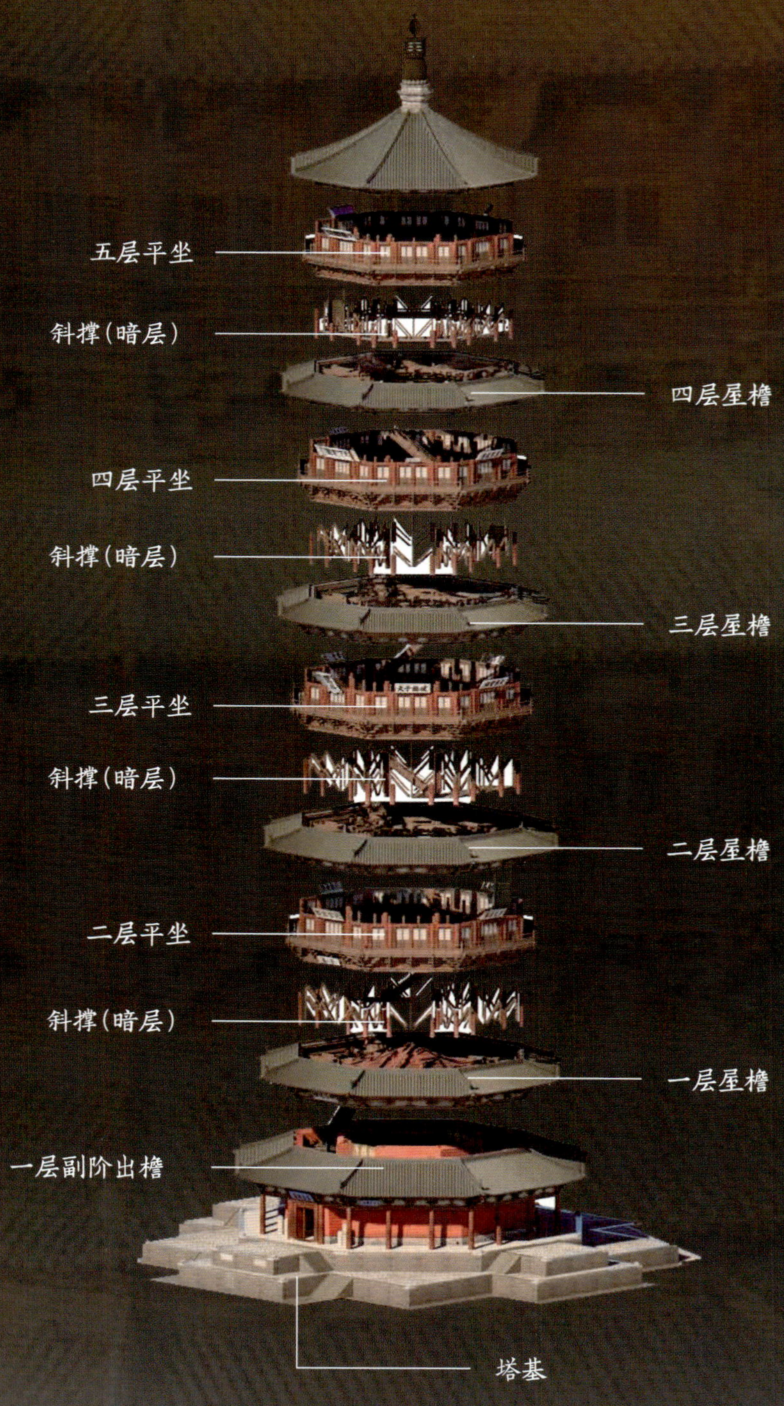

山西古建筑历史脉络

原始社会建筑

原始社会建筑（六七千年前至公元前 21 世纪）：在旧石器时代，祖先们利用洞穴和崖棚作为天然建筑，如塔水河遗址、麻节洞遗址、南海峪遗址等。

北魏时期（386 年—534 年）

山西现存的木结构古建筑从北魏时期开始，如云冈石窟、五台山佛光寺祖师塔。

唐代（618 年—907 年）

中国现存的三座最古老的木构建筑——唐代木构建筑，均在山西，如五台山的南禅寺、芮城广仁王庙。

辽代（907 年—1125 年）

山西北部保留有三座辽代古建筑：大同善化寺大雄宝殿、华严寺薄伽教藏殿、应县佛宫寺释迦木塔。

宋代（960 年—1279 年）

山西境内，最早的宋代木结构建筑遗存是高平市崇明寺中殿，砖石结构古建筑也有，比如开化寺连理塔。

金代（1115 年—1234 年）

山西的金代建筑数量丰富，崇福寺弥陀殿是现存金代建筑中体量最大者，是雁北一带早期大木构殿宇中的杰出代表。

元代（1271 年—1368 年）

山西的元代的木构建筑占全国的 80%，如芮城永乐宫和洪洞广胜寺。

明代（1368 年—1644 年）

明代的建筑如洪洞县广胜寺飞虹琉璃塔、五台山塔院寺白塔、永济县普救寺莺莺塔。

清代（1644 年—1911 年）

清代的建筑有太原市晋祠奉圣寺生生舍利塔、太原市永祚寺等。

内蒙古博物院

概况

内蒙古博物院，原名内蒙古博物馆，始建于 1957 年，2008 年更名为内蒙古博物院，是内蒙古自治区最大的集文物收藏、保护、研究、展示、教育与宣传于一体的综合性博物馆，也是内蒙古自治区首个国家一级博物馆。

它是全国少数民族地区最早建立的博物馆之一，以其富有地域特色的古生物化石、历史文物、民族民俗文物为特色，彰显了中华民族悠久的历史与灿烂的文化。

位置规模

内蒙古博物院位于内蒙古自治区呼和浩特市新城区新华东街 27 号，展馆建筑面积 6.4 万平方米，展览面积 1.5 万平方米。全馆分为六层，总高 50 米，由陈列展厅区、文物库房区、观众服务区、业务科研区及多功能厅等各部分组成。其中，首层主要为文物库房和设备用房区，5 层是办公区，6 层是多功能区，而陈列展览则主要设置在 2~4 层。

藏品介绍

内蒙古博物院现有藏品150455件(套)。其中，珍贵文物5645件套，珍贵文物中有一级文物652件/套，二级文物2216件(套)，三级文物2777件(套)。博物院所藏文物大多出自蒙古、匈奴、鲜卑、突厥、契丹等少数民族，具有鲜明的草原文化特色。这些藏品不仅展示了各民族的生活习俗、宗教信仰和艺术风格，也反映了各民族之间的交流与融合。

博物馆特色

内蒙古博物院以其独特的现代建筑风格和丰富的地域文化特色，成为展示内蒙古历史与草原文化的重要场所。博物院建筑集合了现代元素、地域表征与民族特色，楼顶塑有凌空奔驰的骏马，象征着内蒙古的吉祥与腾飞，成为自治区首府标志性建筑之一。

彰显游牧民族文化

内蒙古博物院集中展示了草原文化、游牧文明及内蒙古丰富的历史和自然资源。博物院突出了草原游牧文化的独特性，展出了大量与蒙古族和其他少数民族相关的文物，如传统服饰、生活器具、马具等，为观众展示了游牧民族的生活方式、风俗习惯及文化传承。

丰富的主题展览

博物院的自然历史展厅展示了大量恐龙化石和古生物标本，古老的海龟化石、白垩纪时期的恐龙化石体格巨大，吸引了大量古生物爱好者和研究人员。“飞天神州”“北疆桦歌”展厅则展现了内蒙古地区在航天事业中的贡献及本地的风土民情。

展览分布图

注意 本书的文物所在位置是以作者当前写作阶段的位置作为参考标注的，由于各博物馆经常会有临时特展或巡回展，所以无法保证文物位置固定不变，请各位读者知晓，以实际的参观情形为准。

战汉 鸭形青铜熏炉

辽 双面人头形鎏金银饰件

鹰形顶金冠饰

汉 嵌贝青铜鹿镇

唐 摩羯戏珠纹金花银盘

辽 白釉人首摩羯形提梁注壶

战国 虎咬牛纹金带饰

鹿首金步摇冠

发展沿革

1957年 5月1日
内蒙古博物馆成立。

2007年 7月初
内蒙古自治区政府决定在即将完工的内蒙古博物馆新馆的基础上成立内蒙古博物院，并正式更名。

2007年 8月8日
正式开馆。

2008年
正式更名为内蒙古博物院，为国家一级博物院。

自治区周年成立时期

建筑面

展厅陈设

基本陈列

内蒙古博物院现有6个基本陈列，分别为“远古世界”“文明曙光”“边关岁月”“大辽契丹”“交融汇聚”及“解放之路”。这6个基本陈列以时间为线，囊括了内蒙古地区从远古时期的生态环境变迁到旧石器时代、新石器时代的人类文明在不同朝代的精品文物，系统地展现了内蒙古地区由生命起源到新中国成立以来的文物故事与历史内涵。

建筑充满蒙古族特色，博物馆的奔马雕像曾是多年的内蒙古电视台开播图像。博物馆是新呼和浩特八景之一（“骏马腾飞”）。

博物馆前的广场上安放着2007年中华人民共和国中央人民政府向自治区赠送的“民族团结大鼎”

2023年5月17日
联合发起成立内蒙古黄河流域博物馆馆际联盟。

现如今，博物院日观众量最大达到13000余人次，年观众量达到204万余人次。

志物的变化

焕然一新的博物馆

专馆

除了基本陈列以外，博物馆还设有3个专题展览，分别为“亮丽内蒙古”“飞天神舟”及“北疆桦歌”，分别介绍了内蒙古地区多姿多彩的现代生物及生态画卷、内蒙古地区的航天事业，以及数百年来内蒙地区满族、蒙古族、回族等8个民族的文物。

临时展览

内蒙古博物院会定期举办临展与特展，通过众多精品文物的展示，宣传介绍内蒙古的其他特色专题，或与其他博物馆联合举办，展示民族交融的历史文化，如“静影沉壁 熠彩北疆——内蒙古古代壁画精品展”“北疆印迹——中华文明突出特性展”等。

查干诺尔龙骨架

- 白垩纪·化石
- 全长 26 米，足底到背部高 6 米，抬头高 12 米
- 内蒙古博物院藏

查干诺尔龙是一种大型的蜥脚类恐龙，因发现于内蒙古自治区锡林郭勒盟苏尼特右旗查干诺尔而得名。发掘出土的化石主要包括头骨后部、牙床、牙齿、部分颈椎、大部分背椎和尾椎、完好的四肢骨和肩胛骨及腰带等。1987 年，经修复装架，其从头到尾全长 26 米，足底到背部高 6 米，抬头高达 12 米，股骨 1.8 米。经过古生物专家研究鉴定，确认这是圆顶龙科中的一个新属、新种，属于白垩纪前期蜥脚龙中较进步的类群，以植物为食，是目前亚洲最大也是世界白垩纪最大的恐龙化石，距今约 1 亿 2000 万年，是研究恐龙家族系统演化、分布范围、适应特性、个体发育、比较解剖、确定地质年代，揭开地球变迁奥秘，以及再现古地理、古气候、古生态环境等方面难得的实物依据。

体量之美 恐龙王国的“巨人”

白垩纪时期的众多恐龙都可谓身躯庞大，而查干诺尔龙即使放在恐龙群体之中亦是庞然大物。1983 年初冬，一位锡林郭勒盟苏尼特右旗的牧民来到博物院兴奋地说道：“我看到一条几百米长的巨龙的脊梁骨躺在山坡上。”最终在专家的勘测下定名为“查干诺尔龙”，并历时两年还原了这具在当时来说为白垩纪时期个体最大的恐龙。

结构之美 适应生存的身体构造

查干诺尔龙具有极长的脖颈与较小的头颅，这有利于其更方便地摄取周围的食物，也能减轻其脖颈的负担。同时，查干诺尔龙与哺乳动物不同的是其采用鸟式的单向呼吸法，肺泡系统复杂，呼吸频率高，颈部拥有相同的气囊结构，这也利于进一步减轻脖颈负担。

岁月之美 沁红的骨骼

化石出土于查干诺尔碱矿附近，由于受矿物质的填充，龙骨出土时骨骼呈现棕红色，且质地坚硬。龙骨出土时70%的骨骼保存良好，仅股骨就长达1.8米。观看这具庞大的恐龙化石，仿佛穿越了亿万年的时光，与远古的巨兽面对面。它庞大的身躯和精细的骨骼结构，不仅让人震撼于自然的力量，也激起了人们对地球历史的深刻敬畏。

鹰形顶金冠饰

- 战国·金银器
- 冠高7.3厘米，带饰长30厘米，重1394克
- 内蒙古博物院藏

鹰形顶金冠饰出土于内蒙古自治区鄂尔多斯市杭锦旗阿鲁柴登匈奴墓。是目前发现的唯一一件“胡冠”，被誉为“草原瑰宝”。鹰形顶金冠饰以雄鹰为原型，鹰的双眼炯炯有神，仿佛随时准备展翅高飞。

金冠饰环绕在头顶，起到固定作用。鹰形顶金冠饰由鹰形冠饰、半球形冠顶及冠带三部分组成。鹰形冠饰以黄金雕成雄鹰，雄鹰眼神犀利，羽毛清晰。冠顶圆润，象征天地相连，寓意匈奴民族的统一。冠带采用多股金丝编织而成，镶嵌宝石与玉石，图案繁复精美。此金冠饰融合了锤、镌镂、抽丝、编索、镶嵌等多种精湛工艺，尽显战国时期中国北方民族贵金属工艺的卓越水平。

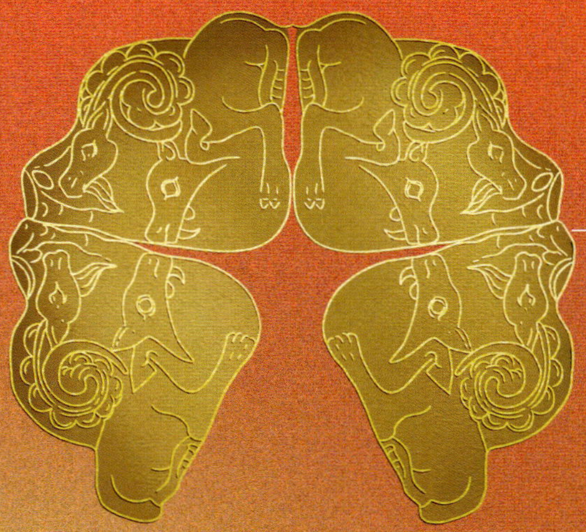
冠顶俯视图

镶宝石金冠饰

- 东汉·金银器
- 尺寸不详
- 内蒙古博物院藏

这件镶宝石金冠饰出土于内蒙古自治区乌兰察布市，是一顶历经2000多年岁月洗礼的绝美金花冠，如今是内蒙古博物院的镇馆之宝之一。这顶金冠饰以花环状呈现，通体以纯金打造，每朵金花的花蕊处都镶嵌宝石。据推测，这顶金冠饰可能源自中亚或西亚地区，其形制与希腊神话中的月桂冠有异曲同工之妙，这或许表明它受到了希腊艺术风格的深远影响，见证着东西方文化的交流与融合。

金冠饰以花环状呈现，用金叶、金丝、金片等编织成树枝、叶片和花卉状装饰物，整个金冠显得生机勃勃。而在花蕊、树叶和枝杈之上，镶嵌着石榴石与绿松石等宝石，为金冠增添了无尽的华丽与精致。

文化之美 交融的风格

这顶汉代镶宝石金冠饰希腊风格显著，从外形来看与欧洲传统月桂冠有相似之处，极有可能来自于古希腊或古罗马，金冠上的宝石镶嵌技术和金属工艺可能受到中亚、西亚等地区的影响。

花朵为石榴石点缀，用金丝穿线，金珠锁项。穿插在花丛中鲜艳欲滴。

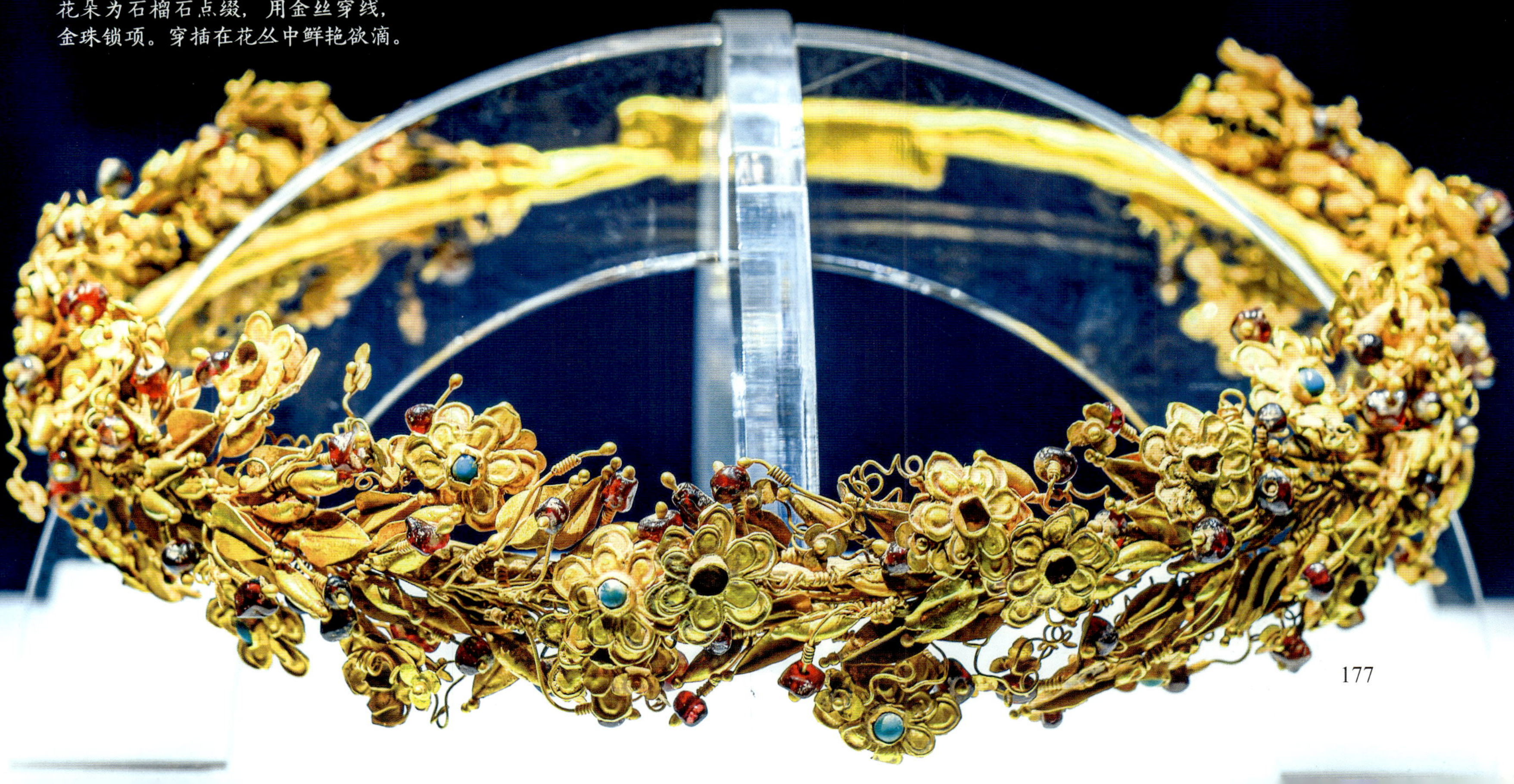

钧窑“小宋自造”香炉

- 元代·金属器
- 高 42.7 厘米，口径 25.5 厘米
- 内蒙古博物院藏

这件文物为一件元代的钧窑香炉，1970 年出土于内蒙古自治区呼和浩特市白塔村窖藏。香炉双立耳，圆鼓腹，三兽足。通体施天青釉，因釉层较厚，烧制时流于器表，形成天青釉面与土黄色露胎处形成强烈对比。香炉口沿两侧各有一个长方形直耳，口沿至肩部两侧装饰有兽形耳。颈部贴塑有 3 只麒麟，正面两只呈对称分布，背面一只作行走状。腹部饰有四个兽面铺首衔环纹，因浓釉垂流经过，局部轮廓略显模糊。香炉颈部有一个长方形题记，记录了香炉制作的时间，也成了香炉定名的依据。整件香炉细节相当丰富迷人，流淌的柔和釉彩与露出的胎骨形成强烈对比，朦胧与写实并存，使得香炉气韵生动。麒麟的塑造与分布恰到好处，完美地融合在炉身上，体现了元代工匠炉火纯青的烧造技术。

身份的记录

香炉正面颈部的长方形题板可谓香炉的“身份证”，上方用楷书阴刻铭文 15 字：“己酉年九月十五小宋自造香炉一个。”据考证己酉年为元代武宗至大二年，即 1309 年，说明香炉的烧造年代为元代晚期。同时，香炉的出土地原属丰州城，是中原地区通往漠北的枢纽，各类奇货在此处往来交易，在此地出土如此精美的香炉也就不足为奇了。

纹样之美

扭动的麒麟

香炉颈部共有3只麒麟，正面两只对称分布，中间簇拥着长方形印记。另一只盘踞在颈部的正后方，脊部和关节露出胎骨，生动地将龙身的纹路与釉胎的特性相结合，展现了工匠对釉彩出色的把控能力与造型能力。

釉色之美

清新又浑厚

香炉器型硕大，体现了元人大气朴拙的审美。局部施釉较厚，烧制时釉彩在器表上纵横流动，表面积釉浓淡不一，如水墨般流淌晕染，颇有水流凝滞的感觉。整体色泽为蓝色的乳光釉，有如荧光效果一般的光泽，古朴典雅。

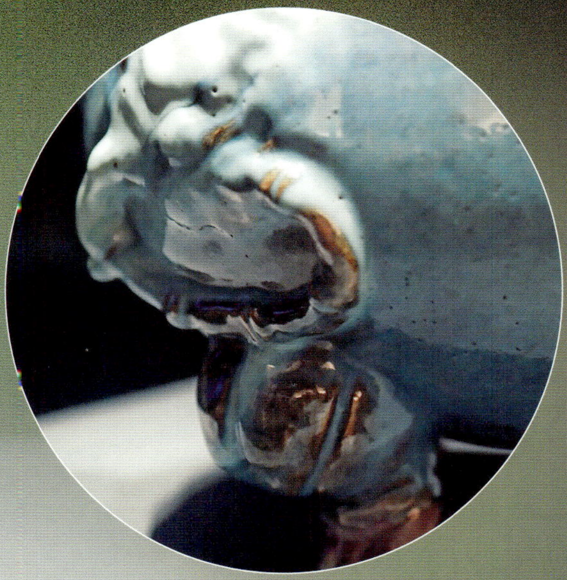

其他博物馆

赤峰博物馆

开馆时间：9：00—17：00
（周二至周日）
停止入馆时间：16：30
休息时间：周一（其他时间参考博物馆公告）
地址：内蒙古自治区赤峰市松山区富河街10A号

赤峰市博物馆是收藏研究、展示宣传赤峰市历史文化的地方综合性博物馆，为国家一级博物馆。馆内设有4个基本陈列，即“日出红山”“古韵青铜”“契丹华韵”“和同一家”，分别展示了赤峰灿烂的史前文化、草原青铜文化、辽文化及元明清时期北方各民族共同创造的物质和精神文化遗存。

斯琴塔娜艺术博物馆

开馆时间：9：00—17：00（周二至周日）
停止入馆时间：16：30
休息时间：周一（其他时间参考博物馆公告）
地址：内蒙古自治区呼和浩特市如意开发区滨河东路

斯琴塔娜艺术博物馆，是以蒙元文化为特色的地方综合性博物馆，国家二级博物馆。博物馆主体建筑为3层框架式，造型设计新颖别致。馆内设有蒙元文化展厅、近现代名家书画展厅、佛教艺术展厅，陈列展出蒙元时期的艺术珍品、中国传统绘画、中国当代油画、中国唐卡艺术及中国辽代壁画。馆内藏品涉及古代青铜器、陶瓷、玉器、金银器、唐卡、佛教造像及近现代名家书画等。

满洲里博物馆

开馆时间：9：00—16：30
（周二至周日）
停止入馆时间：16：00
休息时间：周一（其他时间参考博物馆公告）
地址：内蒙古自治区满洲里市南区三街道46号

满洲里博物馆是收藏研究、展示宣传满洲里市历史文化的地方综合性博物馆，国家三级博物馆。博物馆馆舍始建于1926年，是典型的俄式哥特式建筑。馆内设有7个基本陈列展览，即“满洲里历史陈列”“俄罗斯艺术品”“名人题字陈列”“俄罗斯茶炊展”“民族服饰陈列”“俄罗斯布里亚特风情展”和“历届领导人图片展”。

辽中京博物馆

开馆时间：8：00—17：00（周二至周日）
停止入馆时间：16：30
休息时间：周一（其他时间参考博物馆公告）
地址：内蒙古自治区赤峰市宁城县天义镇南城村

辽中京博物馆（宁城县文物保护中心）是收藏研究、保护管理、展示宣传宁城县历史文化的地方综合性博物馆，国家三级博物馆。馆内设有5个基本陈列，即“红色宁城”“中京遗辉”“古都辽中京”“草原青铜器”。馆藏文物以夏家店上层文化青铜器和辽代文物最具特色。

呼和浩特博物馆

开馆时间：9：00—17：00（周二至周日）
停止入馆时间：16：30
休息时间：周一（其他时间参考博物馆公告）
地址：内蒙古自治区呼和浩特市新城区新华大街44号

呼和浩特博物馆，是收藏研究、展示宣传呼和浩特市历史文化和自然资源的地方综合性博物馆，国家一级博物馆，隶属于呼和浩特博物院。馆内设有2个基本陈列，即“杨鲁安藏品展”“文明足迹—呼和浩特历史文物专题展”。

乌兰察布市博物馆

乌兰察布市博物馆是收藏研究、展示宣传乌兰察布地区历史文化与自然资源的地方综合性博物馆，国家二级博物馆。馆内设有4个基本陈列，分别是“文明星火”“民族熔炉”“帝国腹里”“塞外手足”，展现了乌兰察布从远古到近现代的悠久历史和深厚文化底蕴。馆内藏品中以古生物化石、西汉虎衔鹰金饰牌、北魏步摇冠金饰件、辽代白瓷提梁壶、元代蟾蜍形砚滴、清代乌兰察布盟长印最为著名。

开馆时间：9：00—17：00（周二至周日）
停止入馆时间：16：30
休息时间：周一（其他时间参考博物馆公告）
地址：内蒙古自治区乌兰察布市格根西街10号

辽上京博物馆

辽上京博物馆是收藏研究、展示宣传辽代上京历史及契丹人游牧民族文化的地方专题性博物馆，国家二级博物馆。博物馆馆内设有 6 个展厅，分别陈列契丹王朝展、契丹壁画展、契丹信仰展、契丹墓志展、契丹葬俗展、巴林左旗通史展。馆藏中以辽代石刻、契丹大字、契丹小字碑文墓志和辽代壁画最具特色。

开馆时间：9：00—17：00（周二至周日）
停止入馆时间：16：30
休息时间：周一（其他时间参考博物馆公告）
地址：内蒙古自治区赤峰市巴林左旗林东镇契丹大街中段

扎赉诺尔博物馆

开馆时间：9：00—17：00（周二至周日）
停止入馆时间：16：30
休息时间：周一（其他时间参考博物馆公告）
地址：内蒙古自治区呼伦贝尔市扎赉诺尔区新区猛犸公园内

扎赉诺尔博物馆是收藏研究、展示宣传扎赉诺尔地区历史文化和自然资源的地方综合性博物馆，国家三级博物馆。博物馆馆内设有“北方草原文明之源 扎赉诺尔历史文化陈列展”“北国明珠：呼伦湖”“煤炭产业主题陈列”3 个基本陈列展，分布展示扎赉诺尔的历史文化、呼伦湖生态湿地、扎赉诺尔煤田的开采历程。

通辽市博物馆

通辽市博物馆是收藏研究、展示宣传通辽市历史文化的地方综合性博物馆，国家二级博物馆。博物馆建筑面积约 22000 平方米，展陈面积近 1300 平方米。馆内设有多个基本陈列，主要有“通辽市古代历史”“通辽市清代民俗文化史”“通辽市近现代人民革命斗争史”“通辽市当代社会发展和建设成就展览”“库伦辽墓壁画”“清代科尔沁草原马文化”等。

开馆时间：9：00—17：00（周二至周日）
停止入馆时间：16：30
休息时间：周一（其他时间参考博物馆公告）
地址：内蒙古自治区通辽市科尔沁区霍林河大街文化体育广场北侧

包头博物馆

开馆时间：9：00—17：00（周二至周日）
停止入馆时间：16：30
休息时间：周一（其他时间参考博物馆公告）
地址：内蒙古自治区包头市昆都仑区阿尔丁大街 25 号

包头博物馆是收藏研究、展示宣传包头市历史文化和自然资源的地方综合性博物馆，是国家一级博物馆。博物馆占地面积 52.21 亩，建筑面积 24000 平方米，主体建筑造型设计新颖独特。馆内设有 6 个基本陈列，即“九原长歌：包头古代历史文化陈列”“史话石说：内蒙古古代岩画陈列”“西北巨埠：包头近现代史陈列”“北疆明珠：包头当代史陈列”“菩提工巧：内蒙古唐卡艺术陈列”。

昭君博物院

昭君博物院，是依托全国重点文物保护单位王昭君墓遗址而建成的遗址类纪念性博物馆，集收藏保护、研究展示昭君生平事迹及昭君出塞佳话等功能于一体，国家一级博物馆，隶属于呼和浩特博物院。博物院内设有 3 个基本陈列，即“昭君出塞陈列”“匈奴历史文化陈列”“中国古代和亲文化展”，展出北方系青铜器、陶器、昭君年画等文物 1600 件（套）。

开馆时间：9：00—17：00（周二至周日）
停止入馆时间：16：30
休息时间：周一（其他时间参考博物馆公告）
地址：内蒙古自治区呼和浩特市玉泉区昭君南路 6 公里处

辽宁省博物馆
张氏帅府博物馆
集安博物馆
杜尔伯特蒙古族自治县博物馆
旅顺博物馆
哈尔滨世纪汽车历史博物馆
沈阳故宫博物院
齐齐哈尔市博物馆
大连自然博物馆
集安博物馆
锦州市博物馆
佳木斯市博物馆
旅顺博物馆
中国（哈尔滨）森林博物馆
中国工业博物馆
辽宁省博物馆
沈阳故宫博物院
旅顺博物馆
黑龙江省博物馆
大庆博物馆
辽宁省博物院
黑龙江省博物馆
辽沈战役纪念馆
大庆博物馆
中国工业博物馆
吉林省博物馆
辽宁古生物博物馆
中国书法文化博物馆
中国工业博物馆
锦州市博物馆
鞍钢博物馆

第二章 东北地区

DONGBEIDIQU

辽宁省博物馆

概况

辽宁省博物馆是新中国由人民政权建立的第一座博物馆，也是东北地区最大的综合性历史艺术博物馆。博物馆馆藏资源丰富、特色鲜明，展览设置多样，是辽宁省的文化名片。

辽宁省博物馆成立于 1949 年，原为东北博物馆，1959 年改称现名。数十年来，辽宁省博物馆实力不断发展壮大，2008 年被评为国家一级博物馆，2009 年被列为中央与地方共建国家级博物馆。

位置规模

辽宁省博物馆位于沈阳市浑南区智慧三街 157 号，占地面积 8.3 万平方米，建筑面积 10 万余平方米，是目前全国建筑面积和展陈面积最大的省级博物馆之一。陈列展览区分 3 层，设有 22 个现代化展厅，展陈面积 2.4 万平方米。

藏品介绍

辽宁省博物馆现有馆藏文物近 12 万件（套），收藏范围以辽宁地区考古出土的文物和传世的历史艺术类文物为主，藏品包含珍贵文物数万件，分为书法、绘画、丝绣、陶瓷器、青铜器等个 20 门类。其中，一级文物 1300 余件（套），二级文物近 2 万件（套），珍品众多。

博物馆特色

辽宁省博物馆承载着丰富的历史和文化价值。馆藏文物涵盖了从史前时期到近代的各类文物，其中尤以红山文化玉器、《簪花仕女图》《虢国夫人游春图》《瑞鹤图》和辽代陶瓷等为镇馆之宝。博物馆以其深厚的历史底蕴和现代化的展示手段和形式，成为彰显辽宁省文化的名片。

展现地域民族特色

辽宁省博物馆的藏品还包括辽宁地区考古出土的文物，如红山文化玉器、商周时期青铜器、辽代瓷器等。这些文物不仅反映了各自的时代特征，也体现了东北地区的地方特色和北方民族的文化习俗。

中西合璧的建筑风格

辽宁省博物馆的建筑融合了中华民族传统建筑风格与西式建筑特点，主体三层大楼外观洁净素雅，使用白色花岗岩饰面。新馆序厅的铜质浮雕生动展现了辽河流域的历史与文明，内部空间布局合理，为藏品展示和观众参观提供了良好的环境。

展览分布图

注意 本书的展览所在位置是以作者写作阶段的位置为参考标注的，由于各博物馆经常会有临时特展或巡回展，所以无法保证位置固定不变，请各位读者知晓，以实际的参观情形为准。

北宋 "上京"款
大晟南吕编钟

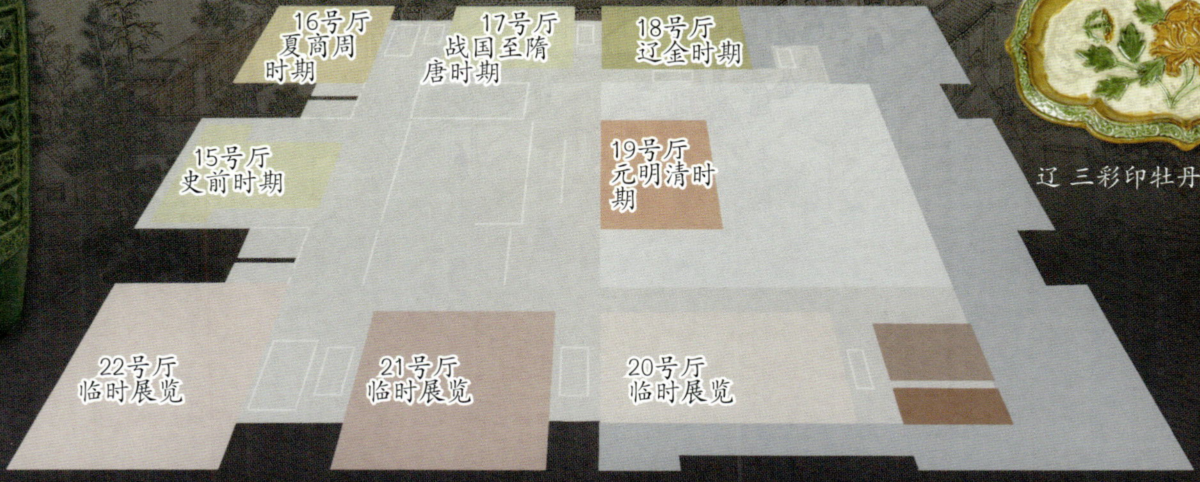

3层

辽 三彩印牡丹蝴蝶纹海棠盘

清 玻璃胎画珐琅岁寒三友葫芦式鼻烟壶

清 铜胎画珐琅黄地牡丹纹双连盖盒

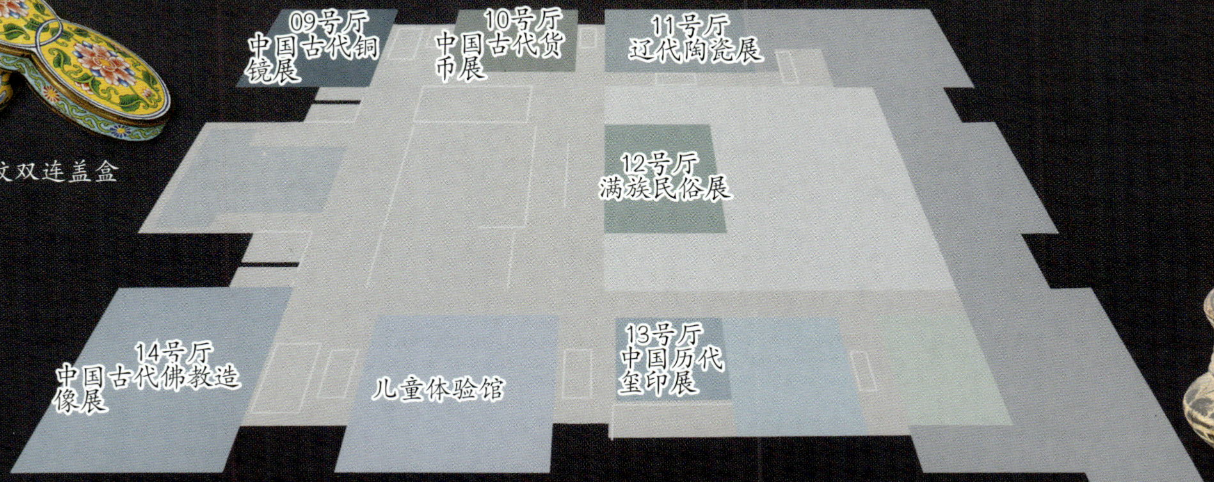

2层

辽 白釉黑花葫芦瓶

青铜时代·夏家店下层文化彩绘双腹陶罐

辽 三彩釉印花太极图执壶

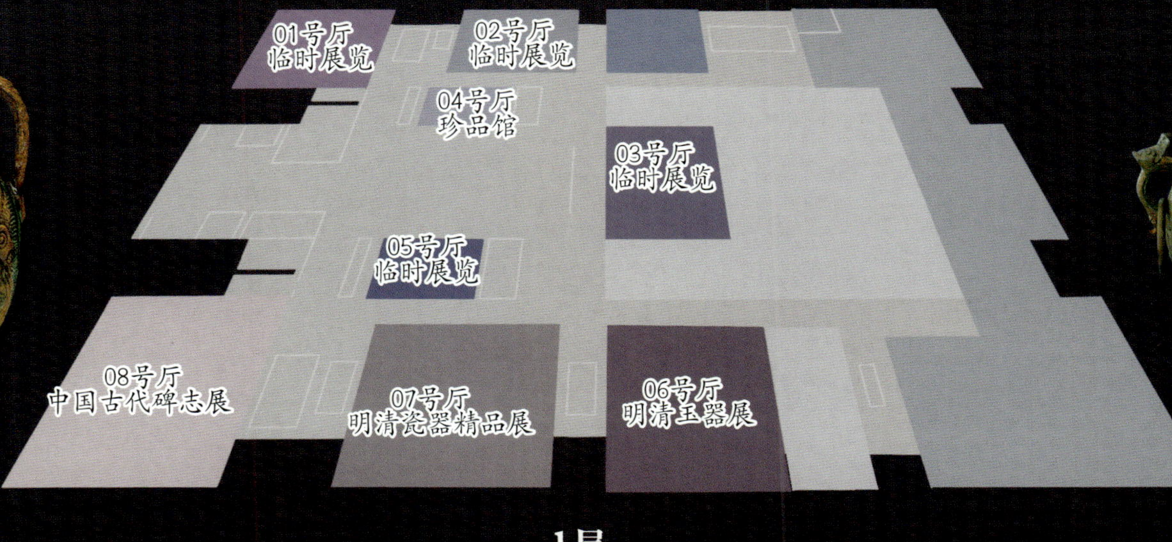

1层

西周 卷体夔纹蟠龙盖罍

发展沿革

1931年
在汤玉麟官邸设立奉天分馆。

1946年
改名。

1948年
博物馆进行整修，成立东北博物馆。

1949年7月7日开馆
这是中华人民共和国建立的第一座博物馆。

早期历史（1931年~1947年）

整修与发展

展厅陈设

基本陈列

在辽宁省博物馆的基本陈列中，展览内容十分丰富，涵盖了辽宁地区的历史、文化、艺术、自然等方面，展现了辽宁的地域特色和民族风情。主题包括“古代辽宁”“辽代陶瓷展”“明清瓷器精品展”“明清玉器展”“满族民俗展”“中国古代碑志展”“中国历代货币展”“中国历代玺印展”“中国古代铜镜展”“中国古代佛教造像展”。此外，馆藏书法、绘画珍品被妥善保管，举办相应特展时才会向公众展出。

1959年 博物馆改称为“辽宁省博物馆”，开始收藏和展示辽宁地区的文物。

1983年 博物馆在原馆址的西侧扩建展览楼和文物库房。

2004年 位于沈阳市市府广场东侧的新馆开始建设。

2015年5月16日 在沈阳市浑南区中心广场东北侧建立的新馆正式向公众开放。至此，辽宁省博物馆开启了新的征程。

（1948年~2003年）

增设新馆　（2004年至今）

临时展览

用于展示特定主题的国内外历史、文化与艺术类展品，比如2022年10月举行的“和合中国”展览，以主题文物展的形式反映了中国古代的和合文化理念与社会生活。

微展览与数字展厅

辽宁省博物馆还将馆藏文物展览“搬”到互联网上，综合运用多媒体、互动、沉浸等手段，让公众足不出户欣赏文物之美，感受中华优秀传统文化的魅力。辽宁省博物馆还承担教育和研究职能，为公众提供学术交流和教育服务。

玉猪龙

- 新石器时代·玉石器
- 高 15.0 厘米，宽 10.2 厘米，厚 3.8 厘米
- 辽宁省博物馆藏

玉猪龙是中国考古界对发现于红山（今内蒙古自治区赤峰市）等地的一类玉器的称呼，这些玉器仅出土于牛河梁等高等级墓葬内，应是象征地位、等级和权力的原始礼器。而这件玉猪龙是已知红山文化玉猪龙中形体较大、形制最规整的一件，是红山文化的代表性文物之一，因而无比珍贵。

这件国宝制作于红山文化后期，距今约5000年～6000年。其材质为岫岩玉，通体呈鸡骨白色，局部有黄色的土沁。整器器体扁圆厚重，造型粗犷雄浑，似一猪首龙身、首尾相连的动物——有学者认为这种动物形象是将猪和熊的形象经过高度抽象化处理得来的，是当时红山族群的祖先们共同的崇拜偶像，其“背”上的圆孔应是用于穿线佩戴的。

侧面图

从侧面看，“猪”的外貌特征明显——大耳圆眼，凸起的鼻头，大大的鼻孔，咧开的嘴里有多颗獠牙，很像凶猛的野猪。红山文化遗址中发现了大量猪骨，说明红山先民不仅将代表着勇猛的野猪作为食物来源，还很可能已驯化其为家畜，令其成了财富的象征。

背面图

从背面看，“猪龙”耳、眼、鼻、口各处的线条也雕刻得十分清晰、流畅。

几何之美 黄金螺旋示意图

整器造型饱满，打磨圆润，纹饰生动，有趣的是其轮廓曲线与黄金螺旋十分贴合。黄金螺旋又名“斐波那契螺旋线”，是依据斐波那契数列绘制的，而后者暗含黄金比例。黄金比例又名“黄金分割”，指将整体一分为二，较大部分与整体部分的比值等于较小部分与较大部分的比值，该比值约为0.618。这一比例被公认为是最能引起美感的比例。为何这件国宝能体现黄金比例，还是个谜。

青瓷飞鱼形水盂

- 五代·陶瓷器
- 高 9.3 厘米，长 14.0 厘米，宽 7.3 厘米，底径 4.4 厘米
- 辽宁省博物馆藏

这件青瓷飞鱼形水盂（yú，一种盛装液体的器皿）产自中原，出土于辽代早期贵族墓葬，经学者考证，其是五代时期耀州窑烧造的。耀州位于今陕西省铜川市的黄堡镇。自唐代起，耀州窑便以陶瓷烧制而闻名，在宋时，成为宋代六大窑系之一。其烧制的青瓷纹饰清晰，刚劲有力，是北方青瓷的代表。辽宋之间的外交往来或贸易很可能使这件来自耀州的精巧瓷器成为契丹贵族的收藏，见证了契丹王朝与中原地区经贸与文化的频交流。

这件国宝为白瓷胎，表面施以青釉。整体造型为鲤鱼形，其头尾上翘，呈 U 形，双鳍向上翻飞。鱼鳍和鱼尾采用浮雕的技法，细致地刻画出纹理，上方装点着圆润的水珠，生动地表现出畅游水底、鱼跃浪花的情景。其造型和谐灵动，颇具巧思。

造型之美　如鱼得水

水盂是中国传统文房用具之一，主要用于给砚池添水。因水盂精巧风雅，也具有了赏玩价值。这件瓷器釉色清透，鱼和露珠的组合正对应了“如鱼得水”的寓意。

细节之美　抽象表现

这件水盂大胆地运用抽象手法，在精简细节的同时着重表现鱼的动态和鳞片的纹理，使之既不失繁琐，又不单调。

(传)周昉《簪花仕女图》卷

- 唐·书画
- 画芯高 45.75 厘米，长 179.6 厘米
- 辽宁省博物馆藏

这幅《簪花仕女图》是世界范围内唯一认定的唐代仕女画传世孤本，传为杰出画家周昉所作，属于中国十大传世名画之一的《唐宫仕女图》（一组 5 幅仕女画，其中的《挥扇仕女图》也传为周昉所作），描绘了 5 名贵族女子及其侍女于春夏之交游园赏花的情景。此作代表了中国工笔重彩人物画的最高水平，是具有强烈艺术感染力的不朽名作。

这件国宝绘于粗绢之上，构图详略得当，笔法精细婉约，设色浓丽工巧。画面中不设背景，5 名仕女并序横列，或戏犬，执花，或漫步，拈蝶，以小狗、白鹤和辛夷花等为点缀。画家下笔稳重而准确，令人物衣饰无论线条还是色彩均看似规整实具流动感，生动刻画了当时贵族女子温腻、懒散的姿容，揭示了其华丽外表下闲适无聊的生活状态和空虚寂寥的内心世界，赋予了作品鲜明的时代感，是唐代现实主义风格绘画的代表。

婀娜仕女

这名仕女右手拈蝶，左手提起白地帔帛，帔帛上的云鹤纹饰精美生动。她浅紫红色的纱衫上饰有以4个斜角“田”字为一组的菱纹，长裙胸口处饰牡丹纹，下摆拖地，露出满地同心圆式的花朵纹饰。

巧石花卉

画卷尽头立有一玲珑石，石后是一丛盛开的辛夷花——淡紫色的花朵有的盛开，有的含苞待放，衬以自然生长的枝叶，与小动物一同点缀着这视野广阔的画面。

妆容之美 面饰淡妆

画中的仕女们皆面饰淡妆（称为“白妆”）。瓜子形的黛画短眉斜峙于额前，浓淡适宜；金色花子（又名“花钿”）点饰于双眉间，大小如豆；朱唇纤小圆润，唇色粉嫩柔和，与玉琢般的面庞甚为相称。这也令她们怅然若失的表情更为明显。

优雅拈花

这名仕女右手略向上抬，反掌拈一枝红花，似正准备将它插到发髻上。人物手部肌肤的白嫩与花朵的红艳相得益彰。对人物手部姿态到位的刻画是此画的一大成功之处。此画的色彩搭配也极见功力，人物发髻的黑色和面部、手部肌肤纯净的白色穿插于人物服饰的多种明丽颜色之间，相互制约又相互衬托，令画面色彩艳而不俗，沉静与明快兼备。

精致装扮

画家精心描绘了仕女们的衣饰和妆容。比如卷首这两名仕女，其穿着打扮形式大致相同——应是当时最时尚的穿搭，但各有各的精彩。同是簪花高髻（一种真、假发结合的发型，头顶饰花朵头饰，髻前插步摇），但二者的颜色和纹理明显有别。仕女们的短鬓分披于丰满的额前和耳边，发丝根根分明。她们衣衫轻薄——外为斜领大袖的纱衫和帔帛，内为低胸长裙，凸显了婀娜的身姿。

活泼的小狗

虽是人物画，但画家描绘动物十分细腻生动。画面中有两只小狗，一只欢快地奔向卷尾仕女，另一只则朝卷首仕女手中纬子的纬穗张口摆尾，作势欲扑。两只小狗毛色不同，颈中都系着红色丝带，显然是仕女们为排解生活的无趣而饲养的宠物。画中的白鹤很可能也是宠物，它曲颈振翅、举足欲行、神态闲适，似乎正沉醉于自己的小世界中。

青花松竹梅纹八棱罐

- 元·陶瓷器
- 高 39.7 厘米，口径 15.3 厘米
- 辽宁省博物馆藏

这件青花松竹梅纹八棱罐器型硕大，通体在白釉上以青花绘 5 层繁密精致的纹饰。在全世界范围内，元青花八棱罐仅有两件存世，此器发现于辽宁省鞍山市，另一件则出土于泰国。这件文物的发现填补了国内传世元青花鉴定标本的空白，对元瓷的研究、断代、鉴定等提供了珍贵的实物资料，其意义重大，当属国内无价之宝。

这件国宝器型为八棱形，直口，斜直肩，鼓腹，平底，内挖圈足，整件文物虽略有变形，但保存基本完好。其造型敦厚，其上绘制的纹饰精致无比，酣畅却不失细腻，器物之上的青花发色柔和淡雅、青中泛紫，搭配以松竹梅纹的主题纹样，更使得这件文物雅韵十足，成为元代青花瓷中的佼佼者。

莲池小景

这幅莲池小景图中，一侧绘一株高大的垂柳，中部绘一对一前一后悠闲游弋的鸳鸯，上、下分别绘一束伫立于水波纹之中的莲花、莲蓬和荷叶。这类由莲荷、水上植物和鸳鸯、翠鸟等组成的小景图有一个充满诗情画意的固定雅称“满池娇”，寓意吉祥、美好，是元青花的常见纹饰之一。

花卉细竹

器腹部以龙牙蕙草纹为地，在四合如意形开光内绘松、竹、梅（合称“岁寒三友”，象征高尚的人格）图和莲池小景图各两幅。8 幅图分为两组，对称排列。兽首之下均为竹图，图中修竹挺立。器颈部上下开光，内饰由多种折枝花卉组成的四季花卉纹。开光又名“开窗”，是一种瓷器装饰技法。其灵感来自古代建筑物上的窗户，即在器物上先勾勒出某种形状（如圆形、扇形、菱形等）的框栏纹饰，再在其内绘制特定主题的纹饰，以使后者更为突显。

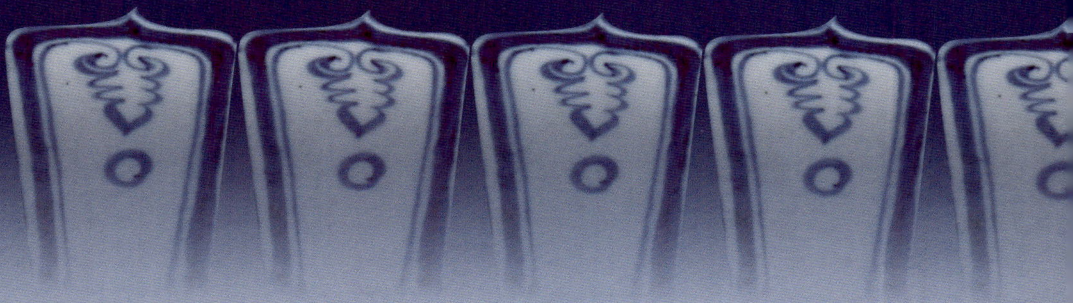

肩部兽首

器颈有一圈似箍的八边形凸棱，肩部两侧贴塑一对兽首。兽目圆睁，呲牙咧嘴，威猛中透出呆萌。器口部饰锦纹一周，器颈部饰变形莲瓣纹一周。

欧阳询
《梦奠帖》卷

- 唐·书画
- 画芯高 25.5 厘米，长 33.6 厘米，
  手卷高 3.5 厘米，长 341 厘米
- 辽宁省博物馆藏

这件国宝又名《仲尼梦奠帖》，是“中华十大传世名帖”之一。其为初唐著名书法家欧阳询晚年所书，是其传世墨迹中最为可信、最为精彩之作，堪称稀世之珍。此帖体现了欧阳询行书（简称“欧行”）成就的最高水准，对研究初唐书法也具有重大意义。

这件国宝以淡墨秃笔疾书而成，笔力苍劲，锋芒毕露，结构沉实，气韵流畅。其取魏碑为骨格，以行书笔意来调节，行间疏朗，字间茂密，单字刚劲不失活络，整体庄严不失灵动，充分展示了欧阳询行书的刚柔并济之美。

全文内容

此帖共 9 行 78 字，书法家以孔子等名人的寿命为例，阐述了自己对生与死的哲学思考。全文为：“仲尼梦奠，七十有二。周王九龄，俱不满百。彭祖资以导养，樊重任性，裁过盈数，终归寂灭。无有得停住者。未有生而不老，老而不死。形归丘墓，神还所受，痛毒辛酸，何可熟念。善恶报应，如影随形，必不差二。”

险绝的笔意

书法家的深湛功力在行书笔意调节方面尽显无余。比如帖中的“尼”字和“毒”字，都是典型的变化字体造型，把方形结构变为了长形结构，结体修长。而帖中“龄”“善”“报”“应”等字则写得遒劲耸立，配合被有意“带歪”的线条——字形向左欹（倾斜）侧，与其余字形正常的字在比例、偏正等方面构成了鲜明对比。这也体现了欧阳询书法的最大特征之一——字里行间突破“平正”，透出“险绝”，全篇营造出一种险中求胜的艺术效果。

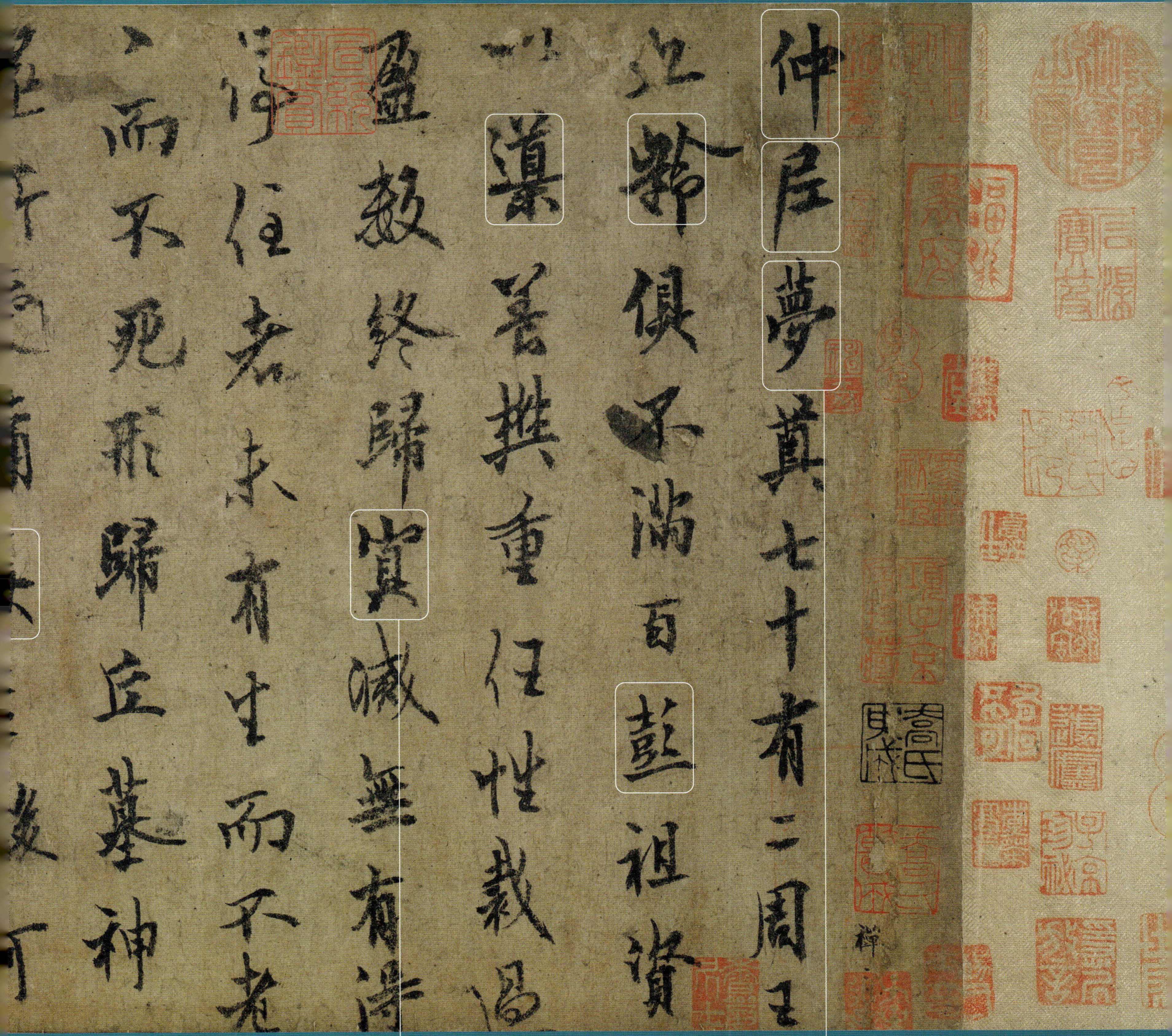

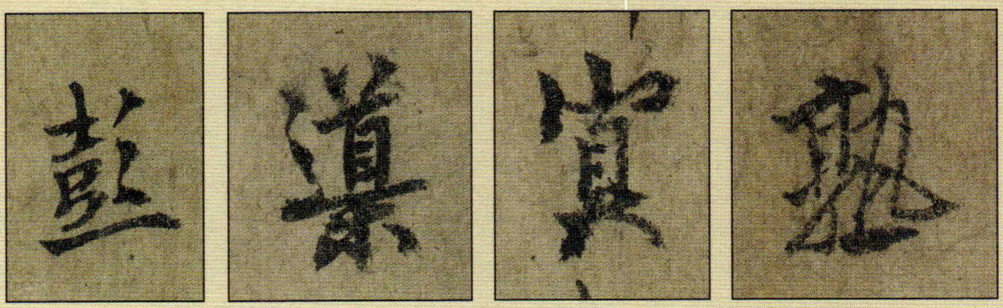

独特的字法造型

此帖笔画、字法造型很有特点。帖中“彭”字由左右结构变为半包围结构；“导”字繁体字下偏旁本是“寸”字，被换为“木”字；“寂”字书写跳荡；“熟”字整体结构发生了变异。这使整帖的章法排布更显紧凑。

方正的结体

“仲”“梦”等字则基本保持了楷书体势，且均起笔锐利，显然是魏碑笔法。纵观全篇，结体方正，转折随意，运笔笔势圆融，收放自如，给人以动静皆宜，刚中带柔之感。配合淡雅的墨色，观感清峻潇洒，上下脉络清晰。

沈阳故宫博物院

沈阳故宫博物院是在沈阳故宫基础上建立的古代文化艺术博物馆，现位于辽宁省沈阳市沈河区沈阳路171号，1981年沈阳故宫被定名沈阳故宫博物院。

沈阳故宫，又称盛京皇宫，清太祖努尔哈赤在天命十年（1625年）开始修建。沈阳故宫占地面积63272平方米，建筑面积18968平方米，是中国仅存的两大皇家宫殿建筑群之一，也是中国关外唯一的皇家建筑群。

清朝入关以后，沈阳故宫又被称作“陪都宫殿”“留都宫殿”。这座宫殿群建造时间较长，历经努尔哈赤、皇太极、乾隆三朝，耗时158年，现有宫殿亭台楼阁斋堂等建筑100余座、500余间。清朝皇帝中的康熙、乾隆、嘉庆、道光，前后十次“东巡”时将沈阳故宫作为驻跸所在，在清朝的历史上具有极为重要的地位。

藏品介绍

沈阳故宫博物院的宫廷御用品收藏最富特色，如清廷入关前使用的满蒙文信牌、印牌，皇帝使用的弓箭、刀剑、马鞍等，清宁宫萨满祭祀用具，康熙、乾隆时用于宫廷典礼的乐器及清历朝帝后玉宝、玉册等。

建筑布局

沈阳故宫按照建筑布局和建造先后，可以分为 3 个部分：

东路：为努尔哈赤时期建造的大政殿与十王亭。于天命十年（1625 年）开始创建，是皇帝举行“大典”和八旗大臣办公的地方。

中路：大清门、崇政殿、凤凰楼、清宁宫等，于天聪元年（1627 年）至天聪九年（1635 年）建成，是皇帝进行政治活动和后妃居住的地方。前朝后寝的规划布局，纵向前低后高，即殿低宫高。寝宫区建于正方形高台之上，四周设围墙与更道墙围绕，形成高台“城堡式”寝区。

西路：建筑始建于乾隆四十六年（1781 年），从南至北为扮戏房、戏台、嘉荫堂、宫门、文溯阁、仰熙斋、碑亭和九间殿等。

其他博物馆

旅顺博物馆

开馆时间：（参考博物馆公告）
停止入馆时间：（参考博物馆公告）
休息时间：（参考博物馆公告）
地址：辽宁省大连市旅顺口区列宁街 42 号

旅顺博物馆是收藏展示中国古代艺术及收藏展示旅顺历史文化的综合性博物馆，国家一级博物馆。博物馆馆内设有“历史文物专题陈列”和“大连古代文明”展。馆内藏品涵盖考古、甲骨、铜器、陶瓷、玉器、珐琅器、佛教造像、漆器、书画、碑志、新疆文物、竹木牙雕、外国文物、货币等 20 个门类，尤以书画、新疆文物、印度犍陀罗艺术和罗振玉《三代吉金文存》《贞松堂集古遗文》著录的商周时期青铜器等最具特色。

大连博物馆

大连博物馆是收藏研究、展示宣传大连地区历史文化的地方综合性博物馆，国家一级博物馆。馆内设有“近代大连”基本陈列，由“旅大的开发与海防建设”“中日甲午战争中的旅大”“俄国租借旅大与港口城市的形成”“日俄战争与日本殖民统治”“多元文化的交流与融合”“近代大连人民的反抗斗争”和“大连解放与人民政权的建立”7 个部分组成。

开馆时间：9：00—17：00（周二至周日）
停止入馆时间：16：30
休息时间：周一（其他时间参考博物馆公告）
地址：辽宁省大连市沙河口区会展路 10 号

大连自然博物馆

开馆时间：9：00—17：00（周二至周日）
停止入馆时间：16：30
休息时间：周一（其他时间参考博物馆公告）
地址：辽宁省大连市沙河口区黑石礁西村街 40 号

大连自然博物馆是收藏研究、展示科普大连及辽宁省地区地质及自然资源的地方综合性自然科学博物馆，国家一级博物馆。现博物馆主体建筑为现代欧式风格。馆内设有地球、恐龙、海洋生物、东北森林动物、湿地等 12 个展厅。馆藏各种动物、植物和矿藏的标本近 20 万件，珍贵标本 3 千余件。

鞍山市博物馆

鞍山市博物馆是收藏研究、展示宣传鞍山市历史文化和自然资源的地方综合性博物馆，国家二级博物馆。博物馆馆内设有多个基本陈列，主要有“鞍山史迹话沧桑”“灵秀千华——自然文化馆之千山”“贵胄雍容 菁英集粹——馆藏精品陈列展”“鞍山非物质文化遗产展”等。馆藏文物万余件（套），涵盖陶瓷、铜器、书画、木器家具、玉器、漆器、金银器、古钱币等门类，其中珍贵文物近千件（套）。

开馆时间：9：00—17：00（周二至周日）
停止入馆时间：16：30
休息时间：周一（其他时间参考博物馆公告）
地址：辽宁省鞍山市千山中路 41 号

辽宁古生物博物馆

开馆时间：9：00—17：00（周二至周日）
停止入馆时间：15：30
休息时间：周一（其他时间参考博物馆公告）
地址：辽宁省沈阳市皇姑区黄河北大街 253 号

辽宁古生物博物馆是收藏保护、研究教学、展示科普辽宁地区古生物的地方专题性博物馆，国家二级博物馆。馆内设有 8 个展厅、16 个展区，陈列展出包括地球与早期生命、30 亿年来的辽宁古生物、热河生物群、国际古生物化石、珍品化石、辽宁大型恐龙等主题展览。藏品中包含近千余件珍贵化石，如迄今世界上最早的带毛恐龙“赫氏近鸟龙”被称为“会滑行的蜥蜴”的赵氏翔龙、剑齿虎头骨化石等。

鞍钢博物馆

鞍钢博物馆是反映鞍钢的历史和发展历程的地方主题性博物馆，国家一级博物馆。馆内陈列以“新中国钢铁工业从这里开始”为主题，由沧桑岁月、长子鞍钢、鞍钢宪法、创新鞍钢、摇篮鞍钢、奉献鞍钢、魅力鞍钢、绿色鞍钢、资源鞍钢、英模鞍钢、品牌鞍钢、排头鞍排头鞍钢等 12 个单元组成，另设有“一号高炉”“烧结机”两个特展。

开馆时间：9：00—17：00（周二至周日）
停止入馆时间：16：30
地址：辽宁省鞍山市铁西区环钢路 1 号

锦州市博物馆

锦州市博物馆，是收藏研究、展示宣传锦州地区历史文化及自然资源的地方综合性博物馆，国家二级博物馆。博物馆分为东西两个展区，西部为新建展馆，馆内设4个基本陈列：“锦绣之州历史文明展”“辽西地区节令习俗展”“辽西古生物化石展”“文物精品展”。东部大广济寺、天后宫、昭忠祠三组建筑由博物馆所辖，内设陈列有“甲午忠魂”“妈祖文化”“辽西抗日义勇军之歌”“辽西地区民间工艺品”等。

开馆时间：9：00—16：00
（周二至周日）
停止入馆时间：15：30
休息时间：周一（其他时间参考博物馆公告）
地址：辽宁省锦州市古塔区北三里1号

中国工业博物馆

开馆时间：9：00—17：00（周二至周日）
停止入馆时间：16：30
休息时间：周一（其他时间参考博物馆公告）
地址：辽宁省沈阳市铁西区卫工北街14号

中国工业博物馆是全面反映中国工业发展历程和老工业基地振兴成就的工业专题性博物馆，是国家二级博物馆，整体建筑由新老建筑相结合而来。馆内陈设以装备制造业为主，设有通史馆、铸造馆、铁西馆、机床馆与汽车馆5个展馆，另有冶金机械展区，全面展现了中国工业波澜壮阔的发展历程。

张氏帅府博物馆

张氏帅府博物馆是依托北洋军阀张作霖及爱国将领张学良将军的官邸和私宅而建立的，集展示、名人纪念为一体的地方专题性博物馆，国家二级博物馆。博物馆由东院、中院、西院和院外建筑4个建筑群构成。馆内设有基本陈列，如“张作霖生平大事与张氏家族展”“千古功臣：张学良将军业绩展”“张学思将军业绩展”等。

开馆时间：9：00—17：00（周二至周日）
停止入馆时间：16：30
休息时间：周一（其他时间参考博物馆公告）
地址：辽宁省沈阳市沈河区朝阳街少帅府巷46号

抚顺市雷锋纪念馆

开馆时间：9：00—17：00（周二至周日）
停止入馆时间：15：30
休息时间：周一（其他时间参考博物馆公告）
地址：辽宁省抚顺市望花区雷锋路东段61号

抚顺市雷锋纪念馆，是全面反映雷锋事迹与雷锋精神的纪念馆，是国家二级博物馆。纪念馆位于雷锋生前所在部队驻地附近，包含雷锋事迹陈列馆、雷锋墓、雷锋塑像、雷锋纪念碑等。馆内的基本陈设，综合运用实物展示、图文图表、场景还原、美术作品及多媒体手段，再现雷锋的成长历程、全国学雷锋活动发展脉络及成果。

抗美援朝纪念馆

抗美援朝纪念馆是全面反映中国人民抗美援朝战争和抗美援朝运动历史的专题纪念馆，国家二级博物馆。纪念馆园区包括纪念馆、纪念塔、全景画馆、国防教育园。馆内设有“抗美援朝，保家卫国”主题陈列，由序厅、抗美援朝战争厅、运动厅、友谊厅、英烈厅、纪念厅等板块组成，展现了抗美援朝战争和抗美援朝运动的光辉历史。

开馆时间：9：00—17：00（周二至周日）
停止入馆时间：16：30
休息时间：周一（其他时间参考博物馆公告）
地址：辽宁省丹东市振兴区山上街7号

辽沈战役纪念馆

开馆时间：9：00—15：30（周二至周日）
停止入馆时间：15：00
休息时间：周一（其他时间参考博物馆公告）
地址：辽宁省锦州市凌河区重庆路五段2号

辽沈战役纪念馆是反映东北解放战争中辽沈战役伟大胜利的纪念馆，国家二级博物馆。馆内设有序厅、战史馆、支前馆、英烈馆和全景画馆，通过综合运用实物展示、图文图表、美术作品、场景沙盘及多媒体技术，详细展示了辽沈战役的全过程及影响。馆内藏品有2万多件（套），其中一级文物25件，二级文物552件，三级文物362件。

吉林省自然博物馆

开馆时间：9：00—16：00（周二至周日）
停止入馆时间：15：30
休息时间：周一（其他时间参考博物馆公告）
地址：吉林省长春市净月大街2556号

吉林省自然博物馆是收藏研究、保护展示、宣传科普动物、植物、地质古生物、自然地理等领域内标本的地方综合性自然历史博物馆，国家一级博物馆。馆内设有7大展区，即“山之魂”“林之韵”“蝴蝶谷”“鸟之灵”“兽之趣”“化石世界”和猛犸象展区等。

吉林省博物院

开馆时间：9：00—16：00（周二至周日）
停止入馆时间：15：30
休息时间：周一（其他时间参考博物馆公告）
地址：吉林省长春市南关区永顺路1666号

吉林省博物院，是收藏保护、研究展示吉林省历史文化、中国历代书法绘画、东北抗日联军文物及事迹的综合性博物馆，国家一级博物馆。馆内常设“白山松水的记忆：吉林省历史文化陈列”“吉林故事：吉林省非物质文化遗产展”“张伯驹夫妇捐献书画作品展”“瓷苑掇英：吉林省博物院院藏瓷器展”“黑土军魂：东北抗日联军军史陈列”等展览。

伪满皇宫博物院

开馆时间：（参考博物馆公告）
停止入馆时间：（参考博物馆公告）
休息时间：周一（其他时间参考博物馆公告）
地址：吉林省长春市宽城区光复北路5号

伪满皇宫博物院是依托溥仪宫廷旧址建筑群组建而成的历史建筑类专题性博物馆，国家一级博物馆。院内设伪满宫廷原状陈列50个，大型基本陈列2个，专题展览3个。通过展出大批伪满宫廷文物、日本近现代文物、东北近现代文物等，真实地反映出末代皇帝生平、日本侵略东北的血腥与残暴、东北近现代发展历程。

东北师范大学东北民族民俗博物馆

开馆时间：9：00—16：00（周二至周日）
停止入馆时间：15：00
休息时间：周一（其他时间参考博物馆公告）
地址：吉林省长春市经济技术开发区卫星路88号

东北师范大学东北民族民俗馆是征集收藏、研究展示、宣传普及东北地区古代及近现代民族民俗文化的地方专题性博物馆，国家二级博物馆。博物馆设有3个基本展览：东北古代民族民俗展区、东北近现代民族民俗展区、东北代表性行业作坊展区，综合运用实物展示、场景复原及多媒体技术等展陈手段，全方位展示东北民族民俗文化及最新研究成果。

集安博物馆

开馆时间：9：00—17：00（周二至周日）
停止入馆时间：16：30
休息时间：周一（其他时间参考博物馆公告）
地址：吉林省通化市集安市建设街与锦江路交叉口东100米

集安市博物馆是收藏研究、展示宣传集安市历史文化的地方综合性博物馆，国家三级博物馆。博物馆主体馆建筑造型为八瓣莲花状，馆内设有多个基本陈列，分别展示高句丽历史文物，新石器时代高句丽建国前后的劳动工具、兵器以及各种生活用品，高句丽时期的各种墓葬及壁画，好太王碑文拓片等。

黑龙江省博物馆

开馆时间：9：00—16：30（周二至周日）
停止入馆时间：16：00
休息时间：周一（其他时间参考博物馆公告）
地址：黑龙江省哈尔滨市南岗区红军街 50 号

黑龙江省博物馆是征集收藏、研究保护、展示宣传黑龙江地区历史与文化、自然资源的综合性博物馆，国家一级博物馆。馆内基本陈列展览主要有“哈尔滨往事：20 世纪初哈埠社会生活展”等。

哈尔滨世纪汽车历史博物馆

哈尔滨世纪汽车历史博物馆是中国知名的非国有汽车博物馆。馆藏各类名车近 200 辆，包括梅赛德斯·奔驰 280S、吉斯 110、红旗 CA770JG 敞篷检阅车等经典车型。此外，博物馆还设有战车馆、汽车馆和室外展示区，展示了坦克、飞机和导弹等军事装备。

开馆时间：8：30—16：30（周二至周日）
停止入馆时间：16：00
休息时间：周一（其他时间参考博物馆公告）
地址：黑龙江省哈尔滨市双城区堡旭大道与堡东四路交汇处

佳木斯市博物馆

开馆时间：9：00—16：00（周二至周日）
停止入馆时间：15：30
休息时间：周一（其他时间参考博物馆公告）
地址：佳木斯市前进区长安东路 52 号

佳木斯市博物馆是黑龙江省三江地区规模最大的博物馆，也是黑龙江省东部地区最大的一座综合性博物馆。该博物馆内设佳木斯基本概况、古代文物、近现代史、民俗、自然资源、赫哲族及知青等多个展厅，馆藏文物丰富，集中反映了佳木斯的历史风貌、人文景观、地域特色和各族人民在历史上对祖国的贡献。

齐齐哈尔市博物馆有三层建筑结构，馆内收藏丰富，包括古代服饰、战争时期的炮车、齐齐哈尔烤肉文化介绍、出土的器具农具等，还有关于达斡尔族文化和齐齐哈尔城市演变的展览。

齐齐哈尔市博物馆

开馆时间：9：00—17：00（周二至周日）
停止入馆时间：16：30
休息时间：周一（其他时间参考博物馆公告）
地址：黑龙江省齐齐哈尔市建华区中华路 1 号

大庆博物馆

开馆时间：9：00—16：30（周二至周日）
停止入馆时间：16：00
休息时间：周一（其他时间参考博物馆公告）
地址：黑龙江省大庆市萨尔图区高新区文苑街 2 号

大庆博物馆是收藏研究、展示宣传大庆地区历史与文化的地方综合性博物馆，并以大庆地区的古环境、古动物和古人类考古发现为突出特色，国家一级博物馆。馆内设有“东北第四纪自然环境”“东北第四纪哺乳动物”“大庆地区古代人类文明”3 个基本陈列。馆藏文物中以化石数量最为丰富，其中狼化石、鬣狗化石、猛犸象化石填补了东北第四纪哺乳动物化石体系的空白。

中国书法文化博物馆是以黑龙江省尚志市碑林为基础，收藏研究、展示宣传中国书法历史与文化的地方主题性博物馆，国家三级博物馆。馆内设有“将军艺苑”“珠河情缘”“翰墨滥觞”“千秋国粹”“印坛异彩”岩石雕塑群、世界书艺碑刻群等区域及陈列。

中国书法文化博物馆

开馆时间：9：00—17：00（周二至周日）
停止入馆时间：16：30
休息时间：周一（其他时间参考博物馆公告）
地址：黑龙江省哈尔滨市尚志市新建路北环街 92 号

杜尔伯特蒙古族自治县博物馆

开馆时间：9：00—17：00（周二至周日）
停止入馆时间：16：30
休息时间：周一（其他时间参考博物馆公告）
地址：黑龙江省大庆市杜尔伯特蒙古族自治县杜尔伯特镇草原广场

杜尔伯特蒙古族自治县博物馆，是征集收藏、研究展示杜尔伯特蒙古族自治县历史、文化、民俗及自然资源的地方综合性博物馆，国家三级博物馆。馆内设有基本陈列：“历史悠久的杜尔伯特”“多姿多彩的杜尔伯特”“美丽富饶的杜尔伯特”。

中国（哈尔滨）森林博物馆

中国（哈尔滨）森林博物馆，隶属于东北林业大学，国家二级博物馆，专业性自然类博物馆，依托林型（种群、群落和生态系统）作为馆藏基础，研究挖掘原始森林、近现代森林和森林文化与生态文明的厚重积淀，全面展现林业发展历史、森林文化内涵。

开馆时间：周一至周三接受团体预约参观
每周四至周六 9：00—16：00 面对公众免费开放
休息时间：（参考博物馆公告）
地址：黑龙江省哈尔滨市香坊区和兴路 26 号

甘肃简牍博物馆
吐鲁番博物馆
石嘴山市博物馆
青海省博物馆
青海省博物馆
咸阳博物院
敦煌研究院
武威市博物馆
敦煌研究院
甘肃省博物馆
咸阳博物院
甘肃简牍博物馆
敦煌博物馆
法门寺博物馆
甘肃省博物馆
乌鲁木齐市博物馆
武威市博物馆
秦始皇帝陵博物馆
青海省博物馆
汉中民俗博物馆
西夏博物馆
兰州市博物馆
乌鲁木齐市博物馆
和田地区博物馆
甘肃简牍博物馆
法门寺博物馆
宁夏回族自治区博物馆

第三章 西北地区

XIBEIDIQU

陕西历史博物馆

概况

陕西历史博物馆位于陕西省西安市雁塔区小寨东路 91 号，在大雁塔的西北侧。坐落于此的陕西历史博物馆是展示陕西悠久历史和灿烂文化的重要场所。该博物馆的建筑规模宏大，占地面积约为 6.5 万平方米，建筑面积达到 5.56 万平方米，其中文物库区面积为 8000 平方米。

藏品介绍

博物馆内藏品多达 170 余万件（套），时间跨度从远古到当代，涵盖了各个历史时期。馆内现有文物藏品中，国宝级文物达 18 件（套），一级品更是多达 762 件，被誉为“古都明珠，华夏宝库”。

荣誉地位

陕西历史博物馆可谓中国博物馆中的独特个案，是中华人民共和国第一座大型现代化国家级博物馆、首批国家级历史博物馆及西部地区唯一一座中央与地共建的国家级重点博物馆。它的外观着意突出了盛唐风采，因此获得了中国建筑学会建筑创作奖，并在 2016 年被选为“中国 20 世纪建筑遗产”。

博物馆特色

陕西历史博物馆以丰富的馆藏、独特的建筑和重要的历史地位著称。尤以盛唐文物为精品，展现了华夏文明的博大精深。作为古都长安的重要文化标志，陕西历史博物馆不仅是文物爱好者的天堂，还是了解中国古代历史与文化的绝佳之地。

“象天法地”的建筑理念

陕西历史博物馆秦汉馆的设计由著名建筑大师张锦秋院士亲自操刀，其独特的建筑外形令人印象深刻。七座建筑按北斗七星排列，通过架空连廊巧妙连接，不仅象征着秦朝宫殿“象天法地”的浪漫主义思想，而且展现了传统与现代建筑风格的完美融合。

藏品彰显大唐雄风

博物馆的藏品不仅数量多、种类全，而且品位极高。其中，汉唐金银器体现了当时社会的繁荣与技艺的精湛；唐墓壁画以细腻的笔触描绘了唐代的建筑、人物、器物等，生动再现了当时的社会风貌和审美趣味，是博物馆独具特色的文化遗产。这些藏品共同彰显了陕西历史博物馆的独特魅力和大唐雄风。

历史古都文物宝库

长安作为历史上周、秦、汉、隋、唐等 13 个封建王朝建都的古都，拥有丰富的地上、地下文物资源。这些文物不仅构成了陕西独特的历史文化风貌，也为陕西历史博物馆提供了丰厚的藏品基础。

展览分布图

注意 本书的文物所在位置是以作者当前写作阶段的位置作为参考标注的，由于各博物馆经常会有临时特展或巡回展，所以无法保证位置固定不变，请各位读者知晓，以实际的参观情形为准。

唐 四鸾衔绶金银平脱镜

唐 鎏金鹦鹉纹提梁银罐

西周 日己觥

秦 跪射俑

唐 鎏金双狐纹双桃形银盘

唐 掐丝团花纹金杯

唐 鎏金蔓草鸳鸯纹银羽觞

唐 鸳鸯莲瓣纹金碗

发展沿革

1944年6月
成立了“陕西省历史博物馆”，标志着陕西历史博物馆的初步建立。

1950年5月
归属西北大区管理，改名为“西北历史文物陈列馆”。

1952年1月
又改称为“西北历史博物馆”。

1955年6月
改名为“陕西省博物馆”，为后续的发展奠定了基础。

1963年
陕西省博物馆新建的西安石刻艺术室正式对外开放，历史陈列、雕刻艺术和碑林就成为三大常设陈列。

1973年
周恩来总理提出应在陕西建一座新博物馆的指示。

初创与更名（1944年～1955年）

筹备与建设

展厅陈设

基本陈列

基本陈列名为“陕西古代文明”，设置在陕西历史博物馆的第一、二、三展厅，它以时代为序，将陕西古代史划分为史前、周、秦、汉、魏晋南北朝、隋唐、唐以后的陕西七个阶段，对应“文明摇篮”“赫赫宗周”“东方帝国”“大汉雄风”“冲突融合”“盛唐气象”和“文脉绵长”七个单元，展示了陕西古代文明孕育、产生、发展的过程及其对中华文明的奉献。

1983年
在现址上筹建新馆。

1991年
陕西历史博物馆新馆正式建成开放，举行开馆典礼。

2022年5月17日
陕西历史博物馆“音乐文化展厅”在西安音乐学院艺术博物馆揭牌。

2023年12月29日
陕西历史博物馆秦汉馆试开放，2024年5月18日，正式开馆。

（1961年～1991年）

现代化与国际化发展（1991年至今）

专题陈列

除基础陈列外，陕西历史博物馆还利用馆藏优势并与国内外文博机构合作，在东、西展厅举办了“大唐遗宝——何家村窖藏出土文物展”“唐代壁画珍品展”等主题鲜明、内容专一、品位高雅的专题陈列。其中“唐代壁画珍品展”是最富特色的部分，它展示了近600幅唐墓壁画精品，将盛唐文化的兼收并蓄和创新发展描绘得形象而生动。

鎏金银竹节铜熏炉

- 西汉·青铜器
- 高 58 厘米，口径 9 厘米，底径 13.3 厘米，重 2.57 千克
- 陕西历史博物馆藏

鎏金银竹节铜熏炉于 1981 年出土于陕西省兴平市茂陵东侧从葬坑，现收藏于陕西历史博物馆。铜炉系博山炉形式，由炉体、长柄、底座分铸铆合而成，从下而上也可分为底座、炉柄、炉身、炉盖四个部分，炉身通体鎏金鎏银，精雕细镂，炉口外侧和圈足外侧刻有铭文，记其原属未央宫物，后归阳信家，应是汉武帝赐给阳信长公主及其丈夫大将军卫青的赏物。它的出土不仅为研究汉代的皇室生活提供了实物证据，也反映了当时封建帝王追求长生不老的信仰和对神仙方术的崇拜。

“博山炉中沉香火，双烟一气凌紫霞。”中国自古以来便以品香为风雅事。若是用这件熏炉焚香，仿佛可见山景朦胧、云海涌动、群龙飞舞的奇异景象。整座熏炉通体鎏金，局部鎏银，是两千年前工匠高超细腻的技术让它至今闪烁着华美的光芒。

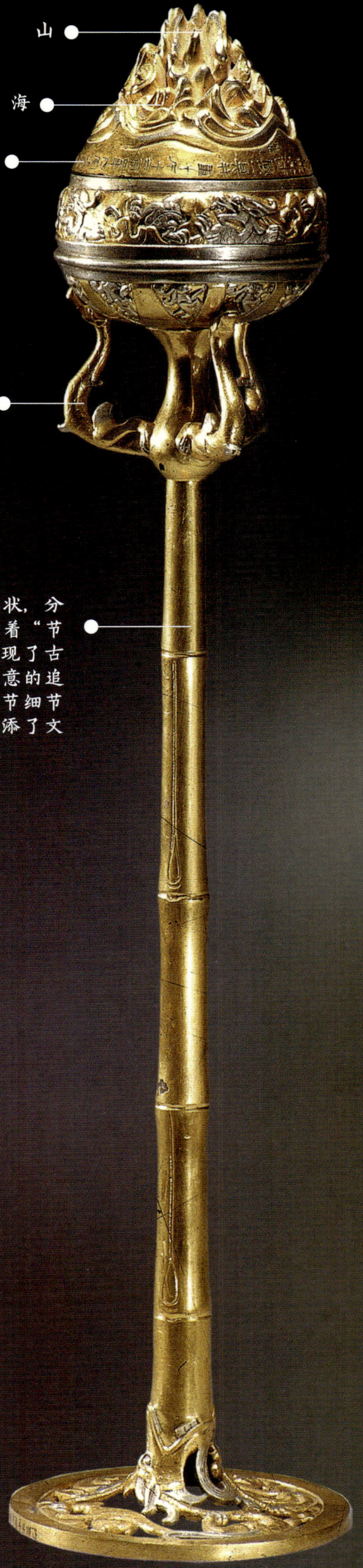

铭文

“内者未央尚卧金黄涂竹节熏炉一具并重十斤十二两四年内官造五年十月输第初三”。

竹节炉柄

炉柄是竹节形状，分为五节，寓意着“节节高升”，体现了古人对于吉祥寓意的追求。柄上的竹节细节处理精细，增添了文物的自然美感。

仙界的向往

山与海往往与传说中的海外仙境联系起来，当时的人们将各种神话元素图案运用在香炉的设计中，制作出“博山式”的香炉器型，反映出当时道教神仙思想的盛行。熏炉上共铸有九条龙，除了显示出皇家威严外，龙这一神秘的形象也与仙界密不可分。

组合的神龙

炉身雕刻四条金龙，炉柄的上端刻有三条蟠龙，龙头托着炉盘，底座上透雕有两条游龙。这些龙形态各异，回首之势，仿佛在波涛中漫游，展现了高超的工艺水平和动态美。

造型之美

仙山大海

炉盖的设计尤为独特，它的形状像是一座层峦叠嶂的山景，云雾缥缈，金银勾勒，勾勒出一幅动人的自然景观。当香烟袅袅升起时，宛如置身于仙境之中。

底座巧妙地镂雕了两条蟠龙，龙仰头张口，衔住竹节形的柄，这样的设计既美观又稳固。底座圈足外侧还刻有铭文，记载了这件熏炉原属于西汉皇家未央宫，后归属于阳信家，表明了其显赫的出身和历史背景。

鎏金舞马衔杯纹银壶

- 唐·金银器
- 通高 14.8 厘米，口径 2.3 厘米，重 549 克
- 陕西历史博物馆藏

这件银壶于 1970 年在西安市南郊何家村的唐代窖藏中出土，造型独特，体现了游牧民族器物的特色。它模仿了北方游牧民族契丹族使用的皮囊壶的形状制造，整件银壶由壶盖帽、提梁、银链和壶身四部分构成。这件银壶不仅是唐代金银器制作的典范，也是唯一能够证明唐玄宗生日宴会上舞马衔杯祝寿仪式的实物资料，具有重要的历史和文化价值。

银壶的壶身是其最显眼的部分，两面对称模压有舞马纹，如浮雕般凸起，具有一定的立体感。不仅展示了唐代工匠的高超技艺，还反映了当时宫廷文化中对舞马表演的推崇。鎏金舞马衔杯纹银壶是中国首批永久禁止出国（境）展览文物之一。同时也是陕西历史博物馆镇馆之宝之一。

纹饰之美

鎏金装饰的舞马

壶身上的舞马纹饰生动地再现了唐玄宗生日宴会上的舞马表演，马匹装饰华丽，动作灵活，展现出一幅栩栩如生的画面。舞马表演是唐代宫廷文化的重要组成部分，尤其在唐玄宗时期达到顶峰。据《明皇杂录》记载，唐玄宗酷爱舞马，他的马厩里饲养了 400 多匹西域的良马，这些马都经过精心训练，每逢节日便会在宫中表演。唐玄宗还亲自为舞马创作了一曲《倾杯乐》，伴随着音乐，舞马翩翩起舞，最后口衔酒杯向唐玄宗祝酒，观众常常为之惊叹。

壶盖帽采用鎏金覆莲瓣形设计，提梁的设计模仿了马镫的形状，鎏金处理，与壶身的舞马纹饰相呼应，体现了唐代对马文化的推崇。

连接壶盖帽和提梁的银链采用麦穗式设计，这种设计既实用又美观，防止壶盖遗失的同时，也增加了银壶的精致感。

壶底与圈足相接处有“同心结”图案，这种图案在这里象征着团结和谐，寓意深远。

镶金兽首玛瑙杯

- 唐·玉石器
- 杯高 6.5 厘米，长 15.6 厘米，口径 5.6 厘米
- 陕西历史博物馆藏

镶金兽首玛瑙杯出土于西安市何家村，杯体呈角状兽首，兽角塑作杯柄。兽嘴镶可开合金帽。杯子由缠丝玛瑙制成，十分珍贵，是迄今所见唐代唯一一件俏色玉雕，也是唐代玉石器中做工最精湛的一件。这种器型在西方称为“来通”，流行于中亚、西亚地区，这件文物的出土也是唐代中外交流的见证。

镶金兽首玛瑙杯整体呈角状，上口接近于圆形，下部为一类似牛的兽首，兽角可把握。玛瑙材质温润，纹路与杯形相得益彰，兽首雕琢精细，即实用又精美。来通杯一般常出现在胡人的宴饮场合之中，同时精美的来通杯也被当做祭祀器出现，表示对酒神的崇拜。来通杯在古希腊被视为圣物，传说饮用注入杯中的酒液可以防止中毒。唐代国力强盛，与西亚沟通频繁，来通杯进入中原后也成为受贵族喜爱的艺术品。

设计之美 金质的兽嘴

玛瑙杯的兽嘴部精巧地镶嵌了一枚金帽，这枚金帽可以取下，底部有一个小孔，酒液便可顺着这个小孔流出。这种设计与希腊语中的“来通”一词含义相符，意为“流出”，完美体现了这件酒杯独特的使用方式。

国宝小知识：金翼狮来通

这类称为来通的兽首杯早在公元前 20 世纪就流行于西亚地区了，约 6 世纪传至中国，在北周大象元年、大象二年的墓葬中都出土过手持来通杯的胡人形象，可见这件玛瑙杯也是中西交流的产物，或是西方进献，或是工匠仿粟特式制作。

金翼狮来通
（公元前 500 年—前 450 年 伊朗国家博物馆藏）

立体的兽首

兽首的塑造十分精致，兽的眼睛浑圆，在玛瑙材质的映衬下显得炯炯有神，两只耳朵紧贴脖颈，头部随杯的弧度微微上扬，刻画写实，显得温和典雅。兽角镂空上扬，作为酒杯的把手。

三彩载乐骆驼俑

- 唐·陶瓷器
- 通高 58 厘米，骆驼高 48.5 厘米
- 陕西历史博物馆藏

这件三彩载乐骆驼俑出土于 1959 年在陕西西安中堡村的一座唐代墓葬中，由骆驼和坐在骆驼上的乐俑构成。骆驼四蹄直立在地上，仰头嘶鸣，驼峰上铺着一条赭石、绿、蓝、白相间的彩釉格毯，上方盘腿坐着七位乐师，手持琵琶、笙、笛、拍板等各类乐器，作演奏状，簇拥着一位正在歌唱的女子。

这件唐三彩栩栩如生地表现出了一队巡回演出的乐队骑着骆驼悠悠而来的场景。人物表情生动，神态陶醉，显然已经沉浸在了音乐的世界中。制作者足够大胆的创意催生了一支以狭小的驼峰为舞台的乐队，让今日的我们得以窥见盛唐的浪漫与繁华。骆驼与乐俑分别为独立塑造再组装而成。骆驼左右合模，乐俑前后合模，黏合后再施以釉色烧制，色彩艳丽，形象生动。

色彩斑斓的毛毯

骆驼身披绿色椭圆形花边毯，驼峰上架平台，台子披一条棱格花色毛毯，上施以赭石、绿、蓝三色相间釉色，周围划出细条表现毛毯边缘，显得华丽厚重，富于体积感。

各司其职的歌舞团

在驼峰之上为七个围坐在舞者周围的男乐俑，头带软巾，身着不同颜色的窄袖长衣，分别手持笙、琵琶、排箫、排板、箜篌、笛、箫作演奏状，中间的女舞者体态丰满，身着白底蓝花长裙，头梳乌蛮髻，正在随乐歌舞。几人神情温和，仪态各不相同，根据乐器考量可能演奏的是胡人歌舞。

昂首挺立的骆驼

骆驼昂首张口，舌尖上卷，正仰天嘶鸣，或许是在与背上正在演奏的乐队相呼应。骆驼周身施白釉，长的毛发施黄釉，色彩逼真，更显得骆驼鲜活灵动。

青瓷提梁倒灌壶

- 五代·陶瓷器
- 高 18.3 厘米，腹径 14.3 厘米
- 陕西历史博物馆藏

这件青瓷提梁倒灌壶出土于陕西彬县，产于八大名窑之一的耀州窑。五代时的耀州窑便以生产青瓷为主，北宋时期，耀州窑成为继汝窑后北方青瓷烧制工艺的代表。其刻花工艺“巧如范金，精比琢玉”，而此壶壶身圆形，壶盖与壶身接合，仅有底部梅花形口及壶嘴两口。具有“倒注液体，翻转不漏”的特点。造型精美奇巧，富于设计与创造性。

这件五代耀州窑青瓷提梁倒灌壶不仅釉色莹润透亮，装点其周身的纹饰也别出心裁：壶把上雕有一只伏卧的凤凰，弯曲纤细的身姿与壶把贴合；壶嘴被设计成一头咆哮的母狮，身下卧有一头幼狮；壶腹雕有大朵的缠枝牡丹纹；壶盖上方浮雕一朵倒扣的鲜花，与壶身上的牡丹纹遥相呼应，处处体现了这把壶极佳的设计。

造型之美 飞舞的凤凰

壶盖虚设，与器身相连，盖上带有莲花状起伏纹饰，而壶把则像一只凤凰，凤头高昂落于莲花盖上，羽毛丰满，栩栩如生，设计精巧，富于美感。

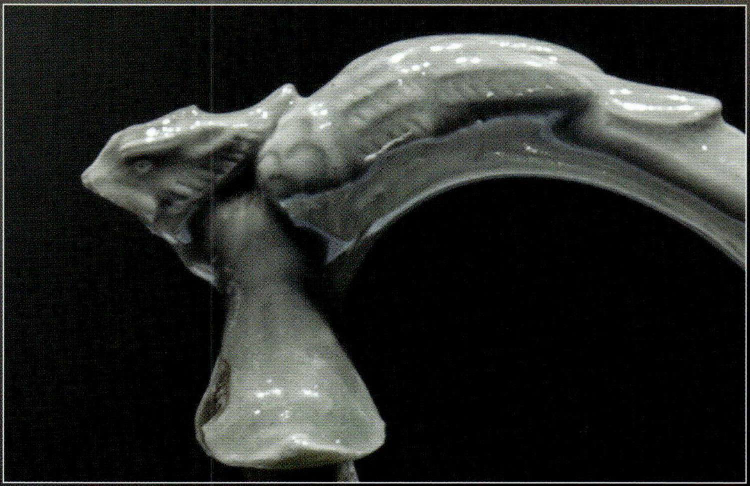

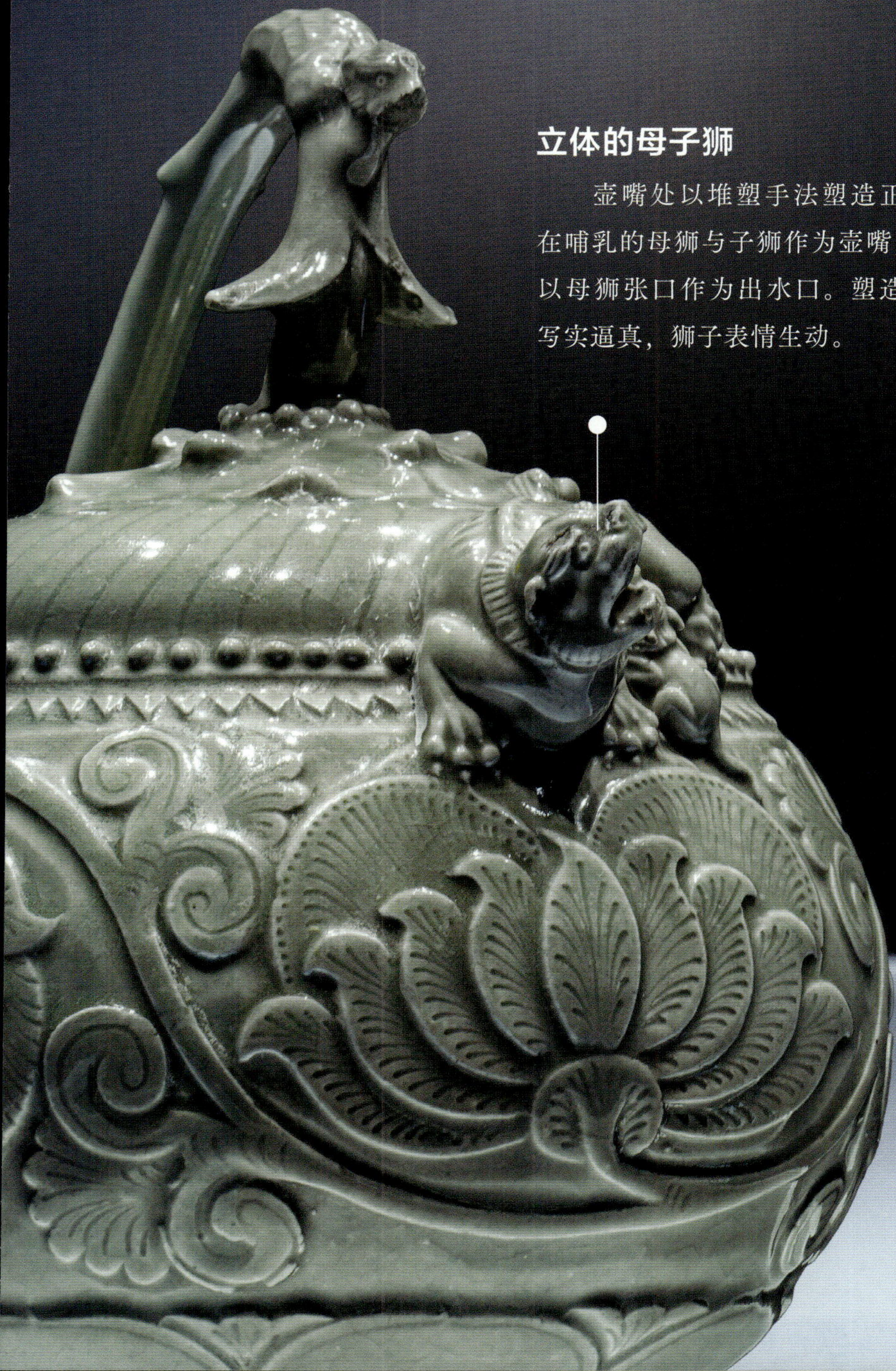

立体的母子狮

壶嘴处以堆塑手法塑造正在哺乳的母狮与子狮作为壶嘴，以母狮张口作为出水口。塑造写实逼真，狮子表情生动。

设计之美 倒置不洒的“魔壶”

壶底有一梅花形小孔，将水注入小孔时水不会从壶嘴流出，将壶身放正，水也不会从底部小孔漏出。倒灌壶的内部设计了两个通心管，中心的通心管底部连接壶底梅花形小孔，上端高于壶中的酒面，这样倒灌壶正置时壶底的小孔不会漏酒，另一个通心管在壶嘴处，确保向壶中注酒时酒不会从壶嘴溢出。这其实是利用了物理上的“连通器液面等高”原理。

西安博物院

概况

西安博物院位于陕西省西安市碑林区友谊西路 72 号，总占地面积约 16 万平方米，建筑面积 1.6 万平方米，陈列面积 5500 余平方米，将荐福寺遗址、小雁塔及新建的博物馆融为一体，集文物收藏、科学研究、社会教育、园林休闲于一体。

展览特点

西安博物院的馆藏文物 11 万余件，其中国家三级以上的文物有 1 万余件。馆内展出文物 2000 余件，分布在博物院内各大展厅中。

荣誉地位

西安博物院为国家一级博物馆、全国 AAAA 级旅游景区、全国古籍重点保护单位、全国科普教育基地。2020 年 12 月，西安博物院还被授予“陕西省文明单位标兵”称号，是了解陕西历史文化的重要基地。

博物馆特色

西安博物院的展览涵盖了陕西地区几千年的历史，从古代文明到近现代的演变。博物馆还挑选精美的文物进行详细说明，展示陕西历史上的重要时期和事件。展览注重真实性和生动性，通过多样的陈列方式，生动展现文物的历史背景和文化内涵。

“方中有圆”的建筑造型

博物院主体建筑由张锦秋大师设计，秉承“天圆地方”的传统文化理念，造型独特，与院内的小雁塔及荐福寺古建筑群和谐相融，展现了古今交融的建筑美学。这种独特的建筑风格不仅令人耳目一新，还赋予了博物院深厚的历史文化底蕴。

藏品展现历史文化

西安博物院收藏了许多具有代表性的文物，例如，唐三彩腾空马，以其生动的造型和鲜艳的色彩成为唐代陶瓷艺术的代表作品；秦始皇帝陵的铜车马以其精湛的工艺和宏大的规模展现了秦代科技的卓越成就；汉代的玉璧、玉配饰等玉器则以其温润的质感和精美的纹饰展现了古代工匠的高超技艺。

科普教育打造文化体验平台

博物院注重科普教育和文化体验，博物院内的“乐知学堂”是专属的科普教育空间，通过众多“博物馆体验”活动和丰富有趣的文化体验项目，让公众了解博物馆、爱上博物馆。

展览分布图

注意 本书的文物所在位置是以作者当前写作阶段的位置作为参考标注的，由于各博物馆经常会有临时特展或巡回展，所以无法保证位置固定不变，请各位读者知晓，以实际的参观情形为准。

隋 董钦造阿弥陀像

2层

唐 鎏金走龙

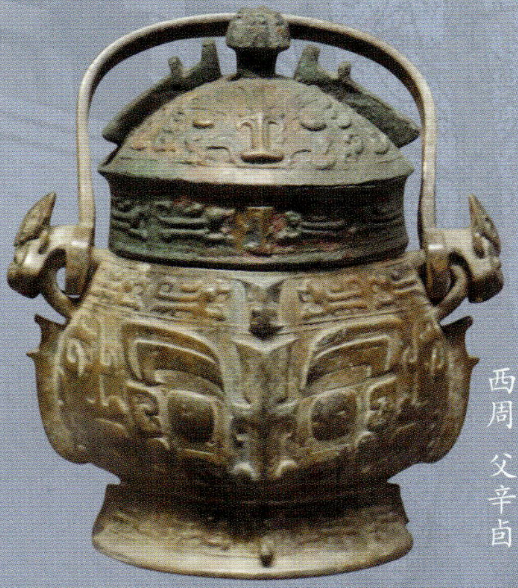

西周 父辛卣

唐 三彩来通杯

1层

唐 白瓷马镫壶

唐 金背瑞兽葡萄镜

地下室

秦 玉高足杯

唐 彩绘仕女俑

唐 蓝釉驮骡

发展沿革

1996年
西安市领导提出建设博物馆的建议，并委托著名建筑设计大师张锦秋主持编制可行性研究报告，初步确定了“三馆一园”的总体布局。

1999年
国务院领导和国家计委决定进行西安文物库房改造工程。

2000年
西安市政府正式启动“西安博物院”建设项目。

初建与规划（1996年～2000年）

建设与

展厅陈设

基本陈列

基本陈列以西安作为十三朝的古都、一千多年建都史及三千多年的城市发展史为主线，通过周、汉、唐、宋、元、明、清时期多个城市模型，展示了西安城市发展的历史脉络。同时将西安地区出土的各时期具有代表性的文物精品按时代顺序陈列展示。西周的永盂、西汉的三犀鬲、唐代的仕女俑、三彩腾空马等一大批珍贵文物，印证了古长安城的国都地位。

2007年
5月
博物馆主体建筑正式对外开放，由博物馆、唐荐福寺遗址、小雁塔三部分组成。

2010年
3月31日
西安博物院正式向公众免费开放。

博物院引入现代科技手段，如幻影成像、智慧博物馆系统等，使展览内容更加生动、丰富。

（2000年～2007年）

提升与发展（2007年至今）

专题陈列

博物馆还陈设有独具特色的专题展览，例如“宝相庄严——长安佛教造像艺术陈列”，彰显了长安古城佛教文化的深厚底蕴；“天地之灵——院藏古代玉器精品陈列”，展示了千年古都独具特色的精美玉器。“三真六草 镂月裁云——古代书画艺术陈列”则充分展示了明清时期的名家珍稀画作。

三彩腾空马

- 唐·陶瓷器
- 高 38 厘米、长 52 厘米
- 西安博物院藏

三彩腾空马于 1966 年西安市莲湖区西安制药厂的唐墓出土，这件文物以栩栩如生的造型，鲜艳的釉色，成为唐三彩中题材仅见的精品之作。“唐三彩”是唐代多用于殉葬的一种彩陶工艺品，以造型生动逼真、色泽艳丽、富有生活气息著称。所谓的“三彩”是以黄、白、绿为基本釉色的陶器，始于南北朝，盛于唐，后世遂称之为“唐三彩”。

三彩腾空马由骑手和飞奔的悍马两部分组成。骑手为胡人少年，端坐在马背上，头发中分，耳旁梳有发髻，面部丰腴，笑容满面，双拳紧握于腰间牢牢控制马的缰绳，胡人身穿蓝色长袍，腰间系有革带，革带上挎了一个袋囊，脚上蹬尖头靴子。骏马体型彪悍，作腾空跃起式，颈上鬃毛直立，马鞍上有白、绿、黄三色相同的袋囊。由于塑造此等奔腾骏马的姿态对技艺与形态设计的要求极高，此造型在唐三彩中显得尤为稀缺，目前国内仅存此一例三彩腾空马，因此尤为珍贵。

形态之美 腾空奔驰

此器物在三彩马中属于奔马俑，即四蹄离地、腾空而起的疾驰中的骏马。同时，这件三彩马之上的人物雕像面容恬淡，透露出平和安详的气息；而骏马则跃动不羁，身姿潇洒。两者一动一静，形成了鲜明对比，赋予了作品强大的艺术张力和震撼力，深刻体现了创作者卓越的艺术造诣与技巧。

细节之美

肌肉纹理

马匹那流畅而充满张力的肌肉线条，在奔跑时展现得淋漓尽致。匠人高超的雕刻手法将每一处肌肉所展现的极致丰盈——从这件三彩腾空马之上我们欣赏到马匹强健的前胸与肌肉发达的矫健四条腿。同时，匠人也塑造出了胡人少年骑手的生动形象，他袖子高挽，结实有力的双臂显露无遗，肌肉纹理在光线下清晰可见，栩栩如生，仿佛正蓄势待发，准备驾驭这匹骏马，驰骋于无垠的天地之间，尽显豪迈与英勇。

缰绳逼真鲜艳，色彩饱和度高，与马匹颜色对比强烈。

色彩之美

唐三彩釉色

马以璀璨夺目的黄釉三彩精心塑造，全身散发出绚丽夺目的光彩，犹如一团跃动的烈焰，在光影交错间熠熠生辉。

金背瑞兽葡萄镜

唐·金银器

直径 19.7 厘米，重 1.71 千克

西安博物院藏

此器为八出菱花铜镜，出土于陕西西安唐代太州司马阎识微夫妇墓。与瑞兽有关的镜群，如“海兽”“海马”“狻猊”“天马”等，是唐代铜镜中数量最多、流行地域最广的镜群。而这件文物上瑞兽葡萄的纹样，则是中国工匠将丝绸之路传来的图案组合应用到了铜镜上，是唐代对外交流活跃频繁的证明。整器大气厚重、富丽精美，在中国出土的金背镜中堪称一流杰作。

镜背贴金壳，其上捶、錾出的鱼子纹地上装饰瑞兽葡萄纹等繁缛华丽的纹饰。纹饰被镜背中部一圈凸棱分为内、外两区，二者以藤蔓相连。内区中央为一个双兽钮，两兽首尾相接，似在相互追逐；围绕镜钮的是以蔓草隔开的 8 只瑞兽。外区 8 个菱花瓣中分别饰葡萄叶蔓与两串累累果实、一枚花苞和一对禽鸟。金壳边缘饰云纹一周。造型精美，十分罕见。

镜上瑞兽

唐代是中国古代铜镜制作工艺发展的鼎盛时期。而于唐高宗、武则天时期盛行的瑞兽葡萄镜作为唐镜的典型代表，充分体现了盛唐社会的繁盛、包容和中外文化的交融并进。瑞兽一作“海兽”，“海”意为海外。此器上各瑞兽于葡萄枝蔓间奔行嬉戏，而葡萄同样来自海外。

细致入微

此器纹饰的内容不仅题材丰富，而且刻画精细。鱼子纹地上，从瑞兽的簇簇鬃毛、身上隆起的块块肌肉到禽鸟的根根翎羽，乃至动物们迥然不同又清晰生动的姿态和表情，无不经过工匠的精心塑造。

凸起的提钮为一对神兽

镜后金背

背镜需以特殊的制镜工艺制作。金背镜的金壳多为鎏金银壳，如此器这样以纯金制作的金壳很罕见。应是在铜镜主体铸造完毕后，将金箔捶、錾出形状和纹饰制成背壳，再嵌入铜镜背面的。

23 个独立部件

这尊复杂精美的造像，由 23 个独立部件融汇而成，每一个部件均为单独铸造品。它们之间通过精巧设计的插榫与孔眼紧密相连，不仅结构稳固，还赋予了造像拆卸自如的灵活性，展现了古代工匠卓越的智慧与技艺。

董钦造阿弥陀像

隋·金银器

高 41 厘米，座长 29 厘米，宽 24 厘米

西安博物院藏

此造像于 20 世纪 70 年代出土于西安市南郊东八里村。该造像通体鎏金，比例协调，保存状态极佳，堪称佛教艺术造像中的杰出之作。该造像以阿弥陀佛为核心，巧妙地将不同角色与元素错落有致地布局，既体现了佛教的庄严与神圣，又展现出隋代雕塑艺术的精湛与辉煌。

此造像巧妙地构建了一个佛教场景，包括高足床上端坐的阿弥陀佛、两侧侍立的两位菩萨、相对而立的两位金刚力士、一尊香炉以及守护在前的两尊蹲坐雄狮。阿弥陀佛以结跏趺姿安坐于装饰华丽的束腰莲花宝座之上。两侧胁侍菩萨上身袒露，佩戴精美的臂钏与繁复的璎珞，赤足而立。两位金刚力士则身形威猛，侧身相对。而高足床前，一对雄狮以生动的姿态蹲踞，增添了整件作品的威严与动感。

118 字铭文

造像的高足床右侧及背面刻有发愿文及赞词，共 118 字。从铭文内容“宁远将军武强县丞董钦于开皇四年七月十五日敬造”，可知文物铸造于隋文帝四年，由名叫董钦的一位县丞出资，“开皇”为隋文帝的年号，距今已有一千四百余年。

秦始皇帝陵兵马俑博物馆

秦始皇帝陵兵马俑博物馆位于陕西省西安市临潼区秦陵北路。该博物馆成立于 1975 年 11 月，1979 年 10 月 1 日正式对外开放，首批入选国家一级博物馆。

其建立在临潼县（今西安市临潼区）东 7.5 千米的骊山北麓的秦始皇帝陵兵马俑坑遗址之上，是中国最大的古代军事博物馆，与丽山园合称为秦始皇帝陵博物院。秦兵马俑坑的发现被誉为“世界第八大奇迹”。

秦始皇帝陵兵马俑博物馆以其宏大的规模、独特的布局、栩栩如生的兵马俑展品、科学的展厅设计、先进的文物保护技术和突出的教育功能，成为展示中国古代军事文化和爱国主义教育的重要场所，此外，还通过“真彩秦俑”等展览展示了秦代瑰丽神奇的颜料用色和装饰技艺。

秦始皇帝陵兵马俑博物馆凭借其丰富的历史文化遗产和高质量的旅游服务，成功入选首批国家 AAAAA 级旅游景区。

展厅陈设

展厅内，兵马俑按一、二、三号坑原貌陈列，陶俑、陶马排列整齐，气势恢宏。一号坑面积最大，内有陶俑、陶马 6000 余件，以及大量的青铜兵器；二号坑兵种更齐全，埋藏有陶俑、陶马 1300 余件；三号坑规模较小，坑内埋藏陶俑、陶马 72 件。文物陈列厅内展示了一、二号铜车马等珍贵文物。

面部刻画与真人无异，五官细腻，表情凝重，充分展示了秦代工匠的写实技法。

藏品精选

跪射俑

跪射俑是兵马俑中的精品，出土于二号坑东部。其造型精细，身穿战袍，外披铠甲，呈跪射姿态，双手作握弓弩待发状，表情神态生动传神。跪射俑的鞋底针脚疏密有致，展现出秦代工匠的写实精神。历经两千余年，跪射俑保存完好，被誉为“镇馆之宝”。

西安碑林博物馆

西安碑林博物馆位于西安市碑林区三学街15号，是一座以收藏、研究和陈列历代碑石、墓志及石刻造像为主的专题性艺术博物馆，被誉为“中华文明的宝库”“石刻文献的渊薮”“书法艺术的祖庭”。是全国首批重点文物保护单位，国家一级博物馆。

西安碑林始建于北宋元祐二年（1087年），为保藏唐代《开成石经》《石台孝经》及颜真卿、柳宗元等人的书法名碑而兴建。北宋崇宁二年（1103年），西安碑林迁于现址（西安市碑林区三学街15号）。此后，历代不断维修及增建，规模不断扩大，藏品日益增多，包括颜真卿、柳宗元等书法大家的名碑，以及《颜勤礼碑》《大秦景教流行中国碑》等著名碑刻。

展厅陈设

博物馆展厅陈设以碑石、墓志及石刻造像为主。现有7座碑室、8座碑廊、8座碑亭，加上石刻艺术室和4座文物陈列室，陈列面积达到4900平方米。主要展厅包括孔庙、石刻艺术室及7个展室，分别陈列着《石台孝经》《开成石经》、唐代名碑、书法名碑、各种书法字体名碑、宋至清代书法家诗文书迹、地方史料碑石及《淳化秘阁帖》复刻碑石等。

白蹄乌腿部肌肉强健，展现了其强壮的体魄，奋勇的状态。

藏品精选

昭陵六骏 · 白蹄乌

白蹄乌是昭陵六骏之一，是李世民与薛仁杲作战时的坐骑。据历史记载，浅水原之战中，李世民骑着白蹄乌，只带了数名精锐骑兵，率先杀入敌阵，最终迫使薛仁杲投降。它是一匹纯黑色的战马，最显著的特点是四只蹄子均为白色，因此得名“白蹄乌”。石刻中的白蹄乌筋骨强健，四蹄腾空，鬃鬣迎风，呈疾速奔驰状，生动再现了当年它载着李世民追击敌人的英勇情景。唐太宗给它的赞语是：“倚天长剑，追风骏足，耸辔平陇，回鞍定蜀。”

法门寺博物馆

法门寺博物馆，设立于 1987 年，以法门寺遗址为依托，展示大唐宫廷珍宝和佛教艺术珍品为主要特色，位于陕西省宝鸡市扶风县城北 10 千米处的法门镇。是国家一级博物馆、社会科学类宗教遗址博物馆。

法门寺始建于东汉末年，距今已有 1800 多年的历史，因为佛祖真身指骨舍利的入藏而成为中国古代四大佛教圣地之一，素有“关中塔庙始祖”之称。古称作“阿育王寺”，隋文帝时改称“成实道场”，唐高祖时敕名“法门寺”。李唐王朝 21 位帝王中有 8 位皇帝六迎二送供养佛舍利，法门寺被誉为“皇家寺庙”，当送还舍利时，大量的皇室供佛珍宝便伴随着佛指舍利送入地宫。1987 年拆除明代残塔时，发现了沉睡 1113 年的法门寺唐代地宫，出土了 4 枚佛指舍利和 2499 件大唐珍宝，震惊世界。

藏品介绍

法门寺博物馆共有馆藏文物 9439 件，包含一级文物 138 件、二级文物 25 件、三级文物 62 件、一般文物 9214 件。主要以法门寺地宫出土的唐代金银器为主，还包括琉璃器、秘色瓷等文物。有世界上发现体形最大、等级最高、制作最精美的鎏金四股十二环迎真身银锡杖，神秘的八棱净水秘色瓷瓶以及装藏佛骨舍利的八重宝函等。

展厅陈设

法门寺博物馆占地面积48779平方米，馆舍以唐风建筑群为主体，建筑面积13768平方米，展陈面积4000多平方米。

博物馆分设珍宝阁与东西展厅，多元化的展示法门寺出土的众多精美文物，包括唐代皇家供奉的佛教圣物、精美的金银器、琉璃器、丝织品等。

藏品精选

八棱净水秘色瓷瓶

瓶高21.5厘米、最大腹径11厘米、口径2.2厘米、颈高11厘米，为法门寺地宫出土的14件秘色瓷中极具代表性的一件，色泽青白温润，如冰似玉，保存完好。这尊瓶瓶颈细长，直口圆唇，瓶颈底部刻划三层横纹，肩部隆起，瓶腹呈八瓣瓜棱形，足底露胎，器型匀称，展现出宫廷御用瓷器的高超制作工艺与独到的审美。

此瓶在出土时瓶口塞有一颗宝珠，瓶内装29颗五色宝珠。专家推测其可能为佛教的供养器“五贤瓶”或“五宝瓶”。该瓶出土时并未与其他秘色瓷一同放置，但根据其釉色和质地判断，仍可将其归为秘色瓷中的精品。

其他博物馆

宝鸡青铜器博物院

开馆时间：9：00—17：00（周二至周日）
停止入馆时间：16：30
休息时间：周一（其他时间参考博物馆公告）
地址：陕西省宝鸡市渭滨区滨河大道东段中华石鼓园内

宝鸡青铜器博物院是收藏、研究和展示周秦时期青铜文化为主的地方主题性博物馆，国家一级博物馆、全国科普教育基地、中国华侨国际文化交流基地、省爱国主义教育基地、省对台交流基地、省新时代文明实践基地。博物馆占地500余亩，建筑面积3.48万平方米，展厅面积1.5万平方米，主体建筑设计采用高台门阙式。基本陈列“青铜铸文明”，由“青铜器之乡”“周礼之邦”“帝国之路”和“智慧之光”4个单元组成。馆藏文物总数为48.7万余件（套），文物数量多、种类全、价值高，尤以商周青铜器著称于世。

陕西自然博物馆

开馆时间：9：00—17：00（周三至周日）
停止入馆时间：16：30
休息时间：周一、周二（其他时间参考博物馆公告）
地址：陕西省西安市长安南路88号岛

陕西自然博物馆是收藏、研究、展示地质、古生物、动物、植物标本的综合性博物馆，国家一级博物馆、国家4A级旅游景区、全国科普教育基地。博物馆占地103亩，建筑面积1.6万平方米，整体建筑呈星球和月牙形，犹如日和月，寓意日月同辉。

馆内设有自然展馆、肯尼斯·贝林展馆、科学探索中心、穹幕影院和5D动感影院，以及室外科普体验区。馆内藏品2万余件，包括古生物化石、植物标本、动物标本、矿物标本等5大类标本，涵盖了地球演化、生物进化、生态文明等主题，展示了丰富的自然历史和生态多样性。

陕西考古博物馆

开馆时间：9：00（周一、周二、周四至周日）
停止入馆时间：16：20
闭馆时间：17：00（周一、周二、周四至周日）
休息时间：周三（国家法定节假日除外）
地址：陕西省西安市长安区与终南大道2999号

陕西考古博物馆是中国首家考古专题类博物馆。该博物馆以“考古圣地 华章陕西”为主题，分为“考古历程”“文化谱系”“考古发现”“文保科技”4个篇章，展示了从旧石器时代开始各个历史时期的重要文物标本20万余件。陕西考古博物馆不仅是一个历史文化的宝库，更是一个让人领略古代文明魅力的地方，对于提高陕西文化遗产保护利用和管理的水平具有重要意义。

汉中民俗博物馆

汉中民俗博物馆是以汉中地区民俗文化为主题的地方专题性博物馆，国家三级博物馆、国家2A级旅游景区、全国农业生态旅游示范点、陕西省文化产业示范基地。博物馆占地面积80亩，整体采用园林和仿古建相结合设计布局，设有展馆、展区10处，包括汉中碑林、民俗文物一馆、秦俑馆、奇石馆、文化长廊、民俗剧院、园林广场及民俗广场。陈列展出藏品6大类3000多件，充分展现民俗文化活动的丰富多彩、汉中历史的悠久、农耕文化的智慧、汉江奇石的鬼斧神工和古今碑刻的深厚文化积淀。馆内藏品有3600件（套），包括珍贵文物清代榨油机1件、明末清初古碑1件、唐代石鼓2件、明代石鼓4件。

开馆时间：8：30—17：00
停止入馆时间：16：30
地址：陕西省汉中市汉台区宗营镇秦巴民俗村

咸阳博物院

开馆时间：9：00—17：30（周二至周日）
停止入馆时间：17：00
休息时间：周一（其他时间参考博物馆公告）
地址：陕西省咸阳市渭城区中山街53号

咸阳博物院是收藏研究、展示宣传咸阳历史文化的地方综合性博物馆，国家一级博物馆、全国重点文物保护单位、国家3A级旅游景区、省和市级爱国主义教育基地。博物馆位于始建于明洪武四年（1371年）的咸阳文庙内，下设咸阳文庙博物馆和咸阳古渡遗址博物馆，占地面积约17亩。馆内设有8个展厅，5个基本陈列“秦咸阳”“历史文物陈列”。馆藏文物16万余件，以战国错金银器、汉代玉器和彩绘俑、唐代金银器、唐三彩等藏品最具特色。

西安市钟鼓楼博物馆

西安市钟鼓楼博物馆前身为西安鼓楼陈列馆，是依托全国重点文物保护单位西安钟楼、鼓楼建立的地方遗址类专题性博物馆，国家三级博物馆。博物馆由钟楼和鼓楼两个区域组成，占地面积 6113 平方米，建筑面积 3678 平方米，其中钟楼建筑面积 1422 平方米，展陈面积 512 平方米，鼓楼建筑面积 2256 平方米、展陈面积 1040 平方米。馆内设有基本陈列“走进西安钟鼓楼”。馆内藏品 521 件（套），包括一级文物 10 件，二级文物 19 件，三级文物 165 件，涵盖字画、瓷器、玉器、文房、家具等门类。

开馆时间：8：30—18：00（淡季：周二至周日）
8：30—21：30（旺季：周二至周日）
停止入馆时间：17：30
休息时间：周一（其他时间参考博物馆公告）
地址：陕西省西安市北大街 2 号金钟大厦

耀州窑博物馆

开馆时间：9：00—17：00（周二至周日）
停止入馆时间：16：30
休息时间：周一（其他时间参考博物馆公告）
地址：陕西省铜川市王益区黄堡镇新宜南路 25 号

耀州窑博物馆是依托古耀州窑遗址建立的收藏研究、展示宣传耀州窑历史及陶瓷文化的地方遗址类专题性博物馆，国家二级博物馆、全国重点文物保护单位、国家 3A 级旅游景区。博物馆占地面积 46000 平方米，建筑面积 11440 平方米，展陈展览面积 9000 平方米。馆内设有“耀州窑唐宋遗址保护”“耀州窑史陈列”“馆藏明清瓷器展”“十里窑场”“古代制瓷工艺流程演示”“窑炉内部烧造场景”“祭窑神”等多个陈列展览，多角度、全方位展示了耀州窑从唐、五代、北宋、金、元、明、清至今的历史脉络、生产流程及技艺、艺术文化成就及影响等。馆藏文物标本 50 多万件（片）。

大唐西市博物馆

大唐西市博物馆是主要以反映盛唐文化、丝绸之路文化和商业文化为主题的地方遗址类博物馆，国家一级博物馆、国家 4A 级旅游景区、国家文化产业示范基地、国家级非物质文化遗产生产性保护示范基地、中国文化遗产保护与传承典范单位、中华优秀文化传承基地、全国科普教育基地。博物馆占地面积 20 亩，建筑面积 3.5 万平方米，展陈面积 8500 平方米，主体建筑风格独特，采用现代玻璃化钢结构的设计。馆内设有基本陈列、专题展览、临时展览、特别展览、艺术体验中心 5 个部分，展出历史遗址、考古文物、民间珍藏品等内容。馆藏文物 2 万余件。

开馆时间：冬季 9：00—17：00；
夏季 9：00—17：30（周二至周日）
停止入馆时间：夏季 16：30
休息时间：周一（其他时间参考博物馆公告）
地址：陕西省西安市莲湖区劳动南路 118 号

陕西汉唐石刻博物馆

开馆时间：9：00—17：00（周二至周日）
停止入馆时间：16：30
休息时间：周一（其他时间参考博物馆公告）
地址：陕西省西安市沣东新城自贸新天地园区内

陕西汉唐石刻博物馆是收藏、研究、保护、展示古代石刻的地方主题性博物馆，国家三级博物馆。博物馆面积近 1400 平方米，馆藏文物 400 余件，馆内陈列展出从东汉到明清时期的 100 余件石刻精品，包含佛教文物、陵墓雕刻、其他石刻等 3 类，采用的雕刻工艺有圆雕、浮雕、透雕、减地平雕、线刻等，展示了中国古代石刻艺术的艺术之美和文化内涵。另外还与多个博物馆及机构合作举办主题展览，如“狮吼长安：关中古代石狮展”“佛光石韵：中国佛教石刻精品展”“石韵清华：非国有博物馆华夏石刻精品”“虔生出净世：中国古代汉传佛教造像选萃展”“汉唐石韵：长安古代石刻艺术精品展”等。

甘肃省博物馆

甘肃省地处西北，东通陕西，西达新疆，南瞰四川、青海，北扼宁夏、内蒙古。历史上属于边疆地区，又是“丝绸之路”经过的重要区域，民族文物与丝绸之路文物数量极多。

甘肃省博物馆，国家一级博物馆，是国内最早成立的综合性博物馆之一，新馆位于甘肃省兰州市七里河区西津西路3号。它的前身是建于1939年的甘肃科学教育馆，1950年改名为西北人民科学馆，1956年改名为甘肃省博物馆。博物馆中间有五层，两翼有三层，后面为展览大厅，尾部有圆形讲演厅，是集办公区、藏品库房区、展览区为一体的智能化建筑。

展厅陈设

展览大楼建筑面积2.85万平方米，其中藏品库房面积7600平方米，展厅面积约9000平方米。设有历史厅、自然厅、革命文物厅、社会主义建设展览厅，配有文物保管室、汉简室、文物化验复制室及搬迁复原的嘉峪关魏晋墓画。

藏品介绍

博物馆馆藏文物及标本35万余件，包括从白垩纪的古生物化石标本到石器时代的彩陶文化；从商周时期的青铜器、陶瓷玉器到汉唐时期的丝路文明；宋元以来的瓷器、丝织品、木雕、绘画等。其中尤以新石器时代的甘肃彩陶、佛教艺术、汉代简牍、汉唐丝绸之路珍品、生物化石等最具特色。

藏品精选

铜奔马

铜奔马1969年出土于甘肃省武威市雷台汉墓，是最为世人所知的国宝，也叫“马踏飞燕”。

铜马通高34.5厘米，长45厘米，宽13.1厘米，重7.3千克。铜马动态摄取了奔马三足腾空的瞬间，马的全身着力点都集中于超越龙雀的那一足上，极为讲究力学的平衡原理，工艺技术水平高超。铜马脚下的“龙雀”，有人认为是燕子或者燕隼。“天马”与“龙雀”的组合，据说来自汉代张衡《东京赋》中的“龙雀蟠蜿，天马半汉”。整个铜马造型精炼，构思巧妙，铸铜工艺先进，成为东西文化交流的象征，被列为中国旅游的标志。

藏品精选

明四臂观音铜佛像

明代，黄铜铸造，通高 41 厘米，长 22 厘米，宽 17 厘米。

四臂观音是藏传佛教观音菩萨多种变相中最多见的一种，标准造型是一面四臂，正面二手合掌，掌中持果或宝珠，上方右手持念珠，左手持花。

此像发髻顶饰金刚杵，五叶冠满嵌松石、珊瑚。细长发辫垂肩，上身袒露，胸前垂挂项链、璎珞，面颊清瘦神态庄严。莲座背部无莲瓣，阴刻八宝纹涂红颜料。莲座下缘刻藏文七音节诗一首。像上系有原清宫黄签：“乾隆四十九年十一月初三日收包衣昂邦呈览，利益番铜琍玛四臂观音菩萨。”

展厅陈设

敦煌市博物馆建筑面积 7500 平方米。整体布局分 1 个序厅和 5 个展厅，大厅式与贯通式相结合，采取大场面、全景式，细节上求精，形式上求活。基本陈列展览以“华戎交会的都市”为主题，展出文物 1000 余件。

博物馆现馆藏文物 13481 件（套），其中，一级文物 138 件（套），二级文物 411 件（套），三级文物 1404 件（套）。分石器、陶器、铜器、铁器、木器、瓷器、丝绸、汉简、写经、书画拓片、金银珠玉、钱币、砖刻等 14 类。

敦煌市博物馆

敦煌市，别名沙州，位于甘肃省西北部、河西走廊最西端。在距今4000年前的上古时期，敦煌地区就有人类繁衍生息。春秋时，敦煌称瓜州。汉武帝时，张骞通西域的“凿空”之行，开通丝绸之路，汉武帝元鼎六年（公元前111年）设置敦煌郡。唐太宗贞观十四年（公元640年），李世民将东西大道上以西突厥为主的障碍一举铲除，确保了丝绸之路的畅通。

敦煌文化是中国传统文化的缩影，延续近两千年的敦煌文化是世界现存规模最大、保存最完整的艺术宝库。

敦煌市博物馆成立于1979年，现馆建成于2011年，负责敦煌市境内文物的征集、宣传、管理、调查、维修等工作，是一个融文物保护、研究、征集、收藏、陈列展出于一体的综合性博物馆。博物馆内设施齐全，功能完善，是弘扬敦煌文化、展示敦煌古代文明的重要窗口，也是敦煌学又一个重要的研究基地。

博物馆建筑外形和色调融长城、烽燧及古城堡式建筑等文化符号于一体，美观、庄重、大方。

武威市博物馆

武威，别名“武”或“凉”，历史上曾被称为凉州、姑臧、雍州，享有“西北首府”的美誉。武威历史悠久，早在四五千年前，就有戎族、月氏族、乌孙族等北方部族在此定居。

武威市的地理位置十分重要，是丝绸之路的重要关口，是古代中原与西域之间的经济交流中心。汉武帝时期，骠骑将军霍去病远征河西，战胜匈奴，为彰显汉朝的军事成就和威严，将此地命名为武威。

武威市博物馆成立于1982年，位于甘肃省武威市凉州区宣武街姑臧路25号，是反映武威历史沿革、政治经济、文化传承、人文社会的综合性博物馆。新馆于2019年5月建成并免费开放，2024年被评定为国家一级博物馆。

展区陈设

博物馆建筑面积19821.77平方米，整体建筑为地下一层，地上3层、局部4层，由主展馆与办公楼两部分组成，设置有基本历史陈列厅、专题展厅、临时展厅及文物库房、文物修复室、青少年活动中心等 。

博物馆设常设展览有基本陈列“武威历史文物展览”和专题展览“天梯神韵　凉州佛光—— 天梯山石窟专题展”。

藏品介绍

现馆藏文物46191件，其中一级文物170件，二级文物283件，三级文物631件。馆藏文物类别有玉石器、骨器、陶器、木器、铜器、铁器、金银器、瓷器、丝织品、书画、货币、家具、古籍、汉藏文典籍等。藏品年代可追溯到新石器时代，尤其以丝绸之路文物、西夏文物、佛教文物和少数民族文献文书等引人注目。

汉代彩绘木獬豸

藏品精选

汉代彩绘漆木鸠

彩绘漆木鸠，汉代，漆木器。长16厘米，宽6厘米，高11厘米。

文物为木质，采卧姿造型。木鸠双目平视，口中含物，两翼收拢于身侧，尾呈平行片状，两足曲伸，中有方形卯，为杖杆接榫处。通体墨彩绘制：从颈至腹，绘鱼鳞状羽毛，两翼及尾上部绘鱼骨状羽毛。据《王杖诏书令》简记载：鸠杖为汉代70岁以上老人所持有。

其他博物馆

敦煌研究院

开馆时间：7：30（4 月 1 日—11 月 30 日）
9：00（12 月 1 日—12 月 31 日）
闭馆时间：18：00（4 月 1 日—11 月 30 日）
17：30（12 月 1 日—12 月 31 日）
地址：甘肃省兰州市城关区南滨河东路 522 号

敦煌研究院是国际敦煌学研究的最大实体。它主要负责管理世界文化遗产敦煌莫高窟、天水麦积山石窟、永靖炳灵寺石窟，全国重点文物保护单位瓜州榆林窟、敦煌西千佛洞、庆阳北石窟寺，是综合性研究型文博事业单位。敦煌研究院的前身可以追溯到 1944 年成立的国立敦煌艺术研究所，历经多次更名与扩建，于 1984 年正式成为敦煌研究院。研究院下设多个部门，拥有丰富的藏品，包括珍贵文物 549 件（套）。同时，敦煌研究院在文物保护、研究和宣传方面取得了显著成果，如“数字敦煌”项目的实施，使得敦煌石窟的珍贵文化遗产得以更好地保护和传承。

兰州市博物馆

开馆时间：9：00—17：00（周二至周日）
停止入馆时间：16：30
休息时间：周一（其他时间参考博物馆公告）
地址：甘肃省兰州市城关区庆阳路 240 号

兰州市博物馆是收藏保护、研究展示兰州地区历史文化的地方综合性博物馆，国家一级博物馆。馆内设基本陈列“大河流韵：兰州历史文物展”，分为 5 个单元，包括远古文明——神秘彩陶、青铜文化——民族交融、汉唐古道——丝路要津、宋元津城——渡口烽火、明清风韵——金城揽胜。“馆藏书画精品展”精选了明清时期兰州地方书画名家作品 37 幅 78 件。馆藏文物以马家窑文化彩陶，明清甘肃地方名人书画以及白衣寺塔藏文物较有地方特色。

甘肃简牍博物馆

开馆时间：9：00—17：00（周二至周日）
停止入馆时间：16：30
休息时间：周一（其他时间参考博物馆公告）
地址：甘肃省兰州市七里河区马滩文化岛

甘肃简牍博物馆是中国汉简藏量最大的专题博物馆，国家一级博物馆。该博物馆内现收藏简牍近 4 万枚，包括天水放马滩秦简、居延新简、肩水金关汉简等珍贵文物，同时收藏有汉代帛书、悬泉西汉纸、汉代毛笔等 1 万余件其他文物。甘肃简牍博物馆设有“简牍时代”“简述丝路”“边塞人家”“书于简帛”4 个基本陈列，为公众生动地展现了甘肃简牍里的丝路文化与中华智慧。

嘉峪关长城博物馆

开馆时间：9：00—17：00
停止入馆时间：16：30
地址：甘肃省嘉峪关市长城文化旅游景区

嘉峪关长城博物馆是研究保护、宣传展示长城历史文化的专题性博物馆，国家二级博物馆。博物馆新馆主体建筑外形呈烽火台式，与古老的雄关相互映衬。馆内常设“中华之魂——长城历史文化陈列”基本展览，包括“纵横万里 雄峙千年——长城历史沿革”“金戈铁马 边塞烽烟——古代长城战争”“长河落日 丝路花雨——河西长城与丝绸之路”“北漠尘清 山河形胜——古今嘉峪关”4 个部分，另有大型油画《长城万里图》、大型写实雕塑场景《西出阳关 春风玉门》。

天水市麦积区博物馆

开馆时间：9：00—17：30（周二至周日）
停止入馆时间：17：00
休息时间：周一（其他时间参考博物馆公告）
地址：甘肃省天水市麦积区泉湖路 7 号（龙园）

天水市麦积区博物馆是收藏研究、展示宣传麦积区历史与文化的地方综合性博物馆，国家二级博物馆。博物馆位于以龙图腾为主题的龙园内，主题建筑仿古代传统建筑制式。馆内设有“麦积遗珍——历史文物陈列展”，馆藏文物以新石器时代陶器为特色。

麦积山石窟的世俗情怀

麦积山石窟以独特的泥塑艺术，被誉为“东方雕塑陈列馆”，与敦煌莫高窟、大同云冈石窟、洛阳龙门石窟齐名，共列中国四大石窟。麦积山石窟始建于十六国后秦时期，历经北魏、西魏、北周、隋、唐、五代、宋、元、明、清等十余个王朝，1600 余年的开凿和修缮。现存窟龛 221 个，各类造像 3938 件 10632 身，壁画 979.54 平方米。

麦积山石窟的泥塑，不管是北魏的魁伟雄健，西魏的俊秀清朗，还是北周的珠圆玉润，隋唐的饱满圆润，甚或两宋的写实求变，虽然风格各异，但塑造的人物形象，都富有生活气息，神情动人，令人赞叹。比如 121 石窟造像，菩萨和比丘之间的窃窃私语让人心动。

世俗之情

比丘和菩萨的双手手掌根部靠在一起，但是掌心却是分开的，似开似合的双手，又似佛讲到精彩之处，忍不住拍手称赞叫绝。

麦积山 121 石窟造像：窃窃私语

这对菩萨与比丘组合，头靠头，肩并肩，仿佛在悄悄的耳语，这便是非常有代表性的“窃窃私语”。这组人物的脸部表情，丝毫没有传统佛教造像中庄严的氛围，有的只是对世俗生活中自然情景的捕捉，形态生动、亲切，使我们既感到佛国的庄严肃穆，又深深被现实生活的多姿多彩所感染。

只有在世俗人生中才可以见到的情景，却出现在麦积山石窟的佛教造像中，更加突出了世俗人情的趣味。

青海省博物馆

青海省位于我国西部，地处青藏高原的东北部，是中华文明的重要发源地之一。商代到周秦时期，青海号称“西戎氐羌地”，而后汉武帝在青海设立了临羌县和破羌县，唐蕃古道、丝绸之路、茶马古道都曾贯穿青海省。特殊的地理使得青海省形成以昆仑文化为主，兼具其他民族文化交融的多元文化。这里还是中国的“五大牧区”之一，人称“世界牦牛之都”“中国藏羊之府”。此外，青海湖景区与塔尔寺等自然人文景观，都颇负盛名。

青海省博物馆筹建于1957年，位于西宁市城西区新宁广场东侧，是青海省第一座具有现代化功能的大型综合博物馆，国家一级博物馆。2001年青海省博物馆新馆建成开放，占地1.7万平方米，建筑面积2.08万平方米，其中展厅4个，文物库房6间。

展厅陈设

博物馆设有“江河源文明——青海历史文物陈列”和“青海非物质文化遗产展”两个基本陈列。“江河源文明”主要是展示了青海的发展历史，包含了源远流长、汉治河湟、鲜卑西迁、吐蕃东进、青唐风云等几个板块，用510余件文物集中展示了青海地区的历史发展脉络。

藏品精选

匈奴狼噬牛金牌饰

此牌饰长 15 厘米，宽 9.5 厘米，为战国时期文物。含金量 96%，它采用透雕手法，又具有浮雕效果，立体感强，层次丰富，铸造工艺特殊，具备有很高的艺术价值。匈奴狼噬牛金牌也是我国北方草原文化的典型器物。

藏品介绍

博物馆馆藏文物 15627 件（套），其中珍贵文物 2069 件（套），尤以彩陶和民族宗教类文物最具特色，文物涵盖宗教、民俗、政治、经济、军事、生产生活等多个领域。

宁夏回族自治区博物馆

宁夏回族自治区处在中国西北部的黄河上游地区，因黄河灌溉，使得宁夏平原农业发达，号称“塞上江南”。宁夏自古就是中华文明的发祥地之一，更兼其地理位置在“丝绸之路”上，千余年来一直是东西方贸易与交通的必经之地。3 万年前，宁夏地区就有了原始人类生活的足迹，公元 1038 年，党项族的首领李元昊在银川建立了西夏王朝，至 1227 年西夏灭亡，近二百年的时间深深影响了宁夏地区的历史发展。

宁夏回族自治区博物馆（简称宁夏博物馆），前身是 1959 年 9 月成立的宁夏地志博物馆筹备处，1973 年更名为宁夏回族自治区博物馆，2006 年新馆动工。建成后的新馆位于宁夏回族自治区银川市金凤区人民广场东街 6 号，总建筑面积 30258 平方米，全高 21.2 米，共四层。

建筑特色

宁夏回族自治区博物馆新馆整个建筑平面呈“回”字型，出入口立面为伊斯兰民族风格，与三层的玻璃幕墙形成传统与现代的对比，民族特色浓郁。上部透空隔架与下部石材结合，外墙装饰运用了宁夏历史文化遗存的代表——迦陵频伽和力士志文支座。

藏品介绍

博物馆共四层，地下一层，地上三层。一层为中厅、贵宾接待室、临时展厅和观众服务厅，二、三层为各类展厅、图书阅览室、书库、多媒体教室及观众服务区。

博物馆通史展览包括：塞北江南、大夏寻踪、丝路重镇、农牧家园、文明曙光、朔色长天。除此之外，还有专题展览。

博物馆馆藏文物52271件，其中国家一级文物156件，胡旋舞石刻墓门、鎏金铜牛、力士志文支座是比较有名的国宝级文物。

迦陵频伽

其他博物馆

西夏博物馆

西夏博物馆是讲述西夏历史文化的专题博物馆，国家一级博物馆。博物馆主体建筑为二层仿古式风格。馆内设有基本陈列“西夏历史文化展”，包括西夏史、西夏文化、西夏宗教艺术、西夏社会经济、西夏陵、保护与传承6个部分。馆藏文物包括建筑构件、石器、石刻、瓷器、钱币、铜铁器、绘画、雕塑等，具有鲜明的地域特色。

开馆时间：8：00—18：00（周二至周日）
停止入馆时间：17：30
休息时间：周一（其他时间参考博物馆公告）
地址：宁夏回族自治区银川市西夏区西夏王陵东侧

石嘴山市博物馆

开馆时间：9：00—17：00（周二至周日）
停止入馆时间：16：30
休息时间：周一（其他时间参考博物馆公告）
地址：宁夏回族自治区石嘴山市大武口区世纪大道696号

石嘴山市博物馆是收藏研究、展示宣传石嘴山市历史文化及自然资源的地方综合性博物馆，国家三级博物馆。馆内设有1序厅、3个专题陈列厅和3个基本陈列厅，分布是古生物化石展厅、岩画展厅、历史革命展厅、民俗展厅、工业展厅、农耕展厅，并陈设展出相应主题展览。馆藏文物上迄旧石器晚期，下至近现代，涵盖石器、瓷器、陶器、青铜器、铁器、钱币、化石标本、岩画等门类。

贺兰山自然博物馆

贺兰山自然博物馆是收藏研究、展示宣传贺兰山动植物资源、地质变迁和历史文化的地方性专题博物馆，国家三级博物馆。馆内设有山之魂、山之色、山之灵、山之印、山之情5个主题馆，展出大熊猫、东北虎、羚羊、金钱豹、马麝、马鹿、岩羊、四合木、沙冬青、蒙古扁桃等国家重点保护的动物、植物标本。馆藏藏品包括动植物标本、地学标本、岩画等种类。

开馆时间：9：00—16：30
停止入馆时间：16：00
地址：宁夏回族自治区银川市西夏区苏峪口国家森林公园迎宾区

银川世界岩画馆

开馆时间：9：00—17：00
停止入馆时间：16：30
地址：宁夏回族自治区银川市贺兰县岩画风景区内

银川世界岩画馆是征集收藏、研究保护、展示宣传宁夏地区及国内外其他区域岩画专题的地方主题性博物馆，国家二级博物馆。馆内设有序厅、中厅、世界岩画展示区、中国岩画展示区、贺兰山岩画展示区、岩画研究交流区、专题展区、岩画信息档案资料区等，馆内陈列有岩画图片资料、拓片、单体岩画石、岩画脱模复制品、石器、原始艺术品（复制）、场景、图文、研究成果资料、美术作品及多媒体展示等。馆内藏品涵盖了世界各地的岩画，由岩画图录、拓片、照片、实物和复制品等组成。

贺兰山生态博物馆

贺兰山生态博物馆于2009年5月18日投用，是一座自然博物馆。馆内藏品最具特色的是距今2亿多年的台木古树化石，出露地面约18米，外观保存完好，是我国迄今发现炭化度最高、最大的古树化石。依据馆舍建筑结构，第一层为布展区，第二层为5D体验区，动静结合，多形式展示。博物馆布展围绕贺兰山生态文化，展现贺兰山历史渊源、地质构造、人类活动等内容。

开馆时间：9：00—17：00（周二至周日）
停止入馆时间：16：30
休息时间：周一（其他时间参考博物馆公告）
地址：宁夏回族自治区石嘴山市大武口区小渠子沟东侧

新疆维吾尔自治区博物馆

开馆时间：10：30—19：00（周二至周日）
停止入馆时间：18：00
休息时间：周一（其他时间参考博物馆公告）
地址：新疆维吾尔自治区乌鲁木齐市沙依巴克区西北路 581 号

新疆维吾尔自治区博物馆是收藏研究、展示宣传新疆维吾尔自治区历史文化的地方博物馆，国家一级博物馆。馆内基本陈列有“新疆历史文物”“新疆民族民俗”。馆内藏品包括丝毛棉麻织物、多种文字的文书、简牍、晋唐时期木雕、泥塑俑像、绘画、具有斯基泰文化特征的青铜器、民族服饰与工艺品、古生物化石和古尸标本等。

吐鲁番博物馆

开馆时间：10：30—17：30（周二至周日）
休息时间：周一（其他时间参考博物馆公告）
地址：新疆维吾尔自治区吐鲁番市高昌区木纳尔路 1268 号

吐鲁番博物馆是收藏研究、展示宣传吐鲁番地区历史文化的地方综合性博物馆，国家一级博物馆。博物馆主体建筑外观为半圆形，空中俯瞰为月牙形。馆内设有 9 个陈列展厅，其中一层设有专业展馆 1 个、专题展馆 2 个，二层设有通史陈列厅 1 个、巨犀化石陈列厅 1 个、吐鲁番出土文书和钱币陈列馆 1 个，三层设有干尸陈列厅 1 个、旅游资源厅 1 个、葡萄及吐鲁番民俗厅各 1 个。馆内藏品涵盖石、陶、木、铜、铁、金、银器、钱币、毛麻丝织品、皮质品、木雕、泥俑、绘画、考古人类学标本、动植物化石标本、粮食、干果及各类食品等 35 个门类。

乌鲁木齐市博物馆

开馆时间：10：30—18：00（周二至周日）
休息时间：周一（其他时间参考博物馆公告）
地址：新疆维吾尔自治区乌鲁木齐市水磨沟区风起街 111 号

乌鲁木齐市博物馆是收藏研究、展示宣传乌鲁木齐市历史文化的地方综合性博物馆，国家三级博物馆。博物馆位于主体建筑共 5 层，另有文庙馆区。馆内设有“乌鲁木齐历史文化陈列”“家园记忆”和非物质文化遗产展。

喀什地区博物馆

开馆时间：10：00—19：00（周二至周日）
停止入馆时间：18：30
休息时间：周一（其他时间参考博物馆公告）
地址：新疆维吾尔自治区喀什市天山西路 28 号院

喀什地区博物馆是收藏研究、展示宣传喀什地区历史文化的地方综合性博物馆，国家二级博物馆。馆内设有 3 个基本陈列展、2 个临时展览厅、1 个社教活动区，基本陈列展有“昆仑流域 古道遗珍——喀什历史文物陈列”“西域回响 丝路长歌——中国新疆历史民族宗教文化专题展”“喀什地区经济社会发展成就展”。

和田地区博物馆

开馆时间：10：00—19：00（周二至周日）
停止入馆时间：18：30
休息时间：周一（其他时间参考博物馆公告）
地址：新疆维吾尔自治区和田地区和田市古江巴格街道昆仑南路 8 号

和田地区博物馆是收藏研究、展示宣传和田地区历史文化的地方综合性博物馆，国家二级博物馆。博物馆内设有和田历史文化展、尼雅遗址专题展、临时展厅和文创体验厅等，常设陈列展出文物 1300 件。馆藏文物包括青铜器、陶器、玉器、钱币、古籍以及民俗类物品。其中以夏商时期青铜权杖头、商代石壁形饰、周代祖形石杵、唐代于阗文“裴捺卖庄园”木牍、彩绘汉装供养人壁画、新疆古代干尸等最具特色。

湖北省博物馆
襄阳市博物馆
长沙博物馆
湘潭市博物馆
殷墟博物馆
株洲市博物馆
洛阳周王城天子驾六博物馆
洛阳龙门博物馆
郑州博物馆
安化黑茶博物馆
河南博物院
洛阳龙门博物馆
十堰市博物馆
武汉市中山舰博物馆
秭归县屈原纪念馆
隆平水稻博物馆
襄阳市博物馆
盘龙城遗址博物馆
随州市博物馆
盘龙城遗址博物馆
长沙铜官窑博物馆
长沙博物馆
隆平水稻博物馆
秭归县屈原纪念馆
湖南博物院
洛阳周王城天子驾六博物馆
洛阳隋唐大运河博物馆
郑州博物馆

第四章 华中地区

HUAZHONGDIQU

秭归县屈原纪念馆

株洲市博物馆

南阳汉画馆

洛阳三彩艺术博物馆

汝州市汝瓷博物馆

洛阳博物馆

安阳博物馆

里耶古城（秦简）博物馆

洛阳龙门博物馆

长沙铜官窑博物馆

汝州青瓷博物馆

开封市博物馆

开封市博物馆

南阳汉画馆

洛阳隋唐大运河博物馆

洛阳古代艺术博物馆

洛阳周王城天子驾六博物馆

武汉博物馆

河南博物院

概况

河南博物院，国家一级博物馆，位于河南省郑州市金水区农业路8号，占地面积126亩，建筑面积5.5万平方米，是我国成立较早的博物馆之一。

藏品介绍

河南博物院现有馆藏文物17万余件（套），尤以史前文物、商周青铜器、陶瓷器、玉器及石刻最具特色。其中5000多件为国家一级和二级文物。其馆藏文物主要来自于20世纪初商丘、洛阳、安阳、开封、淅川、三门峡、辉县、新郑等地的考古发掘，也有部分来自捐赠、征集、购买等途径。

荣誉地位

河南博物院是一座国家级的大型现代化综合博物馆，也是国家级重点博物院之一，2009年入选首批“中央地方共建国家级博物馆”。河南博物院先后荣获“全国文物系统先进集体”“全国爱国主义教育基地”“全国创先争优先进基层党组织”“全国博物馆十大陈列展览精品奖”等省部级荣誉，2021年荣膺“全国最具创新力博物馆”。

博物馆特色

河南博物院常设展以展现中原文化为主，包括以展品种类为主题的中原文物展，以及以河南历史发展为主题的陈设展，是领略中原文化、黄河文化、华夏文脉的重要窗口，是见证中华文明发展轨迹，展示中国历史发展脉络的文化艺术宝库。

观星台建筑造型

河南博物院的主体建筑以登封元代观星台为原型，艺术演绎成戴冠的金字塔造型，寓意中原为华夏之源，融汇四方。整体结构严谨、气势宏伟，造型古朴典雅。建筑整体融合了传统与现代元素，既体现了中原文化的特点，又满足了现代化博物馆的功能需求。

中原文化特色展品

馆藏文物涵盖了从新石器时代到近代的各个历史时期，反映了中原地区的文明发展和文化变迁，展现了中原人民无穷的智慧和创造力。如贾湖骨笛、妇好鸮尊、玉柄铁剑、莲鹤方壶等，不仅具有极高的历史价值，还展现了古代中国人民的智慧和审美。

展览分布图

注意 本书的展览所在位置是以作者当前写作阶段的位置作为参考标注的，由于各博物馆经常会有临时特展或巡回展，所以无法保证位置固定不变，请各位读者知晓，以实际的参观情形为准。

南北朝 白釉绿彩长颈瓶

战国 错金嵌松石龙耳铜方鉴

唐 三彩牛角形孔雀杯

唐 骑马狩猎纹铜镜

春秋 青铜神兽

西汉 鎏金团兽形节约

春秋 青玉人首蛇身饰

发展沿革

1927年
在开封创立。

1928年5月
原河南省政府将河南博物馆改名为“民族博物院”。

1930年12月1日
恢复为“河南博物馆”。

1948年
成立了以赵干亭为主的三人管理小组，进驻博物馆，整饬馆务。

1949年11月
河南省政府开始组织人员，进行业务活动，博物馆再次出现生机。

创立阶段（1927年～1937年）

整修阶段（1937年～1949年）

展厅陈设

常设展览

常设展览位于主展馆1、2、3、4层，共分15个展厅，由新石器时代、夏商、西周、东周、秦汉、魏晋南北朝、隋唐、宋金元、明清等时期的文物组成，展出围绕中原都城文化以及都城中的人文生活进行，展出文物六七千件（套），包括多件国宝级文物。

1961年
河南省博物馆由开封迁至省会郑州。

1991年
开始建设新馆，1997年7月，中原石刻艺术馆与河南省博物馆合并，成立河南博物院。

1998年5月1日
河南博物院新馆落成开放。

2009年
河南博物院入选首批中央地方共建国家级博物馆。

2021年
河南博物院计划在郑州东区象湖建设新院。

建设与扩展（1949年～1997年）

新发展阶段（1997年至今）

临时展览

河南博物院主展馆1层和3层，分别有临时展厅和特展厅，经常举办各种不同主题的文物和艺术展览，展示不同地区、不同时期、不同文化的精品文物，增进文化交流和合作。

专题陈列

专题陈列厅位于主展馆3、4层，共分3个展厅，分别是“明清河南”“丹淅吉金——中原楚国青铜艺术”“巧工遗珍——院藏明清珍宝展”。展出文物涵盖了明清时期的河南历史、楚国的青铜文化、明清的珍宝工艺，展示了中原文化的多样性和丰富性。

莲鹤方壶

- 春秋·青铜器
- 通高 117 厘米，口长 30.5 厘米，口宽 24.9 厘米，重 64.28 千克
- 河南博物院藏

莲鹤方壶是一对盛酒器或盛水器，于 1923 年在河南新郑李家楼郑公大墓中出土，分别收藏于故宫博物院和河南博物院。此壶采用了西周后期盛行的方形设计，配备有盖、双耳和圈足，并用圆雕、浅浮雕、细刻、焊接等手法，塑造出此对极具艺术性的佳作，显示出当时工匠高超的技艺与审美水准。

方壶周身遍布对称的浮雕蟠龙纹样，壶两侧及下腹四面各有一只龙形兽，器足有两只弓身卷尾的兽。整件方壶结构复杂，装饰繁多，呈现出异常绚烂的效果。更令人惊叹的是围绕着壶盖层层叠叠的镂空莲瓣，以及中央一只正待展翅飞翔的仙鹤，优雅的仙鹤、徐徐绽放的莲花与宏伟气派的青铜器皿结合，是当之无愧的“青铜时代精神之象征”。

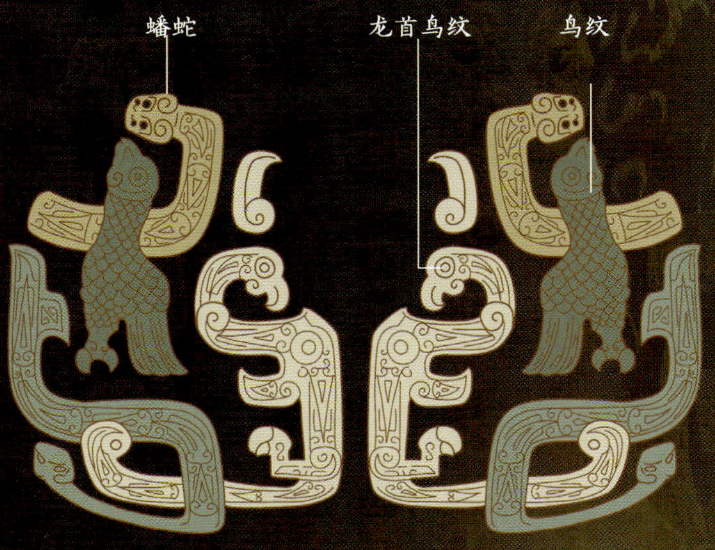

蟠龙凤纹

壶身的纹饰为浅浮雕，并有阴线刻镂的龙、凤、蟠蛇纹饰布满壶身。

龙纹

回首反顾的龙形构成壶的双耳，向上攀附的动势与壶身的蟠龙相互应和。

翼龙纹

四角的翼龙纹，兽角翻卷，角端如花朵形，造型可爱。

龙形兽

圈足有两只龙形卷尾兽，身作鳞纹，弓身卷尾，头转向外侧，咋舌，支撑着壶体。

纹样之美 优雅的莲鹤纹

壶顶上，仙鹤优雅伫立在莲花中，它脖颈修长，羽翼高展，似起身飞舞。莲花层叠，镂空雕刻的窃曲纹亦十分精致。身姿飘逸、振翅欲飞的仙鹤搭配细腻的莲花，一改青铜器的厚重，多了几分清丽浪漫。

国宝小知识：成对的莲鹤方壶

另一件收藏于故宫博物院的莲鹤方壶高 122 厘米，宽 54 厘米，重 64 千克。

妇好鸮尊

- 商·青铜器
- 通高 46.3 厘米，口长 16.4 厘米，足高 13.2 厘米，盖高 13.4 厘米，重 16 千克
- 河南博物院藏

妇好鸮尊1976年于安阳殷墟妇好墓中出土，出土原器为一对两只，分别收藏于中国国家博物馆、河南博物院。鸮尊为一昂首挺胸鸮形，小耳高冠，圆眼宽喙。妇好鸮尊是已发现的最早的商代鸟类铜尊。鸮的原型就是猫头鹰，是被古代先民神化的鸟，以鸮形制尊，反映了殷商先民对鸮鸟的崇拜。

刚出土时，鸮尊处于水下1.3米的墓底，考古人员用水泵抽水无用，只得徒手救鸮尊。虽沉于深水，但出土后依旧夺人眼球，鸮尊给观者以扶摇直上八万里的艺术感染力，无愧于“战神”之美誉。

造型之美

可爱的猫头鹰

妇好鸮尊为一昂首挺胸的站立鸮形，鸮小耳高冠，圆眼宽喙，双翅并拢，下垂的鸮尾与两足构成三个稳定支撑点，得以让其站立不倒。

浮雕的兽面

精致的鸟与龙

鸮首后部有一呈半圆形的盖子，盖面铸站立状的鸟，鸟的羽毛清晰可见。鸟后面还有一只张嘴的小夔龙，其呈追赶姿势，形态逼真。

四神云气图壁画

- 西汉·壁画
- 长 5.14 米，宽 3.27 米，面积 16.8 平方米
- 河南博物院藏

这件四神云气图壁画，1987 年出土于永城芒砀山梁国王陵区柿园墓，原本绘在距地面 3 米的墓室壁顶上，后由考古专家通过科技手段对其进行原样切割后移至河南博物院。其为西汉早期墓室壁画，是中国目前所见墓葬壁画中时代最早、画面最大、级别最高、保存最完整的壁画，被誉为“敦煌前之敦煌”“敦煌外之敦煌”，是中国绘画史上的经典之作，对于研究中国绘画史、文化史、宗教史等具有重要意义和价值。

这件国宝的主体图案以朱砂红为底色，以红、白、黑、绿四色绘有青龙、白虎、朱雀和怪兽共四种神禽异兽（因此得名“四神”）。其搭配以灵芝、花朵和云气纹等吉祥纹饰，布局大气磅礴，形象生动精准，线条灵秀飘逸，色彩饱满浓重，风格质朴雄浑，不仅艺术水准极高，也是一部承载西汉时先民对生命之热爱和思考的壮丽史诗。

动感青龙

“四神”之中，这条青龙最为醒目。它占据了整幅画面的中心，背生有双翼，长约 7.5 米、覆满鳞纹的龙身呈“S”形弯曲，动感十足。龙舌卷住一只怪兽的尾部，这只怪兽鸭嘴、长颈、鱼身，身覆鱼鳞纹，背生羽翼，对于它究竟是何种动物，目前没有定论。在周围云气、长枝花朵等纹饰的衬托下，青龙栩栩如生，如飞龙在天。古人将龙视作神物，传说神仙可乘龙，而龙飞天要驾云。

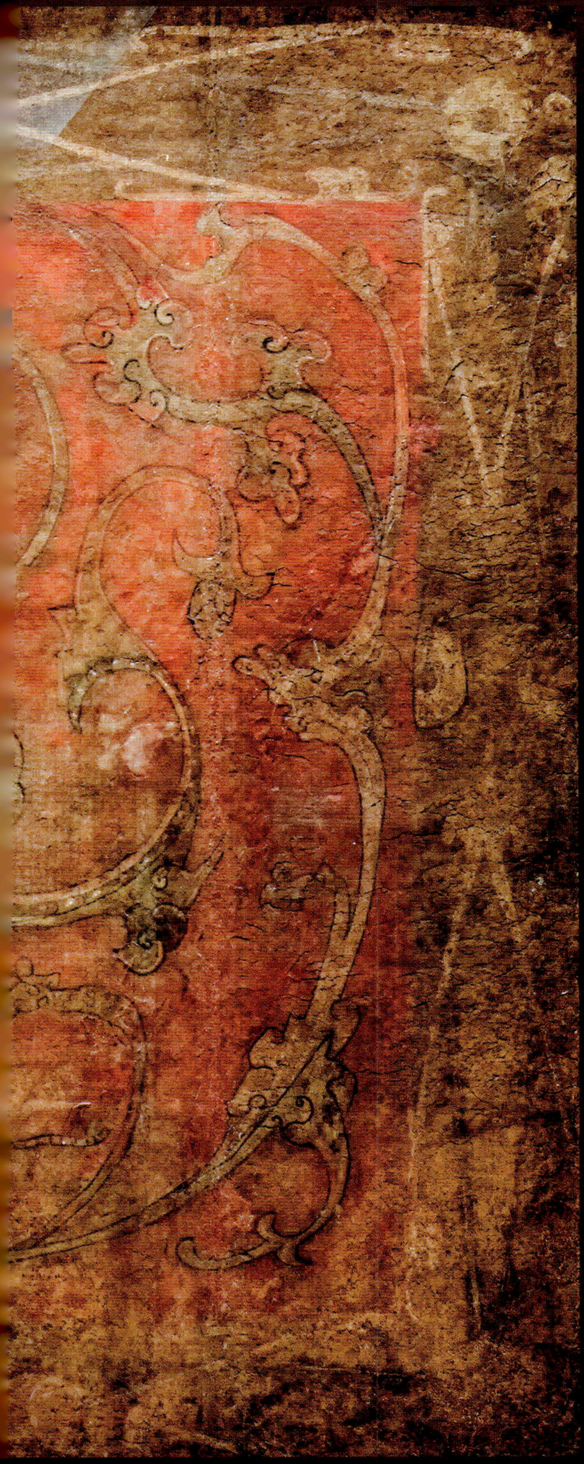

矫健白虎

“四神”的白虎位于青龙下方，体态矫健，仰首张口，前足攀神树，后足踏祥云，有欲吞灵芝、跃起飞腾之势。白虎为神兽，灵芝为神木，表达了长生不老的愿望。

优雅朱雀

“四神”的朱雀（形似凤凰但体型偏小，一说为凤凰的原型）位于青龙上方，嘴衔龙角，颈生花朵，尾接祥云。古时朱雀常被视作引导死者灵魂升天的神鸟，它与青龙构成了画面主体，龙飞凤舞，共游天际。

汝窑天蓝釉刻花鹅颈瓶

- 北宋·陶瓷器
- 高 19.5 厘米，口径 5.6 厘米，底径 8.2 厘米
- 河南博物院藏

这件天蓝釉刻花鹅颈瓶为宋代五大名窑之一——汝窑的代表性作品。瓶圆腹圈足、敞口细颈，器型流畅和谐；器身则遍施汝窑标志性的天蓝釉，表面布满蝉翼纹细密的开片，瓶颈部和腹部分别刻有两组若有似无的折枝花叶纹。

“天下名瓷，汝窑为魁。”汝窑生产历史仅有20余年，流传至今有具体记载的汝瓷不到百件，可以说汝窑是中国瓷器优质与珍稀的代名词。汝窑向来为素器，只在釉色上用心，而不在装饰上执着，此瓶不仅釉色温润如玉，且是现存汝窑中唯一一件表面刻花的瓷器，极为珍贵和特殊。

釉色之美 天青云破

此瓶釉色均匀莹润、清淡透亮，堪称“雨过天晴云破处，千峰碧波翠色来”。汝窑独特美丽的釉色与器身上的细小开片相结合，呈现出“似玉、非玉、而胜玉”的独特效果。

香灰色器胎

器口沿釉薄处可看到香灰色器胎。这种颜色在部分汝瓷的器底也可看到。汝瓷有两种烧制方式——垫饼垫烧和裹足支烧，前者圈足底端均无釉露胎，后者则整器满釉。

特殊的开片肌理

器身上这些不规则的小裂痕即为开片，它是瓷器釉层不完全开裂而形成的特殊肌理效果，原本为一种烧制缺陷，后被用于展现特定的美感。汝瓷开片可分为直开片（蟹爪纹、牛毛纹、鱼子纹、网状纹等）、斜开片（冰裂纹和鱼鳞纹）、大开片、小开片等几种。开片是汝瓷的重要外观特征之一。

纹饰之美 折枝花叶纹

宋代审美尚素雅，呈现在器型上的折枝花卉纹虽品类繁多，但多以写实的方法表现枝叶穿插的自然美感。这件鹅颈瓶之刻出折枝花叶纹而不加渲染雕饰，体现了宋代的美学思想。

武则天金简

- 唐·金银器
- 长 36.2 厘米，宽 8 厘米，厚约 0.1 厘米，重 223.5 克
- 河南博物院藏

这件“武则天金简”发现于中岳嵩山，是中国历史上唯一的女皇帝武则天所遗留的唯一一件与她本人有关的可移动文物、中国现存唯一的古代金简（简流行于唐五代时期，是用以祈福禳灾的信物，多系帝王之物，有金、银、铜、玉等质地），对研究唐代历史、武则天晚年思想、古代投简制度、古代封禅制度等具有重要价值。

这件国宝为金质长条片，含金量 96% 以上，通体无纹饰，鎏金的正面，双钩錾刻铭文，共 3 行 63 字篆书。武则天晚年时为消灾除罪制成了它，并派道士胡超将它抛在了嵩山最高峰峻极峰。武则天乃一朝女帝，励精图治，素有“贞观遗风”之谓。这个金简可以说明武则天在信奉佛教的同时亦仰慕道教，以求消灾减难，飞升求道，长生不死。

奇异字形

武则天喜欢造字，在各类文献中已发现她造的字二三十个，这件金简上有其中 5 个，包括“曌（zhào，意为日月当空，光照万物，是武则天为自己取的名）”“曌（国）”等。

轻薄金简

这件金简厚不足 0.1 厘米，薄薄的一片，十分轻巧。被发现时位于峻极峰武则天原敕建的“登封坛”西南一米高大石下的石缝中。我国之前发现过帝王封禅的玉简和银简，金简发现尚属首次。

铭文寓意

铭文共 3 行 63 字，大意是：大周女皇武则天信奉道教，渴望长生不老、羽化成仙，命使臣胡超到中岳嵩山山门投递金简代她祭拜，乞求道教中的三官九府为自己祛病赐福，落款为公元 七百年七月七日。铭文中的“三官九府”是道教天、地、水三神及其所配宫府。武则天初时是佛教徒，晚年转而信仰道教。

殷墟博物馆

安阳，被誉为“七朝古都”，是中国历史上重要的文化名城，曾是多个王朝的都城所在地，且是全球发现甲骨文最多的地区。1899 年，甲骨文在此被首次发现。作为商朝晚期都城遗址的殷墟，自 1928 年发掘以来，出土了大量珍贵文物，基于此，政府着手筹建殷墟博物馆。

2005 年，安阳殷墟博物馆（又名“殷墟研究院”）建成，这是首个在证实商王朝晚期都城遗址上建立的博物馆，位于河南省安阳市殷都区小屯村。2020 年 11 月，新馆奠基，2024 年开放，是全景式展现商文明的国家重大专题博物馆，也是黄河国家文化公园的重点项目。新馆占地面积 262.5 亩，布展面积 2.2 万平方米，包含展厅、文物库房、研究室等，以《诗经 · 商颂》为文化基础，建筑外观形似甲骨文“洹”字，象征洹河对商王朝的重要性。新馆设计体现了绿色低碳、可持续发展的理念，旨在形成具有殷墟文化含义的“中华之范、文明圣殿”。

展厅陈设

殷墟博物馆新馆的展览，总体上聚焦于“伟大的商文明”这一主题，目前设有 3 个基本陈列、4 个专题展览和 1 个特色沉浸式数字展。地上 3 层，从商代史、甲骨学、考古史、商文明的世界传播等多个角度，全面展示商王朝在政治、军事、农业、手工业等方面的成就。

藏品精选

司母辛鼎

司母辛鼎于1976年出土于河南安阳殷墟妇好墓。通高80.1厘米，口长64厘米，宽48厘米，重128千克。该鼎器口长方形，方唇短沿，两耳立于短边口沿上，腹壁较直，下部略内收，平底，圆柱形透底空心足。鼎腹部主要以饕餮纹和乳钉纹结合。四周有飞棱，下面有4个立足，立足上方有饕餮纹和弦纹。鼎内壁有“司母辛”三字。“辛”为商王武丁妻子妇好的庙号，“母辛”是子辈对母辈的称谓。

足部转角饰兽面纹，腰边底饰乳丁纹，足上部兽面醒目，兽口向下，目字形眼。

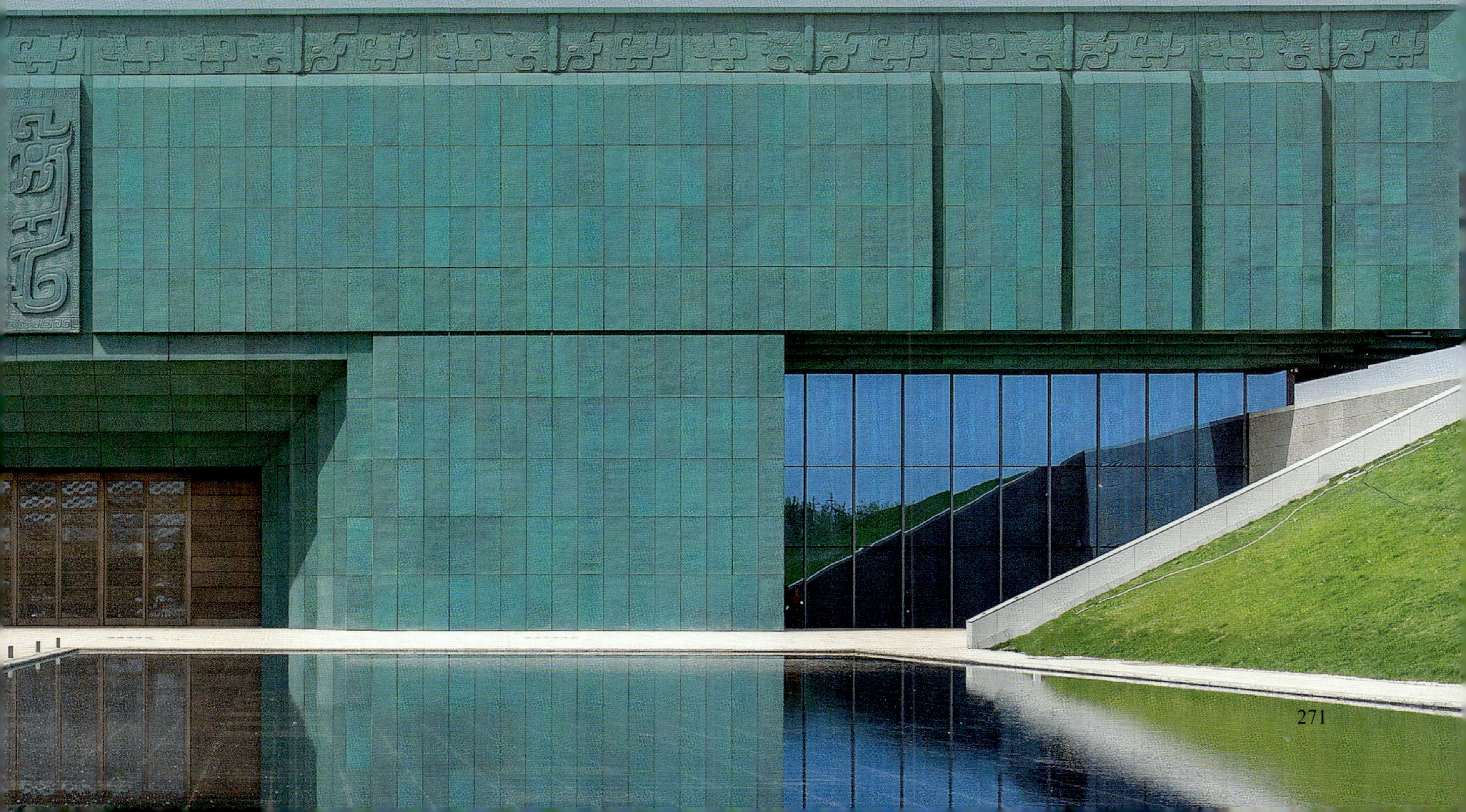

郑州博物馆

郑州是中国“十大古都”之一，地处黄河中下游分界处，是华夏文明的重要发祥地，拥有裴李岗文化遗址、大河村文化遗址等重要史前人类遗址。

郑州博物馆成立于 1957 年，是河南省内成立最早的地市级博物馆，该馆位于嵩山南路 168 号。2021 年文翰街馆正式对外开放，与郑州博物馆古荥汉代冶铁遗址分馆形成了“一总一分”的新发展格局。

郑州博物馆文翰街馆位于郑州市民公共文化服务区核心区，文翰街 9 号，总建筑面积 14.7 万平方米，建筑高度 62 米。建筑外观秉承“中华之中，华夏之冠”的设计理念，彰显郑州厚重的文化底蕴与进取的时代精神。

展厅陈设

郑州博物馆文翰街馆有 21 个展厅，分为基本陈列、专题陈列和临时展厅。其中 3 个基本陈列厅内为郑州通史展，以“创世王都”“天地之中”“百年史话”为主题全景式展示郑州的发展历史。

嵩山路馆以商代青铜方鼎为造型基础，设有“长渠缀珍——南水北调中线工程河南段文物保护成果展”等常设展览。

藏品精选

徐悲鸿

《雄狮图》轴

这件《雄狮图》为纸本设色，纵 107.5 厘米，横 109.5 厘米。图上绘一头雄狮，矫健雄壮，毛发凌乱，双目圆瞪。左上方题五言诗：“凛凛百兽尊，目中无余子，剧知有长蛇，瑟瑟暗中伺，高行何所畏，浩然气足恃。廿三年初冬了然仁弟存念悲鸿”。钤“悲鸿之印”“东海王孙”二印；右下角钤“吞吐大荒”方印。徐悲鸿一生颇爱绘狮子、骏马及猫等动物，它们大多造型准确生动，姿态昂扬而又富有气势，给人一种积极向上的气息，显示出画家的人生态度。

洛阳博物馆

作为中国著名的古都，洛阳曾号称“成周”“神都”“洛邑”“洛京”，它拥有5000多年的文明史、4000多年城市史、1500多年的建都史，是华夏文明的发祥地之一、丝绸之路的东方起点、隋唐大运河的中心。

洛阳博物馆始建于1958年，位于河南省洛阳市洛龙区聂泰路，是一座集文物收藏、科学研究、陈列展览、社会教育与文化交流诸功能为一体的综合性博物馆，现为国家一级博物馆。

洛阳博物馆的科研成果极多，代表性的著作及图录包括《洛阳烧沟汉墓》《洛阳汉代彩画》《洛阳唐三彩》《洛阳文物精粹》《洛阳出土铜镜》《魅力洛阳——河洛地区考古成果精华》《洛阳博物馆建馆四十周年论文集》《洛阳古都史》《西周青铜器研究》《河洛文明》等。

展厅陈设

洛阳博物馆新馆占地面积300亩，建筑面积6.2万平方米，其中地上面积4.2万平方米，地下2万平方米。博物馆的展览面积为1.7万平方米，基本陈列为“河洛文明”“珍宝展”“石刻艺术展”“唐三彩展”“宫廷文物展”“天香如绣——王绣牡丹艺术展”等。

藏品介绍

博物馆收藏有文物 20315 件，其中珍贵文物 5406 件，种类丰富，富有地域特色。藏品主要来源于洛阳地区出土的，上自史前，下迄明清时期的各类珍贵文物，尤以夏商周三代青铜礼器、汉唐陶俑、唐三彩和宋代瓷器等最有特色，在中国文物界占有一定的地位。

藏品精选

三轮铜鸠车

这是一辆带有玩具性质的铜制小车，近似于我们今天的“玩具车”，1989 年洛阳偃师蔡庄砖厂晋墓出土。这件西晋铜车长 10 厘米，高 6.5 厘米，铜车整体铸造成一只斑鸠造型，昂首翘尾，正视前方。两侧翅膀旁各有一个车轮，尾部还有一小轮，此晋代三轮铜鸠车儿童玩具十分稀见，展示出了铜鸠车工艺技术的发展进步。

鸠鸟胸前有一圆环，将绳子系在圆环上牵着走，即可跑起来。

南阳汉画馆

南阳，又称“宛城”，位于河南省西南部，处在豫鄂陕交界地区，是楚汉文化的重要发源地。东汉时期因诸多皇族来自南阳，故南阳又号称“帝都”“南乡”，所以遗存下来的汉代画像石数量较多。

南阳汉画馆始建于1935年，初设于卧龙岗南端的龙首处，馆藏汉画像石118块。1958年，河南省政府在南阳卧龙岗武侯祠东侧扩建新馆，展厅面积扩大至900余平方米，收藏画像石增至500余块，由郭沫若先生题写馆名。后随着画像石数量的增加，馆舍屡次扩建，至1999年底，新馆建成，也就是我们目前所看到的汉画馆，占地面积达53360平方米，建筑总面积6000平方米，展厅总面积2400平方米。

南阳汉画馆展出的画像石内容丰富，题材广泛，几乎涵盖了汉代社会的各个方面，堪称“一部图画式的汉代史”。2008年该馆被国家文物局评为首批“国家一级博物馆”。

展厅陈设

南阳汉画馆共设9个主展厅和3个临时展厅，展厅内采用壁间镶石的方式陈列着200余块精品画像石。展品按画像内容分类，依次为生产劳动、建筑艺术、历史故事、社会生活、天文与神话、角抵、舞乐百戏及祥瑞升仙8大部分，为访客提供了深入了解汉代社会的实物资料。

藏品介绍

汉画馆的藏品以汉代画像石为主，数量丰富，且均为精品。藏品中的画像雕刻细腻，题材丰富，如阳乌、雷公车、许阿瞿观舞赏乐、嫦娥奔月、投壶等，这些画像石是研究汉代历史、文化、艺术的重要实物资料。

其他博物馆

安阳博物馆

开馆时间：9：00—17：00（周一至周四）
9：00—18：00（周五至周日）
停止入馆时间：16：30
休息：节假日正常开放（其他时间参考博物馆公告）
地址：河南省安阳市文明大道436号

安阳博物馆，国家一级博物馆。博物馆主体建筑外观为四方覆斗状。馆内常设“殷邺相彰：安阳历史文化展”基本陈列，“丝路遗韵相州风：麴庆墓出土文物展”“龙腾古今：甲辰年龙文化展”“石忆·史忆：安阳石刻艺术展”等专题展。

开封博物馆

开馆时间：9：00—17：00（周二至周日）
停止入馆时间：16：30
休息：周一（其他时间参考博物馆公告）
地址：河南省开封市龙亭区郑开大道与六大街交叉口

开封博物馆是国家一级博物馆。博物馆由外围、环形内院和中心主体三部分构成，馆内设有“八朝古都千载京华——开封古代历史文化展”“开封记忆——近现代社会生活展”“画韵年丰——开封朱仙镇木版年画艺术展”“汴墨书香丹青雅韵——近现代开封书画精品展”“千年印记——馆藏石刻精品展”“祥开紫禁——明清皇家用品展”“天下首府——北宋开封府特展”等。馆藏文物涵盖陶瓷器、铜器、书画、雕刻、货币、玉器、漆器、服饰及工艺品等。

禹州钧瓷文化博物馆

开馆时间：9：00—17：00（周二至周日）
停止入馆时间：16：30
休息：周一（其他时间参考博物馆公告）
地址：河南省禹州市颍北大道北侧

禹州钧瓷文化博物馆，国家二级博物馆，是展示和传承禹州钧窑瓷器历史与文化的地方专业性博物馆。馆内设有基本陈列“钧韵天成”，以钧瓷发展历程和成就为重点，以历史进程为主要脉络，综合展出馆藏钧瓷文物和当代钧瓷艺术品，揭示钧瓷制作流程和工艺。

洛阳周王城天子驾六博物馆

开馆时间：8：30—18：30（周一至周日）
停止入馆时间：18：00
闭馆时间：18：30（周二至周六）
休息时间：参考博物馆公告
地址：河南省洛阳市西工区中州中路226号东周王城广场

洛阳周王城天子驾六博物馆，国家二级博物馆，是依托东周时期大型车马坑原址，保护展示其主体，综合展出东周王城概况、王陵考古新发现，以及收藏保护、研究展出东周时期珍贵文物“王城、王陵、王器”的专题性博物馆。博物馆有两个展区，第一展区包含洛阳地区5大都城位置及图版、东周王城概况、王陵的探索与发现、东周文物4部分，第二展区为东周时期大型车马坑展区，展示2座车马坑，包括“天子驾六”原址。

汝州青瓷博物馆

开馆时间：9：00—17：00（周二至周日）
停止入馆时间：16：30
休息：周一（其他时间参考博物馆公告）
地址：河南省平顶山市汝州市朝阳东路与云禅大道交叉口

汝州青瓷博物馆，国家二级博物馆，是科普和传承汝窑青瓷历史与文化的地方专题性博物馆。博物馆主体建筑外形化用汝窑天青釉莲花碗造形，入口处为经典汝窑瓶形。馆内设有汝州本地瓷器陈列、古陶瓷标本陈列、五大名窑和八大窑系，以及其他知名窑口文物陈列。

洛阳古代艺术博物馆

洛阳古代艺术博物馆（原名洛阳古墓博物馆），是基于洛阳北邙山及周边地区历代古墓遗存及出土文物而建立的地方专题性博物馆，国家一级博物馆。博物馆主体部分为北魏世宗宣武帝景陵。馆内设有历代典型墓葬、北魏帝王陵、壁画馆3大展区。其中历代典型墓葬展区搬迁复原自西汉至宋金时期的代表性墓葬25座。

开馆时间：9：00—17：00（夏季：周二至周日）
9：00—16：30（冬季：周二至周日）
停止入馆时间：16：30
休息：周一（其他时间参考博物馆公告）
地址：河南省洛阳市老城区机场路6号

洛阳龙门博物馆

开馆时间：9：00—17：30（周一至周日）
停止入馆时间：16：30
休息：参考博物馆公告
地址：河南省洛阳市洛龙区龙门石窟风景区北入口

洛阳龙门博物馆是龙门石刻艺术的地方专题性博物馆，是国家二级博物馆。博物馆主体建筑形制外方内圆，整体下挖两层。馆内设有多个基本陈列，包括“丝绸之路文物文献展”“永宁：洛阳北魏泥塑佛教造像艺术比较展”“天工开物：中国古代文物菁华”“汉字考古：馆藏古代碑志砖瓦铭刻展”“古阳建境：龙门博物馆建筑艺术展”等。

洛阳隋唐大运河文化博物馆

洛阳隋唐大运河文化博物馆，是依托隋唐大运河考古发现而建立的地方综合性运河主题博物馆，国家三级博物馆。馆内常设陈列展“国运泱泱：隋唐大运河文化展”，分为4个部分：“天工国运一统中华”“千年运河万物通济”“隋唐盛世国运繁华”“古今辉映源远流长”，另有“一粒米的漕运之旅”互动体验展。

开馆时间：9：00—17：00（周二至周日）
停止入馆时间：16：30
休息：周一（其他时间参考博物馆公告）
地址：河南省洛阳市老城区滨河北路与新伊大街交叉口东100米

汝州市汝瓷博物馆

开馆时间：8：30—11：30（周一至周五）
15：00—17：00（周一至周五）
停止入馆时间：16：30
休息：周六、周日（其他时间参考博物馆公告）
地址：河南省汝州市望嵩路65号

汝瓷博物馆，是展示和宣传汝瓷历史文化的地方专业性博物馆，国家一级博物馆。馆内设有4个基本陈列展览，分别展出汝州市各汝窑遗址出土的瓷片标本以及中华人民共和国成立以来仿烧的瓷器、现代精品汝瓷以及国内各大窑口的精品瓷、“宋室鸿宝：书法名帖《汝帖》碑刻”、传世汝官瓷复刻展。馆内藏品汝瓷天青釉洗系北宋宫廷御用瓷器，是国内罕见的珍品。

洛阳三彩艺术博物馆

洛阳三彩艺术博物馆，是科普和传承三彩釉陶瓷器的地方专业性博物馆，国家二级博物馆。博物馆由洛阳三彩艺术研究中心、洛阳三彩设计制作中心和洛阳三彩艺术展厅组成，全面展示唐三彩从起源、兴盛到衰落的发展历程，并设有体验互动空间。

开馆时间：8：30—22：00（周二至周日）
休息时间：参考博物馆公告
地址：河南省洛阳市老城区历史文化街区

唐三彩真的只有三种颜色吗？

唐三彩，釉彩主要有黄、绿、白、蓝、棕、黑等色，其中黄、绿、白三色最为常见，故称为“三彩”，“三彩”也有多彩的意思。三彩瓷是中国陶瓷艺术的瑰宝，是一种多色彩的低温釉陶器，有1300多年的生产历史，最早可追溯到南北朝时期，盛行于唐朝，因此又被称为“唐三彩”。“安史之乱”后，随着唐王朝政治经济的严重衰退，唐三彩也逐步萎缩。历史上除了唐三彩，还有宋三彩、辽三彩，至明清更是创烧出多种三彩器，但技艺都不及唐三彩。

造型生动

唐三彩的造型以人物、动物、生活器皿等为题材，形象生动，线条流畅。人物俑形象逼真，姿态各异；动物俑如马、骆驼等，矫健有力；生活器皿则注重实用与美观的结合。如贵妇俑，她们头梳高髻，多数形体圆润微胖，着一袭长裙，手臂或交叉，或持镜，神情专注，娴淑优雅。

装饰手法丰富

唐三彩匠人们运用了丰富的装饰手法，如刻划、堆贴、印花等。这些手法的运用不仅增强了唐三彩作品的艺术表现力，也使得作品更加生动有趣。同时，匠人们还注重细节的处理，如人物的表情、服饰的纹理等都经过精心刻画和描绘，使得作品更加逼真传神。

釉色斑斓

唐三彩以其丰富的釉色而著称。匠人们巧妙地运用黄、绿、白等多种釉色进行搭配和组合，使得唐三彩在阳光下熠熠生辉，看上去充满了生命力。

唐三彩不仅在唐代本土风行一时，而且畅销海外，成为中外文化交流的重要载体。这些不同类型的唐三彩共同构成了一个丰富多彩的唐代社会生活图景，展现了唐代陶瓷艺术的辉煌成就。

湖南博物院

概况

湖南博物院为中国首批国家一级博物馆、湖南省最大的历史艺术类博物馆、中央地方共建的八个国家级重点博物馆之一。博物馆的历史可追溯到 1897 年，2022 年 7 月由湖南省博物馆更名为湖南博物院。现馆址为 2017 年 11 月 29 日启用的新馆址。

位置规模

新馆位于湖南省长沙市东风路 50 号，占地面积 11 万余平方米（其中本院陈列大楼 91252 平方米，南院 10408 平方米，在建博物院汨罗基地 8896.3 平方米），展厅面积达 27265 平方米，文物保管、保护区域面积 1.4 万余平方米。

藏品介绍

湖南博物院院藏文物 57 万余件，涵盖了历史、艺术、文化等多个领域。其中以长沙马王堆汉墓出土的文物及湖南其他地区出土的各类文物作为主要展示内容，包括精美的青铜器、漆器、陶瓷器、近现代文物等，展示了湖南地区古时社会的繁荣与文化的瑰丽。

博物馆特色

湖南博物院以丰富的楚汉文化藏品著称，其建筑风格融合楚汉元素与现代设计，展现出独特的地域特色。馆内珍藏包括马王堆汉墓出土文物等珍贵文物，通过高科技展示与互动体验，让观众深入感受湖南乃至中国悠久的历史文化魅力。

楚汉文化建筑风格

自1999年首次扩建以来，博物馆便以楚汉文化为设计灵感，吸收了楚文化中高台建筑的形式和南方干栏式建筑的特色，成为当时的标志性建筑。2017年正式开放的新馆更是以“鼎盛洞庭”为概念，外观不仅延续了楚文化中高台建筑的特色，还巧妙地融入了洞庭湖文化的元素，展现了湖南地区深厚的历史文化底蕴。

文物价值丰富

湖南博物院的馆藏文物数量庞大，价值丰富，涵盖了从古代到近现代的多个历史时期。特别是以长沙马王堆汉墓出土文物为代表的汉代文物，如西汉时期的女尸“辛追夫人”，以及精美的帛书、漆器、丝绸等，都具有极高的历史价值和学术意义。

藏品精美绝伦

湖南博物院所藏文物数量庞大，以其精美绝伦的工艺和历史价值而闻名于世。无论是楚墓出土的各种青铜器、玉器，还是商周时期的青铜器精品，都展示了古代中国青铜文明和楚文化的独特魅力。

展览分布图

注意 本书的文物所在位置是以作者写作阶段的展览位置作为参考标注的，由于各博物馆经常会有临时特展或巡回展，所以无法保证展览位置固定不变，请各位读者知晓，以实际的参观情形为准。

商 铜鸮卣

东汉 神兽纹玉樽

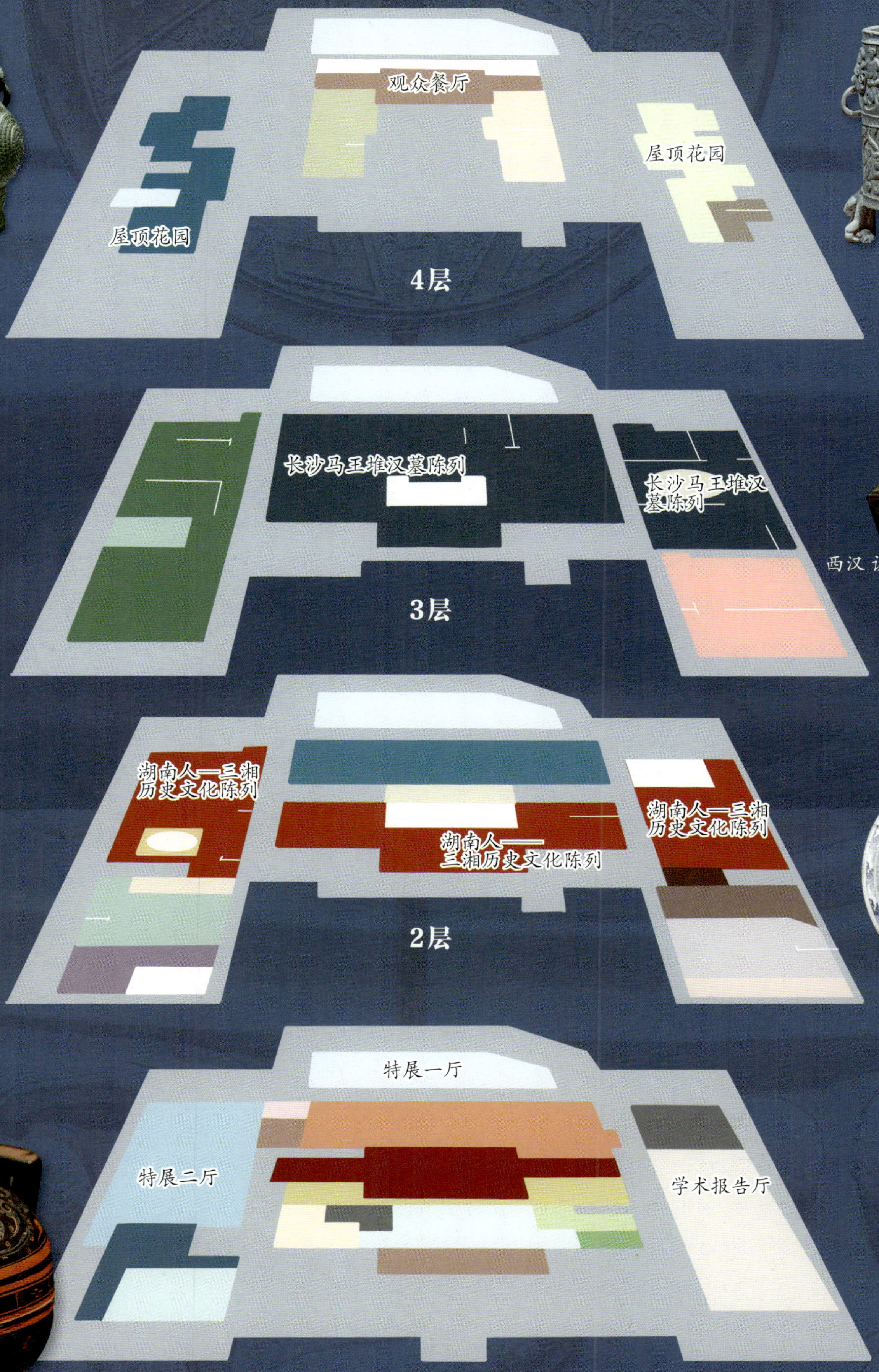

商 皿方罍

西汉 识文彩绘盝顶长方形漆奁

战国 羽状纹地十五叶五山纹镜

元 青花莲池鱼藻纹瓷盘

西汉 云纹漆鼎

商 象纹铜铙

发展沿革

1904年
在省垣兴办，与图书馆、教育馆合署，全称为“湖南图书馆兼教育博物馆”。

1924年
湖南省教育会博物馆开馆。1927年，正式定名为“湖南省立博物馆”。

1956年
湖南省博物馆于长沙西北烈士公园建成开馆。

1972年
考古工作者在长沙东郊发现了马王堆汉墓，成为了二十世纪中国乃至世界的重大考古发现之一。

早期发展

展厅陈设

常设展览

湖南博物院的常设展览包括“长沙马王堆汉墓陈列”“湖南人——三湘历史文化陈列”。其中马王堆汉墓陈列分为序厅及惊世发掘、生活与艺术、简帛典藏、永生之梦四个单元，分置于三层，以故事叙事手法描绘了轪侯家人生前及死后的历史面貌。而三湘历史文化陈列则围绕“湖南人”所处地区的区域历史以及文明进程进行展示，以第一人称的视角展现湖南地区的环境与历史文化。

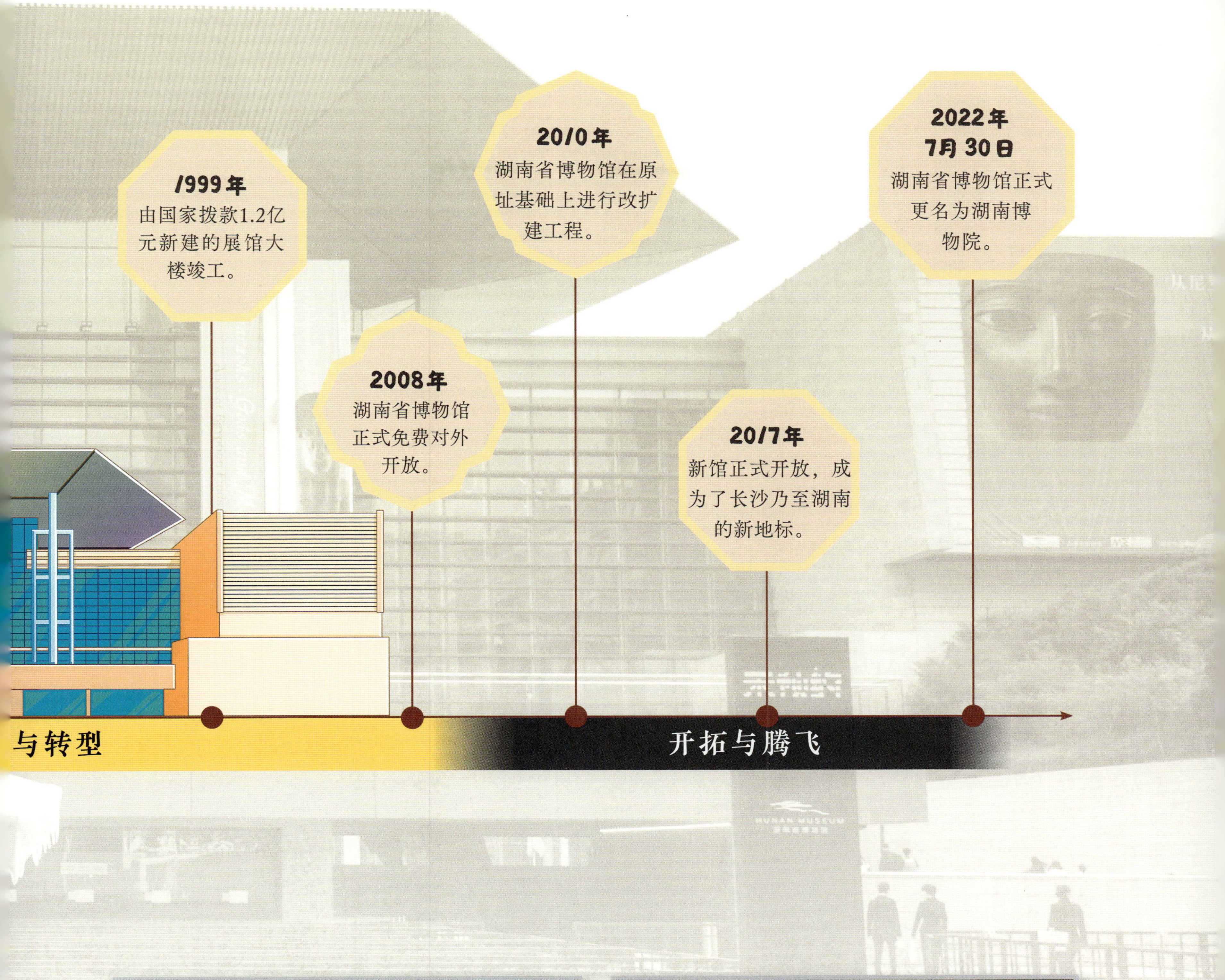

专题陈列

除了涵盖大量文物的两大常设展览外，还有几个专题陈列，例如在展的“青春是用来奋斗的——毛泽东青年时期文物展”“亘古的祈愿——梅山文化圈雕塑与信仰”。

临时展览

博物院自2024年开始设置临时展览，以不同视角、不同内容向观众展示国内外的珍贵文物。例如“‘志’说湖南——大型史志 · 文物联展”，在展示文物的同时普及了湖南的史志故事。

大禾人面纹方鼎

- 商·青铜器
- 通高 38.5 厘米，口长 29.8 厘米，宽 23.7 厘米，重 12.85 千克
- 湖南博物院藏

这件“大禾人面纹方鼎”又名“大禾方鼎”，是中国目前已知文物中唯一一件以人面纹为饰的鼎，以此纹为饰的缘由至今仍是个谜。其四面装饰的人面纹形象一致，逼真生动，极为醒目，证明中国商晚期时的青铜器制作者已具备了较强的写实能力和形象概括能力。方鼎约呈矩形，四柱状足；口沿外翻，两耳竖立；鼎腹外壁四面各饰一处高浮雕人面纹作为主体纹饰，其边角分别饰象征性的角、爪纹和云雷纹。整器造型严肃不失生动，令观者印象深刻。

这件国宝“重见天日”的过程曲折而惊险。1958—1959 年左右，湖南省宁乡县黄材镇炭河里乡胜溪村的农民挖掘出它后将其当作废铜卖给废品收购站。湖南省博物馆派驻到废铜仓库的工作人员发现情况后，火速赶往长沙，截下了载着它开往冶炼厂回炉的车，获得了部分碎块。之后几年内工作人员陆续找齐了其余碎块，成功修复了此鼎。

简洁的铭文

鼎腹内口沿下铸有“大禾”二字铭文（上右图为其拓片），此鼎因此得名。有学者认为，“大禾”是作器者的名字。其中“禾”字宛如成熟时被“压弯腰”的稻穗，因此也有学者认为此鼎是时人为祈祷谷物丰收而制作，当时可能许下的愿望是作物（禾泛指粮食作物）长得与人齐高。

装饰性的兽面纹

鼎足上部饰兽面纹。兽面纹是商周青铜器常见的主纹，此鼎上它是人面纹的辅助纹饰，以反复、对称的装饰手法呈现，且布局严密，主次分明。这样不仅强化了装饰主题，更给人以强烈的视觉冲击。

神秘的人面

鼎壁的人面纹立体而写实，其两侧的角、爪纹饰则相对平面而抽象。至于其含义，至今众说纷纭。有人认为其有爪无身，应属传说中贪吃的凶兽饕餮一类的怪神；有人认为其可能与“黄帝四面”的传说有关；还有人认为此人面圆脸弯眉，没有胡须，应象征当时商周一个诸侯方国“禾国”的女性统治者形象。

人物御龙帛画

- 战国·书画
- 长 37.5 厘米，宽 28 厘米
- 湖南博物院藏

这件《人物御龙帛画》出土于子弹库楚墓，出土时平放在棺椁盖板与外棺中间的隔板上，应为丧葬所用的招魂幡，被认为是中国最早的、真正意义上的绘画作品之一。其布局精当，线条流畅，比例准确，是中国早期肖像画的杰出代表，与《人物龙凤帛画》一同确立了中国工笔人物画的基本表现手法，二者并称“先秦绘画艺术中的双璧”。

这件国宝以白描辅以平涂的手法描绘了墓主乘龙升天的情景，画面因年代久远而呈棕黄色。其构图饱满，风格神秘而浪漫，甚为鲜明地体现了战国时楚地艺术的特征。

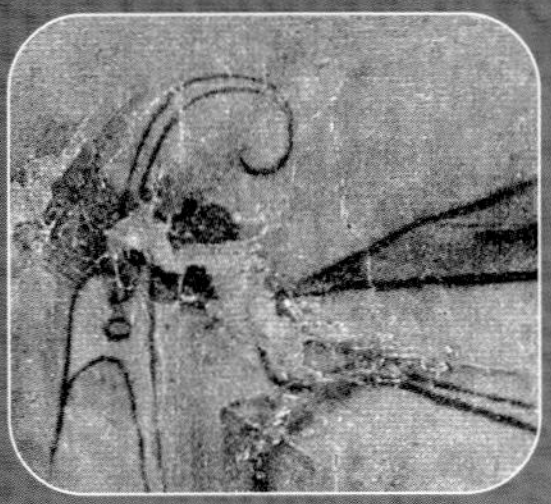

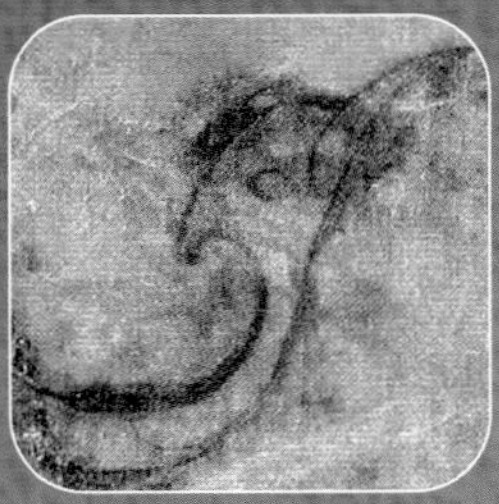

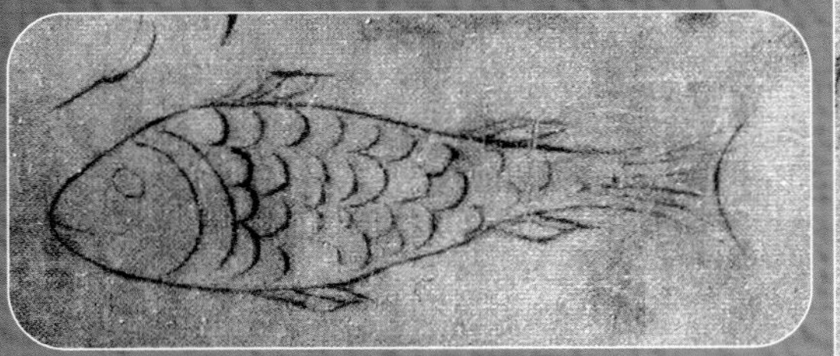

动物之美 瑞兽成群

龙尾立有一鹭，圆目长喙，昂首向天，似正引吭高歌；龙身下方为一呈游弋状的鲤鱼。这体现出战国中晚期楚人的丧葬习俗与生死观念——人死后须有祥瑞之物引导，方可升入天国。

画面之美 潇洒的墓主

画面正中为一高冠长袍、腰佩长剑、手执缰绳的男子，应为墓主。他侧身立于一龙之上，头顶有一华盖，其 3 条飘带似正随风舞动。人物面部线条精细，须眉毕现，神情潇洒；服饰线条绵延飘逸，似正临风轻摆。人物略施彩色，可惜颜色现已基本褪去。

人物龙凤帛画

- 战国·书画
- 长 31 厘米，宽 22.5 厘米
- 湖南博物院藏

这件《人物龙凤帛画》出土于陈家大山楚墓，属于丧仪活动中使用的绘画作品，是中国及至世界范围内现存较早的帛画，也是保存较完整的人物肖像画之一。其构图美妙，线条舒展，物象生动，意境深远，为今人了解和研究传统绘画在先秦时期的发展状况提供了极为重要的实物资料。

这件国宝呈长方形，质地为深褐色平纹绢，以墨线白描辅以墨色平涂的手法绘制而成。画面可分为上、中、下 3 层，分别绘龙凤各一、一贵族女子和一弯月状物，物象形神兼备，艺术张力很强。此画中的龙最初被误认为夔（神话传说中仅有一条腿的怪兽）——因画面模糊，左上方生物仅显露一足。后经清洗，人们发现该生物不只一足，确认其为龙。

画之美 虔诚的祈祷

一龙一凤各伸一足交握，二者相对。龙具一双短角，身躯蜿蜒，似正向上腾跃飞升；凤昂首引颈，展翅翘尾，似正向上举足迈进。二者动态互为映衬，动势均朝向上方。女子侧身伫立，双手合掌前伸并上举，与上方龙凤构成静与动的对比。其头后挽一插有发饰的发髻，身着饰卷云纹的华服，祈求龙凤引导自己升入天国，获得重生。

构图之美 简洁概括

此画构图简明而和谐——上层龙凤的轮廓约呈圆形，中、下层人物与弯月状物的整体轮廓约呈梯形，二者于动、静间微妙平衡。

T 形帛画

- 西汉·书画
- 通长 205 厘米，顶宽 92 厘米，末端宽 47.7 厘米
- 湖南博物院藏

这幅 T 形帛（原指一种白色的丝织物，后为丝织物的总称）画又名“非衣”，出土于马王堆一号墓。出土时顶端横裹一根竹竿，上系丝带，可张举——它是出殡时在前为导引、入葬时盖于内棺上的“铭旌”，又名“招魂幡”。其内容奇妙，构图完美，造型生动，色彩瑰丽，既是迄今保存最完整和精彩的帛画，又体现了汉代人的生死观和宇宙观；堪称中国绘画史上的里程碑，对研究汉代及之前的丧葬制度、习俗等也具有重大意义。对其名称、用途和内涵的探索与研讨经久不衰。

这件国宝由 3 块单层细绢拼成，中部和下部四角各缀有青黑色麻质绦带。画面以笔墨和重彩绘成，用笔娴熟，设色浓丽。画中物象众多而不显芜杂，布局精巧，主题突出。其自上至下可分为三部分，分别对应天上、人间和地下三重空间，以浪漫手法表现了时人对天国的想象和对永生的追求。

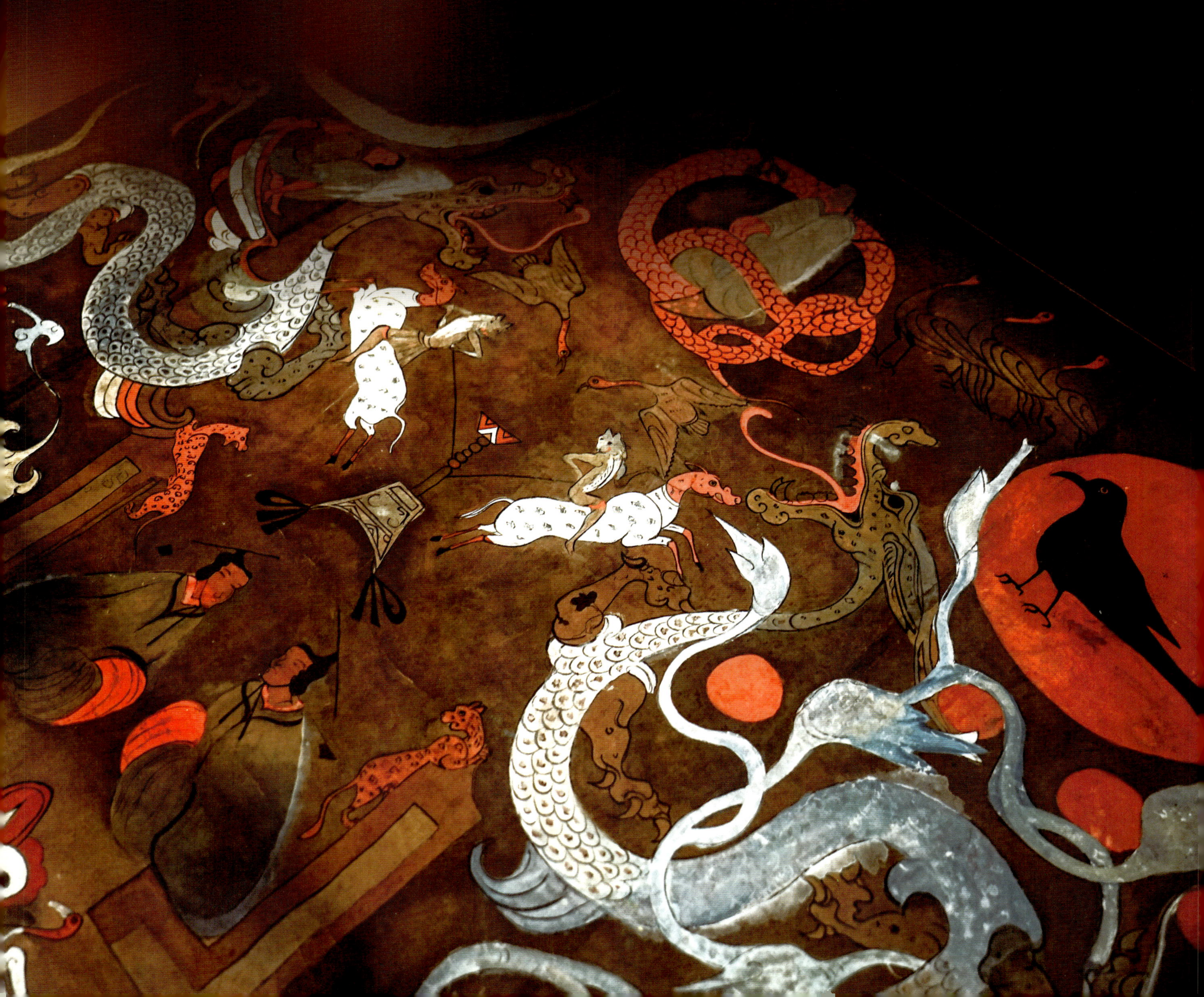

向往的天上世界

位于帛画上端最宽阔处。高高在上的天帝被日、月、飞龙和其他珍禽异兽围绕衬托，气氛神圣庄严。右上部有一轮红日，内有金乌（传说中驮日飞行运转的黑色神鸟），其下的扶桑树间有8个小太阳。左上部一弯新月，月上有玉兔和蟾蜍，月下有奔月的嫦娥(一说托月女神)。日月之间，人首蛇身的天帝太一（一说女娲）拢袖端坐。

尊贵的人间生活

位于帛画中部，以穿龙玉璧为界，分为上下两层。下层为对画作“主角”、墓主辛追的祭祀情景；上层为辛追准备“升天”的情景——汉代人传承前代的生死观和丧葬观，认为人死后经“招魂复魄”，魂可升入天国，魄可入地为安。

诡谲的地下世界

地下世界位于帛画下端，所占面积相对很小。一名赤身裸体、胯下有蛇、脚踏鲸鳌（传说海中的大龟）的巨人双手托起一块白色平台，平台之上即人间。平台之下是古人通称的水府（即“黄泉”“九泉”）。有学者认为，此巨人是地神（一说水神），白色平台则象征大地。在楚地传说中，大地是由鲸鳌驮着的巨人托住，浮在大海上的。

工艺之美

轻薄的衣身

此衣身、领缝合紧密，做工精湛。纱是一种平纹方孔的轻薄丝织物，此衣去除领缘、袖缘后仅重 20 多克，每平方米织物仅重 12~13 克，整衣折叠后甚至可放入普通大小的火柴盒中。其不仅轻、薄，还很透，透光面积达 75% 以上。一些学者认为其是女士内衣；更多学者则认为其是套在各类华服外层，用以营造朦胧美和神秘感的装饰性罩衫。

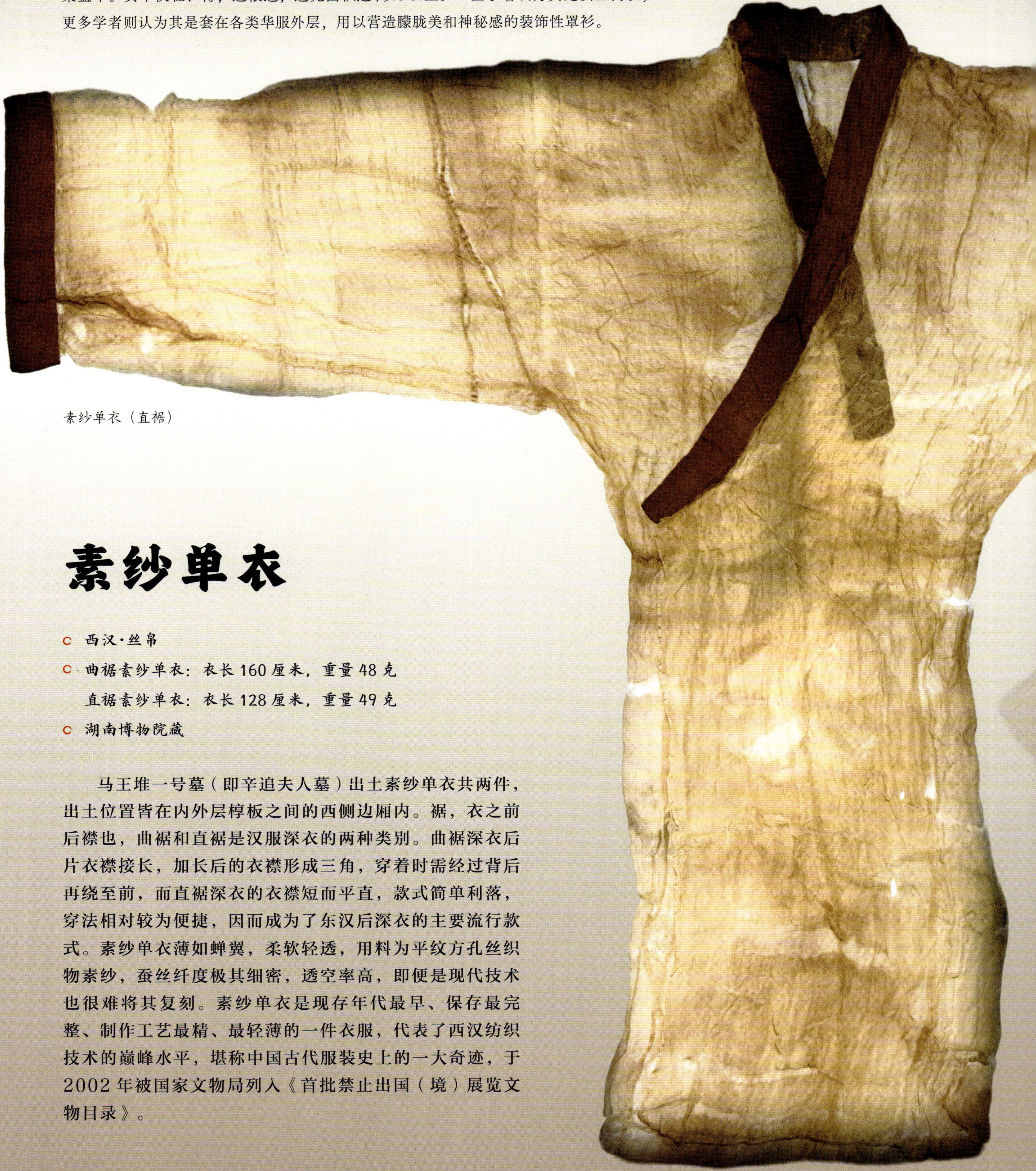

素纱单衣（直裾）

素纱单衣

- 西汉·丝帛
- 曲裾素纱单衣：衣长 160 厘米，重量 48 克
  直裾素纱单衣：衣长 128 厘米，重量 49 克
- 湖南博物院藏

马王堆一号墓（即辛追夫人墓）出土素纱单衣共两件，出土位置皆在内外层椁板之间的西侧边厢内。裾，衣之前后襟也，曲裾和直裾是汉服深衣的两种类别。曲裾深衣后片衣襟接长，加长后的衣襟形成三角，穿着时需经过背后再绕至前，而直裾深衣的衣襟短而平直，款式简单利落，穿法相对较为便捷，因而成为了东汉后深衣的主要流行款式。素纱单衣薄如蝉翼，柔软轻透，用料为平纹方孔丝织物素纱，蚕丝纤度极其细密，透空率高，即便是现代技术也很难将其复刻。素纱单衣是现存年代最早、保存最完整、制作工艺最精、最轻薄的一件衣服，代表了西汉纺织技术的巅峰水平，堪称中国古代服装史上的一大奇迹，于 2002 年被国家文物局列入《首批禁止出国（境）展览文物目录》。

低调的花纹

领、袖的锦边上饰有几何纹。纹饰远观不明显，近看工整美观，显得端庄而低调。汉代服装根据是否有里衬和填充物，可分为单衣、夹衣（不衬垫絮类）和复衣（可装入絮类）。单衣面料常用纱或绢，因无衬里，衣缘多用锦这类厚重织物以增强垂感。

国宝小知识：毁坏的曲裾素纱单衣

与这件国宝一同出土的单衣另有两件。其中一件为绢质面料；另一件如图，右衽，曲裾，面料为素纱，衣缘为绢，重仅约48克，最为轻薄。可惜1983年时这两件素纱单衣一同被盗，找回时曲裾式这一件已完全损坏，失去了修复价值。

素纱单衣（曲裾）

长沙博物馆

湖南省省会长沙市位于湖南省东部湘江下游和长浏盆地西缘，是湖南省政治、经济、文化、科教、贸易中心，有“楚汉名城”“屈贾之乡”“潇湘洙泗”的别称。

长沙博物馆成立于1986年，是集文物收藏、保护研究、展示宣传、教育服务等功能于一体的国家一级博物馆、综合性地志博物馆。长沙博物馆新馆位于湖南省长沙市开福区长沙滨江文化园景区（新河三角洲）内，于2015年开馆，建筑高5层，建筑面积2.4万平方米，展示面积9000余平米。从外观来看，长沙博物馆外观形似一颗“顽石”，外墙是一幅20世纪初长沙开埠初期的地图，建筑的立面设计还采用了竹筒的意象，采用老宋体字标示了18处长沙人所熟悉的地名。

展厅陈设

该馆共设“湘江北去——长沙古代历史文化陈列”和“中流击水——长沙近代历史文化陈列”两个基本展览，依托2000件（套）文物，展现长沙的历史。博物馆第二层开放两个特展厅，用于开展与国内外博物馆的文化和艺术交流；第三、四层设置文物库房与科技保护中心。

藏品精选

双面透雕龙凤纹玉环

双面透雕龙凤纹玉环为古代玉器中的精品，其形状为圆形且中间有孔，孔径与边缘相等或略大，与玉璧、玉瑗相似但有所区别。此玉环雕琢技艺娴熟，线条流畅，造型优美，展现了古代工匠的高超技艺和审美追求。在西汉时期，玉环常装饰于成组佩玉的中部，寓意修好、认可。

龙头刻画精细，头、身衔接处有刻痕，龙角、龙须向上弯曲，结构清晰，灵动活泼。

长沙铜官窑博物馆

长沙铜官窑始于初唐，盛于中晚唐，衰于五代，是唐代三大出口瓷窑之一。其所烧制的瓷器以釉下彩技术著称，被誉为“陶瓷史上的里程碑”。

长沙铜官窑博物馆坐落在长沙市望城区铜官街道彩陶源村，是一座专注于展现唐代长沙铜官窑陶瓷文化发展史的专题博物馆。

博物馆总建筑面积为 11436.5 平方米，布展面积达 6272 平方米，共有 7 个展厅。

长沙铜官窑博物馆内陈列着从海外征集归国的“黑石号”沉船打捞出水的文物，这些文物不仅展示了长沙铜官窑陶瓷的独特魅力，还反映了唐代中外文化交流和贸易往来的盛况。

藏品介绍

博物馆藏品丰富，涵盖 1000 余件唐代文物。器类多样，包括壶、罐、碗、碟等；釉色丰富，有青釉、黑釉、绿釉等，色彩鲜艳；装饰工艺繁多，如绘画、诗文、印花等。特别值得一提的是，从“黑石号”沉船打捞出水的 162 件（套）文物，均为珍贵展品，见证了长沙铜官窑陶瓷的国际影响力。

长沙铜官窑博物馆设有 7 大展厅，全面展示唐代长沙铜官窑陶瓷文化。包括序厅、千年的积淀、瓦渣坪往事、土火之艺、彩韵唐风、教育互动区、世界的长沙窑。特别是“黑石号”沉船出水文物的展示，让观众深刻感受到古代海上丝绸之路的繁荣。

其他博物馆

隆平水稻博物馆

隆平水稻博物馆，是科普、展示中国水稻历史文化的地方专题类博物馆，国家二级博物馆。整体建筑由5栋外形像“稻粒”状的建筑组合而成。馆内设有“稻米香万年——中国水稻历史文化陈列”，采用实物展示、图文对照、多媒体辅助的综合展览形式设计，诠释中国悠久的稻作文化和农耕文明、水稻科技及袁隆平与杂交水稻。

开馆时间：9：00—17：00（周二至周日）
停止入馆时间：16：00
休息：周一（其他时间参考博物馆公告）
地址：湖南省长沙市芙蓉区人民东路

湘潭市博物馆

开馆时间：9：00—17：00（周二至周日）
停止入馆时间：16：00
休息：周一（其他时间参考博物馆公告）
地址：湖南省湘潭市岳塘区湖湘东路3号

湘潭市博物馆，是研究和展示湘潭市历史文化的地方综合性博物馆，国家二级博物馆。馆内设有多个基本陈列和专题陈列，主要有“湘潭故事”“名人世家”“乡土情怀”“馆藏赏珍”4个基本陈列、“西泠二李艺术馆”等专题陈列，另设有2个临时展厅。

龙山县里耶古城（秦简）博物馆

里耶古城（秦简）博物馆，是以展示秦文化为主的地方专题性博物馆，国家二级博物馆。馆内设有4个常设陈列展，即“古城印象”“酉水人家”“帝国县政”“里耶秦简廉政文化专题馆”“乌龙山地质博物馆”，多角度展示秦帝国的文明，涵盖秦代的社会、政治、经济、军事、邮政、法律、算学、历法等多个方面，馆藏文物“迁陵洞庭郡”“九九乘法口诀表”“迁陵以邮行洞庭”三枚简牍极为珍贵。

开馆时间：9：00—17：00（周二至周日）
停止入馆时间：16：30
休息：周一（其他时间参考博物馆公告）
地址：湖南省湘西土家族苗族自治州龙山县里耶镇

株洲市博物馆

开馆时间：9：00—17：00（周二至周日）
停止入馆时间：16：30
休息：周一（其他时间参考博物馆公告）
地址：株洲市天元区珠江北路205号（神农城景区内）

株洲博物馆，是收藏和研究株洲市历史文化及自然资源的地方综合性博物馆，国家二级博物馆。馆内设有3个基本陈列展厅和1个临时展厅。常年陈列“五彩湘东：株洲自然地理展”“神农遗韵：株洲历史文物展”“湘东风物：株洲民俗文物展”。馆藏文物以恐龙化石、商周青铜器、宋元金银器、醴陵窑瓷器、工业文物等最具地域特色。

安化黑茶博物馆

安化黑茶博物馆（安化县博物馆），是展示宣传作为“黑茶之乡”安化县的历史文化及黑茶历史文化的地方综合性博物，国家三级博物馆。馆内设有3个基本陈列，“神韵安化”“黑茶飘香”“岁月留痕：安化匾额碑刻文物陈列展”。馆藏文物涵盖木器、石器、金属器、书画、陶瓷器、黑茶等门类，以黑茶类文物和木质匾额最具特色。

开馆时间：9：00—17：00（周二至周日）
停止入馆时间：16：30
休息：周一（其他时间参考博物馆公告）
地址：湖南省益阳市安化县东坪镇黄沙坪社区新建街

皇家礼服：织、绣艺术与皇权威严

这件“明黄色缎绣彩云蝠寿字金龙纹男夹龙袍”，身长 143 厘米，袖长 190 厘米，是清乾隆帝的吉服（礼服的一种，级别仅次于朝服）之一，供其在元日、冬至、万寿（皇帝生日）等节日场合穿着。其绣工端整细腻，构图气势宏健，配色富丽辉煌，体现了当时织（绣）染工艺的最高水平。

这件国宝为直身式袍，圆领，大襟右衽，马蹄袖，左右及前后开裾。其在明黄色缎地上，绣制出彩云蝠寿金龙纹、海水江崖纹，以及十二章纹——古代帝王礼服上绘绣的 12 种纹饰，展现出天子气动八方、富有四海的卓绝风范。

这两种纹饰属于十二章纹，通常成对出现。

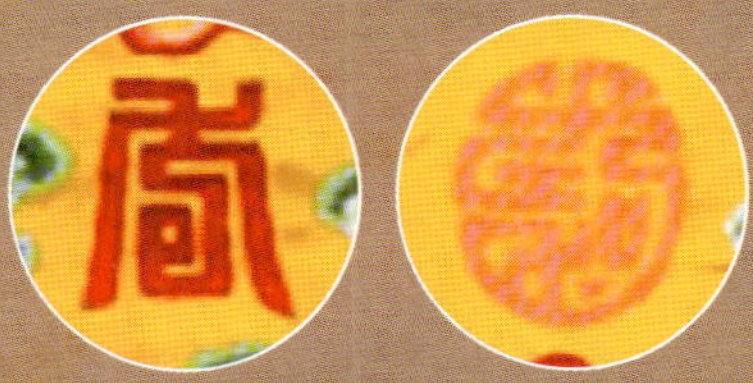

这两种纹饰均为变形的“寿”字。搭配蝠纹时，寓意福寿连绵。

至高无上的龙纹

清代时龙纹已发展得十分完备和程式化，是皇权的象征。如右下图称正龙纹（又名“坐龙纹”），龙首正向，龙身盘曲，四爪分布匀称；右下图龙侧面斜身，状如行走的为行龙纹。皇帝龙袍上龙纹的数量很有讲究，通常为 9 条：前后身正中各 1 条、其下方衣襟部位各 2 条，左右肩各 1 条，里面的衣襟上“藏”着最后 1 条。正背各显 5 条，彰显其“九五之尊”的身份。

行龙纹

坐龙纹

五福

5 只聚拢的蝙蝠象征五福。古籍中的五福“一曰寿，二曰富，三曰康宁，四曰攸好德，五曰考终命”。后世其含义有所衍变，大致可归纳为 5 种吉祥的祝福：寿比南山、恭喜发财、健康安宁、品德高尚、善始善终。其中“寿”居于首位。

福山寿海 一统江山

龙袍下摆饰有海水江崖纹，其也常出现在古代官服下摆。纹饰下端斜向排列着许多弯曲的线条，名为水脚，水脚之上有许多波涛翻滚的水浪；水中立一山石，并有祥云点缀；寓意福山寿海，也有一统江山的含义。

湖北省博物馆

概况

湖北省博物馆，国家一级博物馆，自 1953 年成立筹备处，至今已有 70 余年的历史。1960 年，博物馆陈列展览楼建成并开放，1999 年和 2017 年，一期和二期建设分别完成，2021 年三期建设完成，新馆开放，是八家首批中央地方共建国家级博物馆之一。

位置规模

湖北省博物馆位于湖北省武汉市武昌区东湖路160号，经过多次扩建和发展，形成了“四馆三中心两基地”的布局，目前馆舍建筑总面积12.5万平方米，其中展陈面积3.8万平方米。

新馆地上四层，地下一层，设有6个常设展览、1个数字展厅、3个临时展厅和编钟演奏厅。

藏品介绍

湖北省博物馆藏品有46万余件（套），其中国家一级文物1095件（套），涵盖了从旧石器时代到近现代的各个历史时期，数量众多且质量上乘。其中，商周青铜器、战国秦汉漆木器、楚秦汉简牍，以及先秦和明代藩王墓出土的金玉器尤为引人注目。

博物馆特色

湖北省博物馆新馆整体外观呈倒梯形，与老馆的梯形外观相呼应，且在比例、形态上与老馆保持高度协调。内部设计秉承“智能博物馆”理念，在注重参观者体验的同时，处处突出荆楚文化的元素。

荆楚风格与现代建筑结合

新馆的建筑外观将楚国多层宽屋檐、大坡式屋顶等传统建筑特点与现代设计理念巧妙结合。建筑设计灵感来源于“楚屈子赤角铜簠”，屋顶与铜簠的盖造型一致。外墙采用浅灰色花岗石装饰，屋面则使用深蓝、灰色琉璃瓦铺装，既体现了楚文化的雄浑大气，又不失现代建筑的简约与时尚。

科技先进且互动体验丰富

博物馆利用数字化技术，推出虚拟展览，让观众可以随时随地欣赏到博物馆的珍贵文物和展览内容。同时，博物馆还设置了触摸屏、虚拟现实设备等互动设施，让观众可以通过更加直观和生动的方式了解文物的历史背景和文化内涵。

展览分布图

注意 本书的展览所在位置是以作者写作阶段的位置作为参考标注的，由于各博物馆经常会有临时特展或巡回展，所以无法保证位置固定不变，请各位读者知晓，以实际的参观情形为准。

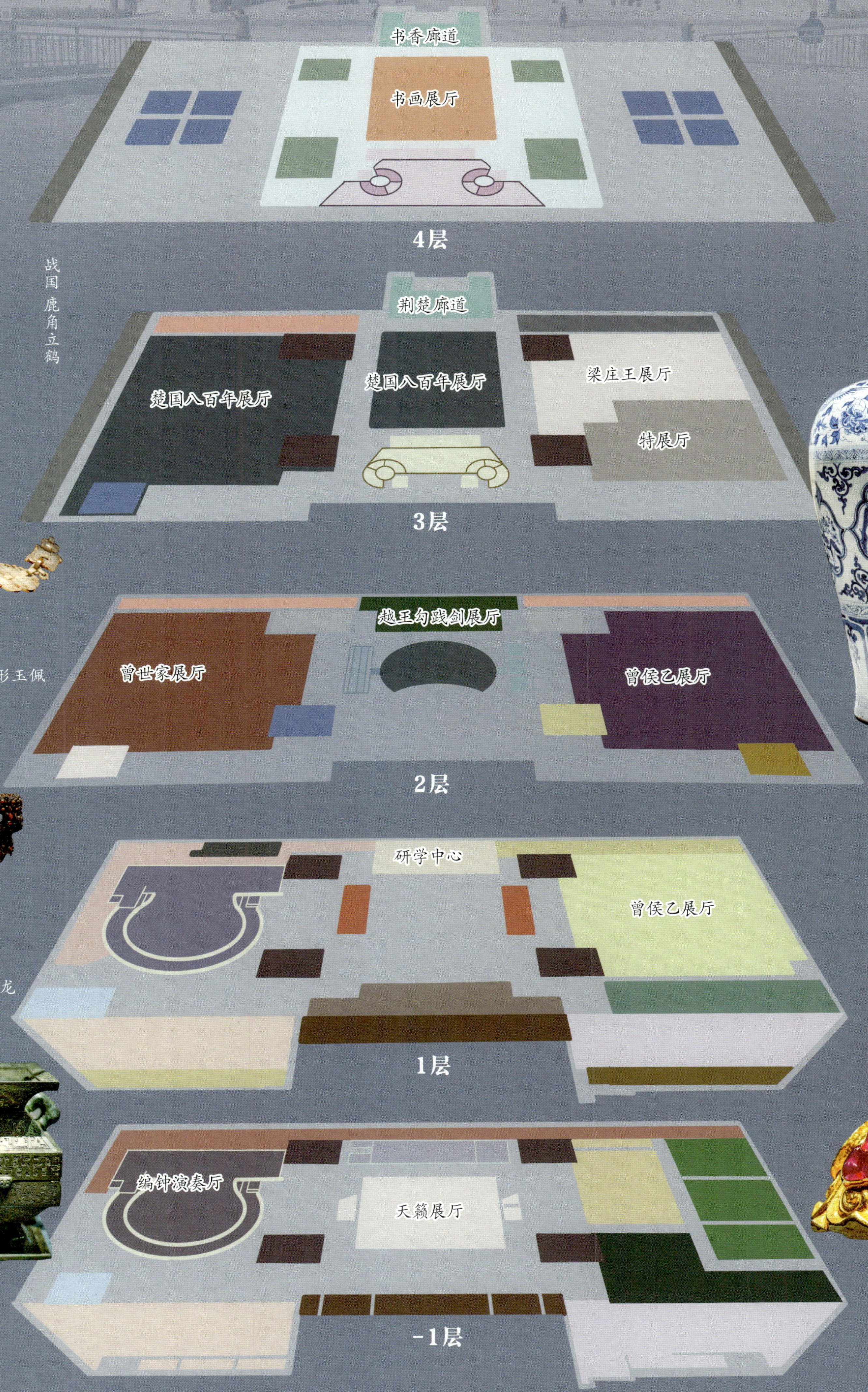

战国 鹿角立鹤

战国 十六节龙形玉佩

元 青花四爱图梅瓶

战国 曾侯乙彩绘龙凤纹盖豆

战国 蟠螭纹铜簠

明 金镶宝石帽顶

发展沿革

1953年
湖北省博物馆筹备处成立。

1954年
考古工作人员开展对荆门赵王墓的调查，发现“京山屈家岭文化”，接收文物与文献1万余件。

1959年
省政府拨款开始建设湖北省博物馆陈列展览楼。

1963年1月
省博物馆筹备处撤销，正式更名为湖北省博物馆。

筹备和成立阶段（1953年～1959年）

发展和独立运行阶段

展厅陈设

常设展览

湖北省博物馆的常设展览丰富多样，通过“曾侯乙”“越王勾践剑特展”“曾世家——考古揭秘的曾国”“楚国八百年”“梁庄王珍藏——郑和时代的瑰宝”“天籁——湖北出土的早期乐器”6大常设展览，带观众全面了解古代礼乐文明和楚越精彩历史。

2002年
省博物馆与湖北省文物考古研究所合并。

2021年
湖北省博物馆新馆开馆。

2023年
湖北省文物交流信息中心和湖北省工艺美术研究所整体并入湖北省博物馆。

1960年～2020年）

整合和升级阶段（2021年～2023年）

临时展览

临时展厅用以按不同主题展出不同时期、不同类型的中外文物珍品（含特展），如“中国记忆——曾侯乙编钟出土45周年文献展”“意大利乌菲齐博物馆珍藏展”等。至今湖北省博物馆已举办特展近200场。

虚拟展览

公众可以通过多种方式访问湖北省博物馆的虚拟展厅，其涵盖了新馆内的所有展览，涉及展览场景600余个，同时提供旧馆展厅的全景展示。公众不必线下预约，可随时“云端观展”。

越王勾践剑

- 春秋·青铜器
- 长 55.7 厘米，宽 5 厘米
- 湖北省博物馆藏

这件精致的越王勾践剑出土于江陵望山 1 号墓，虽历经 2500 余年仍毫无锈蚀，纹饰清晰，令人惊叹。其设计理念新颖，铸造工艺先进，是实用性与艺术性完美结合的杰作，展现了春秋末期短兵器制造的最高水平，有“天下第一剑”的美誉。该文物对研究越国历史、中国古代青铜铸造工艺和古文字意义重大。

这件国宝造型典雅，纹饰精美，更因是确证的越王勾践自用兵器而价值连城。剑历史悠久，是春秋战国时期最主要的短兵器，被后人称作“百兵之祖”。春秋末期，吴越地区（今江苏南部、上海、浙江、安徽南部、江西东北部一带）的铸剑水平远超中原诸国，其剑相高贵，剑锋犀利，此剑即为明证。

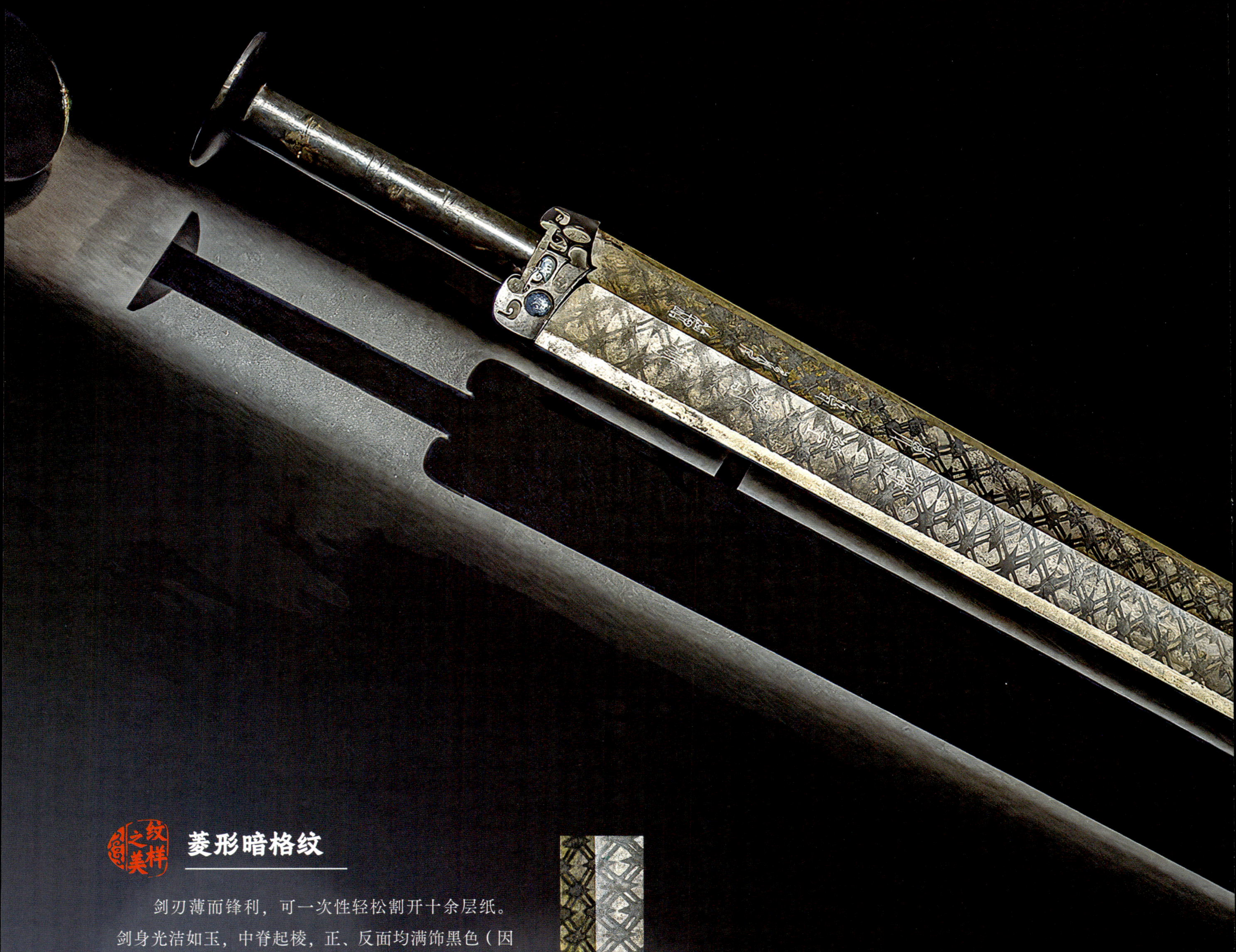

纹样之美

菱形暗格纹

剑刃薄而锋利，可一次性轻松割开十余层纸。剑身光洁如玉，中脊起棱，正、反面均满饰黑色（因腐蚀而变色后的颜色，初时为白色）菱形暗格纹，其线条粗细均匀，工整优美。关于其制作方式，据推测是先在剑身上铸出凹槽，再将锡填入。这道特殊的工序不仅在视觉上起到了美观的效果，还让这把名剑具备了内柔外刚的属性。

纹样之美

精致剑格

剑格正、反面分别以蓝色琉璃和绿松石镶嵌成对称而美观的纹饰，其下的剑茎上有两道凸箍。剑首向外翻卷，呈圆箍形，内铸 11 个线条精细的同心圆圈，在当时只有少数名剑有此结构，其最小间距仅 0.2 毫米，即使与现代机床的制造效果相比也毫不逊色。

雕刻之美

错金铭文

剑身正面近剑格处有两行共 8 字错金（一种装饰工艺）鸟篆铭文：“越王鸠浅自乍（作）用剑”，笔画圆润分明，可见当时青铜刻字水平之卓越。经专家考证，“鸠浅”是“勾践”的通假字，由此确定了此剑主人的身份和地位。

曾侯乙编钟

- 战国·青铜器
- 长 748 厘米，高 265 厘米，钟体重 2567 千克
- 湖北省博物馆藏

这套编钟出土于曾侯乙（战国早期周朝诸侯国中曾国的国君，名“乙”）墓，是中国迄今发现规模最大、保存最好、音律最全、气势最恢宏的一套编钟。其出土对研究战国时期的礼乐制度、音乐文化、制钟技艺和社会制度等极具价值，是中国考古史上重大的发现之一，同时改写了世界音乐史。

钟共六十五件，采用了圆雕、浮雕、阴刻、髹漆彩绘等技法，在钟体、钟架、钟钮等部位雕刻下大量的纹饰，使整架编钟宏伟中兼备精美，肃穆而不失华丽。以槌敲击曾侯乙编钟，奏出的音乐可跨五个半八度的音域，且齐备十二个半音。曾侯乙编钟不仅音律准确，而且音色优美，音域宽广，展现了当时极其发达的乐钟制造工艺。

礼乐之美 编钟组合

编钟由上层的钮钟、中层的甬钟、下层的两组大型长枚甬钟，以及位于中央的一座镈钟组成。

钮钟

因其舞部上有悬钮而得名。

甬钟

因其舞部上有甬柱而得名。

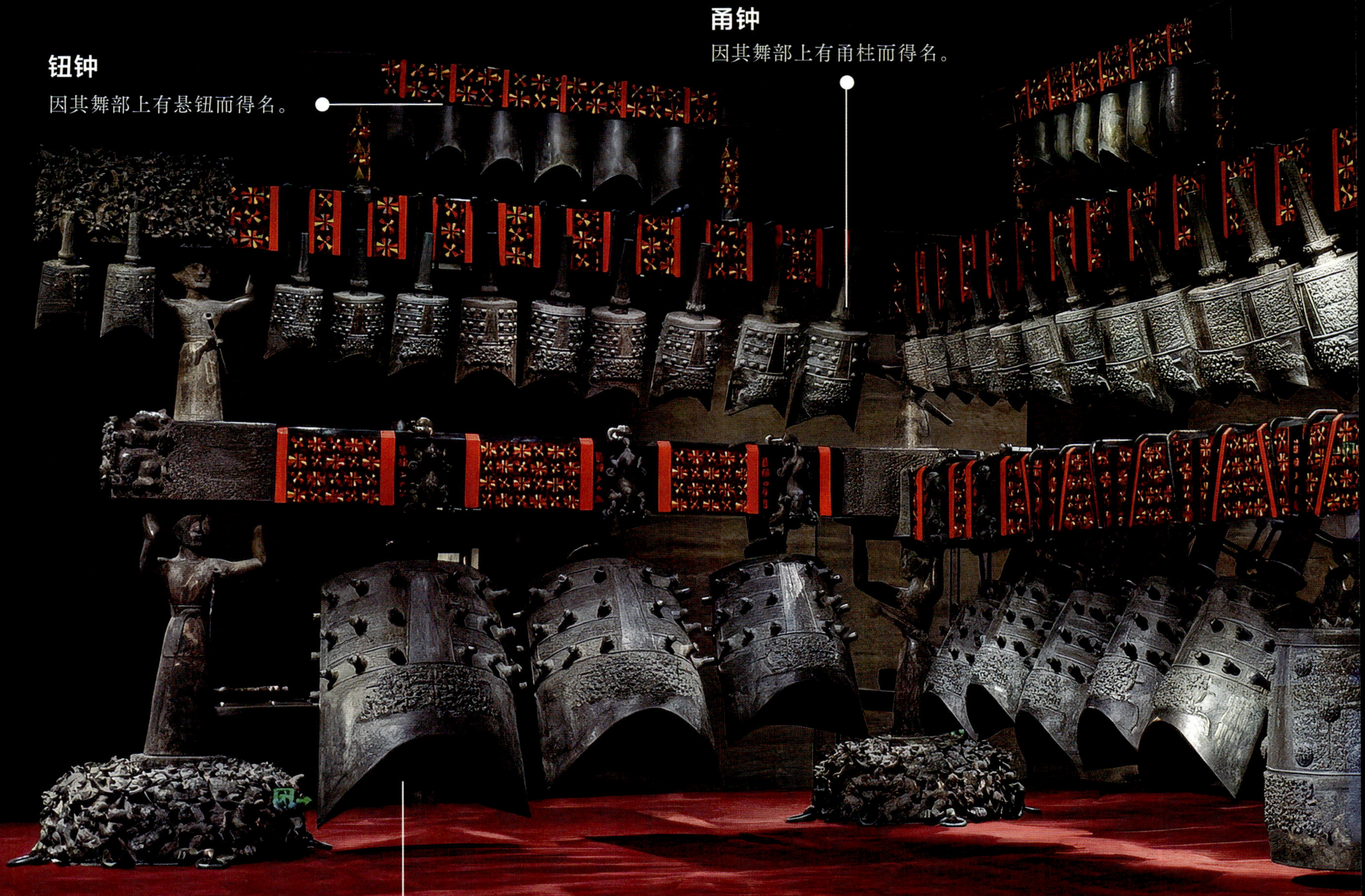

镈钟

镈钟为环钮、平口，器型硕大。钮部有蟠龙纹饰，正面的铭文记述了镈钟的由来，是楚惠王听闻曾侯薨逝而赠送的殉葬品。

钟架下层铜圆柱变形龙纹

几何形龙纹

下层铜人柱底座上的龙纹

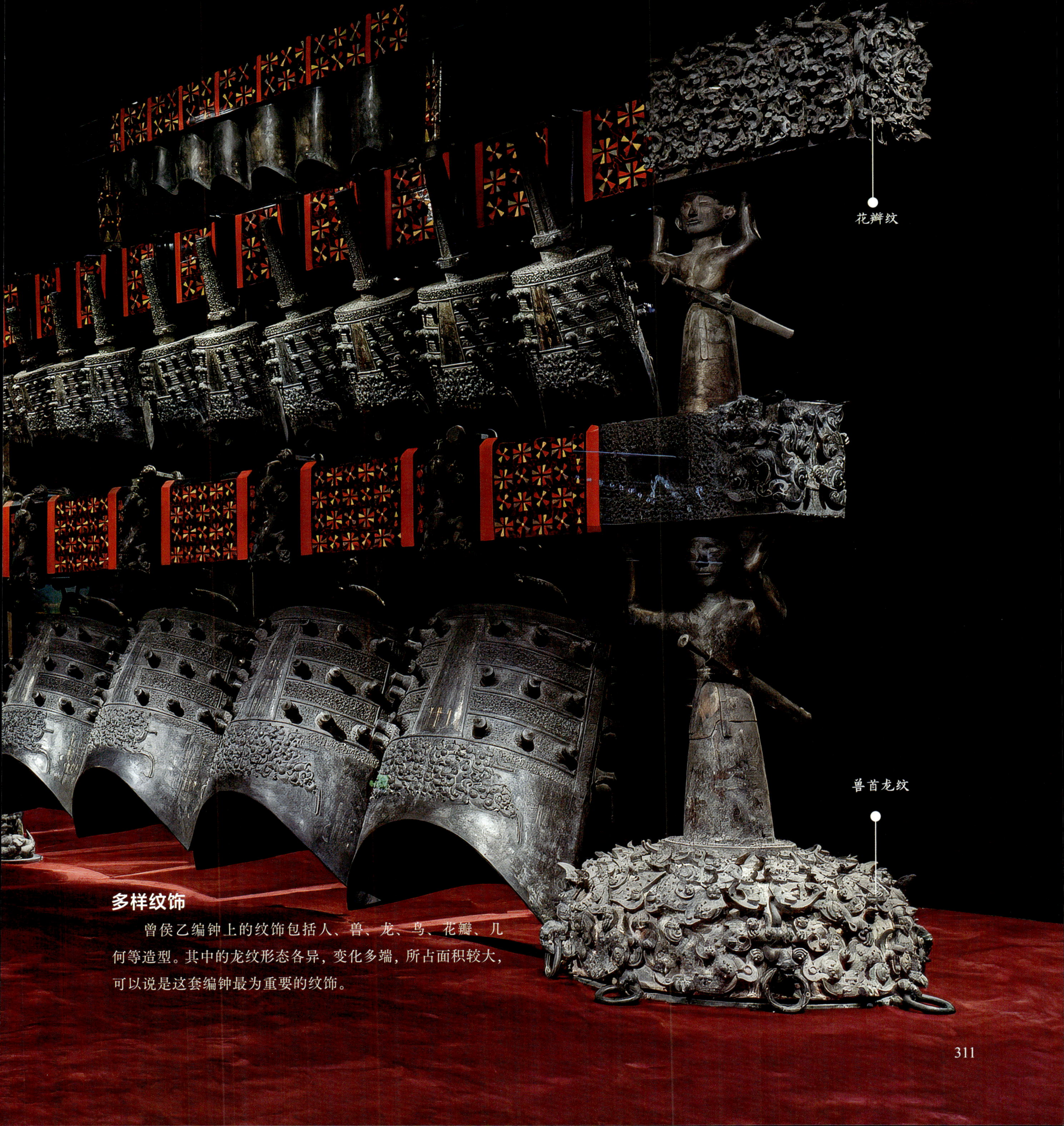

多样纹饰

曾侯乙编钟上的纹饰包括人、兽、龙、鸟、花瓣、几何等造型。其中的龙纹形态各异，变化多端，所占面积较大，可以说是这套编钟最为重要的纹饰。

元青花四爱图梅瓶

- 元·陶瓷器
- 通高 38.7 厘米，口径 6.4 厘米
- 湖北省博物馆藏

这件青花梅瓶是明郢靖王妃郭氏的陪葬品，据考证为元代景德镇所烧制，另有一件与其形制、纹饰基本相同的梅瓶藏于武汉博物馆。梅瓶的白胎泛青，胎体厚重，胎质较松，胎身上的青花色泽艳丽，纹饰被两条环状的细长卷草纹与锦带纹分为上、中、下三个部分：上部瓶肩部饰凤穿牡丹纹，足部则以仰覆莲纹装饰，而整件瓶最为出彩之处当为腹部所饰“四爱图”，即王羲之爱兰，陶渊明爱菊，周敦颐爱莲，林和靖爱梅鹤，人物的动作神态描绘细致，主题丰富，极具装饰性与趣味性。

元代存世青花瓷数量仅 400 余件，而其中以人物和故事情节为主要纹饰的更是稀少，所以，这件元青花四爱图青花梅瓶被称为“陶瓷中的熊猫”也就不足为奇了。

纹饰之美

四爱图

这件梅瓶腹部所装饰的兰、菊、莲、梅“四爱图”无疑是中国古代隐士文化的一种表达。通过 4 种植物，隐喻 4 位中国历史上有名的文艺风雅之士。他们品格高洁，潇洒恬淡，淡泊名利，令世人敬仰。

周敦颐爱莲

周敦颐是北宋哲学家，宋明理学的创始人之一。他的《爱莲说》中形容莲“出淤泥而不染，濯清涟而不妖”，表达出周敦颐对莲花亭亭玉立、洁净高尚品格的热爱和肯定。

林和靖爱梅鹤

林和靖是北宋诗人，一生不娶不仕，以植梅养鹤为爱好，自谓“以梅为妻，以鹤为子”，这也是成语“梅妻鹤子”的由来。

王羲之爱兰

王羲之是东晋著名的书法家，其行书飘逸遒劲，细腻多变，笔势委婉含蓄。据说，王羲之爱兰如命，而婀娜多姿的兰叶也给予了这位大书法家艺术上的启示。

陶渊明爱菊

陶渊明是东晋著名的文学家，被称为“古今隐逸诗人之宗”。陶渊明以爱菊著称，他的名句“采菊东篱下，悠然见南山”以菊喻己，体现了超然物外的高雅品格。

凤穿牡丹

这件梅瓶肩部上，凤鸟尾羽纤长，姿态优雅，尽情游戏于牡丹花丛中。花丛枝繁叶茂，繁花似锦，生机勃勃。牡丹为花中之王，凤为鸟中之王，二者结合，象征着富贵美好，是瓷器装饰纹样中常见的题材。

彩绘人物车马出行图圆奁

- 战国·漆器
- 器盖外壁漆画全长 87.4 厘米，宽 5.2 厘米
- 湖北省博物馆藏

这件“彩绘人物车马出行图圆奁（lián，梳妆用的镜匣）”出土于包山 2 号墓（属于战国中期偏晚的楚墓），是楚国高超漆器工艺的代表性作品，出土时奁内放置有铜镜、骨笄（jī，用以束发的簪子）、木片饰、搽粉饰、蛤蜊壳、花椒等物。这幅车马出行图原本是这件漆奁器盖外壁上的一圈漆皮，被文物专家们小心地剥离下来，“变身”成为了一幅精致小巧的长卷式漆画。

这件文物为夹纻（zhù，苎麻织成的粗布）胎漆器，圆筒状，由器盖、器身套合而成，盖顶部隆起，平底。其器盖外壁所绘车马出行图场景被誉为目前中国现存最早的长卷“连环画”。其写实风格对汉画艺术的发展有直接影响，具有划时代的意义，同时为研究当时的礼仪、风俗、服饰等提供了极为宝贵的一手资料。

车马同行

此幅车马出行图中有两驾骖 [cān] 车（三马驾的车）、两驾骈 [pián] 车（二马驾的车，如下图）。车上有驾车者、侧身者和正立者，正立者身份最高。

彩绘人物车马出行图局部

宾主相会

此图体现了战国中期楚国贵族的仪容和举止。他们衣冠楚楚，出行者队伍井然，出迎者端庄恭敬，宾主相会时众人皆彬彬有礼。

纹饰的多样组合

此奁内髹朱漆，外髹黑漆，并在器表黑地上以深红、桔红、棕褐、土黄、青等色漆彩绘多种纹饰。其中盖顶绘凤鸟纹、变形蝶纹、卷云纹等，奁身绘凤鸟纹和卷云纹，奁底周边绘勾连云纹。

贵族出行

盖外壁上的车马出行图如实再现战国中期楚国的社会风尚和人物风貌，通过写实手法描绘了当时贵族出行会面的情景。其场面壮观，色彩丰富，刻画生动，情节连贯，画技成熟，生活气息浓郁，是古代漆画艺术中不可多得的珍品。

丰富场景

在长近 90 厘米的外壁漆画上，共有 26 人、4 辆车、10 匹马、5 棵柳树、1 头猪、2 只狗和 9 只大雁。画面被枝条摇曳的柳树分为 5 段，自右向左主题依次为初行、驱驰、出迎、相会和跟随。各段画面之间既相对独立又首尾连贯，过渡自然；画面主体突出，画风质朴清新，线条飘逸流畅。此图用色在目前所发现的先秦绘画作品中是最多的，但搭配和谐，繁而不乱。

武汉博物馆

作为湖北省的省会，武汉市素有“九州通衢”之名，是长江经济带的核心城市。早在6000年前武汉就有人类活动，历史上的楚国、东吴、西汉、唐等王朝的帝王或诸侯均曾在这里建过都城，留下了许多历史遗迹，譬如黄鹤楼、古琴台及古城墙等。

建于1983年的武汉博物馆，位于湖北省武汉市江汉区青年路373号，是一座集文物收藏、学术科研、宣传教育、文化交流以及休闲娱乐诸功能于一体的现代化综合性博物馆。该博物馆总建筑面积17834平方米，陈列面积6000平方米，库房面积4000平方米。

该馆在对馆藏文物研究持续深入的同时，还系统地开展城市史领域的史料挖掘、整理和研究工作，编纂了许多地方史著作，为传承和弘扬地方历史文化做出了重要贡献。

藏品介绍

截至2016年，武汉博物馆共有藏品10万余件，包括青铜器、玉器、书法、绘画、陶瓷、印章、雕塑、明清家具、钱币、文献等多个门类，包含青花“四爱图”梅瓶、“乾隆”款青玉双凤交颈壶、出土于商代盘龙城遗址中的兽面纹十字孔青铜尊、明代的绘画《江汉揽胜图》等精品。

藏品精选

“乾隆”款青玉双凤交颈壶

武汉博物馆收藏的这件玉壶，采用凤凰交颈的造型，交颈造型有夫妻恩爱之意，同时凤凰也是地位的象征。整个玉壶材料为青玉，高13.6厘米，造型新颖奇巧，通体为两只交颈互拥的凤鸟，鸟身、翅及足相对，两足相抵，亲昵偎依，取“双凤合颈”之意，此壶可能是宫中举行大婚之礼时的所用之物。壶底呈方形，刻有“乾隆御制”描金篆书款，凹陷处用金填满，是清代乾隆时期玉雕中的精品。

壶盖灵活，可拿取，造型为两只交颈的凤首，脸颊相贴。

盘龙城遗址博物院

夏商周的城市遗址一直是早期考古关注的重点，它是研究并揭示中国远古文明的重要佐证。

湖北省的盘龙城遗址博物院位于武汉市黄陂区盘龙大道 1 号，是我国长江中游地区首次发现的商代早期城市遗址，也是迄今我国发现的同时期保存最好的遗址之一。自 1954 年开始，盘龙城遗址的考古工作持续至今，为长江流域考古工作持续时间最长、工作模式最为系统的遗址之一。

该遗址保护区面积约 4 平方公里，内有大型建筑基址、墓葬、作坊等遗迹。考古发现的两座宫殿基址，是我国最早发现的“前朝后寝”式建筑格局的实物史料。遗址公园占地面积 486 万平方米。

博物院坐落于公园西部，占地约 22 万平方米，建筑面积 1.63 万平方米，展厅面积 3800 平方米，展示出商代发达的农业、手工业、商业及完备的城邑形态和功能，对研究城市文明发展史具有极高的学术价值。

展厅陈设

盘龙城遗址博物院的常设展厅包括“浪淘千古”“故邑风物”“角立南土”，分别介绍了盘龙城遗址的发现、考古工作历程，以及城邑生活、生产、建筑和盘龙城在夏商王朝的历史地位。此外，博物院还不定期举办临时展览，如“商翼四极——商王朝地方文明特展”等。

藏品介绍

盘龙城遗址迄今为止出土有青铜器、陶器、玉器等文物3000余件，包括青铜大圆鼎、铜带銎觚形器、绿松石镶金片饰件、有领玉璧等文物，彰显了商代盘龙城的发展高度。

杨家湾11号墓出土的青铜大圆鼎通高85厘米，是目前我国所见年代最早、体量最大的青铜圆鼎。杨家湾17号墓出土的铜带銎觚形器，兼具爵口、斝銎、觚身的特征，此器形国内仅此一件。

绿松石镶金片饰件，以绿松石作为兽面纹的主体，金片饰作目、牙、眉等，是中原文化系统所见最早的成形金器。小嘴3号墓出土的有领玉璧直径22厘米，是目前见到的年代最早、体量最大的有领玉璧。

随州市博物馆

湖北随州是一个历史极为悠久的城市，据说炎帝神农曾在这里制耒耜、植五谷、尝百草、创集市，故随州被视作炎帝神农的故里。

随州市博物馆建于1978年，最初叫随县博物馆，1980年更名为随州市博物馆，是一座集文物收藏、科学研究、文物展览及编钟演奏于一体的地方综合性博物馆，2008年迁至湖北省随州市曾都区擂鼓墩大道98号，西临全国重点文物保护单位擂鼓墩古墓群。

博物馆主体建筑为楚汉宫殿式，一主四翼，占地面积118亩，建筑面积20400平方米，其中陈列面积8000平方米。

展厅陈设

随州市博物馆展厅陈设丰富多样。主馆设有中庭大堂及多个展厅，展示“曾国迷踪”“曾侯乙墓”“擂鼓墩二号墓”“炎帝神农故里”“汉风唐韵”“屹立汉东——随州叶家山西周墓地”“追回的宝藏”7个常设展览。北附馆为编钟乐团演艺厅，南附馆则为临时展厅。

藏品介绍

随州市博物馆藏品丰富，总计10183套（计20687件），其中珍贵文物多达1884件（套），其中一级文物318件（套）。馆内藏品以商周青铜器最富特色，被誉为“青铜器王国”，此外还有陶器、骨器、金银器、玉器、漆木竹器、石器、恐龙蛋化石、近现代书画类等。

荆州博物馆

荆州是湖北省的一个地级市，古称江陵、郢都、南郡，地处长江中游与江汉平原腹地，是楚文化和三国文化的重要发祥地之一。

荆州博物馆位于湖北省荆州市荆中路166号，占地面积4.8万平方米，是一座融陈列展览、宣传教育、文物收藏保护、古城古建保护、考古发掘研究、遗址公园建设等功能于一体的地方综合性历史博物馆，2008年获评首批国家一级博物物馆。

荆州博物馆的前身是1951年建立的湖北省文史馆荆州工作组。1997年，博物馆更名为“湖北省荆州市博物馆”。

荆州博物馆也是最早获得中华人民共和国考古发掘资质的单位之一，具备可移动文物修复资质、文物保护工程勘察设计资质、文物保护工程监理资质等。

展厅陈设

荆州博物馆有8个具有浓郁地方特色的基本陈列，分别是陈列大楼中的“漫天星斗——江汉平原原始文化展”“吉金耀彩——荆州出土铜器展”“楚玉撷英——荆州出土玉器展”“书于竹木——荆州出土简牍展”“陶苑奇珍——荆州出土古代瓷器展“；珍品馆中有“五大夫遂——凤凰山168号汉墓展”“丹漆神韵——楚秦汉漆器精品展”，以及全国重点文物保护单位开元观中的“开元观历史文化陈列”。

藏品介绍

截止 2021 年，荆州博物馆馆藏文物达 19.6 万余件，其中国家珍贵文物 17950 件（套），包括国家一级文物 614 件（套），二级文物 1259 件（套），三级文物 16077 件（套）。珍品主要有东周楚国王陵玉器、马山一号墓织绣品、西汉织绣品、魏晋隋唐青瓷、北宋陶塑关公像、南宋青瓷荷叶盖罐、元釉里红瓷罐等。

藏品精选

漆木彩绘虎座凤鸟悬鼓

这件虎座凤鸟悬鼓是战国时期楚国的重要乐器，2000 年出土于湖北江陵天星观二号楚墓，保存基本完好，是迄今发现最精美的虎座凤鸟漆木架鼓之一。全器以两只昂首卷尾、四肢屈伏、背向而踞的卧虎为底座，虎背上各站立一只长腿昂首引吭高歌的鸣凤，背向而立的鸣凤中间悬挂一面大鼓，造型别致优美。

其他博物馆

武汉市中山舰博物馆

开馆时间：9：00—17：00（周二至周日）
停止入馆时间：16：00
休息：周一（其他时间参考博物馆公告）
地址：湖北省武汉市江夏区金口街中山舰路特1号

武汉市中山舰博物馆，是依托中山舰考古发现，研究和展示中山舰历史及抗战精神的地方主题性博物馆，国家一级博物馆。博物馆主体建筑造型借鉴中山舰形制。馆内设有3个基本陈列，分别是“中山舰复原陈列”“一代名舰——中山舰史迹陈列”“中山舰出水文物精品陈列”。馆藏文物主要以中山舰出水文物为主，另有部分社会征集文物。

襄阳市博物馆

襄阳市博物馆，是展示襄阳地区历史与文化的地方综合性博物馆，国家二级博物馆。博物馆由综合馆、学术报告楼、文物修复中心3栋独体建筑组成。馆内基本陈列为以聆文明之足音品南北之遗韵为主题的“襄阳古代历史文化展”，包括“史前时期”“夏商周时期”“秦汉时期”“三国两晋南北朝时期”“隋唐至明清时期”5个单元。馆藏文物涵盖金银器、青铜器、陶瓷器、玉石器、漆木器等门类。

开馆时间：9：00—17：00（周二至周日）
停止入馆时间：16：00
休息：周一（其他时间参考博物馆公告）
地址：湖北省襄阳市襄城区胜利街汉水西侧凤凰山冲

云梦县博物馆

开馆时间：9：00—17：00（周二至周日）
停止入馆时间：16：30
休息：周一（其他时间参考博物馆公告）
地址：湖北省孝感市云梦县城关镇龙岗大道1号

云梦县博物馆（云梦祥山博物馆），国家三级博物馆。博物馆主体建筑略呈正方形，取法唐代宫殿建筑样式，高台汉白玉围栏，覆青灰色瓦。馆内设有“古泽云梦”“中国秦代简牍文物”“中国秦代漆木器精品展”“云梦现代文明”等历史展单元。馆藏文物涵盖石器、陶瓷器、竹简、漆器、铜器、铁器等门类。

十堰市博物馆

十堰市博物馆暨湖北南水北调博物馆，国家二级博物馆。博物馆主体建筑造型独特，从空中俯视犹如“眼睛”，取意于武当太极“阴阳鱼”。馆内设有5个基本陈列“走入恐龙时代”“远古人类家园”“仙山琼阁武当山”“十堰与水”“车与十堰”和1个主题陈列“南水北调湖北库区出土文物”展。馆藏文物涵盖古生物化石、石器、玉器、青铜器等十余个门类。

开馆时间：9：00—17：00（周二至周日）
停止入馆时间：16：30
休息：周一（其他时间参考博物馆公告）
地址：湖北省十堰市茅箭区北京北路91号

秭归县屈原纪念馆

开馆时间：8：00—18：00（周二至周日）
停止入馆时间：17：00
休息：周一（其他时间参考博物馆公告）
地址：湖北省宜昌市秭归县茅坪镇滨湖社区凤凰山

秭归县屈原纪念馆（秭归县博物馆），是历史名人屈原专题纪念馆，也是展示和宣传秭归县历史文化的地方综合性博物馆，国家三级博物馆。博馆内设有“秭归屈原祠基本陈列”，先后完成“秭归农耕文明陈列”“端午文化陈列”“龙舟文化陈列”等。馆内藏品涵盖石器、陶瓷器、铜器、铁器、木雕等门类。

漆器：万年之用，奢侈品中的奢侈品

漆器是以木或其他材料造型，经髹漆而成的器物，具有实用功能和欣赏价值。

漆器艺术的历史源远流长，最早可追溯到距今七千年多年的新石器时代。新石器时代的漆器制造处于探索阶段，主要制作生活用品，漆色以红、黑两种单色为主，工艺仅有彩绘和镶嵌两种。战国、汉代是漆器制造空前繁荣的历史时期，各种兼具实用与观赏价值的漆器大量出现。此后，漆器制造发展非缓慢。到元明清时期，漆器制造史迎来了又一高潮，官造、民间漆器生产并存，共同发展。明代出现了官营的漆器生产机构——果园厂，专门为宫廷服务，制造各种漆器。

看艺

剔红即雕红漆，在胎体上髹红漆百余遍，大漆累积到一定厚度时开始婆雕，极费工时，既考验工匠的技艺，又考验工匠的耐心，剔刻牡丹纹立体又生动，尽显工艺之美。

剔红花卉纹葵瓣式盏托

这件明永乐款剔红花卉纹葵瓣式盏托，自上至下分圆形盏、葵瓣形盘和外撇式足 3 部分，通体在红漆素地上剔刻花卉纹饰，有牡丹、菊花、石榴、栀子、茶花，各部分花卉纹饰的排列不同，颇为精美。

赏色

银朱入漆令器物经久历年色泽仍厚润鲜艳，亮丽如新，传递出喜庆与吉祥的寓意。

浙江省博物馆
婺源博物馆
安庆博物馆
安徽省地质博物馆
福建博物院
宁波博物院
银雀山汉墓竹简博物馆
徐州汉画像石艺术馆
安徽博物院
南京市博物总馆
九江市民俗博物馆
上海博物馆
中国丝绸博物馆
青州市博物馆
苏州湾博物馆
南京大报恩寺遗址博物馆
赣州市博物馆
上海玻璃博物馆
孔子博物馆
青岛市博物馆
南京博物院
上海世博会博物馆
扬州中国大运河博物馆
杭州工艺美术博物馆
无锡市鸿山遗址博物馆
苏州博物院
景德镇皇窑陶瓷艺术博物馆
山东博物馆

第五章 华东地区

HUADONGDIQU

安徽楚文化博物馆

芜湖市博物馆

宿州市博物馆

景德镇中国陶瓷博物馆

江西省博物馆

厦门市博物馆

中国闽台缘博物馆

阜阳市博物馆

南京中国科举博物馆

安徽中国徽州文化博物馆

南昌市博物馆

上海元宇科普中心

南昌市中国工艺美术大师博物馆

良渚博物院

南昌金九福钱币博物馆

景德镇皇窑陶瓷艺术博物馆

吴昌硕纪念馆

浙江自然博物院

八大山人纪念馆

上海博物馆

概况

上海博物馆以收藏、研究、展览中国古代艺术品为重点，是一座大型的中国古代艺术博物馆，也是首批国家一级博物馆之一，有文物界“半壁江山”的美誉。

上海博物馆的发展历程跨越了 70 余年，包括 1952 年创建的最初的上海博物馆，1996 年建成开放的新馆，2024 年开放的东馆，以及正在筹建中的北馆。

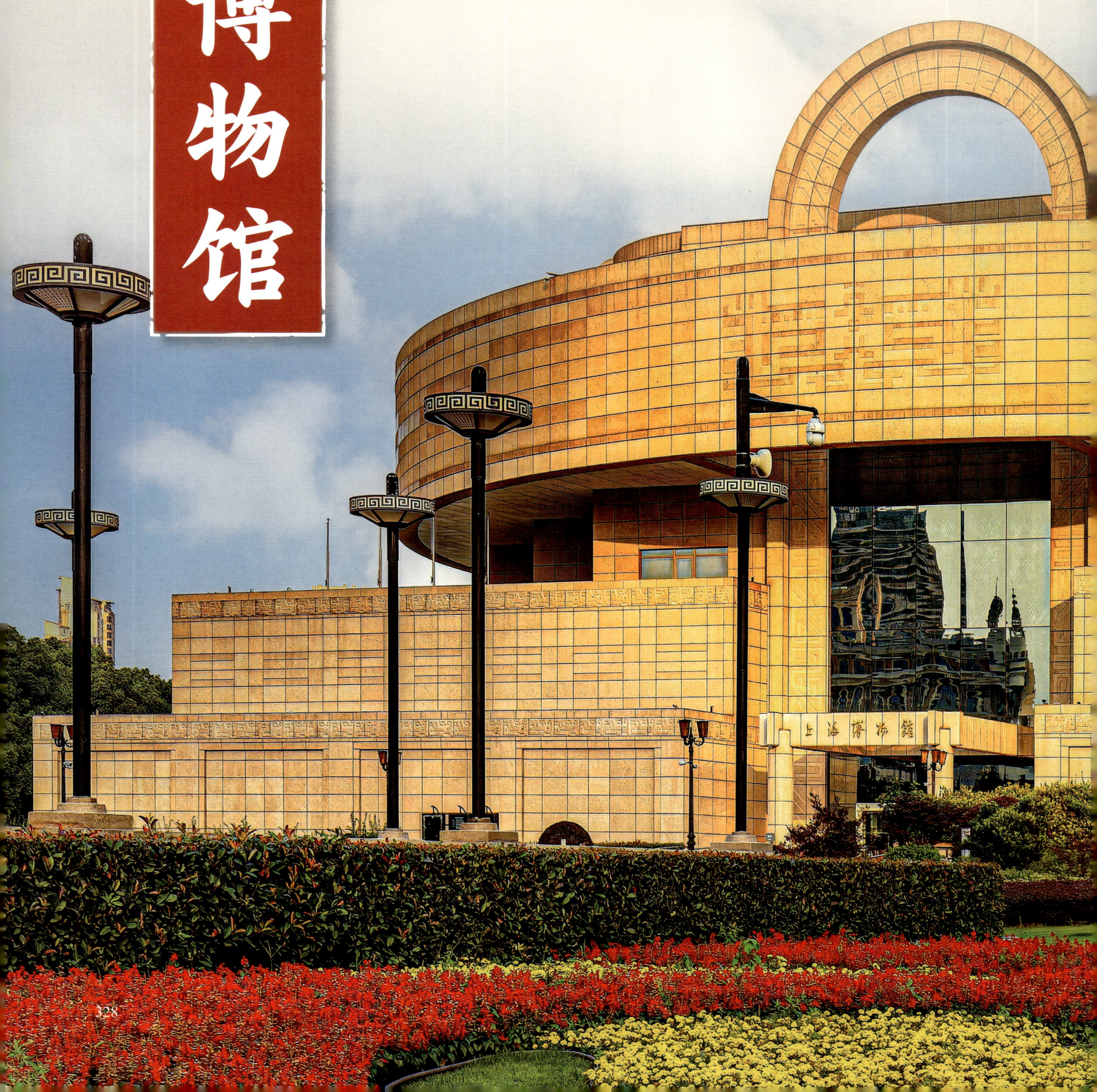

位置规模

上海博物馆人民广场馆位于上海市中心人民广场南侧的黄浦区人民大道 201 号，建筑总面积 39200 平方米，建筑高度 29.5 米，陈列面积共计 12000 平方米，馆藏 1 万余件（套）较成体系的外国文物。

东馆位于上海市浦东新区世纪大道 1952 号，于 2024 年 2 月初对外开放，建筑面积近 12 万平方米，共设 20 个展厅和互动体验空间，展出文物超过 1.5 万件。

藏品介绍

上海博物馆馆藏文物百万余件，其中珍贵文物 14 万余件。中国古代的文物是上海博物馆的重点，包括了全国各地少有的珍品和精品，主要按照文物类别而不是按照朝代展示，大概可以分为青铜、陶瓷、书画、雕塑、甲骨、符印、货币、玉器、家具、织绣、漆器、竹木牙角、少数民族文物等 31 个门类，其中尤以青铜、陶瓷、书画最为突出。

博物馆特色

博物馆位于中国最为繁华的城市，除建筑外形独特外，其特色还在于多元化的藏品来源和现代化的展示方式。上海博物馆的藏品大多来自全国各地，更有漂流海外重归故里的瑰宝。这种多元化的收藏使得上海博物馆成为中国古代艺术品的“圣殿”，吸引了无数文物爱好者。

独特的鼎型建筑

上海博物馆人民广场馆的建筑造型独特，采用上圆下方的设计，呼应中国古代“天圆地方”的宇宙观。建筑顶部有 4 个圆形拱门，整体外观宛如中国古代的青铜器，灵感来源于镇馆之宝——大克鼎。

东馆的建筑整体呈矩形，局部外立面蜿蜒起伏，象征着上海“海纳百川”“勇立潮头”的城市精神。

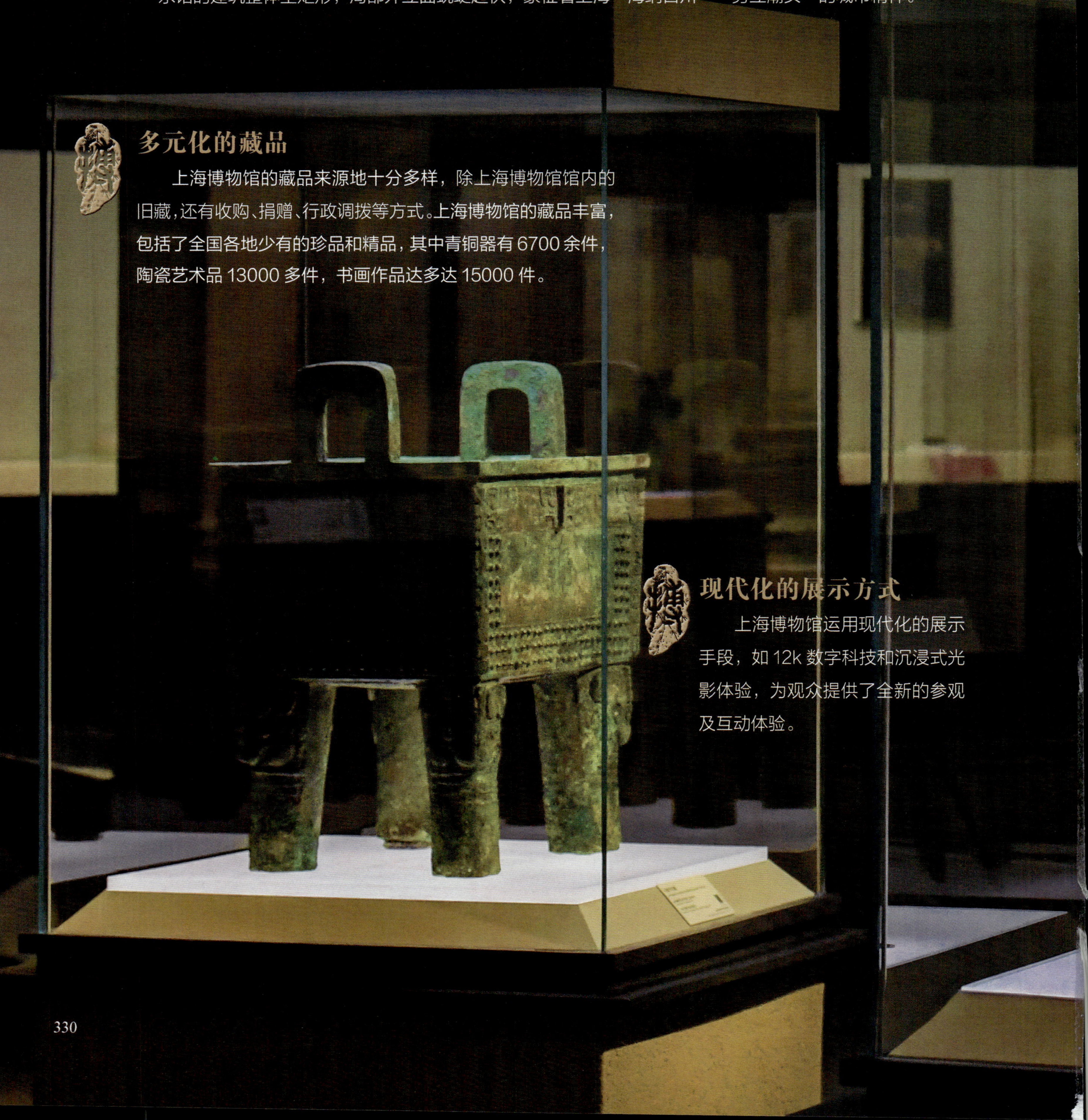

多元化的藏品

上海博物馆的藏品来源地十分多样，除上海博物馆馆内的旧藏，还有收购、捐赠、行政调拨等方式。上海博物馆的藏品丰富，包括了全国各地少有的珍品和精品，其中青铜器有 6700 余件，陶瓷艺术品 13000 多件，书画作品达多达 15000 件。

现代化的展示方式

上海博物馆运用现代化的展示手段，如 12k 数字科技和沉浸式光影体验，为观众提供了全新的参观及互动体验。

展览分布图

注意 本书的展览所在位置是以作者写作阶段的位置作为参考标注的，由于各博物馆经常会有临时特展或巡回展，所以无法保证位置固定不变，请各位读者知晓，以实际的参观情形为准。

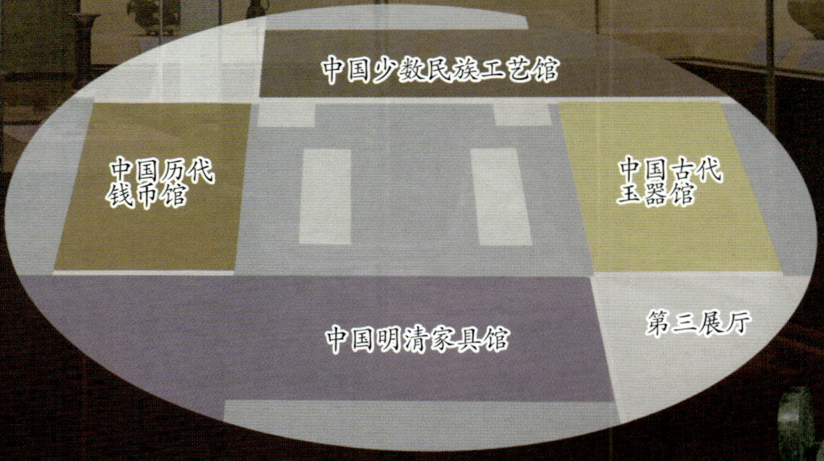

4层

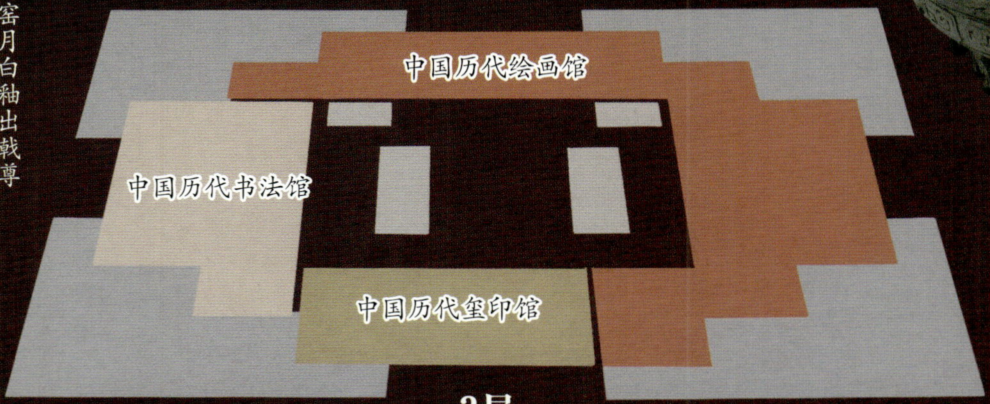

3层

2层

1层

春秋 子仲姜盘

宋 钧窑月白釉出戟尊

晋 龙纹玉鲜卑头

清乾隆 胭脂红彩缠枝螭龙纹瓶

唐 青釉海棠式碗

清康熙 景德镇窑五彩百鸟朝凤图盘

发展沿革

1952年2月21日 上海博物馆正式开馆。

1959年 迁至河南南路16号。

1988年10月 上海市文物管理委员会恢复独立建制。

1991年 上海博物馆在龙吴路1118号建造了4000平方米的文物仓库。

1992年 上海博物馆在虹桥路1286号建立上海博物馆分馆——中国钱币馆。

1993年8月 上海博物馆新馆开工建设。

早期历史（1952年～1991年）

新馆扩建工程

展厅陈设

常设展览

上海博物馆主要以文物的类别为主题划分基本陈列，共有15个常设展览用来固定展示博物馆的主要藏品，旨在全面展示中华文化的独特魅力，构建海内外最完整的以中国古代艺术通史为核心的展陈体系。东馆和人民广场馆的常设展览包括“中国古代青铜馆”“中国古代雕塑馆”“中国古代陶瓷馆”“中国历代绘画馆”“中国历代书法馆”“海上书画馆”“中国少数民族工艺馆”“中国古代玉器馆”“中国明清家具馆”“中国历代货币馆”等。

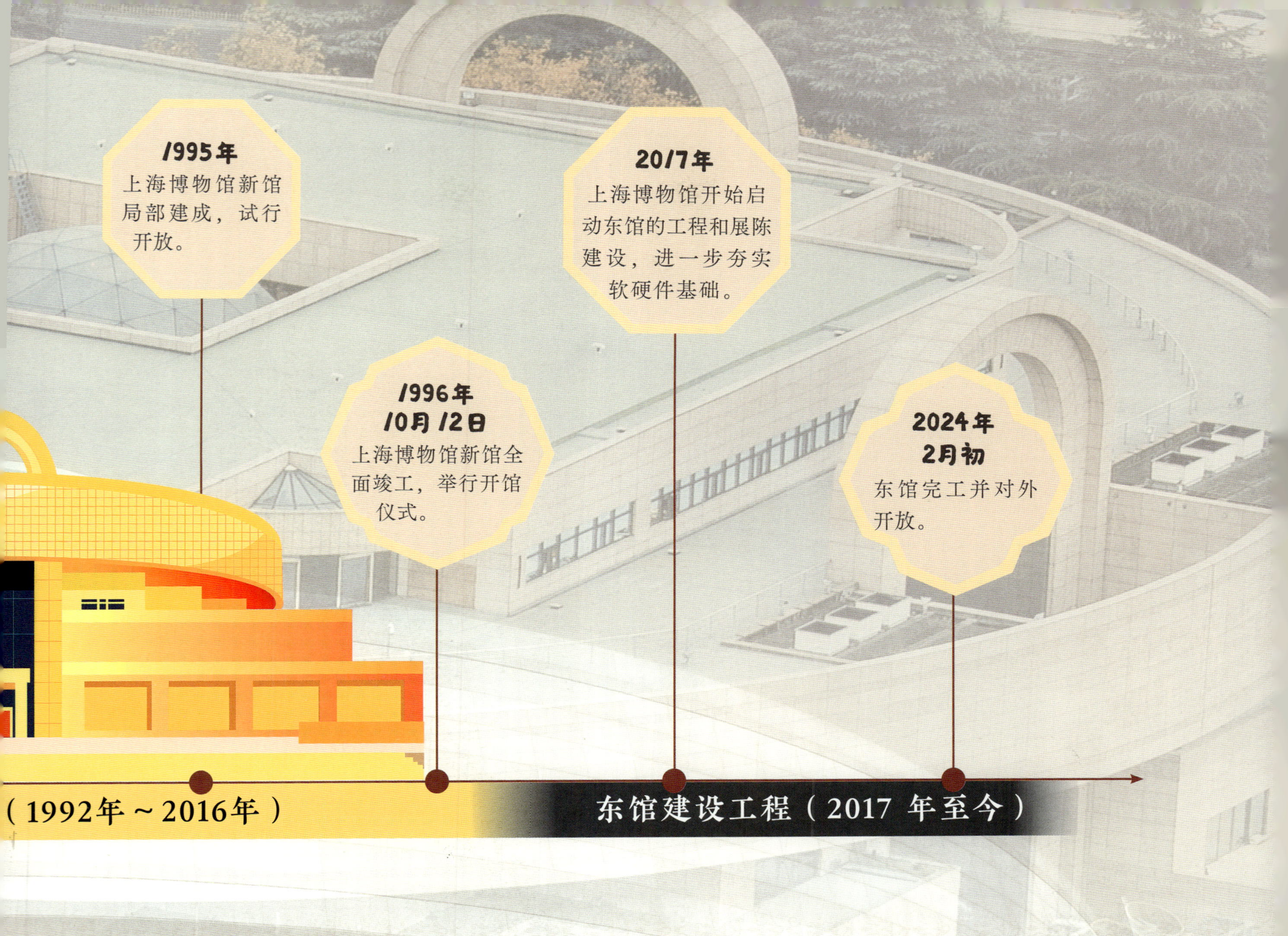

特别展览

上海博物馆的特别展览丰富多样，不仅涵盖了广泛的主题和领域，如历史、文化、艺术等，而且注重利用各种展示手段和技术，如实体模型、数字投影等，以生动形象的方式展现文物及其历史，为观众提供了更多元化的观展选择，同时也有效促进了文化交流，帮助观众更好地理解和欣赏不同主题或时期的艺术和文化。

大克鼎

- 西周·青铜器
- 通高 93.1 厘米，口径 75.6 厘米，重 201.5 千克
- 上海博物馆藏

鼎是中国古代最重要的青铜器之一，象征着社稷和王权。这尊大克鼎是西周孝王时期膳夫克所制的重型礼器，造型雄伟庄严。鼎口有双立耳，外壁以云雷纹为地，颈部饰变形兽面纹，腹部有波曲纹，足上端饰浮雕式饕餮纹。繁复的纹饰显示出其作为礼器的庄重与威严，堪称国之重器。

鼎腹内有铭文28行，共290字，布局整齐，字形方正，舒展流畅，是西周中期书法之典范，同时也是重要的史料，所记载的内容对研究周朝社会政治、经济、土地制度有重要意义。大克鼎与大盂鼎、毛公鼎并称为“海内青铜器三宝”。

丰富的纹样组合

大克鼎器身遍布纹饰，并且题材极为丰富：两耳处为对称的龙纹；腹部以流动弯曲的波曲纹装饰；颈部与足上则饰兽面纹。整器纹饰精美，风格庄严，展现出国之重器的肃穆。

缠枝夔龙纹

立耳外侧独特的“S”形龙纹。其左右对称，互相缠绕，首尾相接，上方另有2条小龙歧出。这种龙纹在商和西周前期被广泛应用，后逐渐发展为蟠龙纹、蛟龙纹。

浮雕兽面纹

每一根蹄形足上都有一处倒梯形的兽面纹，纹饰虽有獠牙、兽角，但看上去乖巧可爱。

𠬝父乙觥

- 西周·青铜器
- 长 31.5 厘米，高 29.5 厘米，底纵 12 厘米，底横 16.7 厘米，腹深 13.2 厘米，重 4.8 千克
- 上海博物馆藏

觥（gōng）是一种盛酒器，与兽形尊相似，但觥盖常设计为兽首连接兽的背脊的式样，这样动物的颈部便形成一个很自然的流槽，可以用来倾倒酒液。它的造型主要有两大类，一类是完全以动物形象为主，特别是商周流行的牛或羊；另一类是器物的上半身仿造动物形象，但并不特指某种具体的动物，而是创造出抽象的形象，下半身则是器物的造型，如此器足作圈足的式样。

此觥从形态上属于后者，堪称抽象动物大杂烩。觥盖前端是幻想中的动物头部，有长颈鹿、兔子、小蛇、小龙的特征，盖后端是一只牛头，腹部以凤鸟装饰，整体错落有致，铸工精湛，纹饰华美，具有浓烈的神秘色彩。此器集多种动物纹样于一身，是将精美的艺术设计和器物的实用性高度统一的一件瑰宝。

纹样之美 生动的动物纹样

此器盖上有长颈鹿的角和兔子耳朵，盖后端是一只牛头，双角突出，长舌上翘，与器尾的牛头把手形成对应。腹部饰大凤纹，体态雍容华贵。此器纹饰不施底纹，是西周少见的风格。

造型之美 “四不像”的兽首

觥盖前端昂然而出的是一只独特的兽首，角和双耳凌空翘起，双眼圆睁，如同孩童般天真而灵动。这只兽首堪称“四不像”，头像羊首，耳朵像兔子的，角像长颈鹿的，鬃毛像龙的。

晋侯稣钟

- 西周·青铜器
- 上海博物馆藏

整套编钟共16件，可以分为两组，每组各8件，按大小排列成两列音阶与音律相谐和的编钟。该套编钟1992年发掘于山西省曲沃县的晋侯墓地，其中14件藏于上海博物馆，2件藏于山西博物院。钟上刻有铭文355字，完整记录了周厉王三十三年，晋侯稣随周厉王亲征东夷的历史事件，而这个历史事件是史书上没有记录的，因此其对研究西周和晋国历史而言极为重要。

这套国宝虽为乐器，但铸造工艺却相当精细。其采用了古老的失蜡法，经制作蜡模、涂泥浆、烧制、浇铸青铜等多个繁复步骤，才最终成型。每件编钟的大小和重量都经过精心设计，使得其在敲击时产生和谐悦耳的声音，彰显出铸造者对于音律的深入理解和精准把握。

国宝小知识：大小钟的式样区别

晋侯稣钟的式样区别在于它们的大小和纹饰的深浅。具体来说，大型钟的高度分别为49厘米、49.8厘米、52厘米、44.7厘米、32.7厘米、30厘米、25.3厘米、22厘米，主要特点是纹饰浅而细。小型钟的高度则分别为50厘米、49.5厘米、51厘米、47.6厘米、34.8厘米、29.9厘米、25.9厘米、22.3厘米，其特征是纹饰深而阔。

钟上铭文

钟上铭文为利器刻凿而成，笔画转折处要分多刀接连刻凿，刀痕至今也非常明显。这些铭文采用了一种独特的叙述方式，首尾相连地刻凿在 16 件钟上，形成一篇连贯完整的长篇铭文，完整地记录了周厉王三十三年，晋侯稣率兵随周王巡视东土、征讨叛乱部落，并因战功受赏的历史事件。

丰富的动物纹样

晋侯稣钟的纹饰十分丰富，包括夔龙纹、鸟纹和兽面纹等几种动物纹饰。这些纹饰精美细腻，线条刻画十分流畅，新奇的造型充溢着古老历史的神秘感，展示出古代工匠独特的艺术审美。

景德镇窑粉彩蝠桃纹瓶

- 清雍正·陶瓷器
- 高 39.5 厘米，口径 10 厘米，足径 12.3 厘米
- 上海博物馆藏

这件瑰宝由香港知名收藏家张永珍女士慷慨捐赠。此瓷器的形制端庄秀美，独特的橄榄形状使它获得了“橄榄瓶”的美誉，足脊修胎浑圆光滑，被赞誉为“泥鳅背”。瓶口呈圆形，线条流畅自然。瓶颈细长，逐渐向下收紧，与瓶身形成了优雅的过渡。瓶身为葫芦形，上部稍微宽大，下部逐渐缩小。这种设计不仅使瓶子更加稳定，不易倾倒，还展现了其独特的美感。此瓶反映了雍正时期的皇家审美和工艺水平，具有极高的历史研究价值。

粉彩是雍正时期流行的彩瓷品种，以精细的彩料和柔和的色彩而闻名。这件瓷器质地细腻，色彩柔美，图案精美，瓶身以粉彩绘制了 8 枚寿桃和两只翩翩起舞的蝙蝠，二者的组合共同寓意福寿无边，此器是传世粉彩瓷器中的瑰宝，更是清雍正粉彩官窑瓷器中的佳作之一。

交相辉映的嫩叶桃花

桃枝的梢部点缀着桃花，花蕾含苞待放。桃叶则施以绿彩，正反阴阳，一浅一深，形成了鲜明的节奏感。这种细致的绘画技巧使整个图案显得生动有趣。

果实之美 粉嫩多汁的寿桃

瓶子的外壁以粉彩绘有一双桃枝，桃枝遒劲盘亘，有力地向四周伸展。桃枝上绘制了 8 只寿桃，它们圆润饱满，色彩过渡自然，给人一种可爱的感觉。寿桃在中国传统文化中象征着长寿和幸福，因此常常作为图案被用于装饰器物，寓意着吉祥如意。

翩翩飞舞的蝙蝠

最引人注目的是桃枝之间绘制的一对飞舞的蝙蝠。蝙蝠与寿桃相结合的装饰图案在清代非常流行，寓意着“福寿双全”。这对蝙蝠在空中翩翩起舞，为整个图案增添了喜庆祥和的氛围。

孙位《高逸图》卷

- 唐·书画
- 纵 45.3 厘米，横 169.1 厘米
- 上海博物馆藏

《高逸图》是唐代孙位创作的一幅绢本设色人物画，不仅体现了孙位作为画家的卓越才能，更反映了唐朝安史之乱后文人士大夫的社会心态与价值取向。他们在动荡不安的时代背景下，渴望通过效仿古代先贤的生活方式，来逃避现实的苦难与困顿，寻找心灵的慰藉与安宁。

这幅珍贵的画作生动地呈现了魏晋时期广为流传的“竹林七贤”故事。其构图与南京西善桥东晋墓砖刻《竹林七贤图》相呼应，以竹石为背景，突显主题。这幅画虽为《竹林七贤图》的残卷，七贤只余四贤，却如同断臂的维纳斯，以其不完整的形态激发了观者无限的遐想与赞叹。画面中的四人分别为王戎、刘伶、山涛和阮籍。此图笔法遒劲流畅，设色渲染细腻入微，人物形象栩栩如生。

人物之美 神态各异

画面中，山涛、王戎、刘伶、阮籍4位魏晋名士悠然自得，沉浸在各自的内心世界里。他们或抱膝沉思，或手执如意，或捧杯饮酒，或执扇挥尘，透露出一种超脱世俗的高逸之风。孙位以精湛的笔法，细腻地刻画了他们的眼神与表情。

阮籍持扇

阮籍，曹魏时期的官吏，也是著名文学家。画面上，他面带微笑，侧身倚靠在垫子上，盘膝而坐，神态洒脱傲然。他双手所持的扇子被称为“麈尾”，是当时士大夫常用的物品，不仅能扇风驱赶苍蝇，还具有“领袖群伦”的象征意义。

刘伶饮酒

刘伶，中国历史上最著名的“酒鬼”。他满脸胡须，痛饮之后刚刚停歇下来，正皱着眉头回头看，对着身后侍童捧着的唾壶漱口，然而他的双手却仍然紧握着酒杯，对杯中之物恋恋不舍。

花木树石

背景中的花木树石，为画面增添了生机与活力，更与人物的形象气质相得益彰，营造出一种和谐宁静的氛围。这种氛围，正是魏晋时期文人士大夫所追求的理想境界——远离尘嚣，回归自然，寻求心灵的自由与解放。

宋徽宗御笔

在书卷缓缓展开的刹那，映入眼帘的便是卷首的画名“孙位高逸图”，画名由宋徽宗赵佶亲笔题写，他笔下的瘦金体，骨力遒劲，又不失灵动飘逸，使这幅画作更添精致。

国宝小知识：画家孙位

孙位尤为擅长绘画鬼神、人物、墨竹、松石，其下笔精妙却不失雄浑奔放。他继承了顾恺之“劲紧连绵如吐丝”那般行云流水的风格，笔下的线条变化丰富，人物造型刻画真实细致。这幅《高逸图》卷是他最为知名的作品之一。

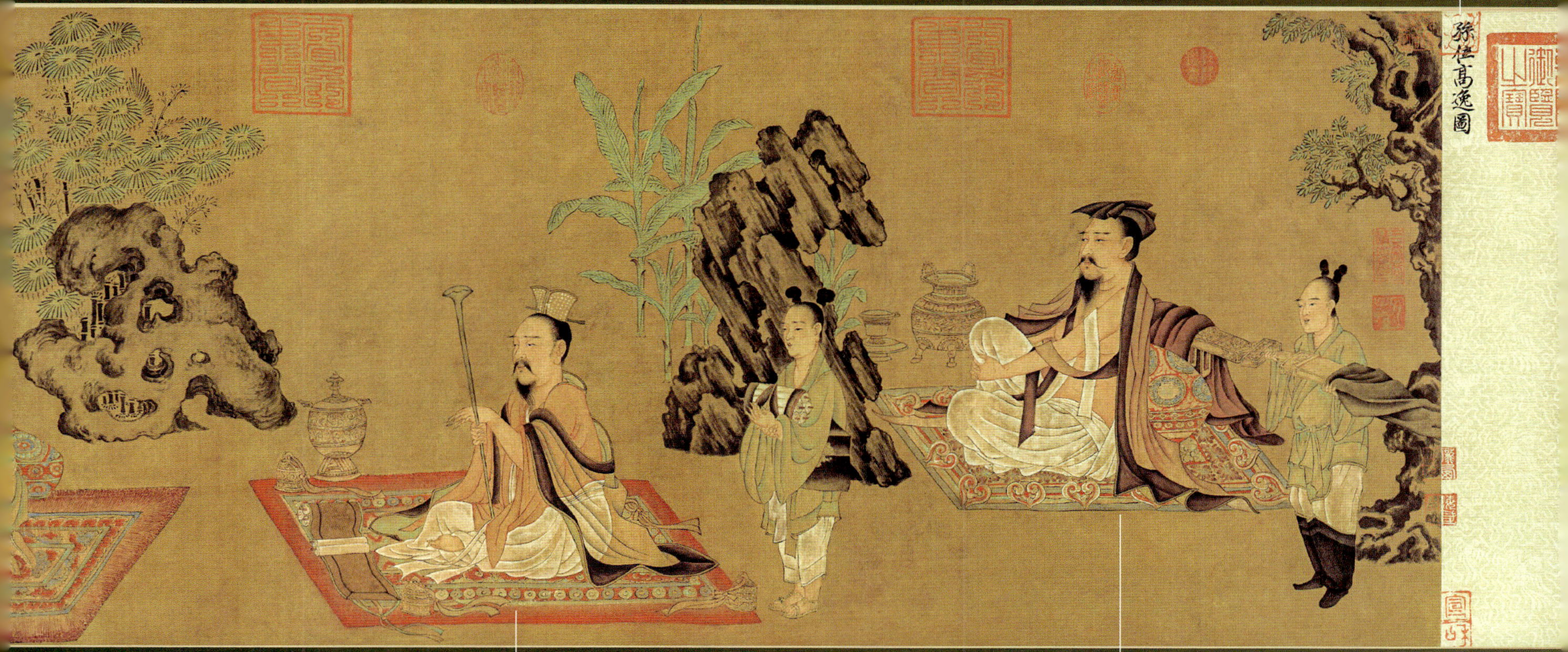

王戎作舞

他盘腿趺坐，右手握着如意，左手腕懒散地搭在右手上，眼睛平视前方，一副自得其乐的表情。

山涛倚坐

他双手抱膝，体态丰腴，身披一件宽襟大袍，上半身裸露在外，倚靠在华丽的靠垫上坐着。他的眼神仿佛注视着前方，眉宇间流露出一丝矜持和傲慢的神色。

奉贤博物馆

奉贤博物馆始建于20世纪60年代初，1994年重建并对外开放。2017年奉贤博物馆新馆建设项目启动，新馆位于上海之鱼——金海湖畔，由日本新生代建筑师——藤本壮介设计。

奉贤博物馆目前整体运营奉贤区博物馆、言子书院、沈家花园，以“一体两翼”三线联动模式，形成差异化发展。新馆作为主体，集历史、考古、人文、艺术于一体，是了解和展示奉贤乃至上海地区历史文化的重要窗口；言子书院和沈家花园作为“两翼”，各自承载着独特的文化使命。奉博的整体功能与定位日趋完善。

新馆占地面积约2万平方米，总建筑面积3.6万平方米，其中地上建筑面积1.9万平方米，地下建筑面积1.7万平方米，地上三层，地下一层。建筑主体由3个相互连接而又相对独立的空间构成，分为A、B、C三栋。A栋建筑属于城市规划馆区域，B、C两栋则是博物馆新馆所在地。

藏品介绍

目前，奉贤博物馆馆藏文物近万件（套），包括陶器、青铜器、骨器、瓷器、书画、石器、纺织品等种类，其中药师佛座像、乾隆款粉彩堆塑鼻烟壶、青花一统瓶、黄地绿龙梅瓶、原始青瓷米筛纹罐、带孔石斧、白玉吉庆花牌、簋式铜炉等颇负盛名。

闵行博物馆

闵行区位于上海市中心城区西南部，东接徐汇区、浦东新区，西接松江区与青浦区，南靠黄浦江与奉贤区相望，北邻长宁区与嘉定区。民间艺术与非遗文化是闵行区的文化亮点，有人称闵行区为“上海的新心脏”。

闵行博物馆开馆于 2003 年，位于上海市闵行区新镇路 1538 号，是一座地方综合性博物馆。博物馆的建筑风格独特，融入了现代化的设计理念，采用了大量的玻璃幕墙和钢结构，使建筑看起来更加时尚。内部陈列设计精巧，为观众提供了良好的参观体验。

此外，闵行博物馆还经常举办各类临时展览和文化活动，丰富了市民的文化生活。它不仅是文物收藏和展示的殿堂，还是上海市爱国主义教育基地和全国科普教育基地，致力于通过展览和活动向公众普及历史文化知识，提升公众的文化素养。

展厅陈设

博物馆占地面积 15000 余平方米，总建筑面积 4200 平方米，陈列面积 1920 平方米，设三个常设展厅：“上海县七百年展”“马桥文化展”“中国民族乐器文化展”，全面展示了闵行区的历史发展脉络及璀璨的民族乐器文化。

藏品介绍

闵行博物馆馆藏以马桥遗址出土的马桥文化时期的文物为主。截至 2019 年末，闵行区博物馆的藏品数量有 2375 件（套），包括陶瓷器、玉石器、铜器、漆木器等，尤以石器、陶器、骨角器最具特色。

德化窑梅花杯

弯弯的月亮从犀牛背部延伸出来，用云纹衔接，构思巧妙，设计灵动。

藏品精选

犀牛望月鎏金铜镜座

犀牛望月鎏金铜镜座铸于明代，高 15 厘米，长 25 厘米，宽 11 厘米，呈现犀牛回首望月的形象。铜镜座采用鎏金工艺，使犀牛的形象更加栩栩如生，毛发精细，充满力量感。整器铸造精细，器身中空，通常与铜镜配合使用，鎏金工艺可增加镜座的奢华感。

上海玻璃博物馆

上海玻璃博物馆是一座极具现代感的专题性博物馆，也是一座以玻璃为艺术主体，首创“社区型、国际化”的互动体验型博物馆。

上海玻璃博物馆于 2011 年建立，位于宝山区长江西路 685 号，在上海玻璃仪器一厂的原址上建设而成。上海玻璃博物馆以玻璃为艺术主体，首创全新多功能化的上海玻璃博物馆园区。

园区承载着上海玻璃工业发展的百年遗产，也借鉴世界最为先锋的城市发展与文化艺术再生的概念，将文化、设计、观光、艺术、亲子休闲、美学生活方式集为一体。一方面以多元开放的建筑群落多角度诠释玻璃的物质和精神形态；另一方面以玻璃为媒介，创新并延伸城市文脉与未来。

展厅陈设

新的场馆在大量保留原有工厂空间结构与细节的基础上，结合玻璃艺术的特点，在主馆内塑造了众多参观亮点，如“万花筒入口”“历史长廊”“玻璃屋”等，实现玻璃艺术在空间上的升华。

藏品介绍

上海玻璃博物馆藏品丰富，涵盖现代玻璃艺术品与设计品，包括独特的雕塑、灯具、花瓶等，如阿诺菲尼枝形吊灯、维洛内塞花瓶等精品。这些藏品不仅展现了玻璃艺术的多样性和创造力，还反映了玻璃制造技术的发展历程，为观众提供了了解玻璃文化和历史的重要窗口。

上海世博会博物馆

上海世界博览会是我国举办的首届注册类世界博览会，也是第 41 届世界博览会，主题为“城市，让生活更美好”。上海世博会是历史上参会成员最多的一届，一共有 240 多个参会成员。总参观人次达到约 7300 万人次。世博会结束以后，上海市政府决定在原场馆的基础上修建一座博物馆。

世博会博物馆占地 4 公顷，总建筑面积 46534.48 平方米，对外开放面积 90580 平方米，建筑高度 34.8 米，地上六层，地下一层。

世博会博物馆是上海市“十二五”规划重点文化设施建设项目之一，位于上海市黄浦区蒙自路 818 号，该馆于 2017 年对外开放，是上海一座新的地标性文化建筑。它既是国内第一座真正意义上的国际性博物馆，是国际展览局唯一官方博物馆和官方文献中心，也是全世界独一无二的全面展示世博专题的博物馆。

展厅陈设

世博会博物馆以传承世博遗产、发扬世博精神、保存世博精髓为宗旨，全面展示中国上海世博会盛况，同时介绍 1851 年以来世博会历史发展及 2010 年以后各届世博会举办情况。其展览陈列综合展示各届世博会的藏品，通过具有创意性、互动性的展陈方式为参观者营造世博会实景氛围。

藏品介绍

上海世博会博物馆藏品丰富，现藏品 1.8 万件（套），涵盖世博会吉祥物、门票、纪念币、官方纪念品等，以及各国捐赠的艺术品与文物，如英国维多利亚与艾伯特博物馆珍藏的吉尔伯特精品、青铜器、名家书画等。

“福寿康宁”八吉祥纹如意

清供图碟

其他博物馆

上海科技馆

开馆时间：9：00—17：00（周二至周日）
停止入馆时间：16：30
休息：周一（其他时间参考博物馆公告）
地址：上海浦东新区行政文化中心的世纪广场

上海科技馆，是国家一级博物馆。博物馆主体建筑呈西低东高、螺旋上升的不对称结构，象征自然历史和人类文明的演进方式。馆内设有生物万象、地壳探秘、设计师摇篮、智慧之光、地球家园、信息时代、机器人世界、探索之光、人与健康、宇航天地、彩虹儿童乐园等11个展厅，蜘蛛和动物世界2个专题展区，中国古代科技和中外科学探索者2个浮雕长廊。

上海中国航海博物馆

开馆时间：9：30—16：00（周二至周日）
停止入馆时间：15：30
休息：周一（其他时间参考博物馆公告）
地址：上海市浦东新区临港新城申港大道197号（近滴水湖）

上海中国航海博物馆，是以中国航海历史文化为主题的专题性博物馆，以弘扬中华民族航海文明和优良传统、搭建国际航海交流平台、科普航海知识为职责，国家一级博物馆。博物馆内设有航海历史、船舶、航海与港口、海事与海上安全、海员、军事航海6个展馆，海洋、航海体育与休闲2个专题展区，另有天象馆、4D影院、儿童活动中心。

上海大学博物馆

开馆时间：8：30—16：30（周一至周日）
停止入馆时间：16：30
地址：上海市宝山区南陈路333号

上海大学博物馆是收藏研究海派文化的高校专题性博物馆，是国家一级博物馆。博物馆内设有海派文化博物馆、上海方言文化展示体验展、上海大学校史展、钱伟长纪念展、上海大学（1922—1927年）校史室外展区“溯园”等部分。

上海儿童博物馆

开馆时间：8：45—16：45（周二至周日）
停止入馆时间：15：30
休息：周一（其他时间参考博物馆公告）
地址：上海市长宁区宋园路61号

上海儿童博物馆，是面向青少年儿童的科学技术类科普专题博物馆，是国家一级博物馆。博物馆内设有4个大展区，分别为“跨越距离，触摸未来”主题科学展示区（包含航海厅、航天厅、月球厅、信息厅、天文厅）、主题展览区、互动探索区、儿童阅读区，另有多个室外区域。馆内藏品以中国第一代返回式卫星回收舱、长征四号火箭的二级发动机、中国第四颗返回式卫星主降落伞最具特色。

上海航宇科普中心

开馆时间：9：00—17：00（周二至周日）
停止入馆时间：16：30
休息：周一（其他时间参考博物馆公告）
地址：上海市闵行区沪闵路7900号

上海航宇科普中心，是展示科普航空航天科技知识的科技类专题博物馆，是国家二级博物馆。中心分为室外和室内2大展区，室外展示有歼-8、DC-8等10余架不同类型的实物飞行器，室内设有3个基本陈列“走近中国大飞机”“寻觅人类飞行的足迹”“探索飞行的奥秘”及1个模拟飞行体验馆，另设有3D环幕影视厅。

松江博物馆

上海市松江区博物馆，是展示宣传松江区历史文化的地方综合性博物馆，国家二级博物馆。馆内有基本陈列“流沙沉宝：松江博物馆珍品陈列”，由“浦江晨曦”“史河波光”“艺海丹青”3个单元组成，展示了松江各时期的发展面貌和成就。馆内另有《急就章》碑及碑亭，包含《赵孟頫自画像》石刻、《三文敏公心经碑》、康熙御碑及董其昌等人书法艺术碑刻的东西碑廊。馆藏文物涵盖石器、铜器、陶瓷、书画、印章等门类。

开馆时间：9：00—17：00（周二至周日）
停止入馆时间：16：30
休息：周一（其他时间参考博物馆公告）
地址：上海市松江区中山东路233号

上海青浦博物馆

开馆时间：9：00—17：00（全年）
停止入馆时间：16：30
地址：上海市青浦区华青南路1000号

青浦区博物馆，是展示宣传青浦区历史文化的地方综合性博物馆，是国家二级博物馆。主体建筑采用5个相交的椭圆体形状，似展翅欲飞的蝴蝶，象征整个青浦的地形风貌。馆内设有2个基本陈列厅，分别是“上海古文明之源——古文化厅”，由“序言”“六千年前的上海人”“五千年前的上海人”“四千年前的上海人”“三千年前的上海人”和“余韵曼衍”6个单元组成；“申城水文化之魅——水文化厅”，由“港湾遗韵”“川流汇海”“沧海桑田”“水乡桥话”“水乡人家”5个单元组成。

金山博物馆

金山区博物馆，是展示宣传金山区历史文化的地方综合性博物馆，国家三级博物馆。下辖金山区规划展示中心、上海南社纪念馆、金山卫抗战遗址纪念园、朱学范故居、白蕉艺术馆。金山区博物馆设有3个基本陈列：“金山史迹陈列”“历代灯具陈列”“古陶陈列”，展示了金山自新石器时代至近现代以来的历史进程。馆内藏品以良渚文化文物、九节玉琮、明代董其昌“重修迎桥澄鉴寺碑”、张大千早期书画作品等最具特色。

开馆时间：9：00—16：00（周二至周日）
停止入馆时间：15：30
休息：周一、周六（其他时间参考博物馆公告）
地址：上海市金山区金山大道1800号

上海工艺美术博物馆

开馆时间：8：45—16：00（周二至周日）
停止入馆时间：15：30
休息：周一（其他时间参考博物馆公告）
地址：上海市徐汇区汾阳路79号（永康路与太原路之间）

上海工艺美术博物馆，是以工艺美术为主题的地方性博物馆，是国家三级博物馆。博物馆属于法国后期文艺复兴建筑风格，馆内一楼为民间工艺馆和商场，展示面塑、灯彩、剪纸等民间工艺品；二楼为雕刻馆，展示竹刻、黄杨木雕、玉雕、牙雕、漆器雕刻、砚刻、瓷刻、红木小件雕刻、金银摆件等；三楼为织绣馆，展示刺绣、戏服、绒绣、顾绣、戏剧服装等。

南汇博物馆

上海市南汇博物馆，是展示宣传浦东新区南汇地区历史文化的地方综合性博物馆，是国家三级博物馆。馆内设有基本陈列厅和临时陈列厅两个部分，基本陈列厅由“序厅”“上海成陆及古海塘”“煮海制盐”“婚嫁迎娶”“地灵人杰”5个单元组成，通过实物展示与多媒体技术相结合的方式，展现了南汇灿烂的历史和文化底蕴。馆藏文物涵盖陶瓷、书画、古籍、家具、民俗等门类。

开馆时间：9：00—17：00（周二至周日）
停止入馆时间：16：30
休息：周一（其他时间参考博物馆公告）
地址：上海市浦东新区惠南镇文师街18号

山东博物馆

概况

山东博物馆，成立于1954年，是国家一级博物馆，也是中华人民共和国成立后建立的第一座省级综合性地志博物馆。历经1992年和2010年的两次新馆建造，成为展示山东深厚历史底蕴与璀璨齐鲁文化的重要窗口与平台。

位置规模

山东博物馆位于山东省济南市历下区经十路 11899 号，整座博物馆占地约 210 亩，主体的建筑面积为 8.29 万平方米，展陈面积达 2.5 万平方米。山东博物馆共有 23 个展厅，大多分布在 3 层楼的不同区域。

藏品介绍

山东博物馆内的珍品多出土于山东地区，颇具浓郁的山东特色。馆内藏品约 40 万件（套），其中的珍贵文物近 4.9 万件（套），藏品丰富，其中陶瓷器、青铜器、甲骨文、陶文、封泥、玺印、简牍、汉画像石、书画等领域丰富收藏，尤为业界瞩目，展现了山东博物馆深厚的文化底蕴。

博物馆特色

山东博物馆“天圆地方”的建筑造型、丰富的齐鲁文化展示及众多的馆藏珍品令人流连忘返，尤其是以汉画像石独具魅力，成为山东省的文化地标之一。

天圆地方的完美融合

博物馆建筑外形分为上下两部分，上部分为银色的半球形穹顶，下部分为灰色砖石铺成的立方体，并将立方体在四个角部进行了模块化切割，形成了四角内切的效果。建筑师采用圆与方的图形，寓意中国古人对世界的认知——天圆地方。屋顶顶部以一块面积约 300 平方米的墨绿色玉璧作装饰，其原型是馆藏珍品——鲁国大玉璧，是齐鲁地区独特地域文化的象征。

齐鲁文化的历史见证

山东省博物馆以展示齐鲁地区的文物为特色，大汶口文化、龙山文化等史前文化时期的文物丰富，商周时期的青铜器铸造技艺精湛，汉画像石保存完善，文物极具历史研究价值，将齐鲁地区的文化内容充分彰显。

展览分布图

注意 本书中的文物所在位置是以作者写作阶段的位置为参考标注的，由于各博物馆经常会有临时特展或巡回展，所以无法保证展览位置固定不变，请各位读者知晓，以实际的参观情形为准。

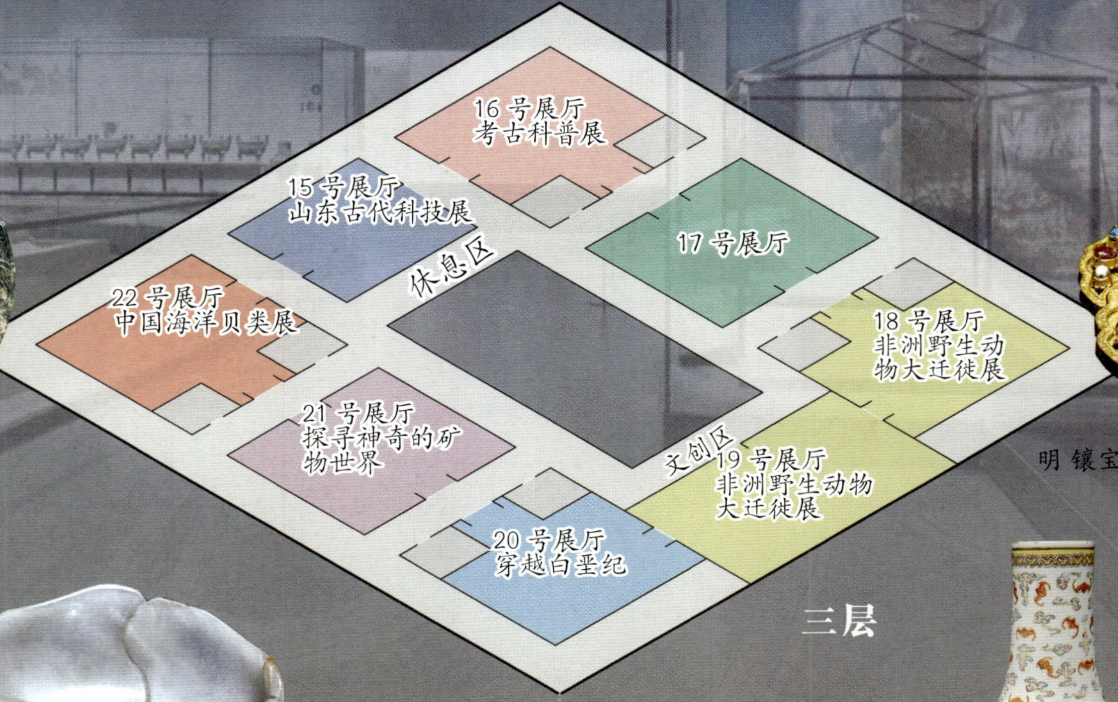

三层

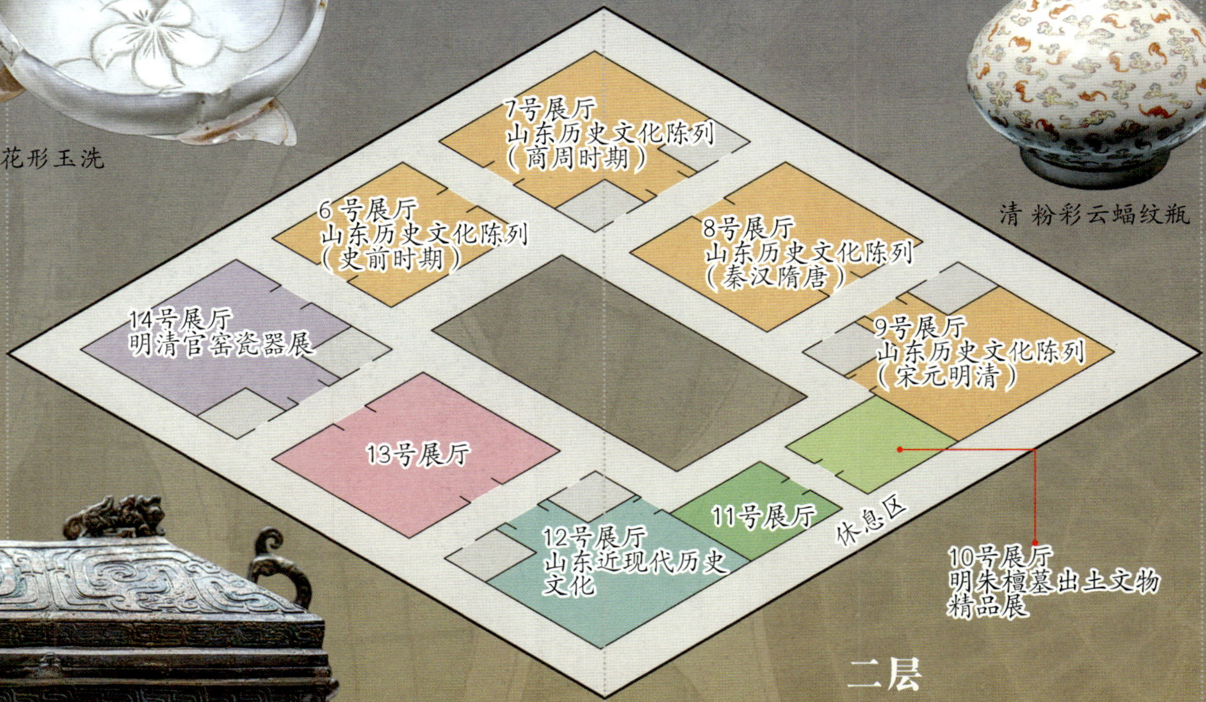

二层

一层

战国 鲁国大玉璧

明 镶宝石金带饰

明 白玉花形玉洗

清 粉彩云蝠纹瓶

春秋至战国 水晶玛瑙串饰

春秋 象首纹簠

西汉 镶玛瑙绿松石鎏金铜带钩

新石器时代 八角星纹彩陶豆

清 粉彩三孔葫芦瓶

发展沿革

1904年
英国浸礼教会牧师怀恩光，在济南广智院街的广智院旧址创立了东院。

1942年
西院于上新街世界红万字会济南母院旧址落成。

1954年
两院合并，山东省博物馆正式启幕，从此肩负起齐鲁文物的守护重任。

1991年8月
坐落于千佛山山脚的山东省博物馆新馆正式动工。

博物馆的雏形建立（1904年～1990年）

千佛山的新馆落

展厅陈设

基本陈列

基本陈列构筑了一幅幅绚丽多彩的齐鲁文化长卷。“海岱日新——山东历史文化陈列”追溯历史长河，“山东龙——穿越白垩纪”揭秘远古生物奇观，“晶·彩——探寻神奇的矿物世界”展现自然矿石的闪耀之美，以及“佛教造像艺术展”“汉代画像艺术展”等，无不彰显着齐鲁大地的深厚文化底蕴与独特艺术魅力。

1992年10月
对外开放，新馆不仅彰显了鲜明的地域特色，而且蜕变为一座集历史、自然、艺术等多领域于一体的现代化省级博物馆。

2006年
山东省博物馆新馆建设再度启航，选址于济南市经十路东段。

2010年底
盛大开放，并正式更名为山东博物馆，标志着山东文化事业迈入一个崭新阶段。

1991年～2005年）

新世纪的新建工程（2006年至今）

专题展览

“衣冠大成——明代服饰文化展“作为山东博物馆的专题展览，常年展出，是山东博物馆与孔子博物馆携手呈现的明衍圣公及夫人的华美冠服盛宴。这些孔府旧藏，因“天下第一家”之尊荣得以完好保留，色彩斑斓，质地考究，工艺精湛，是明代服饰研究的珍贵实物。

临时展览

山东博物馆的临时展览，跨越时空，连接古今中外。从古老出土文物的历史探秘，到古韵墨香的明清书画的雅韵流转；从武梁祠石刻艺术的匠心独运，到青州佛教造像的东方神韵；更有展览揭示了拿破仑与法兰西变革时代的故事，带领观众领略非凡的时代变迁。

八角星纹彩陶豆

- 新石器时代·陶瓷器
- 通高 28.4 厘米，足径 14.5 厘米，口径 26 厘米
- 山东博物馆藏

这件八角星纹彩陶豆是1978年于大汶口遗址出土的文物。大汶口文化属于新石器时代的考古学文化，其中陶器的制作主要采取轮制，特点为器型规整、胎薄光滑，比起前代有了极大的进步，且彩陶数量逐渐增多。这件豆就是大汶口文化彩陶器的精美之作。专家推测，它应该是先民们在祭祀等重要活动中才会使用的礼仪用品。另有一形制相同、纹样类似的豆收藏于山东省考古文物研究院。

这件瑰宝圆唇斜口，通体褐红色，上方用白彩描绘出5个由平行线分隔开来的方形中空白彩八角星纹饰，豆高足处则绘有两圈平行的半月形圆弧纹，整件豆色彩对比强烈，纹饰简洁却不乏设计巧思，是研究大汶口文化的重要实物资料。

口沿处的纹样

这件豆口沿倾斜，倾斜之处使用褐、红两种颜色，彩绘有三角形状和若干线条组成的图案。三角形与半圆形两两一组，对顶分布；线条则5根成束，整齐排列。二者间隔分布，展现出强烈的韵律与秩序之美。

国宝小知识：豆

在古代，豆是一种盛放食物的器皿，也作为礼器用于祭祀。豆的形状类似于高足盘，有的上面还覆有盖子。其最早出现于新石器时代晚期，直至商周而风靡。新石器时代，豆多为陶制，通用于多种古代文化。

八角星纹

豆上绘制的八角星纹，星芒向四周散射，中间有方形空缺，展示出简约对称的几何美感。有学者认为这种纹样是在表现光芒四射的太阳，也有观点认为这个图案实际上是“天圆地方”的隐喻。

红陶兽形壶

- 新石器时代·陶瓷器
- 高 21.8 厘米，长 22.3 厘米
- 山东博物馆藏

这件红陶兽形壶出土于山东省泰安市的大汶口遗址，是新石器时代大汶口文化的艺术珍品。它蠢萌的动物外形奇妙精巧，圆润的壶腹里可以盛酒，蕴含了先民们无尽的创意与匠心，是那个时代不可多得的文化符号与艺术典范。

这件兽形酒壶用夹砂红陶打造，红亮的陶衣细腻光滑。壶嘴处的小兽憨态可掬，圆圆的脑袋双耳立起，张口露笑，十分可爱。壶体四肢粗壮敦实，短尾上翘，背上的弧形提手和注水口设计巧妙，与壶身完美衔接。壶腹下方的短小四足既能倒酒，又能稳立加热。整体造型萌趣，似猪似狗，令人心情愉快，是大汶口文化独有的器物造型，为研究大汶口文化提供了详细的实物资料。

兽首壶嘴

酒壶壶嘴的动物造型十分有趣。小兽圆圆的脑袋轻轻上扬，两只耳朵自然耸立。它的脸颊饱满，两只眼睛半眯半睁，中央的鼻头拱起。小兽自然地张大嘴巴，做吃惊的神态，十分可爱！

可爱尾巴

小兽的尾巴短小可爱，向上翘起。尾巴上方，圆形的注水口与壶身衔接流畅，方便注入美酒。

饱满壶腹

圆润饱满的壶腹下方，四只短小粗壮兽腿微微向外撇开，安稳地支撑起酒壶，巧妙又灵动。

亚醜钺

- 商·青铜器
- 通长 32.5 厘米，宽 34.5 厘米
- 山东博物馆藏

这件亚醜（chǒu）钺（yuè）是 1965 年出土于山东省青州市苏埠屯 1 号商墓的珍贵文物。它的出土过程却十分意外，挖掘时，一张姓农民因别人均发现重器而自己一无所获，愤怒之下使劲凿土，亚醜钺在被砸到一角后，横空出世，至今在其上仍能看到修复的痕迹。与这件文物同时出土的还有另外一件大钺，与亚醜钺形制基本相同，在造型与体量上都是难得一见的珍品。

虽然这件青铜钺造型看似生动可爱，但却是一件凶猛的武器。它集多种功能于一身，既是劈砍的兵器，又是砍头的刑具。商周时期，青铜钺的礼仪属性进一步提升，成为王权的象征。钺与斧相似，钺刃呈弧形，似新月，比斧刃更宽大。亚醜钺两肩有棱，弧形刃。钺口部两侧铭有“亚醜”二字，器物因此得名。器身饰有人面纹，纹饰面目狰狞，具有威慑感，象征着王权高高在上的权威和暴力。

人面兽纹

亚醜钺的器身上，透雕的人面兽纹装饰十分醒目，充满了神秘的诡异色彩。这个纹样将人与兽的特征巧妙地结合起来，突出的五官中采用了宽大的兽状鼻，双眉倒钩，双目圆瞪，龇牙咧嘴的样子令人望而生畏。

“亚醜”铭文

人面脸颊两侧的“亚醜”铭文镜像对称。亚醜是古代薄姑氏族的珍贵遗留。薄姑氏族约生活于商代晚至西周初期，主要活动地区为今天中国山东一带，属于东夷，与商王族间关系紧密。

左亚醜

右亚醜

斧型造型

钺最初为石质和玉质，青铜钺盛行于商代及西周， 多为平肩片状圆刃。这件亚醜钺为斧形钺，呈一外撇的长方形，上有两个穿孔，两肩有扉棱，下方的刃部两端呈弧形。

国宝小知识：青铜钺的形制

青铜钺的基本形制为刃角外侈的斧形，刃部为弧形。根据器型和柲与钺的连接方式可将青铜钺分为斧形钺、带銎钺、异形钺和舌形钺四大类，斧形钺最多。

斧型钺

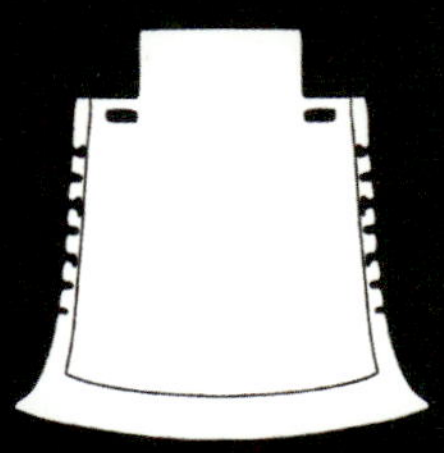

刃部弧曲宽阔，两角略微上翘。与斧的形式接近。

带銎钺

钺銎呈筒状，上粗下细，有4道突起的箍状装饰，其中间有铃。

异形钺

西周中早期出现了异形钺，这种钺以銎内装柄，外形与

舌形钺

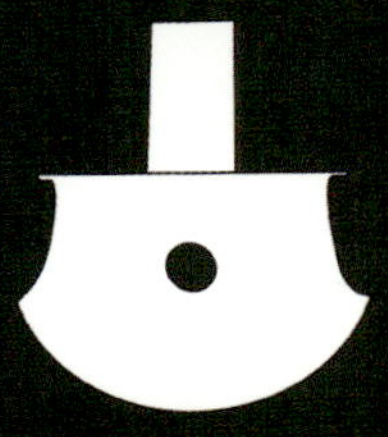

外形呈现山峰状，刃部位圆弧形，中部有孔。

颂簋

- 西周·青铜器
- 高 30.1 厘米，口径 24.2 厘米
- 山东博物馆藏

这件颂簋（guǐ）的流转经历十分曲折离奇，据传其于清朝前期在陕西出土。清嘉庆年间被官员刘喜海收藏，后辗转几人之手，导致器身与器盖分离，20 世纪 40 年代，器身被山东博物馆收藏。而后于 1959 年，丁氏后人将收藏的器盖捐赠给山东博物馆，颂簋方才重归完整。因器物的主人是名为“颂”的贵族官员，故以“颂簋”命名。它器型庄重，铸工精湛，纹样细腻，铭文秀美，是难能可贵的青铜瑰宝。

颂簋和颂鼎、颂壶的铭文相同，是同一组青铜器，被称为“三颂”。颂簋铭文工整秀丽，颂簋内部和器盖同铭，各铸 15 行 152 字，完整记述了“颂”接受周天子册命的过程，并希望他感怀圣恩，因此铸造此器传诸子孙。颂簋的造型十分优美，上面的纹饰也丰富多样，形制庄重。

纹样之美 丰富立体的纹饰组合

颂簋表面的纹样十分丰富立体。两侧铸造的龙首纹器耳下面接有精致的垂珥，器盖与器身的纹样设置巧妙。以口沿为界，窃曲纹与瓦纹大体呈对称之势，环绕一圈。盖顶捉手内饰卷体龙纹，造型生动可爱。整体纹样装饰疏密有致，繁简交错，十分精致。

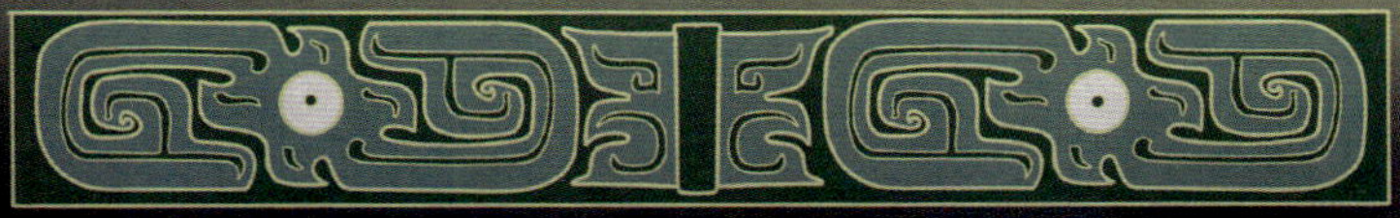

窃取纹

颂簋的窃曲纹属于变体龙纹，以兽目为中心，整体呈横“S”形。

精致铭文

颂簋的腹内和盖内都铸有铭文，内容相同。大意为：在西周的一天早上，周王在康昭宫任命颂，任命他在成周洛阳担任职务，还赏了他一套黑色丝质礼服、赤红色的服饰和马具。颂高兴地接受了，进献了一块玉璋给周王表示感谢。

瓦纹

颂簋上的瓦纹又称平行沟纹或横条纹。提手下与腹中下部各饰3周和6周瓦纹，瓦纹凹槽内素地。

垂鳞纹

垂鳞纹盛行于西周晚期和春秋时期，常饰于器盖和器底部，作为边饰。颂簋圈足处的垂鳞纹排列整齐，底端略微向前凸出，打破了纹饰的方正感，增加了流动性。

象形小足

圈足下端小足为象形，象鼻与足均向上卷起，相互呼应，具有整体性。

东平汉墓壁画

汉代·壁画
尺寸不详
山东博物馆藏

这件东平汉墓壁画出土于山东省泰安市东平县。2007年，东平县的老物资局改建中的一次意外发现，让18座汉代墓葬得以重见天日，其中尤以1号、12号和13号墓的彩色壁画最令人惊喜，而这件东平汉墓壁画便是1号墓室内的精美之作。这些壁画年代久远且保存完好，色彩斑斓，风格独特，主题多样，艺术造诣高超，堪称山东的汉代壁画之冠。

1号墓室内的壁画精美绝伦。墓顶绘有云气和红日金乌，门楣和墓壁则以人物为主，穿插着动物和房屋图案。内容丰富多彩，既有历史故事、礼俗记载，又有民间娱乐场景。色彩以蓝、绿、黑、白色为主。壁画线条流畅细腻，充分展示了汉代绘画的高超技艺，也为研究汉代丧仪、民俗风情及中国绘画的演进提供了宝贵的资料。

孔子问礼，老子相迎

墓室北侧的壁画上，精美绘制了“孔子见老子”问礼故事图。画上呈现了迄今发现最早的面容清晰的孔子形象。孔子身形魁梧，身体前倾，双手交叠，面带谦恭；老子则略显瘦小，抬手侧身，目光温和。二人面容细腻，胡须、皱纹清晰可见，生动展现了古代圣贤交流礼仪的瞬间。方寸之间，尽显古代礼仪文化之精髓。

墓室北墙

飞禽走兽，惟妙惟肖

墓室北侧下方，数只动物活灵活现。两只狗，一只体态雄壮，行走回望；一只体态修长，急速飞奔，十分生动。两狗下方为斗鸡图，其中一只鸡好似低头啄地，另一只鸡则昂首挺胸，寥寥几笔便将鸡的形态刻画得栩栩如生。

拱手下跪，态度谦卑

墓室北侧上方，左侧一人身穿蓝色长袍，身材修长，侧身站立，微微低头看向他身旁的白衣男子。白衣男子拱手下跪，态度谦卑。他的双臂向前举起，双手捧一物，好似献礼，生动形象。

宴享歌舞，热闹非凡

墓室的西墙东侧上方和南墙上方，生动的宴享歌舞画像跃然其上。画面中，一女子正在跳盘鼓舞。两男子则沉醉其中，目不转睛地欣赏。女子身姿曼妙，轻盈踏鼓起舞，舞步灵动自由，好似与悦耳的音乐完美融合，让宴会热闹非凡。

画面之美

主题丰富，栩栩如生

墓室内部的画面主题丰富多彩。歌舞宴会、拱手献礼、孔子问礼、飞禽走兽应有尽有，且皆刻画细腻清晰，层次丰富，展现了汉代浓郁的生活气息。

墓室西墙东侧

济南市博物馆

作为山东省的省会，济南市是考古学上著名的“龙山文化”的发祥地，文物古迹极多，诸如新石器时代的遗址城子崖、“海内第一名塑”灵岩寺宋代彩塑罗汉、齐长城、“山东第一大佛”隋代大佛等。

济南市博物馆建于1958年，位于山东省济南市历下区经十一路30号，占地面积为8500平方米，建筑面积6300平方米，其中陈列面积为2400平方米，是一所大型地方综合性博物馆。

博物馆藏品主要来源于考古发掘、国家调拨、社会团体和各界人士的捐赠，以及市政府的拨款征购等。馆藏如石质透雕仙人凤鸟车、铜官窑犀牛瓷枕、三彩骆驼、金银平脱宝相纹葵花镜等，均极为珍稀。此外，书法绘画藏品丰富，尤以明清书画为大宗，包括盛懋、倪瓒、林良等名家之作，均为精品。

展厅陈设

基本陈列为“古城辉煌——济南历史暨馆藏文物展览”，通过400余件（套）珍贵文物展示了济南的文化历史。该展览分为两部分：第一部分“回望千秋——济南历史”由“远古文化”“古城古国”“历史名人”3个单元组成；第二部分“珍藏永恒——馆藏文物”包括“熠熠生辉的青铜艺术”“巧夺天工的雕塑艺术”“古朴沉雄的石刻艺术”3个单元。

藏品介绍

济南市博物馆拥有各类文物7.7万余件（套），一级文物约70件，三级以上文物逾千件。比较著名的有新石器时代的回旋纹透雕象牙梳、春秋时期鲁伯大父媵季姬铜簋、商代青铜错金目纹戈、西汉早期彩绘乐舞杂技陶俑等。

藏品精选

寿山石嵌宝石五子闹佛

这件寿山石文物长24.6厘米，宽11.7厘米，高13.8厘米。采用了立体圆雕的手法，红白石色相互杂糅。弥勒佛大耳垂肩，满面笑容，袒胸露腹，屈膝斜倚卧在一块石头旁。他的四周有5个童子在嬉戏，他们动作各异，有的掏耳朵，有的揪奶头，有的挠脚心，有的拽佛珠，有的敲打铜镲。这几个童子发式各不相同，有的挽双髻，有的单髻，栩栩如生。

孔子博物馆

孔子是中国儒家文化的创始人，对中国文化产生了深远的影响，被联合国教科文组织评为“世界十大文化名人”之首。为了传承和弘扬以儒家思想为代表的中华优秀传统文化，孔子博物馆遂应运而生。

孔子博物馆成立于2017年，位于山东省曲阜市孔子大道100号，占地面积为16.5万平方米，总建筑面积为5.5万平方米，陈列面积共1.7万平方米。它是一座社会科学类名人专题博物馆，其前身是曲阜市文物局孔府文物档案馆。

孔子博物馆藏品主要源自孔府旧藏，拥有各类馆藏文物70万件，其中包括明代至1948年的30万件孔府私家文书档案、宋代4万多册善本古书、8000多件明清衣冠服饰，以及大量与祭祀孔子有关的礼乐器。

展厅陈设

基本陈列由序厅和六个部分构成。序厅通过多媒体投影对孔子进行了总介绍；六个部分内容为孔子的时代、孔子的一生、孔子的智慧、孔子与中华文明、孔子与世界文明、诗礼传家。

藏品精选

清奉天诰命盒

此奉天诰命盒长 44.7 厘米，宽 20.8 厘米，高 41.5 厘米。奉天诰命盒，又被叫做“圣旨盒”，是孔府保存皇帝圣旨用的盒子。其木雕鎏金，中间是竖方蓝匾，用满汉双语书写“奉天诰命”，周围镂雕盘旋云龙，下面衬着波涛纹饰。

小知识

宋代以来，曲阜孔家受历代帝王追封赐礼，“衍圣公”的爵位世袭罔替 800 余年，这个盒子就是专门为了保存皇帝圣旨而做的，显示出山东孔府与朝廷的密切关系。

青州博物馆

青州之名最早见于《尚书·禹贡》一书，为中国古代的“九州”之一，现为山东省的一个县级市，地处山东半岛中部。青州的历史遗址较多，有北辛文化、龙山文化、大汶口文化遗址等270多处史前遗址，是“东夷文化”的发祥地。

青州博物馆的前身是益都县博物馆，始建于1959年，原址系清康熙年间文华殿大学士冯溥的宗祠改建，是一座综合性的博物馆。

青州博物馆新馆位于青州市仰天山路7688号，2023年建成开放，总建筑面积50934平方米，采用汉唐风格，突出中国传统建筑的“高台，阙楼，坡屋顶”特色。

整个建筑分为展览区、藏品库房区、公共服务区、技术保护区、办公区、管理设备区这6大功能区，具有文物保护、陈列展览、科学研究、休闲娱乐等功能。

展厅陈设

博物馆现有青州历史展厅、龙兴寺佛像展厅、有邻衡王府展厅、香山汉墓陶俑展厅、石刻艺术展厅、陶瓷展厅、书画展厅和临时交流展厅等8个展厅，通过图文及声光电等高科技手段，让观众了解文物的历史价值与内涵。

藏品介绍

青州博物馆馆藏文物共计6万多件，其中国家珍贵文物3000余件，主要分为陶瓷器、青铜器、书画、石质文物、佛教造像、货币、玉器、革命文物等几大类。其中明万历二十六年赵秉忠殿试卷为海内外孤本，填补了我国明代宫廷档案的空白；东汉“宜子孙”玉璧和战国玉人是罕见的玉器珍品；香山汉墓陪葬坑出土的彩绘陶器、陶俑是目前我国同时期同类文物中彩绘保存最好的。

精美繁复的龙纹夹杂着黑白两色，使玉璧显得更为古朴。

藏品精选

东汉“宜子孙”玉璧

出土于青州市谭坊镇马家冢子东汉墓，取材自罕见的新疆和田墨玉，为青州博物馆的镇馆之宝。该玉璧白玉质，间有墨色，温润精美，内区饰乳丁，外区饰蟠螭纹，出廓上方透雕双龙纹钮，钮间透雕篆书“宜子孙”三字，寓意“子孙后代宜室宜家”，表达了古人对家族繁荣的美好期许。

青岛市博物馆

青岛市，别称“岛城”“琴岛”，自古以来便是中国北方的重要港口城市。青岛不仅是我国沿海地区的中心城市之一，更是山东半岛的经济龙头。

青岛市博物馆成立于 1965 年，旧址位于大学路南端建于 20 世纪 30 年代的红“十”字会建筑。2001 年，青岛市博物馆新馆正式开放，坐落于青岛市崂山区梅岭东路 51 号。

新馆占地面积达 105 亩，建筑面积 3 万平方米，展览面积超过 7000 平方米，是一座集地方历史、艺术与文化于一体的综合性博物馆。

青岛市博物馆充分利用馆藏优势，展示了青岛及山东半岛的历史变迁与文化传承。其中，书画展厅内的高凤翰作品尤为引人注目，青岛市博物馆是国内收藏高凤翰作品最多的博物馆之一。

展厅陈设

博物馆新馆主楼有地上三层，地下一层，包括 13 个展览厅和一条绕行走廊。新馆的常设展览主要包括“青岛史话——青岛地区历史陈列”“乡间画记——馆藏山东民间木版年画艺术陈列”“左臂丹青——高凤翰书画艺术陈列”等 7 个文物专题陈列。

藏品精选

钧窑鼓式瓷洗

此件文物的口径 23.8 厘米、底径 17.5 厘米、高 9.1 厘米，1965 年入藏青岛市博物馆。洗直口，呈鼓式，浅弧壁。口沿延边凸起弦纹两周，外壁口沿下和近底部饰有两周等距离的乳钉纹，上周 20 个，下周 18 个。胎体厚而匀称，釉层肥厚滋润，洗外壁呈玫瑰紫色，器内为天蓝色釉，有蚯蚓走泥纹及橘皮纹。3 个兽面足承托洗的主体，底的一侧清晰可见刻有“一”的字款，是宋代钧窑御用贡瓷的代表作品。

洗平底，底釉敷涂褐色护胎釉，斑驳古拙，与器壁莹润釉光对比鲜明。

其他博物馆

济宁市博物馆

开馆时间：9：00—17：00（周二至周日）
停止入馆时间：16：30
休息：周一（其他时间参考博物馆公告）
地址：山东省济宁市任城区古槐路 78 号、济宁市太白湖新区运河路 140 号

济宁市博物馆是收藏研究、展示宣传济宁地区历史文化的地方综合性博物馆，国家一级博物馆。博物馆有古槐路馆、文化中心馆两处馆区，古槐路馆由铁塔寺古建筑群、仿古建筑群组成，常设 2 个基本陈列，即“礼成家国：济宁礼俗风情展”与“我家就在岸上住：济宁运河风情展”；文化中心馆设有 7 个基本陈列：“济宁千秋展”“石刻艺术展”“运河文化展”“人文胜迹展”“朱复戡艺术馆”“济宁革命军事馆”“数字济宁展”。

临沂市博物馆

开馆时间：9：00—17：00（周二至周日）
停止入馆时间：16：30
休息：周一（其他时间参考博物馆公告）
地址：山东省临沂市北城新区兰陵路 10 号

临沂市博物馆是展示、宣传临沂市历史文化的地方综合性博物馆，国家一级博物馆、中国古代军事文化教研基地。博物馆下辖银雀山汉墓竹简博物馆和孔庙。馆内基本陈列有“临沂历史文化展”“汉画像石专题展”“馆藏造像和其他石刻艺术品陈列展”“陶器专题展”“铜镜、货币展”“书画、印章展”。馆藏文物以新石器时代和汉代出土文物以及汉画像石最具特色。

齐文化博物院

开馆时间：9：00—17：00（周二至周日）
停止入馆时间：16：30
休息：周一（其他时间参考博物馆公告）
地址：山东省淄博市临淄区临淄大道 308 号

齐文化博物馆是展示宣传古代齐国历史文化的地方专题性博物馆，国家一级博物馆。馆内有基本陈列展厅、特色陈列展厅、专题陈列展厅和临时展厅，基本陈列由先齐文明、西周之齐、春秋齐国、战国之齐、秦汉齐风、稷下学宫、余韵传承等单元组成，特色陈列由齐地考古、煌煌齐都、稷下学宫、石刻 4 个单元组成，专题陈列由临淄党史、廉政教育、陶瓷器、书画等组成。

淄博陶瓷琉璃博物馆

开馆时间：9：00—17：00（周二至周日）
停止入馆时间：16：30
休息：周一（其他时间参考博物馆公告）
地址：山东省淄博市张店区联通路 417 号

淄博陶瓷琉璃博物馆是展示、宣传淄博地区陶瓷和琉璃历史文化的地方专题性博物馆，国家一级博物馆。博物馆内设 25 个展厅，由陶瓷厅 12 个、琉璃厅 5 个、综合厅 5 个、临时展厅 3 个组成，陈列展出历代陶瓷文物、历代琉璃文物、海内外当代陶瓷和玻璃艺术精品。

潍坊市博物馆

开馆时间：9：00—17：00（周二至周日）
停止入馆时间：16：30
休息：周一（其他时间参考博物馆公告）
地址：山东省潍坊市高新区东风东街6616号

潍坊市博物馆是展示宣传潍坊市历史文化的地方综合性博物馆，国家一级博物馆，下辖潍坊十笏园博物馆、潍坊风筝博物馆。博物馆内设有基本陈列“物华天宝·馆藏文物精粹展”“潍坊简史展”“石刻艺术长廊”等。馆藏文物涵盖化石、陶瓷器、青铜、玉石、钱币、古角牙木、书画、碑拓等门类。

兰陵博物馆

开馆时间：9：00—17：00（周二至周日）
停止入馆时间：16：30
休息：周一（其他时间参考博物馆公告）
地址：山东省临沂市兰陵县顺河路西段

兰陵博物馆是展示、宣传兰陵县历史文化的地方综合性博物馆，国家二级博物馆。博物馆内设有“兰有国香：兰陵通史陈列”“汉画像石陈列”“大儒画廊陈列”“兰陵翰墨陈列”。馆藏包含商代乙父铭文青铜器、东汉豫让刺赵襄子汉画像石、东汉元和四年铜壶、明董其昌书兰亭序手绢等珍品。

青岛海洋科技馆

开馆时间：8：30—16：30（周一至周日）
停止入馆时间：16：00
地址：山东省青岛市莱阳路 2 号

青岛海洋科技馆，网站名称青岛水族馆，是开展海洋研究保护、展示海洋资源、普及海洋科学知识的地方专题性科技博物馆，国家一级博物馆。馆舍包括梦幻水母宫、海洋生物馆、海豹馆、淡水生物馆、鲸馆 5 大主题展馆和一座大型地下海底景观馆，分别展示了水母、众多海洋生物标本、南极企鹅和南象形海豹、国内外各地淡水生物、鲸类动物标本十余种等。

聊城中国运河文化博物馆

开馆时间：9：00-17：00（周二至周日）
停止入馆时间：16：30
休息：周一（其他时间参考博物馆公告）
地址：山东省聊城市东昌府区东昌西路 88 号

聊城中国运河文化博物馆是收藏保护、展示宣传聊城市历史文化的地方综合性博物馆，也是以运河文化为主题的专题博物馆，国家二级博物馆。博物馆内设有“运河文化陈列”“聊城历史文物陈列”2 个基本陈列，展示聊城的运河历史、自然风貌和民俗风情，城市历史文化。大汶口红陶钱纹壶、唐佛造像、宋金线纹罐是特色馆藏。

滕州市博物馆

开馆时间：9：00-17：00（周二至周日）
停止入馆时间：16：00
休息：周一（其他时间参考博物馆公告）
地址：山东省枣庄市滕州市龙泉广场

滕州市博物馆是展示、宣传滕州市历史文化的地方综合性博物馆，国家一级博物馆。馆内设有5个基本陈列：“文明曙光”“三国五邑”“泱泱汉风”“滕韵绵长”“峥嵘岁月”；4个专题陈列：“赫赫青铜”“镜鉴古今”“陶风瓷韵”“玉蕴华章”。

大顺世界钱币博物馆

开馆时间：9：00-17：00（周二至周日）
停止入馆时间：16：30
休息：周一（其他时间参考博物馆公告）
地址：山东省淄博市临淄区临淄大道 308 号

大顺世界钱币博物馆是展示宣传中国钱币历史文化的地方主题性博物馆，国家三级博物馆。馆内设有 2 个基本陈列，“中国钱币陈列”，由历代古钱币展、历代金银币展、历代纸币展和中国人民币展 4 个板块组成；“世界钱币陈列”，由亚洲、欧洲、非洲、美洲和大洋洲 5 个板块组成，展出世界上多个国家及地区的现行流通钱币。

银雀山汉墓竹简博物馆

开馆时间：9：00-17：00（周二至周日）
停止入馆时间：16：30
休息：周一（其他时间参考博物馆公告）
地址：山东省临沂市兰山区沂蒙路 216 号

银雀山汉墓竹简博物馆是研究、展示临沂市银雀山汉墓出土的竹简为主题的遗址类博物馆，国家三级博物馆。博物馆内设有 7 个基本陈列，分别是“雀鸣天下”“武经冠冕”“兵学遗珍”“汗青墨书”“制胜之道”“鉴物知史”，展出以汉墓与竹简两大类为主。馆内藏品除竹简外，另有古钱币、铜器、碑帖、玉器、瓷器、印章等门类。

安徽博物院

安徽省是中华文明的重要发源地之一，境内的历史遗存较多，而且地域差别较大。一般来说，安徽省内有4种文化：淮河文化、庐州文化、徽文化、皖江文化，统称为“皖文化”，实际上各文化之间差距较大。

安徽省博物馆成立于1956年，2010年更名为安徽博物院。该博物院现为“一院两馆”运行模式，庐阳馆（老馆）位于合肥市庐阳区安庆路268号，陈列展览大楼为仿苏联式建筑，2013年入选第七批全国重点文物保护单位；蜀山馆（新馆）位于合肥市蜀山区怀宁路87号，建筑造型体现了“五方相连、四水归堂”的徽派建筑风格，2011年对外开放。

安徽博物院在古旧字画装裱修复、青铜器保护修复、碑刻保护拓片、漆木器保护、油画保护修复、文物预防性保护等领域都具备一定实力。

安徽博物院展厅面积17560平方米，除常设展外，每年还引进、举办多场展现境内外代表性历史文化风貌的精品临展，以满足观众多样化的文化需求。

展厅陈设

博物院现藏文物31万余件，其藏品包括商周青铜器、古代陶瓷器、明清书画、徽州雕刻、古籍善本、汉代画像石、宋元金银器、文房四宝、契约文书、近现代文物及潘玉良美术作品等。特色藏品为铸客大鼎、龙虎纹四环铜鼓座、吴王光鉴、青白釉镂孔瓷炉等。

庐阳馆（老馆）基本陈列展厅面积2520平方米，临展厅面积4500平方米，常设展览有“安徽革命史陈列”“安徽古生物陈列”等。蜀山馆（新馆）基本陈列展厅面积8500平方米，临展厅面积2040平方米，常设展览有“安徽文明史陈列”“徽州古建筑”“安徽文房四宝”等。

盒盖上书：“龙宾十友，结契文房，金兰胶尔，既坚且芳”。

藏品精选

康熙吴天章“龙宾十友”墨

康熙吴天章“龙宾十友”墨为明清时期著名墨工吴滹（字天章，号开泰）所制，共10锭，每锭造型、尺寸各异，彩绘图案精致，巧妙组合于长方形黑漆盒内。盒盖上有金书及红漆篆书方印，绘金漆红彩博古图。

吴滹与制墨名家曹素功、吴守默等齐名，为休宁派中的佼佼者。天章墨业年代久远，品精且多，以康熙初年所制者为优。

其他博物馆

安徽省地质博物馆

开馆时间：9：00—17：00（周二至周日）
停止入馆时间：16：30
休息：周一（其他时间参考博物馆公告）
地址：安徽省合肥市政务区仙龙湖路 999 路

安徽省地质博物馆是安徽省地区集古生物化石和地质标本收集、修复、管理、展示及研究、科普教育等工作于一体的专业博物馆，馆内展览以“宇宙、地球、生物、人类、资源”为主线，突出展示古生物化石藏品，兼顾其他地学知识。另有临时展厅、特效影院、科普教室、室外景观等区域。

宿州市博物馆

开馆时间：9：00—17：00（周二至周日）
休息：周一（其他时间参考博物馆公告）
地址：安徽省宿州市埇桥区博物馆路 1 号

宿州市博物馆，是研究保护、宣传展示宿州地区历史与文化的地市级综合性博物馆，国家一级博物馆。馆内陈列有“九州通衢”“人文溯源”“秦汉雄风”“汴水咽喉”“明清遗韵”等常设主题展，另设有临时展厅与民间艺术馆（包括地方戏曲、埇桥马戏、民间工艺等 5 个专题）。

安徽中国徽州文化博物馆

开馆时间：9：00—17：00（周二至周日）
停止入馆时间：16：30
休息：周一（其他时间参考博物馆公告）
地址：安徽省黄山市屯溪区机场迎宾大道 50 号

安徽中国徽州文化博物馆前身为黄山市博物馆，是以徽州文化为主题的地方性综合博物馆，国家一级博物馆。博物馆建筑采用徽派建筑风格，主体建筑为三层殿宇式。馆内展区由基本陈列、专题陈列及非物质文化遗产展示园组成，常年展出“徽州人与徽州文化”基本陈列，另有两个专题展厅举办国内外重要临时展览。徽墨、砚、新安书画、徽州文献、徽州三雕是其特色馆藏。

歙县博物馆

开馆时间：8：00—17：00（周二至周四、周日）
10：00—20：00（周五，周六）
休息：周一（其他时间参考博物馆公告）
地址：安徽省黄山市歙县披云路 10 号

歙县博物馆，是收藏研究、宣传展示歙县地区历史文化的地方性综合博物馆，国家二级博物馆。由文物展厅、太白楼和新安碑园三部分组成，建筑风格以徽派为主，兼有苏州园林风格。馆内有基本陈列“新安碑园石刻陈列”“徽州三雕展”“历代文物展”等，临时展厅不定期举办重要展览。

安庆博物馆

开馆时间：9：00—17：00（周二至周日）
停止入馆时间：16：30
休息时间：周一（其他时间参考博物馆公告）
地址：安徽省安庆市迎江区潜江路8号

安庆博物馆是收藏保护、展示研究安庆地区历史与文化及黄梅戏艺术的地方综合性博物馆，国家一级博物馆，目前全国唯一一家国字号黄梅戏专题博物馆。博物馆内常设“安庆古代文明”“黄梅戏艺术”“安庆近代文明”“安庆城市记忆”“安庆钱币”“安庆书画”“穿越时空看安庆”等10个基本展览。

芜湖市博物馆

开馆时间：9：00—17：00（周二至周日）
停止入馆时间：16：00
休息时间：周一（其他时间参考博物馆公告）
地址：安徽省芜湖市鸠江区中江大道与仁和路交叉口东南角

芜湖市博物馆，是收藏保护、研究展示芜湖地区人类活动、区域经济、区域历史与文化的地方性综合博物馆，国家二级博物馆。馆内展陈分为通史类陈列和专题展览，包括“鸠兹春秋 水韵芜湖”“山水毓秀 皖江明珠”“人祖觅踪 文明初现”“鸠兹沧桑 青铜光华”“江东重镇 汉晋遗风”等。

阜阳博物馆是研究保护、宣传展示阜阳历史文化的地市级综合性博物馆，国家一级博物馆。馆藏文物12.6万件，藏品分青铜器、陶器、瓷器、玉器、石器、书画、古生物化石等十几个门类，其中商代龙虎铜尊、战国楚“郢大府”铜量器、阜阳汉简、西汉天文仪器、东汉青铜辟邪，新莽“井田”铭铜镜、北魏纪年鎏金铜佛像、唐真子飞霜镜、宋金纪年银铤等，具有较高的历史、艺术、科学价值。

阜阳博物馆

开馆时间：9：00—17：00（周二至周日）
停止入馆时间：16：30
休息时间：周一（其他时间参考博物馆公告）
地址：安徽省阜阳市颍州区府前路96号

安徽楚文化博物馆

开馆时间：9：00—17：00（周二至周日）
停止入馆时间：16：00
休息：周一（其他时间参考博物馆公告）
地址：安徽省淮南市寿县明珠大道1号

安徽楚文化博物馆，是收藏保护、展示宣传安徽楚文化和寿县历史与文化的地方性综合博物馆，国家一级博物馆、全国唯一以“楚文化”命名的博物馆。博物馆建筑设计取意于古代楚人“四方筑域”“荆楚高台”的建筑理念，融合现代主义风格。馆内常设两个基本展览：“安徽楚文化”“寿县文明史”，还有“寿春寿文化”专题展览。

南京博物院

概况

南京博物院位于江苏省南京市紫金山南麓，中山门内北侧，玄武区中山东路 321 号，总建筑面积 84800 平方米，为中国创建最早的博物馆、国家一级博物馆，也是中国第一座由国家投资兴建的大型综合类博物馆。

1933 年 4 月，在革命家、教育家蔡元培先生的倡议下，国立中央博物院筹备处建立，并在中山门半山园征地，建设人文馆（即南京博物院大殿）。1959 年最终定名为南京博物院。

展览特点

南京博物院设艺术馆、特展馆、数字馆、非遗馆、民国馆、历史馆，形成“一院六馆”格局，六馆分别设有常设展和临时展览。每个馆的展览各有侧重，但以南京的历史人文发展为主进行展示，呈现不同时期江苏地区的民俗风情。

藏品特点

南京博物院现有各类藏品 43 万余件（套），上至旧石器时代，下迄当代，均为历朝历代的珍品佳作，是一座巨大的中华民族文化艺术宝库。青铜器、玉石器、陶瓷器、金银器皿、竹木牙角、漆器、丝织刺绣、书画、印玺、碑刻造像等文物品类一应俱有，每一品种又自成历史系列，成为数千年中华文明历史发展最为直接的见证。

博物馆特色

南京博物院的特色不仅在于它融合了传统与现代的建筑风格，还通过丰富的文物藏品和多样化的展览内容成为展示中国文化遗产的重要窗口。

仿辽代建筑风格

南京博物院大殿以辽代独乐寺建筑为原型，由徐敬直等人主持设计，梁思成和刘敦桢任监管和设计顾问。博物院在扩建过程中，合理利用空间，形成了南北中轴线的建筑群格局，并以老大殿为中心，形成了南北游览线路。与馆外的王安石故居、中山门、明故宫遗址及明城墙共同构成了城市人文建筑群，体现了“金镶玉成，宝藏其中”的设计理念。

藏品来源多样

南京博物院的藏品来源多样，包括前中央博物院筹备处的藏品、西迁时期考古学家在各地考古发掘所得、各少数民族生产生活用具等。此外，还有热河、奉天行宫等清宫旧藏文物，以瓷器、工艺品、陈设器为主，使得南京博物院拥有不受地域限制的大量精美文物。

展览分布图

注意　本书中的文物所在位置是以作者写作阶段的位置为参考标注的，由于各博物馆经常会有临时特展或巡回展，所以无法保证文物位置固定不变，请各位读者知晓，以实际的参观情形为准。

明 金蝉玉叶饰件

战国末 错金银铜壶

清乾隆 芙蓉石蟠螭耳盖炉

明永乐 青花云龙纹扁瓶

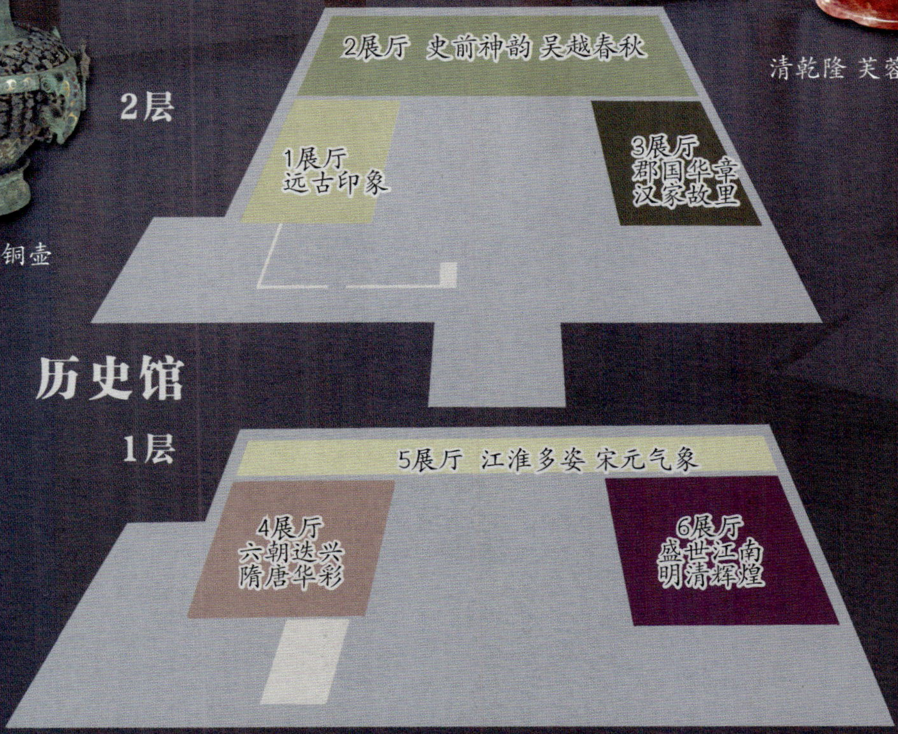

清 粉彩太平有象瓷塑

明 景德镇官窑青花寿山福海纹瓷香炉

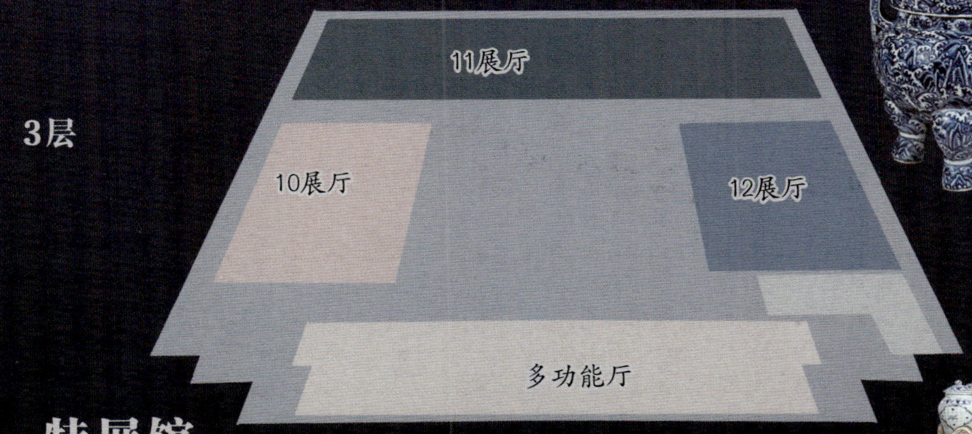

明 鎏金铜喇嘛塔

东汉 错银铜牛灯

发展沿革

1933年
民主革命家、教育家蔡元培先生提议创立国立中央博物院，成立筹备处。

1936年6月6日
国立中央博物院第一期工程开始动工。同年11月12日，建筑工程奠基仪式举行。

1948年初
完工。

1950年
正式改名为“国立南京博物院”。

早期发展

展厅陈设

常设展览

南京博物院的六大展馆分别为历史馆、特展馆、艺术馆、非遗馆、民国馆、数字馆，各馆展览各有侧重。

其中历史馆分单元介绍了自新石器时代至宋元明清时期灿烂的江苏文化。

步发展

1959年
南京博物院、江苏省博物馆、江苏省文物管理委员会合署办公，仍名南京博物院。

1999年
南京博物院艺术陈列馆落成。

蓬勃发展

2009年
为适应发展需求，南京博物院启动二期扩建工程，并遵循“新旧建筑结合，地上地下结合”的原则，形成“一院六馆”的格局。

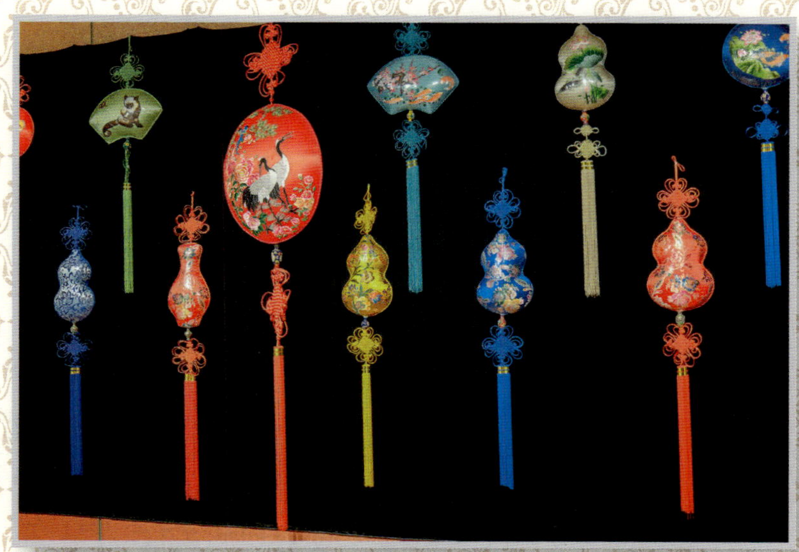

特展馆重点展示国内外精品文物以及宫廷旧藏，包含常设展与不定时更替的临时展览。

艺术馆展示了馆藏精美的历代绘画、书法、雕塑。其中的博爱馆还通过视、听、嗅、触等方面为残障人士提供观展服务。

非遗馆以实物及非物质文化遗产传承人现场展示的形式相结合，生动地为公众展现我国优秀的传统文化。

民国馆通过建筑场景搭建、人物表演的形式让观众身临其境地走入民国时期南京的街头巷尾，还原传统与现代、东方与西方交融的时代记忆。

数字馆则通过数字化场景搭建以及互动式数字展览的体验方式为观众营造穿越时空的情景体验。

青釉神兽尊

- 西晋·陶瓷器
- 高 27.9 厘米，口径 13.3 厘米
- 南京博物院藏

这件瓷尊出土于宜兴周处家族墓中，是南京博物院十件国宝级文物之一。据墓刻记载，时代为公元 302 年。瓷尊先用轮制塑形，再手塑器身细节，展现了西晋时期高超的造瓷水准。尊本为盛酒器，但在其上塑造神兽形象显然更具震慑之意，应为镇墓驱邪的随葬品。

青釉神兽尊盘口、短颈、斜肩，腹部圆而敦厚，肩与腹之间两边各有 3 个系钮，上大下小，呈“品”字形排布。底部刻有“东州”二字。尊造型夸张，工匠巧妙地将兽脸、兽耳、四爪排布在瓷尊四周，以圆鼓的器身为兽体，使得兽、尊巧妙地合二为一。该神兽尊也是我国最早有铭款的瓷器之一，学术价值与艺术价值极高。

纹饰之美

动感的塑造

在瓷尊的背部用或大或小的尖角表现神兽背脊上的兽角，巧妙地将瓷尊立体的形制与兽体结合，使得神兽与尊浑然一体。青釉微微泛灰，釉质润泽，但釉色不匀。其上纹样虽简洁塑造但表达十分到位，以深浅不一、或长或短的篦纹、戳印纹和堆贴纹，以示鬃毛、羽翼和胡须，展现了匠人独到的概括能力。

造型之美

立体的兽身

瓷尊两侧塑神兽的四肢，两条前腿紧贴前胸，两爪上举，双后腿则紧贴腹部。此青釉神兽尊体量大，神态惊人，浑圆的罐身恰似神兽饱满的身体，立体的四肢上的短小鬃毛与身体上浅而平的划痕所表现的胸腹的柔软体毛相互区别，造型独特，具有西晋瓷器的典型特征。

形象之美

多元结合的神兽

尊的腹部堆塑神兽。神兽怒目圆睁，鼻孔向上，舌头外露，嘴中含一圆球。整个兽面塑造得十分立体，威严中又带着一点俏皮，是瓷罐轮制塑造好之后再捋泥刻画雕琢贴塑而成。关于神兽是什么，有分析称可能是上古神兽穷奇，也可能是瑞兽貔貅。

透雕人鸟兽玉饰件

- 新石器时代·玉石器
- 高 5.5 厘米，厚 0.5 厘米
- 南京博物院藏

这件透雕人鸟兽玉饰件出土于昆山市赵陵山遗址77号墓葬，距今约5000年。随之出土的有大量玉、石、陶、象牙、玛瑙等物件，而这件玉饰被发现于墓主人脚下一石钺圆孔内，很可能为石钺上的。这件玉饰是1991年中国十大考古新发现之一，是迄今最早的人鸟兽图案玉雕精品，也是良渚文化中的玉器精品。

玉饰为透闪石软玉雕琢而成，通体白色略带绿斑。采用了线刻、圆雕、透雕、钻孔、抛光等技法，将人、鸟、兽和谐的排布在一块小小的玉石之上。展示了当时极高的雕刻水准，玉饰下方有一小孔，应是用于穿绳固定在骨质或木制的柄上。

概括的人物造型

玉饰的下部是一位戴着高帽的侧身人像，也是整件玉饰的主体部分。人物头部边缘的曲线勾刻出口鼻，面部以一凹进的圆点表示眼睛，上部以阴刻线条表现帽楞，帽上有一高耸的弧形表现羽翎。人物整体为蹲踞状，一手向后上方举托起走兽。

衔接之兽

在玉饰中部，一只走兽连接人与小鸟，走兽头上尾下，作向上爬行状，四肢与人物帽子上高高的羽翎相连，兽嘴与小鸟的腹部相触。在整件玉饰中起到承上启下的作用。

西汉金兽

- 西汉·金银器
- 通高 10.2 厘米，长 17.5 厘米，宽 16 厘米
- 南京博物院藏

这件金兽于 20 世纪 80 年代在江苏省盱眙县南窑庄窖藏中被发现，据形状推断其年代最晚可追溯至西汉。金兽整体呈豹形，壁厚，空腹，为浇铸并锤击而成。金兽造型似虎似豹，兽头上有一环钮，脖颈有三圈环，兽身蜷缩，头枕于身体之上，尾巴缩于腿下，造型简练憨厚，通体锤圆片状斑纹。

金兽含金量 99%，重达 9100 克，这是我国目前出土的古代黄金铸器中最重的一件，被称为“镇护之宝”。该金兽的制作是将青铜铸造工艺与金器锤击工艺两种技法结合在一起，全身斑纹大小一致，呈不规则圆形，是金兽整体铸成之后，工匠特意用工具锤击上去的。

形象之美

立体的金兽

关于金兽究竟是何兽，目前并无确切的说法。有专家推测是老虎，也有说为狮子，还有说为豹。从其形态、面貌与身体刻画的斑纹来看，目前更多观点集中认为金兽为豹。

国宝小知识：金兽是何用处

对于金兽的用处目前有多种说法，一种认为金兽为镇席，汉代人常坐卧于席上，用镇席压住席的四角，以金器为镇表现了主人身份的尊贵。另一种说法认为它是财富与权力的象征，不具有实际功用。还有说法认为它是类似砝码的衡量器。

错金铜豹（西汉，河北博物院）

竹林七贤与荣启期砖画

- 南朝·砖画
- 一组长242.5厘米，宽78厘米；另一组长241.5厘米，宽78厘米
- 南京博物院藏

这组砖画出土于江苏南京西善桥宫山大墓，绘竹林七贤与荣启期谈玄饮酒的画面，是南朝贵族墓常见的题材之一，相传作者是陆探微。这组砖画是国家重点文物，也是中国目前发现最早、保存最好的大型人物画像砖实物，是“20世纪中国百项考古大发现”之一。该砖画由上百块模印画砖拼砌而成，人物线条流畅，形象清瘦，是陆探微典型的“瘦骨清像”风格。8人席地而坐，人物体态与神情各不相同。砖画在墓室中分左右两侧相对排列，因此画面与人物排布对称，和谐中又各有特色。

“竹林七贤”所处的时代正是动荡的南北朝时期，他们不满司马氏的统治，于是归隐山林之间，纵情高歌，谈玄饮酒，过着自由肆意的生活。7人有的主张老庄之学，有的杂糅老庄之学与儒学，和而不同。而荣启期博才，多学，善乐，是春秋时期淡泊名利的代表，跨时代的8人就此相聚一堂。

荣启期

荣启期披发长须，宽衣博带，悠然弹奏着五弦琴。有趣的是，荣启期并不认识竹林七贤，且是不同时代的春秋人。将其排布在一起，一方面是因为他也是一位性情高洁的“高士”，另一方面也为了画面排布的对称性。

阮咸

阮咸通晓音律，善琵琶。画面中他弹一四弦琴，有诗曰：“不似琵琶不似琴，四弦陶写晋人心。”这种乐器就是以他命名的“阮咸”。

刘伶

刘伶性情肆意，嗜酒如命，常带着锄头出门，吩咐下人“死便埋我”。画面中他一手捧着酒杯，一手沾酒品尝，面容陶醉。

向秀

向秀好老庄之学，对道家思想有着深入的理解。画中他一肩袒露，依靠在树下闭目养神，或是在思考哲学思想，也可能是酒后的小憩。

稳定的结构

砖画是使用砖胚先作阴刻，压制成凸出的阳线烧制而成。画中由三层横向长砖与相当于三层砖高度的竖向砖相间排布，使得砖土结构更加稳定。

嵇康

嵇康性情豁达，学识广博，善绘画与音律。画中他目送秋鸿，手拂五弦琴似弹非弹。

山涛

山涛蜷腿坐在林间，头上裹着头巾，一手挽着袖子，一手端着酒杯。相传他酒过八斗才醉，但图中的他并没有失态，十分从容。

阮籍

阮籍身穿长袍，一手撑着席子，一手置于膝上，口作长啸状。相传阮籍善写长诗，性情豁达，不拘小节，喜好饮酒，且嗜酒能啸。图中他的酒盏放在一旁，正侧着身子长啸，显得十分自在。

王戎

王戎身家富贵，画中他靠在箱子旁，手中把玩着玉如意，玉柄作手状，可能是用于瘙痒。在他身旁放置一水瓢，水面还漂浮一物，将他的富足、愉悦与雅趣表现得十分到位。

八位名士

画像砖以竹林七贤和荣启期八位名士为主体人物，通过衣着、动作、神态刻画了自由自得、放荡不羁的名士形象。画像砖线条简洁、气韵盎然，表现了人物物形态动作的同时，也传达了人物的精神气质。八位人物以树木相隔，各自独立成画，又相互呼应，这种构图方式使画面布局有序而富有变化，也更好地衬托了人物形象。

明洪武釉里红三友带盖瓷梅瓶

- 明·陶瓷器
- 通高 41.6 厘米，瓶高 35.8 厘米，腹深 35.3 厘米，口径 6.4 厘米，足径 13.5 厘米，最大腹径 68.4 厘米
- 南京博物院藏

这件明洪武釉里红三友带盖瓷梅瓶 1957 年出土于南京市东善桥响龙山，系永乐帝女安成公主的陪葬品。梅瓶是古代瓷器中一种集使用和观赏为一体的用具，一般都是小口，短颈，丰肩，肩以下逐渐收敛，体型修长。

该梅瓶浅足沙底，盖呈铎形，釉质细腻，釉里红发色欠佳，窑变黑色。瓶身装饰由 7 组图案组成，颈上蕉叶纹，肩部纹饰三道（如意云、卷草、缠枝菊花），正中以岁寒三友图为主题，夹饰芭蕉、山石、花卉。其下绘波涛海水纹，胫部饰仰莲纹一周。该瓷瓶总体上造型优美，胎质坚硬，纹饰精致，釉质滋润，白釉微青，是现存唯一完整的明洪武釉里红带盖梅瓶。

纹饰之美　优雅的花纹

这件梅瓶带有一铎形盖，盖上塑宝珠形钮，在器盖外围以红色为底白色为纹装饰一圈缠枝牡丹纹。器身整体纹样以釉里红满绘纹饰，画风满密，用料奢侈。肩部绘缠枝扁菊花纹，扁菊花是洪武瓷器上常用的装饰图案，其他时期较为少见。

纹饰之美　优雅的花纹

这种仰莲纹在元代青花器上已经出现，并被熟练运用，不同的是，元代仰莲纹每片花瓣都是独立的，明洪武时期开始，这些花瓣连到一起了，即两片花瓣相连的地方共用一条线，这种画法一直持续到清末。

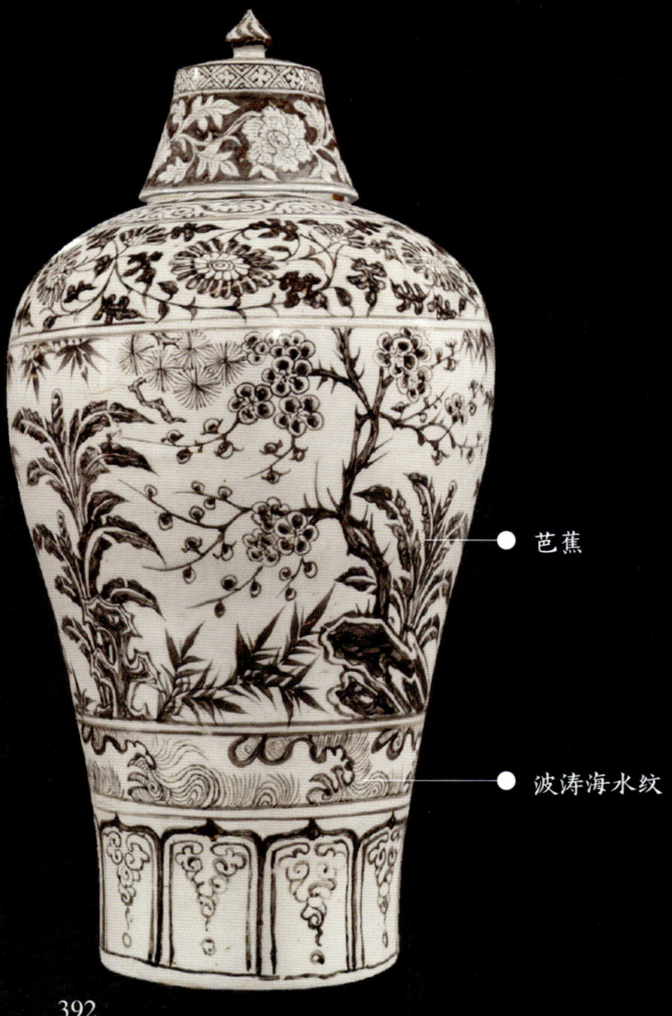

纹饰之美　高洁的三君子

梅瓶的主体部分绘有“岁寒三友”（松、竹、梅），以及穿插其间的假石、山茶花和芭蕉叶。“岁寒三友”是元代文人画中常出现的题材，而芭蕉叶则是洪武年间梅瓶中常出现的元素，主要是为了画面对称，这种形式一直延续到明清两代。

国宝小知识："岁寒三友"

"岁寒三友"即松、竹、梅，既是中国传统纹样也是明清官窑瓷器的常见纹饰。"岁寒三友"皆是在寒冬依然旺盛生长的植物，常被用来比喻文人高洁不屈的品质。

苏州博物馆

概况

苏州博物馆位于苏州市姑苏区东北街 204 号，占地面积约 10700 平方米，建筑面积 19000 余平方米，加上太平天国忠王府，总建筑面积达到 26500 平方米，是地方性综合博物馆。2008 年，苏州博物馆成为首批国家一级博物馆。

展览特点

苏州博物馆展览以历年考古出土文物、明清书画和工艺品见长，馆内陈设均以吴地风貌为主，涵盖了苏州历史、文化、艺术等多个方面，还定期举办各类临时展览和专题活动，如书画展、摄影展、文化讲座等，丰富了市民的文化生活。

藏品介绍

苏州博物馆的藏品总数约 25000 件（套），珍贵文物达 9000 余件（套），包括吴地书画、瓷器、玉器、金银器、竹木牙雕、织绣服饰、古籍善本等，数量众多，品类齐全。

博物馆特色

苏州博物馆尤其以历年考古出土的文物、明清时期的书画及工艺品为突出特色。其将江南文化作为核心展示内容，坚守“立江南，观世界”的办馆理念，向观众传递着苏式的雅韵魅力，讲述着江南文化的故事，展现出世界文明的风采。

园林式建筑

苏州博物馆由著名建筑师贝聿铭设计，融合了苏州传统园林精髓与现代设计理念。建筑外观采用黑、白、灰色调，与古城风貌协调，内部采用园林式布局，同时运用玻璃、钢铁等现代建筑材料，创造出轻盈通透的视觉效果。

文化活动丰富

苏州博物馆定期举办各类文化活动，如文化讲座、学术研讨会、亲子活动等，丰富了市民的文化生活，并提升了博物馆的社会影响力。

展览分布图

注意　本书中的文物所在位置是以作者写作阶段的位置为参考标注的，由于各博物馆经常会有临时特展或巡回展，所以无法保证文物位置固定不变，请各位读者知晓，以实际的参观情形为准。

明 三阳开泰饰板

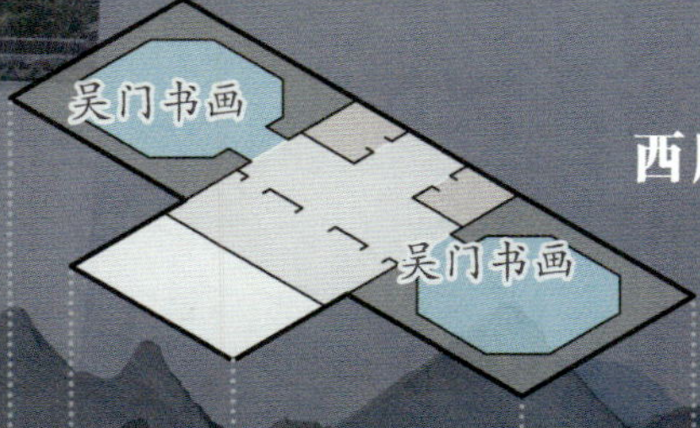

西廊二层

清 白玉瓜瓞绵绵烟壶

清 鱼子绿橄榄尊

一层

明 螺钿嵌金人物山水漆盘

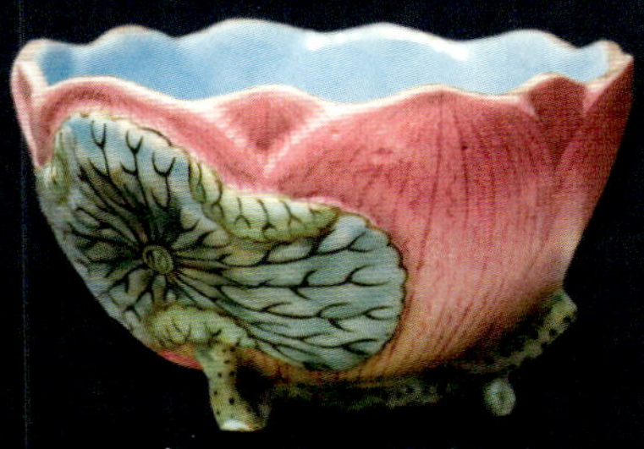

清 粉彩绿里荷花形杯

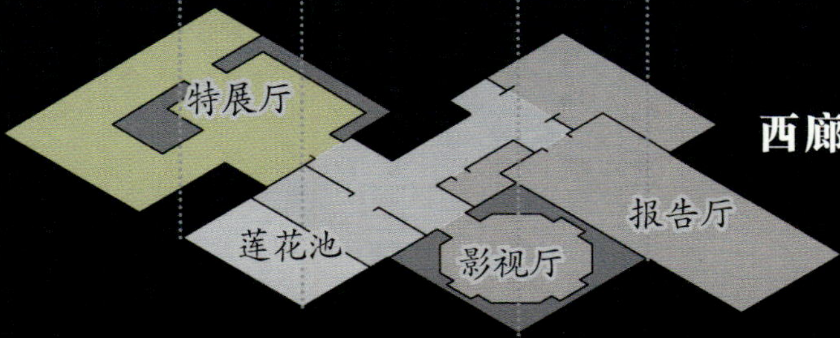

西廊地下层

宋 铜一佛二菩萨像

清 象牙雕龙

明 螺钿嵌人物漆碗

发展沿革

1950年初
苏州政府成立苏州市文物管理委员会。

1958年
苏州市开始筹备苏州市地志博物馆。

1960年初
地志博物馆与苏州市国庆十周年展览会合并成立苏州博物馆。

1997年
考古部标本陈列室整理完成，对内部开放。

1999年
制定通过忠王府新的总体布局，对忠王府环境进行改善。

博物馆的雏形（1950年～1996年）

新馆的筹备

展厅陈设

基本陈列

苏州博物馆的基本陈列包含了众多精美的古物，诸如花纹绮丽的瓷器、活灵活现的屏风画、造型别具一格的陶器等，分 4 个主题陈列："吴门书画""吴中风雅""吴塔国宝""吴地遗珍"。精选珍藏文物等全方面展示苏州的历史文化与底蕴。

2002年
接待贝律铭一行察看忠王府及新馆馆址。

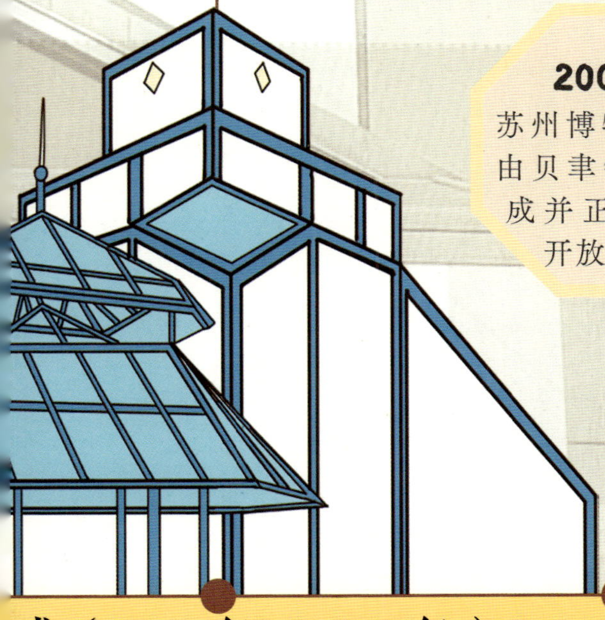

2006年
苏州博物馆新馆由贝聿铭设计建成并正式对外开放。

2018年3月
苏州博物馆西馆动工建设。

2021年9月底
苏州博物馆西馆正式完工并对外开放。

成（1997年～2017年）

西馆的建设与发展（2018年至今）

国内特展

苏博经常组织国内特展，如“藏天下”系列展览，将民间珍藏陈列于文化殿堂；“东周时期的洛阳与苏州”展览，梳理中原与吴地之间交融共生的发展脉络，展现中华多元一体格局演进的历史进程。

国际特展

苏博定期举办国际合作展览，如与英国大英博物馆共同举办的“亚述之王：亚述巴尼拔”，通过各类文物展现出了亚述王当时的奢靡生活，呈现了考古学和亚述学的最新研究成果。

真珠舍利宝幢

- 宋·金银器
- 通高 122.6 厘米
- 苏州博物馆藏

这座真珠舍利宝幢是 1978 年 3 名顽童在瑞光古塔掏鸟蛋时，偶然发现的宝藏。此宝幢是一座用以安置舍利的器皿，由须弥座、佛宫、刹三部分构成。其主体采用楠木雕刻，饰以各种珠宝和贵金属。

在制作工艺上，这件瑰宝运用了多种复杂技法，包括玉雕、木雕、穿珠、截金、锤揲、花丝等。该宝幢在出土时已遭破损，经过专家学者多方考证，修复工作由文物修复专家、画家及十余位老艺人共同努力完成。它造型优美、工艺精湛，当之无愧成为宋代的珍宝。

技艺之美 精细刻画，金光闪耀

细看宝幢，须弥座上的海面波涛翻腾，有一九头金龙翱翔其间；天王与天女形象各异，而护法天神形象夸张；华盖珠光流转，刹顶镶嵌一颗大水晶球，金光闪烁，寓意“佛光普照”。这座宝幢用料奢华珍贵，工艺无比复杂，凝聚了当时工匠的心血与智慧，才得以呈现出如此金碧辉煌的视觉效果。

截金

宝幢为木胎，却金光闪耀，是使用了“截金”工艺的缘故。所谓截金，是将极薄的金箔截成如丝般的金线，再用胶一点一点粘在木胎上，形成如天然木纹一般的纹理，工艺非常复杂。

秘色瓷莲花碗

- 五代·陶瓷器
- 通高 13.5 厘米
- 苏州博物馆藏

这件秘色瓷莲花碗是1956年维修苏州虎丘云岩寺塔时，在塔内第三层被发现的。其釉色均匀透亮，淡雅清幽，光泽温润，属秘色瓷中的上品。这件莲花碗起初被当作青瓷，直到1987年法门寺地宫出土了13件秘色瓷，才被正式定名为五代越窑秘色瓷莲花碗，这也让世人第一次见识到什么是真正的秘色瓷。

这件瓷器来自著名的越窑，为莲花造型，由碗和盏托两部分组成。碗外壁浅浮雕三层莲瓣，如菡萏初绽；碗形内壁刻画莲瓣纹。瓷胎呈灰白色，胎质细腻致密，颗粒均匀纯净。托心平整，施青釉，釉层厚且通体一致，光洁如玉，如宁静的湖水一般，清澈碧绿。

宛若莲花

此碗为直口深腹，碗的外壁以浅浮雕工艺呈现三层莲瓣，仿若菡萏刚刚绽放；碗的内壁则精心刻画着莲瓣纹。盏托的形状如豆，口沿之处向外翻卷，细腻刻画出双钩仰莲两组，十分雅致。下部为向外撇的圈足，饰浮雕覆莲两组。当碗置于盏托之上，层层莲瓣相继翻卷盛开，好似莲花绽放，美不胜收。

“项记”署名

盏托底部正中，镂有一小圆孔直通器底，孔边刻有“项记”二字，为制作此件器物的工匠署名，使得这件秘色瓷莲花碗更显珍贵。

国宝小知识：秘色瓷

唐代诗人陆龟蒙的诗《秘色越器》：“九秋风露越窑开，夺得千峰翠色来。好向中宵盛坑瀣，共嵇中散斗遗杯。”第一次提出了“秘色”一词，并描绘了秘色瓷的青莹之美。据宋人记载，吴越国军钱镠（liú）规定越窑专烧贡瓷，其工艺、配方秘不外传，但宋代之后秘色瓷就消失了，给后人留下了无尽的想象。

《七君子图》

- 元·书画
- 长约 1000 厘米，宽约 36 厘米
- 苏州博物馆藏

这套《七君子图》由苏州的过云楼主顾氏后人捐赠，又名《竹林七友》。其原为元代赵天裕、柯九思、赵原、顾安、张绅、吴镇六家所绘墨竹合卷。这六位画家都是元明之际的画竹名家，其中顾安原有两件作品收入其中，乾隆时期，合卷中顾安的一幅作品确已遗失，因此又将画作重命名为《六逸图》。而后几经反转，吴镇的墨竹图又补入其中，便成为如今的 7 件画作。这件作品以其雄浑的气势、精妙的构图及独特的韵味，为后人带来涓涓细流般的雅致感受。

画中竹子亭亭玉立，婆娑有致，不畏霜雪，四季常青，有君子之风。以书入画，运笔用墨时挥洒自如，表现出竹的神韵与气节。虽然六位画家的作画主题相同，但每幅画作又带有浓烈的个人色彩。有的精巧细腻，有的浑厚潇洒，有的新奇，有的灵动，但皆竹韵强烈，典雅十足，将竹的高风亮节表现得淋漓尽致，尽显文人墨客的雅韵气息。

赵天裕 作

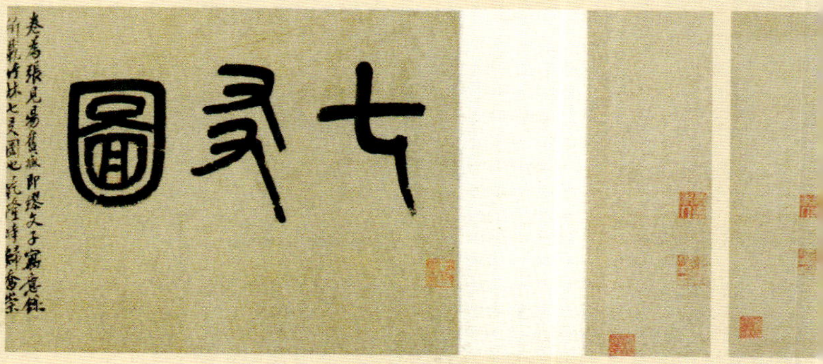

吴昌硕 书《七友图》

柯九思 作

顾安 作

各具特色的竹韵

赵天裕、柯九思、赵原、顾安、张绅、吴镇这六位画家在墨竹绘画领域皆有独特造诣，他们的作品各具风格。赵天裕的墨竹带有南宋画风，以其独特的笔触展现竹的韵味；柯九思的作品飘逸洒脱，笔墨运用精妙；赵原的墨竹在构图上有所突破，给人以新奇之感；顾安的墨竹构图奇特，富有象征意义；张绅擅长“推篷竹”，用笔跳跃灵动；吴镇的墨竹竹叶上趯，叶不粘枝，自成一格。这六位画家的墨竹图汇聚在一起，形成了一幅艺术珍品。

国宝小知识：六位画家，命运各异

六位画家命运各有不同：赵天裕生平无考；柯九思时为鉴书博士，博览古代名迹；顾安是当时画竹的名家，在李衎、柯九思之外自成一派；吴镇则一生不仕，隐居作画为生；张绅仕途顺利，精书法，善墨竹；赵原是职业画家出身，善山水，师法北宋荆、关一派。

画前引首

七幅画作之前有三位名人书写的引首。首先是隶书“六逸图”，为乾隆年间的画家乔崇修书写；而后的“六君子图”则由清朝时期著名的金石家、书法家张廷济书写；最后的“七友图”则是“清末海派四大家”之一的吴昌硕书写。

张廷济 书《六君子图》

乔崇修 书《六逸图》

柯九思 作

赵原 作

张绅 作

吴镇 作

盛真珠舍利宝幢内木函

- 北宋·木器
- 高 123 厘米，宽 42.5 厘米
- 苏州博物馆藏

这件国宝是 1978 年在苏州市瑞光寺塔内的第三层天宫中发现的，真珠舍利宝幢就曾经安置于此件文物内。此文物通体由珍稀的银杏木制成，为五节套叠式。木函外壁上画彩绘四天王像，画面比例均匀。它不仅继承了唐代绘画的雄浑大气，又融入了宋代绘画的精致婉约，线条流畅自然，富有韵律感。文物内壁还书有“大中祥符六年四月十八日记”，更凸显其珍贵价值。

木函敷彩设色，以朱红石绿为主，笔墨苍劲，筋骨毕显，继承了唐代绘画遗风，如唐代画圣吴道子的画风跃然其上。木函虽历经千年，但依然五彩斑斓，气势不凡。木函上的雕刻图案精美绝伦，天王们面部表情丰富而夸张，威严中透露出灵动。服饰采用柳叶描法，线条流畅，技法娴熟。装饰元素丰富多样，如各种祥瑞图案、符号等，都经过精心雕琢，展现出极高的艺术水准。

西方广目天王怒发冲冠，目视侧前方，衣着华丽，背后烟气弥漫，气势汹汹。

西方广目天王

人物之美 四天王像

木函上的绘画线条流畅自然，粗细变化富有节奏感，将四天王的轮廓和神态精准地勾勒出来。他们姿态各异，有的手持法器，有的脚踏小鬼，展现出强大的力量和威严。通过细腻生动地刻画，人物的肌肉线条、服饰纹理等细节都清晰可见，增强了画面的层次感和立体感。

色彩之美 朱红石绿

丰富的色彩更为这件瑰宝锦上添花。鲜艳的朱红色与醇厚的石绿色点缀在四天王的面容、服饰等细节上，强烈的冲击感扑面而来。大面积的白色又为画面提供了恰到好处的缓冲，使得整体色彩搭配强烈分明却又十分和谐。

国宝小知识：银杏木的材质

银杏木质地细腻，纹理直且均匀，具有良好的耐腐性和稳定性。其材质轻软，却又具备一定的硬度和韧性，在制作木函时，既能保证木函的坚固耐用，又便于工匠进行精细的加工。此外，银杏木还具有独特的香气，能够防虫蛀，为木函内所藏的宝幢提供了天然的保护。

东方持国天王仰头侧视，胡须浓密卷曲，手持利器，衣袍飘逸，火红烟气缭绕，威风凛凛。

南方增长天王手持宝剑插于地面，身材魁梧，双眼怒视，表情庄重，正义凛然。

北方多闻天王皱眉瞪眼，神情凝重，手托宝塔，塔内烟雾缭绕，右手举起，气势威严。

东方持国天王　南方增长天王　北方多闻天王

吴文化博物馆

吴文化主要集中在苏南和浙北的环太湖流域。该文化类型主要以荆吴和先吴及吴国文化为基础，历经商、周、春秋、战国、秦、汉、魏晋南北朝等时期的发展，隋、唐、宋、元时期的发育，至明清时期形成高峰。

吴文化博物馆于2020年6月28日正式建成开馆，是苏州市第一座全面展示吴地文化的特色博物馆。吴文化博物馆坐落于苏州市吴中区宝带桥·澹台湖大运河国家文化公园内，建筑面积约1.8万平方米。

博物馆集中展现了吴地历史和文化遗存，承载文化展示、文物研究、公共服务、社会教育、休闲旅游等功能。

展厅陈设

博物馆一楼主要用于临展、教育和公共服务，二楼设置常规陈列。一楼的两个临展厅重点打造吴地文化、江南文化特色展和其他国内外精品展；二楼的常规陈列以“考古探吴中”与“风雅颂吴中”的专题展览形式，对学术意义的“吴文化”及“吴地文化”进行相对全面的解读。

藏品精选

釉里红云龙纹盖罐

这件元代釉里红云龙纹盖罐，通高38.2厘米，口径12.7厘米。此罐直口短颈，丰肩鼓腹，造型端庄，胎白质坚。器腹以白龙为主体纹饰，红云白龙相得益彰，采用“釉里红拔白”装饰技法，工艺精湛，色彩艳丽。因元代釉里红瓷器烧造难度大，废品率高，故存世数量极少。此罐国内外罕见，是研究元代瓷器的重要实物资料。

在刻有纹饰的白胎上留出图案部位，剩余部分用铜红料涂抹，烧造后即形成红底白花的效果，这种装饰技法被称为“釉里红拔白”。

徐州博物馆

徐州市，简称“徐”，另有“彭国”“彭城”“涿鹿”等古称。徐州是两汉文化的发源地，因此有人称之为“东方雅典”。徐州有众多历史遗迹，如大量的汉代画像石、楚汉战争留下的战场遗址、汉代的兵马俑等。

徐州博物馆始建于1959年，除主馆外还包括徐州汉画像石艺术馆、尉天池书法馆、赵绪成艺术馆，占地面积6万平方米，其中建筑面积近2.7万平方米，陈列面积1.2万平方米，是徐州市发掘、保护、陈列、收藏和研究历史文物的综合性博物馆。徐州博物馆主馆于2010年扩建，2018年展陈提升，建成由西汉采石场遗址、土山东汉彭城王墓、清乾隆行宫和陈列楼四部分组成，集古遗址、古墓葬、古建筑于一体，以汉文化为鲜明特色的地方博物馆。

展厅陈设

博物馆主馆基本陈列包括“古彭千秋”“大汉气象”“天工汉玉”“汉家烟火”“俑秀凝华”“金戈铁马”“邓永清收藏书画展”7大展览，展出各类文物珍品5000余件，全面展示了徐州丰富璀璨的历史和厚重的地域文明。

徐州汉画像石艺术馆的基本陈列为陈列于南馆的“大汉王朝——石上史诗” 陈列于北馆的“汉石遗珍”。

玉龙眼睛下方有一钻孔，
为佩戴时的系穿用孔，
表明这件玉龙为配饰。

藏品精选

西汉S形龙形玉佩

此件文物高17.5厘米，宽10.2厘米，厚0.6厘米，出土于徐州狮子山楚王墓。这件玉佩用新疆和田玉雕成，局部有沁斑，莹润有光泽，造型为单体龙，身体腾卷呈S形，又称“S形龙”。玉龙双目圆睁，鬣毛向两边卷曲，颈部以阴线刻出一圈绞丝纹，前肢曲折，爪趾锐利，呈尖钩状，龙尾上卷，通体饰勾连涡纹。

苏州湾博物馆

苏州湾博物馆是吴江博物馆的新馆，位于江苏省苏州市吴江区。吴江为苏州市的一个区，素有“鱼米之乡”“丝绸之府”之称，该区古镇极多，较为著名的有同里古镇、震泽古镇等。

吴江博物馆建于1988年，位于江苏省苏州市吴江区江陵南路。2023年开馆的新馆苏州湾博物馆，位于江苏省苏州市吴江区东太湖大道12000号，在苏州湾文化中心南区东楼。

该馆由普利兹克奖得主、法国建筑师包赞巴克设计，地上6层，建筑面积26000平方米，展陈面积5700平方米，其外观被设计成波澜起伏的自然态势，以“∞”字形飘带相连的翅翼反映出中国传统哲学中的阴阳交替之意，是一座具有吴江特质和江南韵味的地方综合性博物馆。

展厅陈设

苏州湾博物馆一层设两个特展厅，用于举办国内外精品展；二层是吴江文化展厅；三层主要是报告厅；四层为常设展览，即“吴韵江南——吴江历史文化陈列”的展厅；五层为书画展厅；六层不对外开放。

采用了磁州窑标志性的白地黑花技法，即粗胎敷白色化妆土后以赤铁矿颜料绘图，再经高温烧制。

藏品精选

磁州窑白釉黑花牡丹纹虎枕

这件瓷枕为金代珍品，长约 30.5 厘米，高约 14.6 厘米。此枕以虎身为形，黄地绘黑色条纹以模仿虎皮纹，虎背设腰圆形枕面，枕面为白地刻黑彩牡丹。虎形设计美观，寓意驱邪镇妖，展现了磁州窑的独特魅力。

藏品精选

青花缠枝莲油灯

此灯是清乾隆时期的文物，高 14.1 厘米，口径 5 厘米，底径 5.7 厘米，由瓷盘、瓷柱、瓷碗 3 部分组成。此灯造型独特，饰以缠枝莲花，色泽清雅、纹饰精细。灯柱连接瓷盘，整体如3朵盛开的莲花，底部瓷盘可与灯柱分离。此灯尺寸适宜，结构合理，装饰典雅，兼具实用与审美价值。

南通博物苑

南通是中国东海岸与长江交汇处的一个城市，历史悠久，文化底蕴深厚。近代以来，南通在教育、文化、工业等许多方面取得了很高的成就，成为当时中国的“模范城”，南通博物苑就诞生在这个时期。

南通博物苑位于江苏省南通市崇川区濠河之滨，是中国人独立创办的第一座公共博物馆，由晚清状元、近代伟大的爱国主义者、著名实业家、教育家张謇于 1905 年创办。

如今的南通博物苑总占地面积 7 万多平方米，建筑面积约 1.67 万平方米。全苑分为历史保护区与新展馆区，历史保护区由濠南别业、中馆、南馆、北馆、东馆、藤东水榭、谦亭等历史建筑及国秀坛等园林景观构成。南通博物苑以“设为庠序学校以教，多识鸟兽草木之名”为办苑宗旨，是一座融合中国古代园林与博物馆于一体的综合性博物馆。

扬州博物馆

扬州市，古称“广陵”“江都”“维扬”，它是长江三角洲中心城市之一。隋炀帝时开凿大运河，扬州遂成为水运枢纽，使得扬州富冠天下，和益州并驾齐驱，有“扬一益二”之称。

扬州博物馆位于扬州市邗江区文昌西路468号，由扬州中国雕版印刷博物馆、扬州博物馆新馆组成，简称“扬州双博馆”。其中，扬州博物馆成立于1951年，是地方特色鲜明的地志性综合博物馆。扬州中国雕版印刷博物馆成立于2003年，是中国目前国内唯一一家雕版印刷专题博物馆，2005年全面对外开放。

扬州双博馆建筑面积约2.5万平方米，展区面积约1万平方米，为扬州地区最大的文物收藏中心、文博学术研究中心、市民文化休闲中心、青少年文博爱国主义教育基地。

展厅陈设

馆内共设9个展厅，分别是“广陵潮——扬州古代城市故事”“扬州八怪书画厅”“明清书画厅”“国宝厅”“古代艺术厅”“中国雕版印刷展厅”“扬州雕版印刷展厅”“特展厅”和“现代艺术馆”，全面展示扬州地方历史文化和中国雕版印刷发展史及其工艺流程。

藏品介绍

扬州博物馆馆藏文物 14 万余件，包括西汉彩漆云气鸟兽纹樽、五代曲颈琵琶、西汉龙凤纹玉佩等珍贵文物。此外，还有汉代卡尺、铜缕琉璃衣、唐錾刻飞天金栉等反映古代科技与生活的展品。

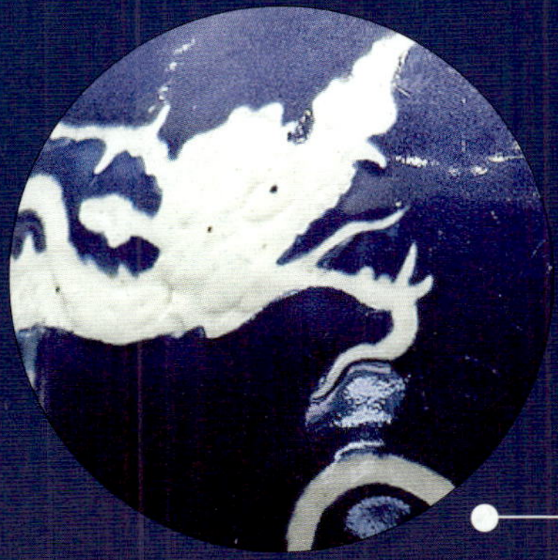

一条龙追逐火焰宝珠。

像浮动的珊瑚枝一样的火焰形云纹。

藏品精选

霁蓝釉白龙纹梅瓶

这件梅瓶高 43.5 厘米，口径 5.5 厘米，底径 14 厘米，为扬州博物馆的“镇馆之宝”。梅瓶口小、颈短、肩丰，肩以下渐收。通体施霁蓝釉，云龙与宝珠施青白釉，两种釉色形成对比。在存世的 3 件元代霁蓝釉白龙纹梅瓶中，尤以这件瓶器型最大，而且釉色净润，是元代梅瓶中的极品。

无锡博物院

无锡市，简称“锡”，古时亦称之为“梁溪”“金匮”。无锡素有“布码头”“钱码头”“窑码头”“丝都”“米市”之称。

无锡博物院成立于2007年，位于无锡市梁溪区钟书路100号太湖广场中央，由原无锡市博物馆（创建于1958年）、无锡市革命陈列馆、无锡市科普馆“三馆合一”组建而成，2008年正式对外开放。

无锡博物院下辖无锡中国民族工商业博物馆、周怀民藏画馆、程及美术馆和无锡碑刻陈列馆等专题馆，是一座集陈列展示、科学研究、艺术欣赏于一体的地方综合性博物馆。

博物院建筑面积71000平方米，由3座相对独立的四层楼构成，整个建筑采用现代化全钢架结构，造型厚重，并具有吴地的水文化灵性，是无锡的标志性建筑。

藏品介绍

无锡博物院馆藏文物近4万件，珍贵文物1487件（套），尤以古代书画、历代紫砂、惠山泥人、近现代革命文物和民族工商业文物为主要特色，也是清宫旧藏散佚文物主要收藏博物馆之一。

藏品精选

五代 杨凝式《韭花帖》

纸本，纵 26 厘米，横 28 厘米（不包括题跋），《韭花帖》是唐末五代书法家杨凝式（873 年—954 年）的行书作品，有“天下第五行书”之称。目前现存世有 3 个藏本，分别藏于无锡博物院和台北故宫博物院，罗振玉藏本不知去向。

该书法行中带楷，是杨凝式醒后饥饿无比，得韭花珍馐而食，心中惬意故灵感大发写下，正文“七月十一日”后有漫漶不清的“凝式”款识，具有明显的刮擦痕迹。该书法有诸多清宫藏印，后为无锡藏家薛满生获得，20 世纪 80 年代为原无锡市博物馆收藏。

中国大运河博物馆

中国大运河包括隋唐大运河、京杭大运河和浙东大运河，地跨北京、天津、河北、山东、河南、安徽、江苏、浙江 8 个省（直辖市），贯通海河、黄河、淮河、长江、钱塘江 5 大水系，是沟通中国古代南北交通的大动脉。2014 年 6 月，中国大运河作为中华文明的重要标识被联合国教科文组织列为世界文化遗产名录。2018 年，中国大运河博物馆建设着手启动，并明确该博物馆展览和运营由江苏省文化和旅游厅负责、南京博物院具体组织实施。

中国大运河博物馆位于扬州三湾公园，主体建筑就像船在水中，水托举着船，内庭院仿佛一个小型三湾公园，光、影、树、水交相融合，既体现出运河风光，又有中国传统园林的雅趣。无论是塔、仓，还是舟，都呈现出一派盛唐气象与恢弘气势，仅“中国大运河博物馆”这 8 个字就尽显唐风古韵。

展厅陈设

进入展馆第一展厅，“大运河——中国的世界文化遗产”展览第一部分梳理了大运河的历史变迁，从 5 个关键时间节点展开叙述，即春秋晚期开凿、隋朝第一次全线贯通、唐宋时期发展、元朝第二次大沟通及明清时期繁荣。

藏品介绍

作为一座全流域、全时段、全方位展示大运河历史、文化、艺术的专题博物馆，博物馆收藏了自春秋时期以来的 1 万多件以运河为主题的文物，包括古籍、书画、碑文、瓷器、陶器和金属器皿等。

羽毛雕琢栩栩如生，釉色纯正，掐丝流畅。

藏品精选

清铜胎掐丝珐琅鹦鹉摆件

该摆件长 25 厘米，宽 11 厘米，高 25 厘米。铜胎质地，掐丝珐琅工艺，整体由托盘、鹦鹉、立鸟丁字架组成。通体鎏金，近底部镂雕缠枝花纹。鹦鹉采用錾胎与掐丝相结合的技法，其中翅膀的轮廓錾胎，羽毛细部掐丝，填施各色珐琅釉，雕琢栩栩如生，釉色纯正，掐丝流畅，鎏金厚实，可视为清代乾隆时期掐丝珐琅工艺的代表作。

其他博物馆

南京中国科举博物馆

开馆时间：9：00—17：00（周二至周日）
停止入馆时间：16：30
休息：周一（其他时间参考博物馆公告）
地址：江苏省南京市秦淮区金陵路1号

南京中国科举博物馆是在古代江南贡院原址上扩建而成的，是展示中国古代科举制度与科举文化的专题博物馆，国家一级博物馆。博物馆由地下4层博物馆主体和江南贡院明远楼遗址组成，馆内设有“为国求贤厅”“鱼龙变化厅”“金榜题名厅”“金陵佳话厅”“源远流长厅”，全面介绍科举制度的发展历程。

南京市博物总馆

南京市博物总馆是国家一级博物馆，它融汇了南京古代史、近现代史、革命史、城市史，考古、文保、民俗与非遗等诸多门类，是一座综合性博物馆。总馆下辖多个分支机构，包括南京市博物馆（朝天宫）、六朝博物馆等。

开馆时间：9：00—17：30（周二至周日）
停止入馆时间：16：30
休息：周一（其他时间参考博物馆公告）
地址：朝天宫：江苏省南京市秦淮区朝天宫4号；
太平天国历史博物馆：江苏省南京市秦淮区瞻园路128号

南京地质博物馆

开馆时间：9：30—16：30（周三至周五）
9：00—16：30（周六、周日）
停止入馆时间：16：00
休息：周一、周二（其他时间以博物馆公告为准）
地址：南京市玄武区珠江路700号

南京地质博物馆是以征集收藏、研究保护、展示科普地质矿产为主要内容的专业博物馆，是国家二级博物馆。博物馆，由新馆和老馆两部分组成。馆内设有“地学摇篮”“中国石文化”“矿产资源”“地质环境”“行星地球”“生命演化”“恐龙世界”等常设展厅，另有临时展厅、学术报告厅，展出岩石、矿物、古生物等标本。

南京大报恩寺遗址博物馆是在大报恩寺遗址上建立的遗址类博物馆，国家一级博物馆。大报恩寺前身是东吴赤乌年间建造的建初寺及阿育王塔。馆内展示了大报恩寺遗址的千年地宫、画廊，陈列展出地宫出土的石函、铁函、七宝阿育王塔、金棺银椁等珍宝。

南京大报恩寺遗址博物馆

开馆时间：9：00—17：00（周二至周日）
停止入馆时间：16：30
休息：周一（其他时间参考博物馆公告）
地址：江苏省南京市秦淮区雨花路1号

苏州碑刻博物馆

开馆时间：9：00—16：00（周二至周日）
停止入馆时间：15：30
休息：周一（其他时间参考博物馆公告）
地址：江苏省苏州市姑苏区人民路613号苏州文庙内

苏州碑刻博物馆是收藏研究、陈列复制古代碑刻的专题性博物馆，国家二级博物馆。馆内设有多个基本陈列，主要有“四大宋碑”“大成殿孔子文化陈列”“明清工商经济碑刻”“古代书法碑刻”“明伦堂陈列”“儒学碑刻”等。

徐州汉画像石艺术馆是展示汉代画像石的专题性博物馆，国家二级博物馆。整体建筑采用古代庭院布局，廊房相连。馆内设有基本陈列“大汉王朝——石上史诗”，由“神道天路”“祠堂敬祖”“天工神韵”“汉石春秋”“千秋地宫”“刻铭题记”6个单元组成，全面展示馆藏精品画像石中蕴含的两汉社会面貌。

徐州汉画像石艺术馆

开馆时间：9：00—17：00（周二至周日）
停止入馆时间：16：00
休息：周一（其他时间参考博物馆公告）
地址：江苏省徐州市湖东路5号

无锡鸿山遗址博物馆

开馆时间：9：00—17：00（周二至周日）
停止入馆时间：16：00
休息：周一（其他时间参考博物馆公告）
地址：江苏省无锡市新吴区鸿山街道飞凤路 200 号

无锡鸿山遗址博物馆是依托鸿山墓葬群原址及考古成果建立的遗址类专题博物馆，国家二级博物馆。馆内设有 3 个常设陈列，即鸿山墓群及其出土文物展示，邱承墩贵族墓原址展示、吴地历史文化主题展示。

苏州丝绸博物馆

开馆时间：9：00—17：00（周二至周日）
停止入馆时间：16：30
休息：周一（其他时间参考博物馆公告）
地址：江苏省苏州市姑苏区人民路 2001 号

苏州丝绸博物馆是科普、传承丝绸历史与文化的专题类博物馆，国家一级博物馆，是宋锦和漳缎传统丝织技艺的非遗传承保护单位。馆内有历史馆、现代馆、未来馆、桑梓苑和丝织机械陈列室、钱小萍丝绸文化艺术馆等 6 个展区，馆藏文物品类丰富，涵盖织、绣、缂、印、染等工艺，还有国外丝绸样本收藏。

张家港博物馆

开馆时间：9：00—17：00（周二至周六）
停止入馆时间：16：30
休息：周一（其他时间参考博物馆公告）
地址：江苏省苏州市张家港市杨舍镇暨阳西路2号

张家港博物馆是展示、宣传张家港地区历史文化的地方综合性博物馆，国家二级博物馆。馆内设有长江文化博物馆、张家港历史文化陈列、张家港民俗文化展厅、书画艺术展厅、碑刻陈列展示区等，展现了张家港的历史进程和独特地域文化。

徐州圣旨博物馆

开馆时间：9：00—17：00（周二至周日）
停止入馆时间：16：30
休息：周一（其他时间参考博物馆公告）
地址：江苏省徐州市鼓楼区襄王北路 5 号

徐州圣旨博物馆是展示中国古代圣旨的专题性博物馆，国家二级博物馆。博物馆包含主陈列楼和点石园，另有苏州木渎、南昌滕王阁分馆。陈列楼内设有“奉天承运”“蟾宫折桂”“其藏也周”3 个基本陈列。明天启四年圣旨、正统七年圣旨、崇祯一品诰命圣旨、天聪七年圣旨，康雍乾三朝五封龙边圣旨、大南国（越南）圣旨等藏品颇具特色。

镇江博物馆

开馆时间：9：00—17：00（周二至周日）
停止入馆时间：16：00
休息：周一（其他时间参考博物馆公告）
地址：江苏省镇江市润州区伯先路 85 号

镇江博物馆是国家一级博物馆。博物馆建筑风格为东印度式，是全国重点文物保护单位。馆藏文物包括西周及春秋时期吴国青铜器、六朝青瓷器、唐代金银器、明清书画等。展厅设有古代精品文物陈列厅和近代史文物陈列厅。

苏州生肖邮票博物馆

开馆时间：9：00—17：00（周二至周日）
停止入馆时间：16：30
休息：周一（其他时间参考博物馆公告）
地址：江苏省苏州市山塘历史文化保护街区杨安浜 2 号玉涵堂西一路

苏州生肖邮票博物馆是研究、展示生肖邮票的地方专题性博物馆，国家三级博物馆。馆内藏有 1950 年以来世界五大洲 130 多个国家和地区发行的全部生肖邮票和部分生肖邮品，藏品主要来源于中华全国集邮联合会会士周治华先生的捐赠生。

浙江省博物馆

概况

浙江省博物馆（浙江革命历史纪念馆），地处浙江省杭州市，为国家一级博物馆，是浙江省内规模最大的综合性人文科学博物馆。形成了包括之江馆区、孤山馆区、沙孟海旧居、黄宾虹纪念室、古荡文物保护科研基地等在内的集文物收藏、学术研究、陈列展示、宣传教育、对外交流、科技保护、文化创意、休闲体验和观众服务为一体的全国功能最齐全的博物馆之一。

浙江省博物馆始建于1929年，始于“首届杭州西湖博览会”，初名浙江省西湖博物馆，1976年更名。2006年浙江革命历史纪念馆归并浙江省博物馆管理。

位置规模

浙江省博物馆（浙江革命历史纪念馆），目前有 3 个馆区：孤山馆区、之江馆区和武林馆区。孤山馆区位于风景秀丽的西湖孤山南麓（孤山路 25 号），占地面积 20400 平方米。武林馆区原位于西湖文化广场，但已于 2023 年 5 月 4 日闭馆，其功能已迁移至之江馆区。之江馆区位于西湖区文景路与碧波路交叉口的之江文化中心，是新馆区，建筑面积 10 万平方米，展陈面积 32012 平方米，建筑高度 59.9 米。

藏品介绍

浙江省博物馆（浙江革命历史纪念馆）馆藏文物及标本超过 10 万件，涵盖河姆渡文化遗存、良渚文化玉器、越窑、龙泉窑青瓷，五代吴越国及宋代佛教文物等，时间跨度大，早期多以考古出土的文物为主。其中包括禁止出境文物，如新石器时代良渚文化玉琮、河姆渡文化“双鸟朝阳”牙雕、战国越王者旨於睗剑、唐代落霞式“彩凤鸣岐”七弦琴、清代金箔贴花花轿等镇馆之宝。

博物馆特色

浙江省博物馆（浙江革命历史纪念馆）以独特的建筑形式，丰富的藏品和多样化的展陈方式，充分发挥了该馆的社会教育、文化传承和文化传播功能。

“馆中馆，园中园”

年代最早的孤山馆区颇得西湖孤山之山水灵气，包含文澜阁与浙江西湖美术馆、黄宾虹艺术馆、常书鸿美术馆等，东街白堤和平湖秋月景点，西接西泠印社，以独特的“馆中馆，园中园”的格局及富于江南特色的单体建筑与长廊延续了浙江传统的建筑美学及文化内涵。

多样化的展览内容

该馆展览种类丰富，既包括通史类大展、学术类展览、人文类展览，也包括互动性强的科技、文化创意类展览，带给观者多样化的观展体验。

展览分布图

注意 本书的文物所在位置是以作者当前写作阶段的位置作为参考标注的，由于各博物馆经常会有临时特展或巡回展，所以无法保证位置固定不变，请各位读者知晓，以实际的参观情形为准。

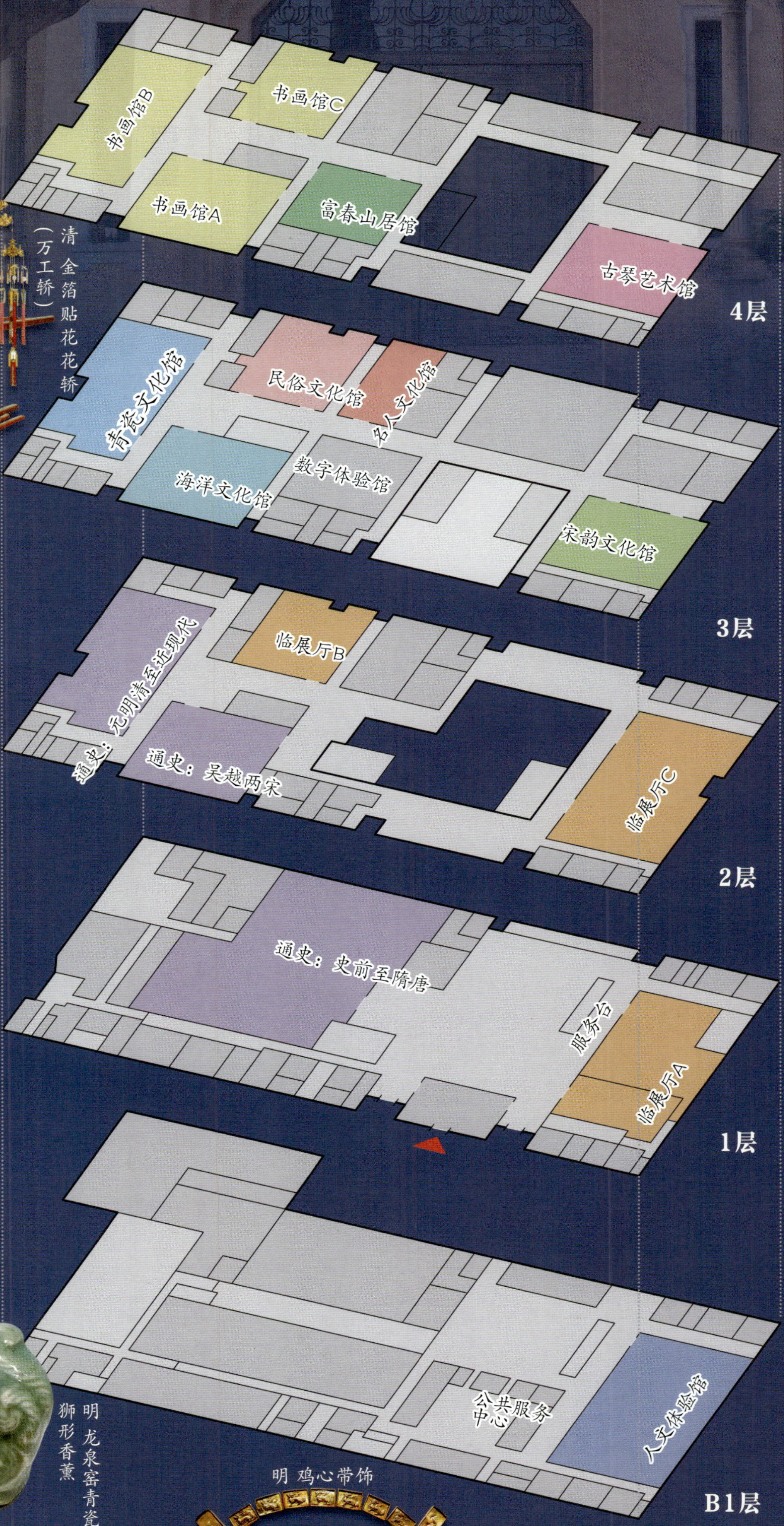

战国 伎乐铜房屋模型

清 金箔贴花花轿（万工轿）

东汉 越窑黑釉熊形灯盏

新石器时代 河姆渡文化猪纹陶钵

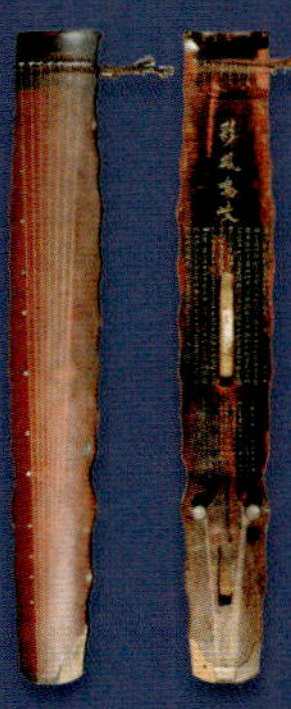

唐 落霞式『彩凤鸣岐』七弦琴

元 龙泉窑青瓷鬲式炉

北宋 识文描金檀木舍利函

明 龙泉窑青瓷狮形香薰

明 鸡心带饰

发展沿革

1929年
为保存杭州西湖博览会所遗物品，筹备成立浙江省西湖博物馆。

1931年1月
博物馆更名为“浙江省立西湖博物馆”。

1941年7月
因战火蔓延，时局险恶，浙江省教育厅下令西湖博物馆停办，物资移交。

1943年6月
时局稍有好转，浙江省教育厅下令在龙泉恢复西湖博物馆。

1951年10月
根据文化部的意见，西湖博物馆被确立为地志性博物馆。

博物馆的早期发展

战争后的浙

展厅陈设

孤山馆区

孤山馆区日常设置黄宾虹艺术馆、漆器艺术馆、瑞象重明——雷峰塔文物陈列、文澜遗泽——文澜阁与《四库全书》、常书鸿美术馆等展厅。

1953年6月 浙江省立西湖博物馆更名为“浙江博物馆”，并建立党组织。

1962年 浙江省文物管理委员会与浙江博物馆合署办公。

1976年 更名为“浙江省博物馆”。

1993年 孤山馆区改扩建工程竣工。

1999年 浙江西湖美术馆落成开放。

2006年 浙江革命历史纪念馆归并浙江省博物馆管理。

2009年 武林馆区（包括浙江革命历史纪念馆）建成并对外开放。

西湖博物馆

开放的浙江省博物馆

之江馆区

之江馆区构建了“159”多样化的展览体系。包括1个《浙江一万年》通史陈列，5个以青瓷文化、海洋文化、宋韵文化、书画文脉和名人文化为主题的浙江文化专题陈列，以及9个功能拓展和体验陈列。

临展与特展

博物馆设置有众多临时展览与特展，为观众呈现浙江地区具有独特视角的内容及浙江地区以外的特色内容，例如展示杭州考古研究成果的“发现杭州——2023年度杭州考古成果展”，展现近现代女性风采的“丽人行——中国近现代女性图像云展览”，抑或是展示海内外藏中国绘画的“盛世修典——‘中国历代绘画大系’成果展”等。

新石器时代良渚文化玉琮王

- 新石器时代良渚文化·玉石器
- 通高 8.9 厘米，上射径 17.1 ~ 17.6 厘米，下射径 16.5 ~ 17.5 厘米，孔外径 5 厘米，孔内径 3.8 厘米
- 浙江省博物馆藏

该玉琮 1986 年出土于杭州市余杭区反山十二号墓。器形呈扁矮的方柱体，内圆外方，体型硕大，气质端庄，玉琮上各面均雕刻有良渚文化代表性的神人兽面纹饰，刻画繁缛细致，线条紧密中富有节奏感，是已发现的良渚文化玉琮中做工最精美、体积最大、质量最重的一件，故而得名“琮王”。

该玉琮四面直槽内上下各琢刻一个具象的神人兽面纹图像，共 8 个，用浅浮雕和细线刻两种技法雕琢而成。兽面纹的两侧各有一鸟纹，鸟的头、翼、身均变形夸张。整体纹饰中大量填充卷云纹、弧线及直线，刻画极其繁缛细致。在角尺形的长方形凸面上，每两节琢刻一组简化的神人兽面纹图案，以转角为中轴线向两侧展开，四角相同，左右对称，这种人与兽的组合图案是良渚文化玉琮纹饰的基本特征。

纹之美 夸张变形的鸟纹

神人兽面纹的两侧雕刻着夸张变形的鸟纹，极具象征意义。鸟的形象虽然经过变形，但依然生动传神，展现出独特的美感。在鸟的躯体内部，还精细地刻画了密集的直线、弧线以及卷云纹。这些繁复细致的雕刻不仅增强了纹饰的视觉层次感，而且赋予了整件玉琮深邃的文化内涵，展现了良渚文化时期精湛的玉石器制作工艺和对自然元素的巧妙运用。

刻画之美　动感的神人兽面纹

在技法上，这件玉琮采用了浅浮雕和细线刻。神秘的神人兽面纹宽不足 4 厘米，高仅 3 厘米，在极小的雕刻面积上能够雕琢出如此精细繁复的画面，刻工可谓出神入化。整体纹饰采用神人在上、兽面在下的排布形式，人、兽面部突出器表，展现了早期人类对野兽的驾驭及对猛兽力量的崇拜。琮的起源众说纷纭，《周礼·春官·大宗伯》中有“以苍璧礼天，以黄琮礼地”的说法，所以在良渚文化中出现的玉琮，常被认为是用来礼地的祭器。

战国越王者旨於睗剑

- 战国·金属器
- 通长 52.4 厘米
- 浙江省博物馆藏

这把战国时期的越王者旨於睗（zhū jī yú shì）剑，通过剑格两面所铸的铭文，可以确定其主人是越王勾践之子鼫（shí）与。这把宝剑是鼫（shí）与在位六年间下令铸造的众多兵器之一，尽管经历了2400多年的岁月洗礼，它依然保持着不朽不腐的状态，锋利如初。在传世的7件同铭器中，浙江省博物馆所藏的这一件尤为精美。

这把越王者旨於睗剑剑体开阔，剑脊中央起线，弧形双刃左右对称，逐渐在剑锋处收窄。剑格内以鸟虫书体铭刻越王姓名，雕刻精细，并镶嵌绿松石，展现出低调而华丽的美感。更为难得的是，这把剑还保存着完整的剑鞘，剑鞘由两块薄木片外缠丝线粘合而成，外层髹以黑漆，历经千年依然保存良好，充分展现了战国时期卓越的工艺与审美。

剑格正面

剑格背面

工艺之美 锋利的宝剑

这把宝剑至今仍十分锋利，尽显锋芒。这得益于越国高超的制剑技术。据专家考证，含锡略高可增加剑的强度和硬度，过高则易断。而这把宝剑的含锡量为16%～18%，配比精准，再经锻造磨削等多道工艺，最终成就了这把传世的锋利宝剑。

沉稳的剑柄

剑茎部分为柱状，环绕着两圈凸起的圆箍，圆箍上精心雕刻着变形的兽面纹，充满了神秘与力量感。剑茎上缠绕的丝质缠缑，虽然已经氧化而变黑，但依然保存完好，未见腐败，展现出材质的韧性。剑首的设计简洁而大气，阴刻的5道同心圆线条流畅，进一步强化了整件文物的优雅与沉稳气质。这种装饰不仅仅是一种视觉的享受，更赋予文物一种深沉而持久的历史韵味。

繁丽的鸟虫书

剑格正、背面铸双钩鸟虫书铭文，正面为：**戉**（越）王**戉**（越）王；背面为：者旨於**睗**。其中，“者旨”是越王的氏，“於**睗**”是越王的名。字里行间镶嵌着细碎的绿松石薄片，薄片由红色粘接材料进行粘合，字形繁复、装饰华丽。鸟虫书属于中国古代篆书的一种变体，笔画通常经过变形，演化为具有鸟、虫等自然界形象的符号。这种造型不仅让文字更加生动，而且带有一定的象形意味，使文字极具冲击力。

五代十国吴越国鎏金纯银阿育王塔

- 五代十国·金银器
- 高 35.6 厘米；塔座宽 12.5 厘米，高 4.2 厘米，方形塔身宽 9.5 ~ 12.6 厘米，高 9 厘米；塔刹高 22.4 厘米，相轮直径 3.4 ~ 4.6 厘米，高 1.1 厘米
- 浙江省博物馆藏

这件鎏金纯银阿育王塔出土于浙江杭州雷峰塔地宫，其上所饰佛教故事图画在已知的阿育王塔中最全面清晰，是吴越末代国君钱俶于北宋开宝五年（972 年）开始营建雷峰塔时下令专门打造的，故有“塔中塔”之称。从塔身镂空处可见内部盛装金棺，文献记载的“佛螺髻发”应供奉其中，由于塔身没有打开，金棺的形制、大小及内部情况尚不明确。这里金棺银塔的意义等同于金棺银椁，是盛放佛舍利所用器具的最高规格。

此塔为单层方塔，由基座、塔身和塔刹 3 部分组成，以纯银锤揲成型，整体铆焊套接，部分纹饰鎏金。塔基座横截面呈方形，底部以银板封护，4 个侧面分别镂刻以菩提树为间隔的禅定小佛像 4 尊。此塔体量不大，设计制作巧夺天工，为首次发现的吴越国鎏金纯银阿育王塔，极具研究价值。

画面之美　移步异景的佛教故事

每处山花蕉叶向外的两面上、下层各饰一幅反映佛祖一生事迹的佛传故事图画，共 16 幅，包含如“无忧树下诞生”、“尼连河边苦修”、“鹿野苑里说法”等。向内的一面同样刻画佛祖坐禅、打坐等画面。密布的纹饰装饰于阿育王塔身，移步异景、造型华丽。

纹饰之美　满雕纹饰的塔座

塔座下层四角各镂刻一护法金翅鸟，四面圆拱形龛内各镂刻一幅佛本生故事图画，分别为“月光王施首”“快目王舍眼”“萨埵太子舍身饲虎”和“尸毗王割肉贸鸽”，人物形象鎏金。塔身主体上层捶、錾忍冬纹和连珠纹。塔身主体顶面与塔刹相接。

构造之美 复杂的装饰

塔刹由刹杆、五重相轮和顶部的宝珠等构成每一部分都经过精细地锤炼与錾刻，呈现出华丽的纹饰。尤其引人注目的是与塔刹相接的底座，上面饰有12朵覆莲，仿佛莲花在浮动生长。从下至上，直径逐渐收窄的五重相轮饰以忍冬纹和联珠纹。这些纹饰与鎏金银材质相互辉映，使整个文物散发出高贵典雅的光辉。

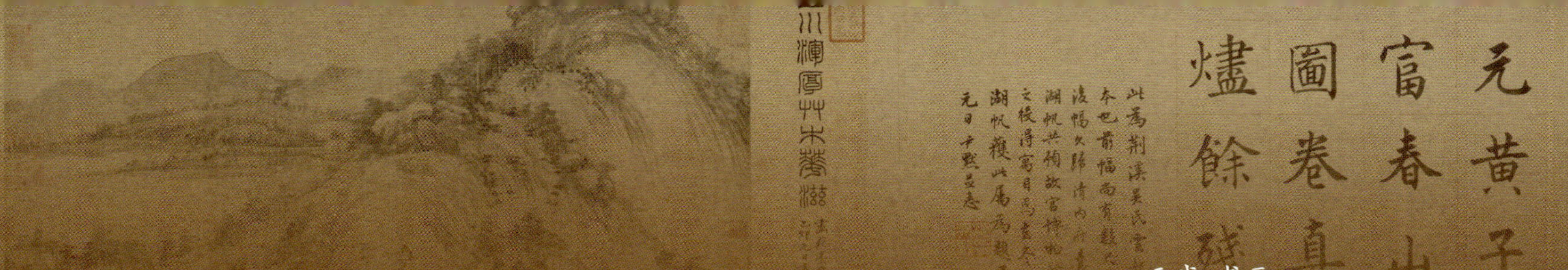

元黄公望富春山居图卷（剩山图卷）

- 元代·书画
- 纵 31.8 厘米，横 51.4 厘米
- 浙江省博物馆藏

浙江省博物馆所藏《富春山居图》为画卷前半段剩山图卷，《富春山居图》是黄公望于元代至正七年（1347 年）在 79 岁高龄时为无用禅师所作，历时 3 年完成，被列为“中国十大传世名画”之一。《富春山居图》在清代藏于吴洪裕家中，出于对画作的极端热爱，吴洪裕在去世前下令将画作焚烧陪葬，所幸被他的侄子抢救出来，遗憾被烧为一大一小两段，前半段较短，称“剩山图卷”，后半段较长，称“无用师卷”，后半段现藏于台北故宫博物院。

作品生动地描绘了浙江富春江一带的江南山水，墨色淡雅、疏密有致，被后世誉为“画中之兰亭”。剩山图卷因尚留一山一水一丘一壑而得名，虽仅存短短半段，但峰峦苍茫，用笔顿挫婉转，俨然富春在望，充满了淡泊简远的诗意。画中用墨淡雅，富于变化，布局疏密得当，山川浑厚、草木华滋，尽显江南景致之秀润。

远处的峰峦以简淡的笔墨给人以苍茫辽阔之感，天空与湖面的留白为画面留下气口，布局得当，拉开了画面的空间关系。

画苑墨皇大痴第一神品富春山图己卯元日书句曲题辞于上吴湖帆秘藏。

剩山图卷画心部分

沈尹默楷书引首

黄公望像

笔墨淋漓

“剩山图卷”虽短，但亦不失精彩。黄公望画山水笔墨取法董源、巨然，但作品更为简约，别具一格。

画作右侧山峰郁郁葱葱、苍松翠柏疏密有致，以浓墨绘峰峦背阴，以淡墨绘阳面坡石，淋漓的笔墨之下，江南山水已然呈现在眼前。

画作中点缀的零零散散的房屋为画面增添了生机，以浓淡不一的笔墨寥寥几笔便将一旁树木郁郁葱葱、疏密不一的效果展现了出来。

行书引首：“富春一角”

良渚博物院

良渚隶属于浙江省杭州市余杭区，这里发现的良渚遗址距今有5300年~4000年，发现于1936年，1959年依照考古惯例将其命名为“良渚文化”。鉴于良渚遗址的重要学术地位，政府于2005年在浙江省杭州市余杭区良渚街道美丽洲公园内开始筹建良渚博物院。

良渚博物院，于2008年10月对外开放，是一座集收藏、研究、展示和宣传良渚文化为一体的考古遗址博物馆，为国家一级博物馆。

博物院总占地面积4万余平方米，建筑面积1万平方米，由英国著名建筑设计师戴卫·奇普菲尔德设计，整个建筑设计体现了艺术与自然、历史与现代的和谐融合。

展厅陈设

博物院常规展览面积4000余平方米，分为“水乡泽国”“文明圣地”“玉魂国魄”3个展厅，常规展览的主题是“良渚遗址是实证中华五千年文明史的圣地”。院内共展出良渚文化时期的玉器、石器、陶器和漆木器等各类文物600多件。

藏品介绍

截至 2019 年，良渚博物院共有藏品数量 3266 件（套），珍贵文物 114 件（套）。博物院最大的特色是良渚遗址出土的玉器，这些玉器种类繁多，包含玉琮、玉镯、冠形器、玉璧、柱形玉器和玉钺等。此外，良渚遗址出土的陶器也较为精致。

藏品精选

玉琮

高 4.4 厘米、射径 7.5 厘米、孔径 6.4 厘米。

玉色呈南瓜黄，器型中空呈矮柱状，内孔壁略弧凸，外表呈弧边方形。四个角各有一个俯视为角尺状的凸块，其上以转角为中轴，雕刻兽面纹。

中国杭州工艺美术博物馆群

传统手工技艺一直是杭州这座历史文化名城的文化名片，诸如杭州西湖绸伞、杭州刺绣、王星记扇子、张小泉剪刀以及南宋官窑瓷器等，种类繁多，是中国传统工艺美术的重要组成部分。

中国杭州工艺美术博物馆群位于杭州市拱墅区，由京杭大运河沿岸的一些老厂房和仓库改建而成，是国家一级博物馆。

整个博物馆群有 4 大博物馆建筑：杭州工艺美术博物馆、中国刀剪剑博物馆、中国扇博物馆、中国伞博物馆，是杭州保护与利用工业遗产的典型范例。

该博物馆群总占地面积 47309 平方米，总建筑面积 37862 平方米，展厅面积 14264 平方米，集中展示了杭州工艺美术的发展历史、工美种类、工美作品，融展示、收藏、研究、培训、交流功能为一体，是人们了解杭州工艺美术的一个窗口。

展厅陈设

中国杭州工艺美术博物馆共分为 4 层，其中杭州工艺美术基本陈列位于 3 层，面积达 3000 平方米，主要展示雕刻、织绣、陶瓷、金属工艺、编织、民间工艺美术六大类，集中展示了杭州工艺美术的历史与成就。2 层为大师工作室与临时展厅。一层为公共服务区、精品展销区及休闲空间。

藏品介绍

中国杭州工艺美术博物馆藏品丰富，涵盖瓷器（包括外销瓷器）、漆器、金银器、丝织品、牙雕、木雕等，包括西湖绸伞、团扇、油纸伞等传统工艺品。这些藏品展现了杭州工艺美术的悠久历史和精湛技艺。

宁波博物院

宁波地处浙江省东北部，是上海大都市圈的重要城市，有甬上、甬城、鄞、四明、明州等多个别称。7000 年前的河姆渡文化在宁波就有发现。宁波是唐代海上丝绸之路的起点，宁波商帮成为中国重要的商业力量。

宁波拥有中国现存最古老的藏书楼天一阁，阿育王寺、天童寺、宁波老外滩等人文历史景点及以东钱湖、月湖、四明山、渔山列岛等自然风景也十分有名。

宁波博物院由宁波帮博物馆和宁波博物馆于 2020 年整合组建而成。宁波帮博物馆位于浙江省宁波市镇海区思源路 255 号，于 2009 年建成开馆，是一个以“宁波帮”为主题的城市人文专题性博物馆。

宁波博物馆位于浙江省宁波市鄞州区首南中路 1000 号，由首位中国籍获普利兹克建筑奖的王澍教授设计，以“新乡土主义”为设计理念。

盏托很像一片舒展的荷叶，浅腹而四边微微卷起。

藏品精选

唐越窑荷花盏托

这件青瓷盏托通高 6.6 厘米，口径 11.8 厘米，底径 6.6 厘米，1975 年出土于浙江宁波和义路唐码头遗址。盏托由盏与托两部分组成，盏为敞口的五缺荷花形，弧腹压印五棱，圈足。盏托通体胎质细密，釉色饱满青翠，是越窑青瓷中的精品。

藏品介绍

宁波博物院的藏品涵盖了从战国到明清、民国的珍贵文物，包括温润如玉的玉器、精雕细琢的象牙犀角器、清雅的砚墨、精彩绝伦的瓷器、巧夺天工的木雕等，这些藏品不仅代表了中国古代文化的光辉，也见证了历史的变迁，是价值连城的文化瑰宝。

上虞博物馆

上虞坐落于浙江省绍兴市，自古以来便是文化底蕴深厚的历史名城。上虞之名，源自其曾为虞舜后代的封地，而此地更是越窑青瓷的重要起源地之一。

上虞博物馆，位于浙江省上虞区人民中路 228 号，在曹娥景区孝德广场南侧，紧邻中华孝德园区，并与浙江中鑫艺术博物馆及全国重点文物保护单位曹娥庙相邻，是一座集地方历史文化于一体的综合性博物馆。

博物馆新馆总占地面积达 11470 平方米，总建筑面积为 19166 平方米。馆内文物藏品丰富，主要为越窑青瓷与青铜器。部分文物来自墓葬发掘，部分则来自追缴，还有少量为自然出土及市民主动上交，共同构成了这座博物馆的珍贵收藏。

展厅陈设

上虞博物馆展厅陈设精彩纷呈，涵盖历史、文化与艺术。主要展厅包括“虞韶千秋”（展示上虞历史脉络）、“瓷国 · 寻根”（专题陈列越窑青瓷瑰宝）、“勒石洇墨 · 书留天香”（展现天香楼碑帖艺术）以及“匠心乾坤”（聚焦上虞建筑文化）。

藏品介绍

上虞博物馆藏品丰富，截至 2019 年末，藏品总量共计 19839 件（套），其中珍贵文物 221 件（套）。藏品中越窑青瓷最具特色，涵盖自河姆渡文化至北宋时期，完整地反映了越窑发展历史。此外，还有青铜器、字画、古钱币、革命文物、玉器等多类藏品。如五代越窑青釉鸳鸯瓷砚滴、唐越窑青瓷蟠龙罂等，均展现出上虞深厚的历史文化底蕴。

藏品精选

五代越窑青釉鸳鸯瓷砚滴

高 11.5 厘米，长 16.5 厘米，整体巧妙设计成鸳鸯形态，栩栩如生。其背部开设精致花形注水口，而张开的喙部则作为出水口，形态宛如鸳鸯鸣叫，既实用又极具观赏性，实现了艺术美与实用功能的和谐统一。

文物小知识

砚滴，亦称水滴或书滴，是古代一种文房用具，专门用于储存砚水以供研磨墨汁之用。

其他博物馆

中国丝绸博物馆

开馆时间：9：00—17：00（周二至周日）
停止入馆时间：16：30
休息：周一（其他时间参考博物馆公告）
地址：浙江省杭州市西湖区玉皇山路73-1号

中国丝绸博物馆是全国性丝绸专业博物馆，也是全世界最大的丝绸博物馆，展示了中国五千年的丝绸历史及文化。博物馆的基本陈列包括新疆资料馆、纺织品文物修复展示馆、天蚕灵机：中国蚕桑丝织技艺非物质文化遗产展等，是了解和研究中国丝绸文化的重要场所。

宁波中国港口博物馆

开馆时间：9：00—17：00（周二至周日）
停止入馆时间：16：00
休息：周一（其他时间参考博物馆公告）
地址：浙江省宁波市北仑区春晓港博路6号

中国港口博物馆，简称“港博”，是一座集展示、教育、收藏、科研、旅游、国际交流等功能于一体的大型港口专题博物馆。该博物馆展示了中国港口从远古到现代的发展历程。此外，博物馆还设有多个展陈模块和公共服务设施，为游客提供了丰富的观展体验。

浙江自然博物馆

开馆时间：9：00—17：00（周二至周日）
停止入馆时间：16：00
休息：周一（其他时间参考博物馆公告）
地址：浙江省杭州市中心西湖文化广场6号

浙江自然博物馆是一座集科普教育、收藏研究、文化交流、休闲体验为一体的现代化自然博物馆。博物馆由地球生命故事、丰富奇异的生物世界、绿色浙江、狂野之地——肯尼斯·贝林世界野生动物展和青春期健康教育展五大展区组成，展示了丰富的自然历史遗产和生物多样性。

杭州西湖博物馆总馆

开馆时间：9：00—17：00（周一、周三至周日）
停止入馆时间：16：30
休息：周二（其他时间参考博物馆公告）
地址：浙江省杭州市上城区南山路89-91号

杭州西湖博物馆总馆，由西湖博物馆、南宋官窑馆、章太炎纪念馆、苏东坡纪念馆、张苍水祠、于谦祠、于谦故居、司徒雷登故居、唐云艺术馆、郊坛下古窑址、老虎洞古窑址、于谦墓、章太炎墓等部分组成，各馆设有多个基本陈列和专题陈列，综合展示西湖、杭州名人、南宋官窑、南宋文化相关的文物。

温州博物馆

开馆时间：9：00—17：00（周二至周日）
停止入馆时间：16：30
休息：周一（其他时间参考博物馆公告）
地址：浙江省温州市鹿城区市府路491号

温州博物馆是一所综合性地方博物馆。该博物馆以展示“温州人”5000年历史足迹的历史馆为核心展厅，另设书画馆、陶瓷馆、自然馆、工艺馆、王维新铜版画陈列室等6个专题陈列。

天一阁博物院

开馆时间：8：30—17：00（周二至周日）
休息：参考博物馆公告
地址：浙江省宁波市海曙区天一街10号

宁波市天一阁博物院，是宣传科普藏书文化的地方主题性博物馆，国家一级博物馆，是我国现存历史最悠久的私家藏书楼、世界上最古老的三大家族图书馆之一，包括藏书文化区、园林休闲区、陈列展览区3个部分，设有“天一阁发展史陈列”“中国地方志珍藏馆”“中国现存藏书楼陈列”“明清法帖陈列”等基本陈列。

湖州市美术馆

开馆时间：9：00—16：00（周一至周日）
停止入馆时间：16：30
休息：参考博物馆公告
地址：浙江省湖州市吴兴区仁皇山山水清音景区龙王山路2588号

湖州市美术馆内设有3个展厅，以“立足湖州、根植传统，突出现当代、兼顾近现代、发扬湖州书画史”为宗旨，收藏和展示历代美术、书法作品及相关文物资料。是传承和弘扬湖州书画的平台。

余姚博物馆

余姚博物馆，是收藏展示余姚地区历史文化的地方性综合博物馆，是国家二级博物馆。馆内分布有5个展厅，包括3个基本展厅和2个临时展厅，设有“上下七千年”陈列展，由序厅、陶瓷厅和青铜玉杂厅组成，展出了近300件文物，充分展现了余姚历史文化的源远流长。

开馆时间：9：00—16：30（周二至周日）
停止入馆时间：16：00
休息：周一（其他时间参考博物馆公告）
地址：浙江省宁波市余姚市舜水南路1号

中国茶叶博物馆

开馆时间：9：00—16：30（周一、周三至周日）
休息：周二（其他时间参考博物馆公告）
地址：浙江省杭州市西湖区龙井乡双峰村龙井路88号、浙江省杭州市西湖区西湖街道翁家山268号

中国茶叶博物馆，是以茶和茶文化为主题的博物馆，是国家一级博物馆。博物馆分由2个馆区组成，分别是双峰馆区、龙井馆区，馆内基本陈列有“中国茶文化展”“世界茶文化展”“注春啜香——西湖龙井茶展”“美美与共——社会捐赠茶具文化精品展”“茶和天下 芳传古今：中国传统制茶技艺及其习俗非物质文化遗产展”。

萧山博物馆

萧山博物馆是一座充满历史韵味的地方综合性博物馆。博物馆设有“瓷器曙光厅”“历史名人厅”、多媒体厅等展厅。馆内藏品包括书画、陶瓷、金属、玉石等，西晋越窑青瓷武士俑和仕女俑堪称镇馆之宝。

开馆时间：9：00—16：30（周二至周日）
休息：周一（其他时间参考博物馆公告）
地址：浙江省杭州市萧山区北干山南路651号

绍兴博物馆

开馆时间：9：00—16：30（周二至周四）
9：00—20：00（周五至周日）
休息：周一（其他时间参考博物馆公告）
地址：浙江省绍兴市越城区偏门直街道75号（越王城历史文化保护区内）

绍兴博物馆，是展示宣传绍兴历史文化的地方性综合博物馆，是国家一级博物馆。整体建筑造型取自绍兴出土文物中的伎乐铜屋。馆内设有基本陈列“越地春秋——绍兴历史文化”，由先越、越国、会稽郡、越州、绍兴府、近代绍兴6个单元组成。

绍兴鲁迅纪念馆

绍兴鲁迅纪念馆是建国后浙江省最早建立的纪念性人物博物馆。纪念馆通过多个展区，全面展示了鲁迅先生的生平事迹和思想成就，以及绍兴的悠久历史和灿烂文化。此外，纪念馆还设有休闲区，提供研学互动游戏等。

开馆时间：8：30—20：00（周二至周日）
停止入馆时间：19：30
休息：参考博物馆公告
地址：浙江省绍兴市越城区塔山街道鲁迅中路235号

桐乡市钟旭洲钱币艺术博物馆

开馆时间：9：00—16：30（周二至周日）
休息：周一（其他时间参考博物馆公告）
地址：浙江省嘉兴市桐乡市振东新区环园路399号

桐乡市钟旭洲钱币艺术博物馆是以钟旭洲先生所捐赠钱币藏品为基础而建立的地方性主题博物馆，国家三级博物馆。博物馆内一楼陈列中国纸币展；二楼陈列中国历代钱币，系统地展示中国古代钱币发展历程；三楼陈列良渚黑陶、青铜器和名人书画等。馆藏以春秋战国时期“齐建邦长法化钱币”、汉代马蹄金、春秋战国时期大型青铜大鼎和青铜器编钟等最为珍贵。

浙江中鑫艺术博物馆

开馆时间：8：30—16：00（周一至周日）
停止入馆时间：16：00
休息：参考博物馆公告
地址：浙江省绍兴市上虞区曹娥街道舜耕大道593号

浙江中鑫艺术博物馆，是收藏、展示、宣传中国古代文化艺术的地方性综合博物馆，国家二级博物馆。博物馆整体建筑采用江南古典园林式，馆内分为明清馆、园林景观庭院和天星阁等部分，分别展出古建筑构件、老红木家具、古钱币、文玩杂件等基本陈列，另不定期举办各种主题展览。

东阳市博物馆

开馆时间：9：00—17：00（夏令时，周二至周日）
9：00—16：30（冬令时，周二至周日）
休息：周一（其他时间参考博物馆公告）
地址：浙江省东阳市城南东路77号

东阳市博物馆，是一座集文物收藏、保护、研究与展示功能于一体的综合性博物馆。该馆涵盖了化石标本、古代文物、古籍文献、书画作品、古木雕以及现代工艺品等多个领域，展现了东阳深厚的历史文化底蕴。博物馆内设有多个展厅，展示东阳从古至今的辉煌历史与独特魅力。

兰亭书法博物馆

开馆时间：8：00—17：00（周一至周日）
休息：参考博物馆公告
地址：浙江省绍兴市柯桥区兰亭景区

兰亭书法博物馆，是以《兰亭集序》为主题的全面反映兰亭书法与兰亭文化的地方性专题博物馆，国家三级博物馆。馆内设有基本陈列“一日千载”，以《兰亭集序》的产生、流传、形成文化现象为基本线索，分为风雅兰亭、传奇兰亭、魅力兰亭、永恒兰亭4个板块，展出各种版本的《兰亭集序》。馆内不定期举办临时书法展览，如“徐渭艺术大展”“中国书法兰亭奖作品展”“王羲之的尺牍”等。

诸暨市博物馆

开馆时间：9：00—17：00（周二至周日）
停止入馆时间：16：30
休息：周一（其他时间参考博物馆公告）
地址：浙江省绍兴市诸暨市东一路18号

诸暨市博物馆，是收藏、展示诸暨市历史文化的地方性综合博物馆，国家三级博物馆。博物馆主体建筑依山而建，外形仿汉代建筑风格。馆内设有文物史迹馆、民俗馆、陈洪绶纪念馆、珍珠馆、临时展馆5个展区，其中主题陈列“诸暨古代文明史”分为“古越旧都”“浙东望县”“人杰地灵”3个板块。

桐庐县博物馆

开馆时间：9：00—17：00（周二至周日）
停止入馆时间：16：30
休息：周一（其他时间参考博物馆公告）
地址：浙江省杭州市桐庐县城南街道学圣路646号

桐庐博物馆，是展示、宣传桐庐县历史文化的地方性综合博物馆，国家三级博物馆。馆内设有3个固定陈列，分别是“桐江晨曦”，展示延村洞、方家洲遗址、小青龙遗址等6处新旧石器时代历史文化遗存；“桐江春秋”，展示桐庐自先秦以来的文明历程和精品文物；“桐江繁星”，展示桐庐籍历代名人及桐庐相关的历代名人。

安吉县吴昌硕纪念馆

开馆时间：8：30—17：00（周二至周日）
停止入馆时间：16：30
休息：周一（其他时间参考博物馆公告）
地址：浙江省湖州市安吉县递铺镇安吉大道2号

安吉县吴昌硕纪念馆，是历史名人纪念馆，以征集收藏、保管研究与吴昌硕文化相关的文物，弘扬宣传吴昌硕艺术成就为主要职能，国家三级博物馆。馆内设有2个基本陈列，分别是“吴昌硕生平陈列”，由“一耕夫来自田间”“游寓江左访师友”“酸寒一尉出无车”“申江潮满月明时”4个版块组成；“吴昌硕作品展”，展出吴昌硕各个时期的代表性作品。

千年珍宝——秘色瓷看什么

秘色瓷是中国陶瓷史上的瑰宝，主要是指唐代越窑青瓷中的高等级精品，因其制作工艺秘而不宣而得名。

秘色瓷是唐、五代之际越窑贡窑生产的瓷器，专供皇家使用，普通人难得一见。据传秘色瓷釉色如冰似玉、清澈透亮，古人用“姿如圭璧，色如烟岚”来形容它的釉色和器质之美。

因战乱的影响，从宋代开始，人们只能从陆龟蒙的《秘色越器》“九秋风露越窑开，夺得千峰翠色来”的诗句中想象秘色瓷的美丽。直到 1987 年，考古工作者在法门寺地宫的“衣物帐”碑上看到了对秘色瓷的明确记录——“瓷秘色碗七口，内二口银棱；瓷秘色盘子、碟子共六枚”，并在出土文物中找出了这 13 件宝贵的瓷器，以及 1 件也被认定为是秘色瓷的八棱净水瓶，失踪千年的秘色瓷才重新回到公众视野。

秘色重光

“秘色”不是单一颜色，包括如秋天的“千峰翠色”和春天的“捩翠融青”。从法门寺出土的秘色瓷器来看，其釉色是：碧绿、青绿和翠绿色调，有的绿中含青，有的绿中含翠。

工艺考究

为了保证釉面纯净，在烧制过程中，须保证坯件与匣钵同步的收缩率，同时又要隔绝器物与窑内烟火的直接接触，因此必须采用与坯件同样材料的瓷质匣钵单件装烧、以釉密封。秘色瓷在烤制时对温度的控制也至关重要，温度在 1150℃左右，比普通青瓷的烧制温度略低。

江西省博物馆

江西省简称“赣”，位于中国东南部，地理位置独特，融合了吴、楚、闽、粤等多种区域文化，是中国革命的摇篮，拥有众多革命历史遗迹。

江西省博物馆为国家一级博物馆，是江西省最大的综合性博物馆和文物收藏机构，筹建于 1953 年，历经多次迁址。现新馆位于江西省南昌市红谷滩区赣江北大道 698 号，是江西省文化中心三大馆之一，建筑面积 8.6 万平方米，展陈面积 2.8 万平方米。

该博物馆以收藏江西各地珍贵历史文物与古代艺术珍品为主，涵盖了从商周到明清的陶瓷器，特别是洪州窑、吉州窑、景德镇窑等名窑的特色产品。此外，博物馆还珍藏了一大批金银器、青铜器、玉石器和古字画等。

藏品介绍

博物馆藏品总数超 6 万件（套），其中一级文物 370 件（套）。以青铜器、书画、陶瓷器、革命文物等为主，尤以青铜器和陶瓷器最具特色。特色藏品包括商代青铜器、东周漆木器和原始瓷器、明代藩王墓出土文物等，历代陶瓷器、江西名人书画及近现代革命文物也独具魅力，在全国省级博物馆中占有重要地位。

文物小知识

在中国古代神话中，带翅膀的人物都叫作“羽人”，大多为道教中的神仙，《楚辞》等文献中均有记载，在《山海经》中被称作“羽民”。

藏品精选

活环屈蹲羽人玉佩饰

该商代羽人玉佩饰，通高 11.1 厘米，背脊厚 1.5 厘米，三环通长 4.6 厘米，1989 年出土于江西省吉安市新干县大洋洲遗存。该玉呈枣红色，羽人顶冠高耸，屈臂蹲坐，嘴如喙状，背有羽翼。

景德镇中国陶瓷博物馆

景德镇市位于江西省东北部。北宋景德元年（1004年）定名“景德镇”，迄今为止有2000多年的冶陶史、1000多年的官窑史、600多年的御窑史，号称“世界瓷都”“世界手工艺与民间艺术之都”。

景德镇中国陶瓷博物馆的前身为1954年开馆的景德镇陶瓷馆，2015年迁至景德镇市昌江区紫晶北路1号，是中华人民共和国成立后设立的首家陶瓷专题博物馆。

博物馆新馆总占地面积5.9万多平方米，建筑面积3.2万平方米。分别展示五代、宋、元、明、清及民国时期的古瓷器和现代瓷器，如釉上彩瓷、釉下彩瓷、雕塑瓷、高温颜色釉和十一届三中全会以来获奖作品。

这些展览系统诠释了景德镇1800余年瓷业薪火相传、发展脉络完整的“瓷都”历史。

展厅陈设

该博物馆设有1个常设展厅和6个临时展厅，分为“历史之部”“新中国之部”和专题展览厅。“历史之都”展厅以朝代为序，展出古瓷1000多件；“新中国之部”展厅按类别陈列，展出陶瓷珍品1500多件，通过多个单元展示了景德镇从陶瓷起源到现代陶瓷艺术的完整发展脉络。

藏品精选

康熙青花山水凤尾尊

这件凤尾尊雍容华贵，造型与图案都颇富时代特色。尊高 46 厘米，口径 22 厘米，足径 15.4 厘米。尊口外撇，外形似喇叭，圆筒长颈，弧形肩，鼓形腹，胫内收，底外撇，整体造型挺拔隽秀。颈与腹部分别绘山水图，技法上多用“斧劈皴”，水墨淋漓，韵味十足。青花发色浓艳，用笔挺拔遒劲，青色浓淡相宜。尊底有青花双圈无字款。

文物小知识

瓷器中的“凤尾尊”，最初由元、明时期的花觚演变而来，这种器物的整体造型为喇叭状口，颈部比较挺拔，腹部圆而鼓，平底外撇，底圈多为二层台圈足，因腹下部至底外延很像凤凰的尾巴，所以叫“凤尾尊”。

其他博物馆

八大山人纪念馆

开馆时间：9：00—17：00（周二至周日）
停止入馆时间：16：30
休息时间：周一（其他时间参考博物馆公告）
地址：江西省南昌市青云谱区青云路259号

八大山人纪念馆，是征集收藏、研究展示明末清初书画大家八大山人生平事迹和艺术成就的名人纪念馆，国家一级博物馆。八大山人原名朱耷，一生以明朝人自居，明末清初画坛“四僧”之一。博物馆在八大山人故居的基础上扩建而成，馆内设有2个基本陈列，介绍八大山人生平及艺术成就，展示其书画真迹。馆内收藏八大山人书画40余幅，精品有《墨荷图》《双鹰图》《孤松图》，另外收藏石涛、徐渭、黄慎、郑板桥、吴昌硕、齐白石名家画作。

景德镇皇窑陶瓷艺术博物馆

开馆时间：9：00—17：00（周二至周日）
停止入馆时间：16：30
休息：周一（其他时间参考博物馆公告）
地址：江西省景德镇市浮梁县高岭大道668号

景德镇皇窑陶瓷艺术博物馆，是收藏研究、展示宣传、科普传承中国陶瓷历史与艺术的地方性专题博物馆，国家一级博物馆。博物分6个院落，馆内基本陈设“景德镇陶瓷工艺史陈列”，由水土宜陶、早期窑事、唐代、五代、宋代、元代、明代、清代、民国9个单元组成，展示了自唐代以来景德镇各个历史时期的制瓷工艺，馆内另设有实践基地、体验基地等。

婺源博物馆

开馆时间：8：30—17：00（周二至周日）
停止入馆时间：16：30
休息：周一（其他时间参考博物馆公告）
地址：江西省上饶市婺源县文公北路

婺源博物馆，是收藏研究、展示宣传婺源历史文化的地方性综合博物馆，国家二级博物馆。博物馆主体建筑为具有地方特色的现代徽派建筑，馆内设有“婺源千年”“茶乡美器”“工艺珍宝”“砚国明珠”“明清书画”“朱婺艺术”“婺源印象”“红色记忆”8个基本陈列。馆藏文物涵盖多个门类，以唐宋名砚、两宋纪年墓瓷器、明清书画、历代工艺品为馆藏特色，包括东汉“元兴元年”陶权、南宋黑釉扣银天目盏、明代透雕蟒纹玉带、茶花纹犀角杯等。

南昌市博物馆

开馆时间：9：00—17：00（周二至周日）
停止入馆时间：16：30
休息：周一（其他时间参考博物馆公告）
地址：江西省南昌市东湖区新洲路2号

南昌市博物馆，是收藏研究、展示宣传南昌市历史文化的地方性综合博物馆，国家二级博物馆。博物馆有灌婴城楼、绳金塔千佛寺2处展区。灌婴城楼展区内设有5个基本陈列，即“咽扼荆淮，翼蔽吴越”“南方昌盛，昌大南疆”“江南都会，文风鼎盛”“封藩南昌，宁府富厚”“清代名宦，史册载誉”，展示南昌自建城以来的发展历程。绳金塔千佛寺展区设有“绳金塔地宫和塔刹出土文物图片展”。馆藏文物涵盖陶瓷、铜器、钱币、石器、玉器、漆器、木器等门类，藏品中以东晋漆器、洪洲窑青瓷等较有特色。

南昌金九福钱币博物馆

开馆时间：9：00—16：00（周二至周日）
停止入馆时间：15：30
休息：周一（其他时间博物馆公告为准）
地址：江西省南昌市红谷滩新区世贸路 898 号兰韵文化艺术中心二楼

金九福钱币博物馆，是以陈列展览钱币为主题的地方性主题博物馆，国家二级博物。馆内设有基本陈列“中国历代货币陈列”（包括历代古钱币展、近代机制币展、历代纸币展、江西地方货币展、新中国货币展、世界各国纸币、塑料钞，展示了中国四千多年的货币品种和珍贵史料、世界各国纸币和塑料钞珍品。馆内藏钱币万余件，囊括最早的贝币、布币、鬼脸钱，历代古钱及近代机制币、银元、铜元和银票、纸币，最早流入中国的外国钱币，新中国成立后的现代人民币、纪念钞、纪念币、金银币、流动硬币等。

赣州市博物馆

开馆时间：9：00—17：00（周二至周日）
停止入馆时间：16：30
休息：周一（其他时间参考博物馆公告）
地址：江西省赣州市章贡区赣康路 21 号

赣州市博物馆，是收藏研究、展示宣传赣州市历史文化和自然资源的地方性综合博物馆，是国家一级博物馆。馆内设有“客家摇篮·赣州”“永恒英雄气 奋进新时代——百年征程江西红”“奋进新时代 书写新荣光——赣南等原中央苏区振兴发展成就展”、室内植物园等陈列展。馆藏文物和自然标本 2 万余件，涵盖历史文物、客家民俗文物、革命文物和动植物、化石矿产标本等门类，以古代瓷器、字画以及客家民俗文物为馆藏特色。

南昌市中国工艺美术大师博物馆

开馆时间：9：00—17：00（周一至周五）
休息：参考博物馆公告
地址：江西省南昌市红谷滩新区阁皂山大道 998 号

南昌市中国工艺美术大师博物馆，是为 640 位中国工艺美术大师专门建造的专题性博物馆，集存留大师档案、抢救珍稀技艺、展示经典作品、弘扬民族工艺精神、传承民族瑰宝等职能于一身，国家二级博物馆。馆内设有陶瓷工艺馆、雕塑工艺馆、织绣印染工艺馆、金属工艺馆、漆器工艺馆、综合工艺馆·第七届专题馆和第八届专题馆，另有临时展厅、大师交流厅和文创产品展销厅。馆藏有 640 位中国工艺美术大师的 1 千余件作品，涵盖了雕塑、刺绣和染织、织毯、抽纱花边和编织、艺术陶瓷、工艺玻璃、编织工艺、漆器、传统工艺家具、金属工艺与首饰、其他工艺美术等 11 个门类。

九江市民俗博物馆

开馆时间：9：00—17：00（周二至周日）
停止入馆时间：16：30
休息：周一（其他时间参考博物馆公告）
地址：九江市浔阳区环城路 180 号

九江市民俗博物馆，前身为九江市文物总店，是收藏研究、展示宣传九江地区民俗文化的地方专题性博物馆，国家二级博物馆。博物馆展厅为美孚别墅旧址，建于 1910 年，是当时美孚石油公司经理的住所，整体建筑呈中西结合的风格。馆内设有基本陈列“传统服饰展”“节庆文化展”“手工艺展”，另有临时展厅，先后推出“百壶展”等特色专题展览。

福建博物院

福建省简称“闽”，曾是海上丝绸之路的起点，是明代初期郑和下西洋的开洋地。

福建博物院的前身是福建省立科学馆，1949 年更名为“福建省人民科学馆”，1953 年组建为“福建省博物馆”，2002 年新馆落成并更名为“福建博物院”，首批入选国家一级博物馆。

新馆位于福建省福州市鼓楼区湖头街 96 号，占地面积 90 亩，建筑面积 3.7 万平方米，展厅面积约 1.2 万平方米，由主馆、综合馆、自然馆、积翠园艺术馆、文物监测中心等建筑，以及古堞斜阳、金鳞小苑等景观组成，主体建筑体现了福建文化特色。

藏品介绍

福建博物院共设有 15 个展厅，一层有 6 个展厅、二层有 6 个展厅，三层有 1 个展厅，自然馆有 2 个展厅，其中既有基本陈列展厅又有临时展厅。基本陈列有“福建古代文明之光”“闽迹踪寻——福建考古成就展”“恐龙世界”“闽海蔚蓝”等，全面系统地展示了福建独具特色的历史文化和自然风貌。

福建博物院拥有馆藏文物和各类标本 22 万余件，其中自然标本 1 万余件，珍贵文物 3 万余件，以华人华侨文物、海上丝绸之路文物、红色文物、革命文物、书画等为主要特色。其中，西周云雷纹青铜大铙、明景德镇窑嘉靖款青花仙鹤纹葫芦瓶尤为珍贵。

有一枝小荷包从外底中心伸向外壁，含苞待放，造型颇为精美。

藏品精选

明德化窑白釉荷叶洗

“洗”是我国古代的一种盥洗器皿，其中的一类近似现在的洗脸盆，另一类则是特定的文房用品，主要用来蘸洗毛笔。

此件白釉荷叶洗高 6.2 厘米，荷叶造型，边沿自然卷翘，口沿短直，构成六个不规则的弧形；内部微微隆起，叶脉凸起，由中心向边沿延伸，叶内下凹，组成五个不规则底足。整器自然有趣，非常精美。

厦门市博物馆

厦门市博物馆位于福建省厦门市思明区体育路95号，毗邻厦门市图书馆。该博物馆于1983年开始筹建，1988年正式对外开放，原址位于鼓浪屿的八卦楼。2006年，厦门市郑成功纪念馆和厦门市文化遗产保护中心并入厦门市博物馆。2007年，博物馆迁至现址，新馆建筑面积达25300平方米，展厅面积9597平方米，库房面积2800平方米。

厦门市博物馆是一座地方性综合博物馆，致力于闽台两岸传世珍贵文物的收藏、保护、研究和陈列。馆藏文物近2万件，其中已鉴定的三级以上文物共3983件，以古代的陶瓷、书画、玉器、石雕和民俗文物为主。此外，厦门市博物馆还利用直观的展品宣传文物政策，普及文物知识，弘扬中华民族的优秀传统文化，进行爱国主义教育，该博物馆是了解厦门历史和文化的重要窗口，也是一处免费参观的好去处。

藏品介绍

厦门市博物馆藏品丰富，涵盖古代陶瓷、书画、玉器、石雕和民俗文物等多个类别。其中，馆藏三级以上文物共 3983 件，以闽南民窑瓷器、闽台书画、郑成功文物等最具特色。藏品中不乏享誉全国的佳作，如明德化窑白瓷、清德化窑青花瓷等，体现了厦门及闽台地区的深厚文化底蕴。

展厅陈设

厦门市博物馆展览涵盖多个主题，“厦门历史陈列”展示厦门从古至今的历史变迁，“闽台古石雕大观”呈现精美的石雕艺术，“闽台民俗”反映闽台两地的民俗文化。此外，还有“爱莲 · 敬廉”文物话清廉特展、纪念郑成功诞辰 400 周年特展等临时展览，为公众提供了丰富的文化盛宴和接受全面历史教育的机会。

中国闽台缘博物馆

中国闽台缘博物馆坐落于福建省泉州市丰泽区北清东路 212 号，是一座国家级专题博物馆，为国家一级博物馆。

博物馆占地 154.2 亩，主体建筑面积 23332 平方米。采用“天圆地方”的设计理念，运用闽台两地“出砖入石”的传统建筑工艺。红砖白石相间，浑然天成，充分体现了海峡两岸的人文精神与地域特色。其中主体建筑有通向观景天台的四道半弧形的屋面斜阶，象征着中国闽台缘博物馆是海峡两岸交流的桥梁与纽带。

中国闽台缘博物馆的景观广场由馆名卧碑、音乐喷泉、九龙柱、倒影池、七彩灯柱等组成，用富有闽台建筑特色的红色为基调，利用天然石板材的颜色和特制红砖，红白相间分隔出醒目的图案，与主体建筑融为一体。九龙柱和卧碑以“九龙吐珠”象征海峡两岸同胞都是龙的传人，海峡两岸关系坚如磐石。

雕像面部光额、披发，双目圆瞪，眉向上挑，牙齿外露，表情凝重，神态刻画生动。

藏品精选

清木雕王爷神像

高 47 厘米，形态威严，展现王爷坐姿。髹金、红、黑、蓝彩，工艺精湛。王爷是民间驱瘟神灵的俗称，闽台多冠姓氏尊称。王爷信仰在台湾地区广为传播，一因明清时期闽人移民时疫病频发求神庇佑，二因“王爷船”漂台被民众建庙奉祀。

其他博物馆

福州市博物馆

开馆时间：9：00—18：00（周二至周五）
9：00—20：00（周六、周日）
停止入馆时间：17：30
休息时间：周一
地址：福建省福州市晋安区文博路8号

福州市博物馆，是收藏研究、展示宣传福州地区历史文化的地方性综合博物馆，是国家二级博物馆。馆内设有基本陈列：“闽都华章——福州历史文化陈列”“海丝门户有福之州——福州‘海上丝绸之路’文化遗产专题展”“至宝通洋外——‘碗礁一号’沉船出水瓷器展”、福州海上丝绸之路展示馆等。馆藏文物涵盖陶瓷器、青铜器、寿山石雕、字画、丝织品、漆器、玉器、古家具、古木雕等门类。

泉州海外交通史博物馆

开馆时间：9：00—17：30（周二至周日）
停止入馆时间：17：00
休息：周一（其他时间参考博物馆公告）
地址：福建省泉州市丰泽区东湖街425号

泉州海外交通史博物馆，是收藏研究、展示宣传古代航海交通历史、中国古代海洋文化的地方专题性博物馆，国家一级博物馆。博物馆由开元寺馆和东湖新馆两个馆区组成，馆内设有“泉州宗教石刻馆”“阿拉伯—波斯人在泉州陈列馆”“泉州湾古船陈列馆”等基本陈列。藏品文物以宋代沉船及其大量伴随出土物最具特色。

华侨博物院

开馆时间：9：00—18：00（周二至周日）
停止入馆时间：17：30
地址：福建省厦门市思明南路493号

华侨博物院是历史博物馆，由著名华侨领袖陈嘉庚先生倡办，1959年正式开放。博物院展览内容分为“华侨华人发展”“陈嘉庚珍藏文物展”等展览，馆藏文物包括历代青铜器、陶瓷器、古钱币等。通过展示大量珍贵文物和照片，反映了华侨华人艰苦奋斗的历程和对祖国的贡献。

泉州市博物馆

开馆时间：9：00—17：00（周二至周日）
停止入馆时间：16：30
休息：周一（其他时间参考博物馆公告）
地址：福建省泉州市丰泽区北清东路268号

泉州市博物馆，是收藏研究、展示宣传泉州地区历史文化的地方性综合博物馆，国家二级博物馆。博物馆包括泉州博物馆和联合国教科文组织设立的“世界多元文化展示中心”。馆内设有基本陈列“乘风破浪——泉州海洋文物展”“峥嵘岁月——红色文化精品展”。馆藏文物涵盖瓷器、纸质、木质、青铜、金银、玉器等门类。

福建民俗博物馆

开馆时间：9：00—18：00（周日至周四）
9：00—21：00（周五、周六及法定节假日）
停止入馆时间：17：30（周日至周四）
20：30（周五、周六及法定节假日）
休息：周二（其他时间参考博物馆公告）
地址：福建省福州市鼓楼区南后街郎官巷25号

福建民俗博物馆，是以传承、保护极具地方特色的福建优秀传统民俗文化、特别是福州的“闽都文化”为职能的地方性专题博物馆，国家二级博物馆。博物馆内基本陈设展览结合二梅书屋的房舍布局，展出闽派古典家俱、木雕木刻、福建各窑口瓷器等文物，生动展示福建的特色民俗文化。馆藏文物涵盖瓷器、玉石器、木器、纺织品，骨器、铜器、纸制品等门类。

福建闽越王城博物馆

开馆时间：8：30—16：30（周一至周日）
休息时间：以博物馆公告为准
地址：福建省南平市武夷山市城村村新村118号

福建闽越王城博物馆，是依托全国重点文物保护单位城村汉城遗址建立的遗址类主题性博物馆，国家二级博物馆。城村汉城遗址是西汉闽越国都城，是中国南方保存最完整的汉代诸侯王城遗址。馆内设有基本陈列“闽越国历史文物展”，展示闽越国的历史面貌和出土文物。

德化县陶瓷博物馆

德化县陶瓷博物馆，是以德化陶瓷为主题的地方主题性博物馆，国家二级博物馆。馆内设有6个展厅，基本陈列“德化陶瓷史话”由“水土宜瓷 千年窑烟”“宋元瓷器 崭露头角”“明代白瓷 独树一帜”“清代青花 诗情画意”“海丝瓷路 蜚声宇内”等7个单元组成，系统地反映了德化县古今瓷器的发展面貌和伟大成就。

开馆时间：8：00—17：30（冬令时）
8：00—18：00（夏令时）
停止入馆时间：17：00（冬令时）
17：30（夏令时）
休息：参考博物馆公告
地址：福建省泉州市德化县浔中镇学府路17号

福建土楼博物馆

开馆时间：8：30—17：00（周二至周日）
休息时间：以博物馆公告为准
地址：福建省龙岩市永定区凤城镇龙兴路1号客家博览园

福建土楼博物馆，是关于世界文化遗产福建土楼的专题博物馆，也是客家文化的研究、展示、传习和交流中心，国家二级博物馆。主体建筑采用客家土楼中的五凤楼造型。馆内设有基本陈列“客家梦·土楼情”，由序厅、文化瑰宝、源远流长、薪火相传、梦中故土和守望家园6个单元组成，另设有“土楼与烟草专题陈列”。

林则徐纪念馆

福州市林则徐纪念馆，是历史名人纪念馆，依托光绪三十一年（1905年）建成的林文忠公祠而建成，国家二级博物馆。博物馆由“林则徐宅与祠”（即林则徐出生地、林则徐故居和林文忠公祠）、“林则徐史绩展”和“禁毒展馆”组成。藏品393件（套）。

开馆时间：8：30—17：00（周一）
8：30—18：00（周二至周日）
停止入馆时间：16：30（周一）
17：30（周二至周日）
地址：福建省福州市鼓楼区澳门路16号

广东省博物馆
珠海博物馆
南山博物馆
深圳市金石艺术博物馆
深圳博物馆
桂林博物馆
孙中山故居纪念馆
佛山市祖庙博物馆
广东中国客家博物馆
广东中国客家博物馆
广州博物馆
桂林博物馆
东莞市博物馆
柳州市博物馆
中国（海南）南海博物馆
东莞市博物馆
广州博物馆
柳州工业博物馆
南汉二陵博物馆
桂林博物馆
南越王博物院
广州海事博物馆
广州十三行博物馆
广西壮族自治区博物馆
广东民间工艺博物馆
海南省博物馆
靖西市壮族博物馆
东莞市博物馆

第六章 华南地区

HUANANDIQU

粤剧艺术博物馆

桂林市靖江王陵博物馆

广州十三行博物馆

东莞市博物馆

深圳市金石艺术博物馆

南越王博物院

佛山市祖庙博物馆

广东海上丝绸之路博物馆

柳州市博物馆

广西壮族自治区自然博物馆

南宁市博物馆

惠州市博物馆

桂林博物馆

广东民间工艺博物馆

海南省博物馆

金秀瑶族自治县瑶族博物馆

惠州市博物馆

广西民族博物馆

广东省博物馆

概况

广东省博物馆（广州鲁迅纪念馆），于1959年10月1日正式开放，是首批国家一级博物馆、中央地方共建国家级重点博物馆。现有珠江新城馆区和文明路馆区，建筑总面积7.7万平方米。

位置规模

广东省博物馆位于广东省广州市天河区珠江东路 2 号，地处广州新城市中轴线——珠江新城中心区南部。分为历史馆、自然馆、艺术馆和临展馆四大部分。

藏品介绍

博物馆馆藏集岭南文物之大成，现有藏品总数 32 万余件（套），其中，古代书画和陶瓷两类文物的数量和质量居于全国博物馆前列，外销艺术品、出土文物、华侨文物、潮州木雕、端砚等特色文物收藏在全国首屈一指。

博物馆特色

广东省博物馆通过创新的建筑设计、丰富的藏品和独特的粤地文化在全国享有盛誉，为观众提供了独特的参观体验。

漆盒造型

广东省博物馆珠江新城馆区建筑外观设计理念来源于传统漆盒，建筑空间的塑造概念借鉴广东传统工艺品象牙球，寓意“绿色飘带上盛满珍宝的容器”。

藏品丰富

博物馆馆藏十分丰富，展馆陈列有序，集中呈现了广东的历史文化、自然资源以及具有地方特色的工艺品和艺术品。其中，镇馆之宝如金漆木雕大神龛、西周兽面纹青铜盉、千金猴王砚等，吸引了大量海内外游客前来参观。

展览分布图

注意　本书的文物所在位置是以作者当前写作阶段的位置作为参考标注的，由于各博物馆经常会有临时特展或巡回展，所以无法保证位置固定不变，请各位读者知晓，以实际的参观情形为准。

长沙窑釉下彩葡萄纹三耳梭口壶

清光绪青花云鹤纹带盘爵

金漆木雕彩绘人物故事棱形馔盒

广彩开光人物纹双螭耳花口瓶

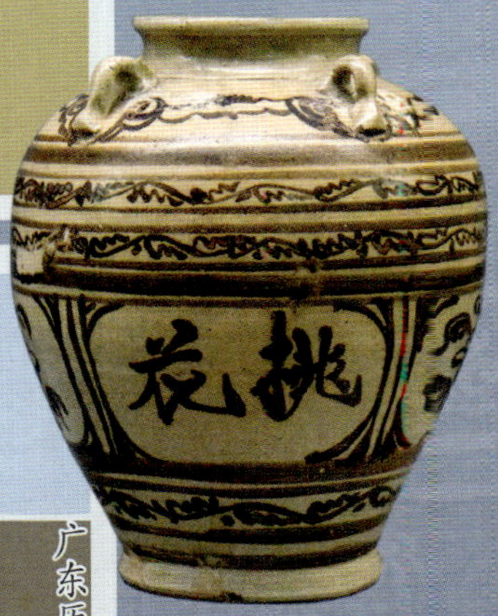
洞里桃花纹罐

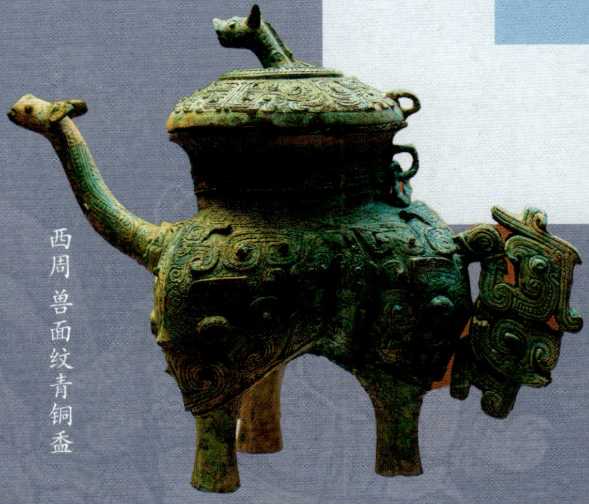
西周兽面纹青铜盉

珐琅花卉福寿八宝纹双层盒

发展沿革

1957年
广东省博物馆筹建。

1959年
广东省博物馆在原址上筹备建设的新的陈列大楼落成。

1992年
正式对外开放。

2003年
广东省委、省政府决定兴建广东省博物馆新馆。

初建与扩大（1957年~1992年）　　规划与新生

展厅陈设

基本陈列

基本陈列包括广东历史文化陈列，展示从马坝人到新中国成立的历史变迁；“粤山秀水　丰物岭南——广东省自然资源展览”，涉及地质地貌、矿产、宝玉石、中草药、陆生野生动物、海洋生物和古生物等主题；还有“漆木精华——潮州木雕艺术展览”“土火之艺——馆藏历代陶瓷展览”“紫石凝英——端砚艺术展览”等。

2004年
新馆在珠江新城中心区南部的文化艺术广场奠基。

2010年5月18日
新馆正式开馆，标志着博物馆硬件设施的重大飞跃。这一时期，博物馆不仅扩大了藏品规模，还加强了展览策划和学术研究，逐渐成为广东省乃至全国重要的文化地标。

2010年新馆开放以来，广东省博物馆持续深化内涵建设，不断提升展览品质和服务水平。

03年~2010年）

提升与发展 （2010年至今）

专题展览

广东省博物馆的临时展厅经常举办各种主题及特别展览，例如广东省博物馆与那不勒斯国立考古博物馆携手合作，将罗马帝国文物带到大湾区展出。

虚拟展览

博物馆充分利用数字技术，推出了虚拟展览，展厅通过 3D 虚拟漫游的形式，打破时间与空间的界限，观众可以在线上享受便捷的观展服务。

广宁玉雕“白切鸡”

- 年代不详 • 玉石器
- 长约 20 厘米，高约 15 厘米
- 广东省博物馆藏

广宁玉雕展现了一道美味的广东名菜“白切鸡”。玉雕工艺师以温润易刻、色彩瑰丽的“广东四大玉石”之一——广宁玉为原料，将一只白切鸡栩栩如生地呈现出来，技艺巧夺天工。鸡身的轮廓不仅饱满圆润，而且肌理细腻，使人仿佛感受到鸡肉的嫩滑质感。

最令人叹为观止的是鸡皮的刻画，每一块鸡皮的纹理都清晰可见，细小的毛孔更是被精心雕琢，惟妙惟肖。这件玉雕不仅是一件工艺品，更是广东饮食文化的一个生动缩影。现实生活中的“白切鸡”，在玉雕艺术中得到了完美呈现，体现了艺术源于生活、又高于生活，同时在一定程度上也成为广东文化的珍贵载体。这一精美的广宁玉雕现存于四楼基本陈列“粤山秀水　丰物岭南——广东省自然资源展览”的“宝玉石馆”内。

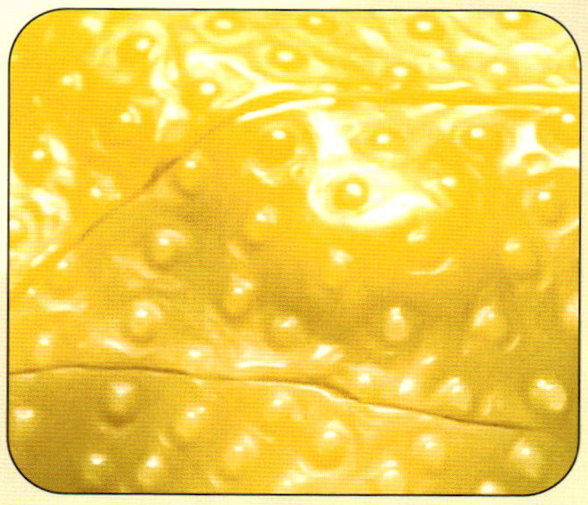

玉质的温润使得“白切鸡”看上去油光水滑，令人垂涎欲滴。

脖子上鸡皮的毛孔相较身体上的更为细小

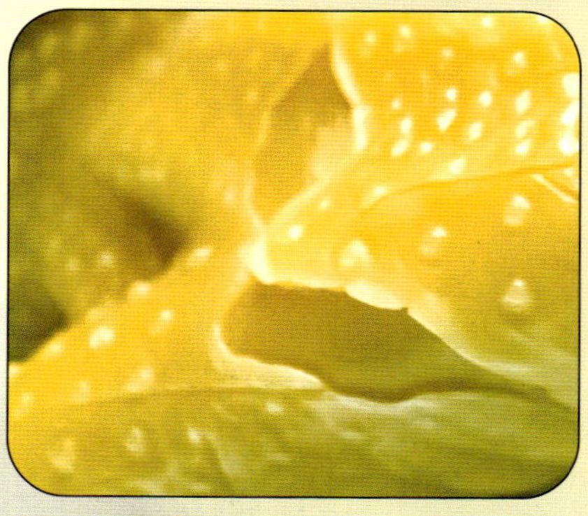

将鸡煮熟后，快速放入凉水中浸泡，会使鸡皮迅速收缩，会因过于紧致而崩破形成多处“缺口”。

色彩之美　黄润广宁玉

广宁玉以紧密的结构和温润如蜡的光泽著称，色彩斑斓，尤以绿、黄、白三色为主旋律，其中绿、黄二色更是价值连城。这件以“白切鸡”为造型的玉雕作品，巧妙融合了珍贵的黄色与绿色玉质，不仅材质珍稀，色彩绚烂夺目，而且在玉雕工艺师的手中，展现出栩栩如生的形态。

雕刻之美

皮弹肉滑

作品捕捉了白切鸡烹饪至极致的瞬间——鸡皮因充分浸润而显得饱满欲裂，仿佛能听见那瞬间迸裂时清脆悦耳的响声，香气仿佛穿越时空扑面而来。鸡皮表面的细微毛孔清晰可见，鸡腿肉质饱满，呈现出令人垂涎的弹牙质感。

西周兽面纹青铜盉

- 西周 · 青铜器
- 高 26.6 厘米，口径 14.2 厘米
- 广东省博物馆藏

西周兽面纹青铜盉造型独特，艺术性强，是西周中晚期青铜艺术的杰出代表。作为西周时期的酒器，此盉不仅具有实用功能，更承载着丰富的文化内涵。它见证了西周时期人们的饮酒习俗和祭祀礼仪，是研究古代社会生活、文化艺术和宗教信仰的重要实物资料。作为广东省首次发掘的西周青铜器，它不仅填补了该地区历史文物的空白，更为研究岭南地区秦汉以前的文化面貌提供了宝贵的实物证据。

青铜器中的盉，是古代人用于盛放酒的礼器，这件青铜盉由内、外两层器身组成，内层为盛酒的容器，外层为装饰性的套筒。整个器身呈圆筒形，腹部略鼓，底部有三足支撑。青铜盉的兽面纹用变形夸张的方式呈现，眼睛圆睁，仰首微伸，给人以威严神秘之感。通体纹饰布局严谨对称，线条有力流畅，似波澜般循环往复、自由流淌。器表装饰有典型的西周早期风格的兽面纹，纹饰繁缛精致，体现了高超的青铜铸造技艺。这件青铜盉不仅是重要的礼器，而且是研究西周早期青铜器技艺和冶炼技术的珍贵实物。

修长的龙头

西周兽面纹青铜盉最夺人眼目的便是顶部与腹部伸出的龙头，圆润修长。两个龙头均像前端伸展，使得青铜盉有一种不平衡感。盉顶蟠龙盖钮，龙体蜿蜒盘踞，鳞片细腻可辨。另一龙形的功能为流管，其上阴刻规则线条，双耳直立，与普遍所见的龙头形状有所区别，更为可爱小巧，两个龙头的搭配呼应更显趣味无穷。

庄重的纹样

西周兽面纹青铜盉盉身纹饰繁缛精美，颈中部饰有一周夔龙纹，肩部有斜角云雷纹。腹部以扉为界，划分出清晰的装饰区域。这些纹饰均为浅浮雕或阴刻，展现出高超的艺术造诣。

镂空的夔龙鋬手

鋬手部分尤为独特，由两条镂空夔龙巧妙结合，通过小圆柱连接并与盉身小龙相连，既美观又兼顾实用，兽面纹和龙纹的眼也明显突出，浮于器身表面，强化了视觉冲击力。

广州博物馆

自秦汉至明清的两千多年时间里，广州市一直是中国对外贸易的重要港口，也是“海上丝绸之路”的重要起点之一，被人们称作“千年商都”，更是岭南文化的发源地。

广州博物馆是一座具有地方特色的综合性历史博物馆，位于广东省广州市越秀区镇海路 99 号越秀公园内，是收藏和展示广州地区历史文物的重要文博单位。

主馆址在镇海楼，该楼建于明洪武十三年（1380 年），是明初永嘉侯朱亮祖修缮广州城时所建，楼高五层故名“五层楼”，是“羊城八景”和“现代十大旅游美景”之一。

1929 年，广州市政府在镇海楼筹办“广州市立博物院”，为我国最早期创建的博物馆之一。1950 年至今一直称作“广州博物馆”。

藏品介绍

广州博物馆的藏品主要是1949年以来考古发掘的出土文物，又通过移交考古发掘品、海关与公安部门罚没品、调拨、价拨、购买、社会人士和团体的捐赠等多种方式获得文物。

截至2022年末，广州博物馆馆藏文物约13万件（套），包括陶瓷器、书画、法帖、金属器、玉石、竹木、漆器、民族工艺、丝织印染、外国工艺等多个门类。

藏品精选

元青花船型水注

这件元代青花瓷水注，产自景德镇，1993年被广州博物馆收藏。水注高7.5厘米，长15.5厘米，宽4.2厘米。水注内部储水，外形酷似一艘小船，船体两端较窄，中间较宽，船首有流水槽。中舱前部装有一个篷子，两侧设有栅栏，篷下有两个女俑盘坐，面向前方。中舱两侧的拱形窗户下装饰有堆塑的假山石。船尾处有一位艄公站立，他倚靠在舱壁上，双手搭在舱顶，头部微微向左侧。

这件水注以精致的设计和优雅的形态而闻名，被认为是国内目前已知的唯一一件元代青花瓷制的船形水注。水注表面施以光滑均匀的白釉，呈现出鸭蛋青色，底部未上釉。器物表面装饰有青花图案，青花的色泽清新，展现出一种淡雅美。

广东民间工艺博物馆

广东民间工艺博物馆于1959年成立，该馆是以陈家祠为馆址的一家集收藏、研究和展览为一体的，以展出广东地区民间工艺为主兼及全国各地历代民间工艺品的艺术类博物馆。

广东民间工艺博物馆占地面积1.5万平方米，建筑面积6400平方米，由几个四合院将大小19座建筑联为一体，形成以中轴为主，东西有配殿，外设厢房的严谨对称布局，岭南建筑特点浓郁。

基本陈列有“广东象牙雕刻”“广州彩瓷”“广东剪纸和麦秆贴画”等。

广东省拥有十大民间工艺，它们分别是珠绣、木雕、彩瓷、针绣、沙画、广彩、鱼珠扎花、龙船灯、土陶、窗花。

建筑特色

陈家祠建于清光绪十九年（1893 年），是清代广东各地陈姓宗族在广州合资建造的合族祠。陈家祠集岭南地区多种建筑装饰工艺于一体，有木雕、石雕、砖雕、灰塑、陶塑、铜铁铸和彩绘等，有“岭南建筑艺术明珠”之誉，是我国现存规模最大、保存最完好、装饰最精美的祠堂式建筑。

藏品介绍

博物馆收藏各类珍贵文物与现代工艺精品共计 2 万多件（套），含国家级珍贵文物近 3000 件（套），包括石湾陶、象牙雕刻、粤绣、广彩瓷、广州木雕、砖雕、石雕等工艺精品。

深圳博物馆

深圳市地处广东省南部，珠江口东岸，东临大亚湾和大鹏湾，西濒珠江口和伶仃洋，南与香港特别行政区相连，北部与东莞、惠州二市接壤，是一座国家计划单列市、超大城市。深圳市目前是粤港澳大湾区四大中心城市之一，国家物流枢纽、国际科技产业创新中心、中国三大全国性金融中心之一。

深圳博物馆于1981年成立，新馆位于广东省深圳市福田区同心路6号，是集收藏、保护、研究、展示、教育于一体的综合性博物馆。

该馆现有同心路馆（古代艺术馆）、金田路馆（历史民俗馆）、深圳改革开放展览馆、东江游击队指挥部旧址4处馆舍，总建筑面积约6.5万平方米。

藏品介绍

深圳博物馆有 9 个常设展览，分别位于不同的分馆内。9 个常设展览系统展示了深圳的历史变迁与改革开放进程、馆藏古代文物和自然标本。现有藏品 22.8 万余件，包括文物藏品 2.7 万余件，其中珍贵文物 5457 件，其他为一般文物；物证藏品 20.1 万余件，其中改革开放相关物证 19 万余件，其他为民俗等类别相关物证。

南越王博物院

南越国，是秦末汉初岭南地区的一个割据政权，由赵佗建立，一共存在了 97 年（公元前 204 年～前 111 年）。南越文王，他是西汉南越国的第二代君主，公元前 122 年，赵眜去世，葬在今广州市越秀区解放北路象岗山，即 1983 年被发现的“南越王墓”。

南越文王墓和南越国宫署遗址集中展现了秦汉时期岭南地区政治、经济和文化的发展态势，也入选了中国“百年百大考古发现”。

南越王博物院，也叫西汉南越国史研究中心，是以南越国重要考古遗存为依托的大型考古遗址类博物馆。

该博物馆建筑面积共 4 万平方米，分为王墓和王宫两个展区，其中王墓展区位于广州市解放北路，前身为西汉南越王博物馆；王宫展区位于中山路四号，前身为南越王宫博物馆。

展厅陈设

王墓展区以 1983 年发现的南越文王墓为核心，该墓是岭南地区等级最高、规模最大、保存最好的汉代彩绘石室墓，共出土 1000 多件（套）文物，其中“文帝行玺”金印、丝缕玉衣、角形玉杯等具有重要历史和艺术价值。

王宫展区以南越国宫署遗址为核心，遗址叠压了秦汉至民国 13 个历史时期的文化层。其中由 1995 年发现的“石构水池”和 1997 年发现的“曲流石渠”组成的南越国御苑遗址，是目前发现年代最早、保存较为完好的秦汉宫苑实例，入选了当年的“全国十大考古新发现”。

广州海事博物馆

现代人对“海事”的理解，是指一切与涉海事务有关的内容，包括造船、验船、航海、海上法规、海损事故调查处理、港口建设及运营、海洋开发利用与防污染、航道疏浚测量与航标设置、海洋教育与培训、海洋气象观测及预报等。而广东省地处南海，是我国海上丝绸之路的发祥地与重要节点，更兼广东在21世纪“一带一路”建设中的独特优势，有关海事博物馆的建设势在必行。

广州海事博物馆建于2021年，位于广州黄埔区穗东街庙头社区。该馆系统收藏和陈列了广州两千年来海上丝绸之路和对外贸易发展的文物和历史资料，展示广州在海上丝绸之路历史中的辉煌成就。

展厅陈设

广州海事博物馆占地面积35738平方米，一期建筑面积1万平方米。

主体建筑整体分地上四层、地下一层，地上四层为展示功能。广州海事博物馆的主楼宛如一艘大船漂浮在水中央，入口处则有一条6米宽的“引桥”，通过这里进入博物馆。

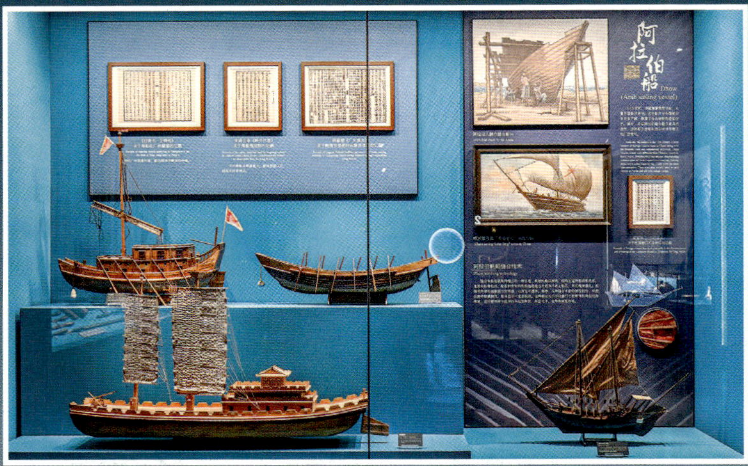

藏品介绍

馆藏文物以出土瓷器为主，量比较大，藏有西村窑瓷器约 100 件，其中“至和元年”款褐彩铭文盘是国内少见的带铭文的西村窑瓷器，宋代市舶使方慎言墓志铭、南宋碇石、南海出水香药等也都极为珍贵，是国内现存收藏西村窑完整器物最多的博物馆。同时，在全国仅存的两件宋代出土市舶使墓志铭中，广州海事博物馆收藏的广州市舶使方慎言墓志铭即是其中一个。其他如馆藏南宋碇石，在国内亦十分少见。

南汉二陵博物馆

南汉二陵博物馆位于广州大学城（广州市番禺区小谷围岛）华师一路 8 号，是依托南汉二陵建设的遗址类专题博物馆。南汉二陵博物馆于 2014 年正式立项，2015 年动工建设，2019 年 5 月 17 日正式全面开馆，2024 年获评国家二级博物馆。

南汉二陵是指五代十国之一南汉国烈宗刘隐的德陵和高祖刘岩的康陵，2003 年 ~2004 年发掘，被评为“2004 年中国十大考古新发现”。2006 年被国务院公布为第六批全国重点文物保护单位。南汉二陵是五代十国考古的重大发现，是五代南汉国的标志性史迹，是广州重要的文化遗产。

建筑特色

南汉二陵博物馆以中国传统文化“天圆地方”理念为基础、以“南韵 · 和庭”为主题，拟打造成为岭南地域气息浓厚的纪念性建筑。博物馆内部以“中国如意结”作布局结构，以庭院为核心作为建筑体量单元，通过 5 个单元的相互叠合、交织，形成圆中有方、方中有圆的有机结合，营造实为建筑、虚即庭院；围而不合、虚实互换的建筑理念。

南汉二陵博物馆建筑群与康陵遗址本体自然形成“左圆右方”的景观空间轴线，形成有秩序的统一整体。

藏品精选

东汉陶鸮形五联罐

此东汉文物通高 13.5 厘米，通宽 21.2 厘米，通长 21.7 厘米，连接处宽 13.4 厘米，长 13 厘米。由四个大罐和中心一小罐组成，各罐以泥梁相连，内部不相通。五罐造型均仿鸮形像，盖为鸮首。联体罐流行于汉代岭南地区，是越文化的典型器物，应该是用来盛放果品、调料之类餐食的器皿。

五个呆萌的“鸮”，好奇地打量着来自五湖四海的观众，邀请他们欣赏这精彩奇妙的世界。由于鸮的表情十分可爱，这件文物也被网友亲切地称为“千年萌物”。

东莞市博物馆

东莞，是广东省的一个地级市。南朝梁天监六年（507年），改东官郡为东莞郡，东莞由此得名。宋代的东莞是岭南地区乃至全国的盐场所在地，它的盐栅最为密集，是当时的盐业中心。进入明清，东莞成为我国南方沿海地区重要的海防商贸中心。

东莞市博物馆，前身是建于1929年的东莞县博物图书馆，1959年成立东莞县博物馆，1994年，东莞市博物馆新馆建成并对外开放，是一座地方性综合博物馆。新馆占地面积2700平方米，建筑面积10039平方米，展览面积3300平方米，包括基本陈列区、专题陈列区和临时展览区，“古代东莞”是该馆的基本陈列。

展厅陈设

东莞市博物馆公众开放区包括基本陈列区、专题陈列区和临时展览区。公众开放区分三层，一层为服务台、临时展厅；二层设有专题陈列区和互动体验厅，专题陈列区定期展出馆藏文物或引进各种精品展览；三层为“古代东莞”基本陈列，以馆藏文物和文献史料为主，从文明曙光、千年古邑、面向海洋、商贸重镇、崇文重教5方面向观众讲述古代东莞的故事。

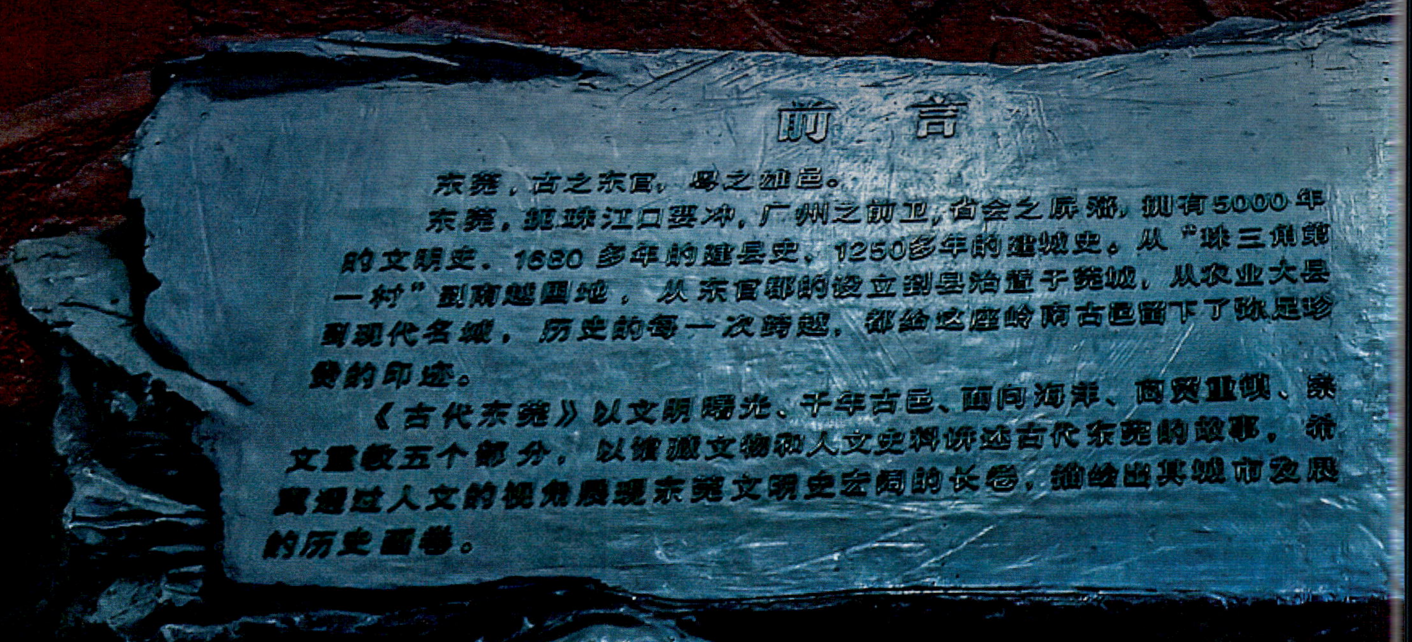

藏品精选

宋黄褐釉堆塑人物楼阁形陶坛

整器通高 83.5 厘米，腹径 34 厘米，口径 11 厘米，足径 19 厘米。

器表施黄褐釉，器形高大修长，整体分盖和身两部分。器盖塑为四歇山顶大殿，斗拱式抬梁结构，门前有阶梯，附贴人物 8 个，作吹箫或击鼓状。

器小口，圆唇，短颈，高圈足。肩部贴塑人物，并在其上堆加行云龙之形象，龙张牙舞爪，造型生动，穿梭于人物之间。坛上腹堆贴三周水波纹，下腹堆贴两周水波纹，其间篦划仰莲纹一周，足上部镂四个小圆孔。

器盖塑成四歇山顶大殿，为斗拱式抬梁结构，门前有阶梯。

“十三行”是明、清时期对外贸易特有的机制与行当。

十三行位于广州市荔湾区。清康熙二十五年（1686年），广州城西南江边开设洋货行，又称十三行。十三只为特指数，不确指十三家商行。广州在清代已形成十三行街和街南面的洋行、商馆区。

清乾隆二十二年（1757年）至清道光二十二年（1842年），粤海关成为清政府官方允许的唯一海上对西洋（即今天的欧美地区）贸易的关口。加上18世纪60年代开始的欧洲工业革命，十三行地区因此成为当时中外经济文化交流的中心，海上贸易出现史无前例的繁荣。

广州十三行博物馆位于清代十三行商馆区遗址之上（广州市荔湾区西堤二马路37号广州文化公园内），占地3060平方米，总建筑面积6090平方米，现馆藏文物超5000件（套）。常设展览有“清代广州十三行历史展”和“王恒、冯杰伉俪捐赠文物专室陈列展”。馆藏藏品全部由中外热心人士无偿捐赠。

展厅陈设

展厅一层的“清代广州十三行历史展”由“开海设关”“十三行风貌”“十三行行商”“十三行贸易”“中西汇流”和“走向近代”等6大部分组成，展出大量珍贵的历史文献史料和海内外遗存的文物。

展厅二层的“王恒、冯杰伉俪捐赠的十三行时期文物专室陈列展”展出的是广州著名文物鉴藏家、迪士普音响科技有限公司董事长王恒先生与夫人冯杰女士，十多年来遍访欧美各国收藏的清代十三行时期的珍贵文物。

藏品介绍

十三行博物馆藏品包括广州彩瓷、通草画、广绣、象牙器、外销扇、五常家具以及银器、珐琅器、玻璃画、水彩画、油画、漆器等，涵盖了清代广州的主要外销工艺品。包括国内少有的专项收藏——上百件五常酸枝家具、600多件种类齐全的从清康熙到现代的广彩瓷器，其中通草画已经失传多年。

小知识

1757年至1842年，广州十三行成为清朝政府专门与欧美国家进行贸易往来的区域。

作为官方指定的商人，十三行的行商们不仅负责管理外国商人，还拥有茶叶、丝绸、棉布等商品的特许经营权。在这些行商中，潘、卢、伍、叶四大家族尤为显赫。特别是伍家的伍秉鉴，他掌管的怡和行实力非凡，伍秉鉴被誉为当时的“世界首富”。

当时在广州，流行着一种独特的语言——“广州英语”。这种语言实际上是用粤语发音来标注英语单词，帮助双方沟通。例如，在博物馆展示的一段“广州英语对话”中，中国人向外国人打招呼的方式是：“请请，您好，好长时间没有见到你了。”（Chin-chin, how you do, long time my no had see you.），其中“请请”（Chin-chin）、“油”（you）“都”（do）都是粤语的发音方式。尽管这种英语的发音并不准确，但它在当时已经足够让十三行的商人们与外国商人进行基本的商业交流。

广东海上丝绸之路博物馆

广东海上丝绸之路博物馆，为国家一级博物馆，位于广东省阳江市江城区南海一号大道西，以“南海Ⅰ号”宋代古沉船发掘、保护、展示与研究为主题，展现水下考古现场发掘动态演示过程的中国首个水下考古专题博物馆，总建筑面积1.75万平方米。

广东海上丝绸之路博物馆主要由“一馆两中心”（广东海上丝绸之路博物馆、海上丝绸之路学研究中心和研发中心）构成，设有陈列馆、水晶宫、藏品仓库等。展出的文物主要是沉寂于海底800多年的宋代商贸海船“南海Ⅰ号”及在该船上发现的文物。

场馆陈列

广东海上丝绸之路博物馆主馆占地面积12288平方米，总建筑面积19409平方米。馆内基本陈列面积达一万多平方米，分为七大主题展区：扬帆、沉没、探秘、出水、价值、遗珍、成果。

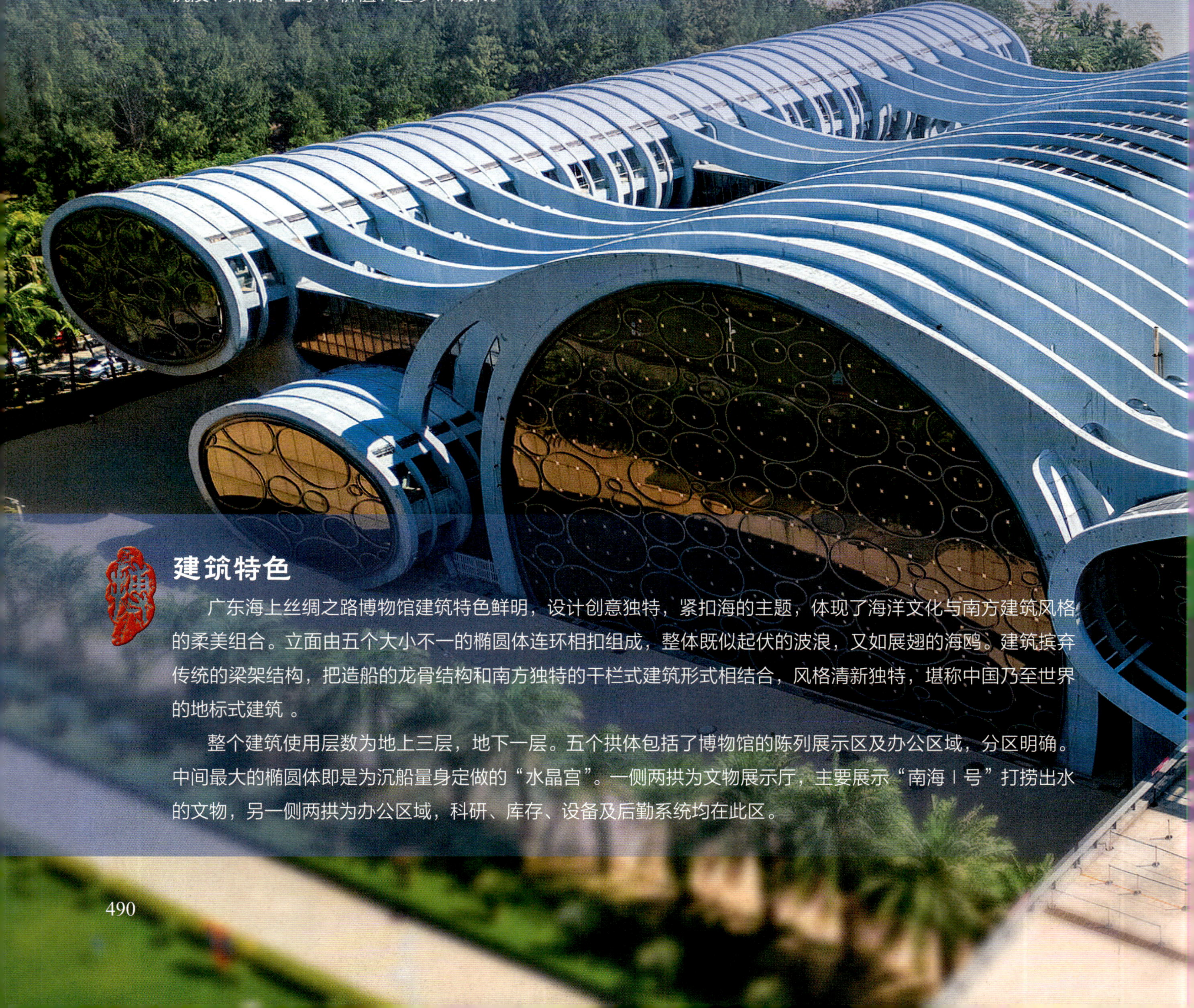

建筑特色

广东海上丝绸之路博物馆建筑特色鲜明，设计创意独特，紧扣海的主题，体现了海洋文化与南方建筑风格的柔美组合。立面由五个大小不一的椭圆体连环相扣组成，整体既似起伏的波浪，又如展翅的海鸥。建筑摈弃传统的梁架结构，把造船的龙骨结构和南方独特的干栏式建筑形式相结合，风格清新独特，堪称中国乃至世界的地标式建筑 。

整个建筑使用层数为地上三层，地下一层。五个拱体包括了博物馆的陈列展示区及办公区域，分区明确。中间最大的椭圆体即是为沉船量身定做的“水晶宫”。一侧两拱为文物展示厅，主要展示“南海Ⅰ号”打捞出水的文物，另一侧两拱为办公区域，科研、库存、设备及后勤系统均在此区。

藏品精选

金虬龙环

虬龙，即盘曲的龙，在古代传说中有鳞曰蛟龙，有翼曰应龙，有角曰虬龙，无角曰螭龙。该环两头饰虬龙头，可见龙眼、龙须、龙角各一对，两龙头对接处留出空隙，圆环截面有圆柱状凸出物，龙身由三条阴刻线分成五段，五段间有两条平行阴刻线连接。龙身饰珍珠地纹，平行线两侧为山形和水形纹饰。

惠州市博物馆

惠州市位于广东省东南部，不仅物产富饶，而且具有很长的海岸线，拥有丰富的海洋资源。惠州是一座历史文化名城，隋唐时期号称“粤东重镇”，是广东东江流域的政治、经济、军事、文化中心，也是该地区重要的商品集散地，因此获得了“岭南名郡”“粤东门户”“半城山色半城湖”等美誉。此外，惠州还是客家人重要的聚居地，有“客家侨都”之称谓。

惠州市博物馆建于1982年，1999年迁至丰湖书院故址，2009年迁至惠州市江北市民乐园西路3号。惠州博物馆馆藏文物主要以惠州历年征集和出土的文物为主，地方色彩浓郁，是研究惠州历史和文化的重要实物资料。

展厅陈设

新馆建筑由上海同济大学建筑设计院设计，建筑面积约2.3万平方米，建筑地上五层，地下一层，外观象征“历史之印”。惠州博物馆一至四层共设10个陈列展厅，展览面积达7000平方米，基本陈列有“文物精品展”“东江流域的文明展厅”、惠州历史名人馆、刘仑美术馆等。

藏品介绍

截至2019年末，惠州市博物馆有藏品4532件（套），其中一级文物1件，二级文物51件，三级文物237件，其他藏品3912件（套）。藏品类别涵盖瓷器、书画、青铜器、玉器、金木雕、刺绣、家具、端砚、民俗、钱币、杂项等。

藏品精选

葵花形铜镜

葵花形铜镜是宋代铜镜中的独特样式，其特点是镜身整体呈葵花形。这种铜镜通常中央有圆形或方形钮，便于手持使用。

铜镜背面装饰精美，常见的纹饰有花卉、动物和几何图案等，展现出宋代华美细腻的装饰风格和高超的工艺技术。这面葵花形铜镜不仅是日常生活中的实用物品，也体现了宋代生活美学的精致与雅致。

其他博物馆

孙中山故居纪念馆

开馆时间：9：00-17：30（周二至周日）
停止入馆时间：17：00
休息时间：周一（其他时间参考博物馆公告）
地址：广东省中山市翠亨村翠亨大道93号

孙中山故居纪念馆，是依托孙中山故居而设立的纪念馆，为国家一级博物馆。纪念馆由孙中山故居、中山市民俗博物馆、中山市孙中山研究所组成，设有6大区展区，即孙中山纪念展示区、翠亨民居展示区、农耕文化展示区、杨殷、陆皓东纪念展示区、非物质文化遗产展示区、其他展区。馆内陈列以“孙中山及其成长的社会环境”为主题，兼有历史民俗文化与非物质文化遗产展示。

广东中国客家博物馆

开馆时间：9：00-17：00（周二至周日）
停止入馆时间：16：30
休息时间：周一（其他时间参考博物馆公告）
地址：广东省梅州市梅江区东山大道2号

广东中国客家博物馆，是收藏研究、展示宣传客家民系历史文化与客家民俗文物的地方性专题博物馆，国家一级博物馆。博物馆由主馆客家博物馆、分馆黄遵宪纪念馆、梅州市非物质文化遗产展示馆、梅州华侨馆、梅州大学校长馆、梅州将军馆、梅州名人廉吏馆组成。主馆设有基本陈列“客家人”“梅州史话”。馆内藏品分为客家民俗文物、梅县水车窑瓷器、客家地区纸质文献、客家匾额、黄遵宪藏书等5大门类。

广州艺术博物院

开馆时间：9：00-17：00（周二至周日）
停止入馆时间：16：30
休息时间：周一（其他时间参考博物馆公告）
地址：广州市海珠区艺苑路198号

广州艺术博物院，是艺术类专题博物馆，国家一级博物馆。整体建筑将岭南建筑与园林融为一体，其中新馆（广州美术馆）完美融合了传统与现代元素。院内设有多个名人馆，包括岭南派画家关山月、赵少昂、黎雄才、杨善深、杨之光，书画家赖少其、廖冰兄，收藏家欧初、赵泰来等；设有中国历代绘画馆、中国历代书法馆、佛山陶艺馆、专题陈列馆、雕塑展区等。馆内藏品涵盖国画、书法、油画、水粉画、水彩画、版画、素描、速写、雕塑和碑刻、拓片、唐卡、铜器等门类。

南山博物馆

开馆时间：10：00（周二至周日）
　　　　　18：00（周六）
停止入馆时间：17：00
闭馆时间：18：00（周二至周日）
　　　　　21：00（周六）
休息时间：周一（国家法定节假日除外）
地址：广东省深圳市南山区南山大道2093号

南山博物馆是深圳地区单体建筑面积最大的博物馆之一。南山博物馆常设展览为《南山故事》，全面展示南山从深港文化之根到改革开放先锋的光辉历程。馆内藏品丰富，涵盖了南山区的史前文化、商周文化、海洋文化等多个历史时期，是了解南山区历史文化和人文底蕴的重要场所。此外，南山博物馆还注重古代海上丝绸之路和广府区域历史遗存的收藏整理工作，为游客提供了丰富的文化体验。

珠海博物馆

开馆时间：9：00-17：00（周二至周日）
停止入馆时间：16：00
休息时间：周一（其他时间参考博物馆公告）
地址：珠海市海虹路88号

珠海博物馆，是收藏、研究、展示、宣传珠海市历史文化的地方性综合博物馆，国家二级博物馆。馆内设有“珠海历史”（包括海洋纪事、珠海通史两个单元）、“艺文与民俗”（包括古今珠海人、传承在民间两个单元）、“共同的记忆”等基本陈列，全面展示珠海悠久的历史和深厚的文化底蕴。馆藏文物涵盖陶瓷器类文物、书画类文物、石玉器类文物、金属器类文物、杂项类文物等。

佛山市祖庙博物馆

开馆时间：9：00-17：00（周二至周日）
停止入馆时间：16：30
休息时间：周一（其他时间参考博物馆公告）
地址：佛山市禅城区祖庙路 21 号

佛山市祖庙博物馆，是依托佛山祖庙古建筑群建立的专题性博物馆，国家一级博物馆。博物馆包含祖庙古建筑群、佛山祖庙历史文化陈列展览馆、孔庙、黄飞鸿纪念馆、叶问堂等。其中全国重点文物保护单位祖庙始建于北宋元丰年间（1078-1085 年），是佛山市文物保护单位。基本陈列充分展示佛山祖庙历史文化、道教文化、武术文化、佛山民俗及民间工艺等，馆内每年举办多次民俗文化动态展示活动。

深圳市金石艺术博物馆（非国有）

开馆时间：9：00-18：00（周二至周日）
停止入馆时间：17：30
休息时间：周一（其他时间参考博物馆公告）
地址：深圳市罗湖区望桐新路 1 号

深圳市金石艺术博物馆，是收藏、展示、保护和研究中国古代石刻艺术的专题性博物馆，国家二级博物馆。博物馆内设有基本陈列“明清石雕艺术展”，展出约 300 余件明清时期具有代表性的石雕、石刻，涵盖中国新疆、内蒙、陕西、河北、河南、山东、山西、湖南、湖北、四川、安徽、浙江、江西、福建、广西等地区。曾举办“翟门生的世界：丝绸之路上的使者”“不朽不灭——中国文物中的儒释道”等一系列重要展览。馆内藏品以中国古代建筑、庭院石雕为主。

中山市博物馆

开馆时间：9：00-17：00（周二至周日）
停止入馆时间：16：00
休息时间：周一（其他时间参考博物馆公告）
地址：中山市石岐街道孙文中路 197 号

中山市博物馆，是集收藏、研究、展示、教育于一体的地方性综合博物馆，另有中山商业文化博物馆、中山华侨历史博物馆、中山收音机博物馆等专题博物馆。新馆于 2022 年对外开放，馆内保存有中山市文物保护单位侨立中山公医院旧址和中共中山县委一三九招待所旧址、郑藻如旧居两处不可移动文物。博物馆主体建筑分为地下二层、地上三层，内有中山历史陈列展馆、中山华侨历史博物馆和临时展厅、社教活动中心、游客服务中心等。常设展览“风起伶仃洋——中山历史陈列”系统呈现香山（中山）5000 多年的发展历史。

粤剧艺术博物馆

开馆时间：9：00-17：00（周二至周日）
停止入馆时间：16：30
休息时间：周一（其他时间参考博物馆公告）
地址：广东省广州市荔湾区恩宁路 127 号

粤剧艺术博物馆，是收藏、研究、展示、宣传粤剧艺术的地方性专题博物馆，国家二级博物馆。博物馆沿荔枝湾涌分为南北两岸 2 个区域，南岸设有基本陈列展厅、主题展厅、剧场和园林景区，北岸设有粤剧艺术的传承与保护等配套区域。整体建筑为岭南园林风格的仿古建筑群。馆内设有“南国红豆 · 粤韵佳音”基本陈列，采用综合展陈方式展现粤剧历程、艺术特色以及影响。另有园区仿古戏台每周定期展演，剧场设有 237 个座席，配备先进的声光电系统，为馆内多功能粤剧艺术表演服务。

广西壮族自治区博物馆

早在 80 万年前，广西壮族自治区内就有人类活动的足迹，诸如史前的贝丘文化、手斧文化、大石铲文化等，具有较高的考古学研究价值。从秦汉一直到明清，广西地区在丝绸之路、海陆交通、维护边疆稳定和国家统一等方面都有着十分突出的地位，留下了丰富的历史文化遗产。

广西壮族自治区博物馆，是省级历史、艺术类综合性博物馆，全国首批国家一级博物馆。筹建极早，属于西南地区较早建立的博物馆，前身是 1934 年建立的广西省立博物馆，新馆位于南宁市青秀区民族大道 34 号。

展区陈设

2022 年扩建竣工后，广西壮族自治区博物馆面积达 4.2 万平方米。博物馆一、二层用于陈列展览，三层用于办公。有“广西古代文明陈列”“烽火南疆——广西近现代革命史陈列”等基本陈列，还有“合浦启航——广西汉代海上丝绸之路”“釉彩斑斓——馆藏瓷器陈列”与“匠心器韵—馆藏工艺珍品陈列”等专题展览。

藏品精选

羽纹铜凤灯

该铜灯长 42 厘米，宽 15 厘米，高 33 厘米，雌雄成对。1971 年出土于广西壮族自治区北海市合浦县望牛岭西汉晚期一号汉墓。

铜凤灯外形仿凤鸟，双足并立，昂头回望，尾羽后曳下垂与足共同支撑全身，显得十分稳重。整个铜灯细刻羽毛，头、冠、颈、翅、尾、足，比例匀称，轮廓清晰。当灯点燃时，蜡炬的烟灰通过凤嘴进入颈部、进入腹腔，溶入水中，可谓是“双胞胎”环保灯，显示了 2000 年前工匠们精湛的手艺与高超的智慧。

广西民族博物馆

广西民族博物馆成立于2008年，位于南宁市青秀区青环路11号，是一座民族文化专题博物馆，国家一级博物馆。

博物馆占地面积130亩，建筑面积3.3万平方米，该馆以收藏、研究和展示广西12个世居民族传统文化为主，同时兼顾对国内其他省份及世界各民族的文化研究、文物资料收藏保护和宣传展示，是广西民族文化保护与传承的重要机构、中国与东盟对外交流与合作的重要文化平台。

整个馆区设有文物保护研究中心、业务与行政管理区、公共服务区、露天展示区、后勤服务区等五个功能区，有“穿越时空的鼓声——铜鼓文化陈列”“五彩八桂——广西民族文化陈列”等基本陈列，“昨日重现——百年老物件展”“左江花山岩画文化景观专题展”“骆越遗珍——左江花山岩画数字化展”等各类专题展临时展览。

藏品介绍

截至 2024 年，该馆有藏品 5 万余件（套），包括铜鼓、服装、织绣、银饰、石器、竹木器、陶瓷器、化石标本等。其中古代铜鼓有 346 面，是世界上收藏铜鼓数量最多、类型最全的博物馆；纺织品 1.86 万件（套），涵盖广西 12 个世居民族；收藏 31 个国家和地区的民族民俗文物 3758 件（套），为研究相关国家民族民俗提供了重要材料。

桂林博物馆

桂林博物馆，是展示桂林历史文化的综合性博物馆，国家一级博物馆。自 1963 年开始筹建，1988 年 11 月广西壮族自治区成立 30 周年之际落成并对外开放，坐落于桂林市秀峰区西山路 4 号。

桂林博物馆新馆位于临桂新区平桂西路，于 2010 年 2 月正式开工建设，2016 年 12 月 30 日正式对外开放。

新馆总建筑面积为 3.4 万平方米，是广西地区目前规模最大、功能最全的博物馆之一。

博物馆主体建筑的东、南、西三面分布着鼓楼、风雨桥、南北阙等配套景观建筑，以传统的桂北民居为原型，结合现代建筑技术手段，将民族特色与现代风格有机融合，体现出桂北民居特有的汉唐遗韵。

展厅面积约 1.2 万平方米，共有 12 个展厅，推出 4 个基本陈列和 2 个专题展览，即“漓水春秋——桂林历史文化陈列”“画里人家——桂林民俗文化陈列”“靖江遗韵——桂林出土明代梅瓶陈列”“友谊桂林——馆藏外宾赠送礼品陈列”“情系桂林——李培庚、叶侣梅、宋克君捐赠作品展”和“翰墨华章——馆藏明清书画精品展”，同时建有面积为 1400 平方米的未成年人教育互动中心。

藏品精选

宣德青花携酒寻芳图梅瓶

高 38.2 厘米、 口径 6 厘米、底径 11 厘米、 腹围 65.3 厘米。胎体厚重，瓷质细腻，釉色匀润白净，极其雅致夺目。小唇口，圆台状短颈，颈下部外斜，丰肩圆腹，腹以下至足渐收，底略上敛。整器图案共分四层，各层间以弦纹分隔。颈部绘青花龟背锦地纹。肩部绘青花波涛开光海马纹。腹部画面构图精妙，形神兼备。笔法极为细腻，人物马匹器物比例准确，层次分明，线条流畅。路旁柳枝随风摇曳，人物衣饰亦隐约飘动，生动有趣。明代永乐、宣德时期是中国青花瓷器的黄金时期，该瓶从器形到图案可谓青花瓷器中之极品。

柳州市博物馆

柳州是广西壮族自治区的一个重要的工业城市，古称“龙城”。自古是多民族聚居的地方，民族风情极具特色，壮族的歌曲、苗族的节日、瑶族的舞蹈、侗族的楼阁，号称“四绝”。

1959 年，柳州市博物馆成立，现位于柳州市城中区人民广场东侧，是一座拥有先进设施与现代化功能的综合性博物馆，其建筑也是柳州市标志性建筑之一。

博物馆建筑主体采用花岗岩风暴石砌筑，为古城阙样式，外廊有 21 面浮雕，寓意 21 世纪的柳州和 2100 年的历史。

柳州博物馆占地面积 39 亩，建筑面积 1.66 万平方米，展示区面积 8000 平方米，下辖柳侯祠文物景区、东门城楼文物景区。常设展厅有历史馆、民族馆、青铜馆、扇面书画馆、古生物化石馆、一个多功能活动厅和学术报告厅等。馆藏文物 3.6 万件，许多文物颇具地方特色。

柳侯祠坐落于柳州市柳侯公园的西侧，最初被称为“罗池庙”，是为了纪念唐代杰出的政治家、思想家和文学家柳宗元而建。

柳侯祠景区

柳侯祠由前殿、中殿和大殿三部分组成，内部有柳宗元的石刻像、塑像以及“荔子碑”等 40 多块历代珍贵的石刻。“荔子碑”是宋代文学巨匠苏轼的书法作品，内容是韩愈为柳宗元所作的《柳州罗池庙碑》中用于祭祀的《迎颂享神诗》。由于这块碑上汇聚了唐宋时期三位文学巨匠的风采，因此被誉为“三绝碑”。

柳州工业博物馆

广西柳州是中国西南地区的工业重镇，具有悠久的工业历史。中华人民共和国成立后，柳州就制定了钢铁、机械、水泥、化工等工业发展计划，最后形成了以汽车、钢铁、机械为三大支柱的较为完整的工业体系。

进入 21 世纪，柳州市又制定了“工业立柳，强市富民”“再造一个工业柳州”“实业兴市，开放强柳”等发展思路，推进传统产业升级与传统技术改造，力图使旧工业体系焕发新的生机。

2012 年广西壮族自治区政府建立了柳州工业博物馆，该博物馆位于柳州市鱼峰区文昌大桥东侧南面，由柳州第三棉纺厂旧厂房改建而成，集工业历史展示、工业遗产保护、科学知识普及、旅游休闲于一体，是国内首个城市综合性工业博物馆。

展厅陈设

博物馆占地面积 11 万平方米，总建筑面积超过 6 万平方米，设有工业历史馆、生态宜居馆等主题展馆。该馆常设有三大主题展馆：工业历史馆展示柳州百年工业发展历程、企业风采馆展示柳州企业风采和未来工业设计畅想、生态宜居馆展示柳州城市生态文明建设。

博物馆馆藏各类工业文物 3 万余件（套），各类大小工业遗存实物 6224 件，各种文献资料、图片 11645 件，其中包含大量具有全国第一、唯一等意义的重要工业文物，藏品种类繁多，时间跨度长。

其他博物馆

南宁市博物馆

开馆时间：9：30-17：00（周二至周日）
停止入馆时间：16：50
休息：周一（其他时间参考博物馆公告）
地址：广西南宁市良庆区龙堤路 15 号

南宁市博物馆是一座以教育、收藏、展示、研究南宁历史文化遗产为主的地方综合性博物馆。建筑设计造型独具地方特色，外立面采用了镂空铝板等现代材料，并设计参考了壮锦等民族图案装饰。馆内设有五个常设展厅，包括“古代南宁馆”“近现代南宁馆”“南宁兵变馆”“民歌馆”和“红陶馆”，展示了南宁从远古时期至近现代的历史文化遗产。

广西壮族自治区自然博物馆

开馆时间：9：00-17：00（周二至周日）
停止入馆时间：16：30
休息时间：周一（其他时间参考博物馆公告）
地址：广西南宁市人民东路 1-1 号人民公园内

广西壮族自治区自然博物馆，是以集生动植物、岩石矿物、古生物（含古人类）化石等自然标本的收藏、研究、展示和科普为一体的地方性自然主题博物馆，为国家二级博物馆。馆内设有基本陈列“地球与生物历史展”“珍稀动物展”，另有室外科普展示园区。馆内藏品五万余件，涵盖古植物化石、鱼化石、恐龙化石、古人类化石、大熊猫——剑齿象动物群化石、有色金属矿产、珍贵矿物和珍稀动植物（如：白头叶猴、瑶山鳄蜥、擎天树、金花茶、桫椤、银杉等）等。

桂林市靖江王陵博物馆

开馆时间：9：00-16：30（周二至周日）
停止入馆时间：16：00
休息时间：周一（其他时间参考博物馆公告）
地址：桂林市东郊尧山西麓

靖江王陵博物馆，是依托明代靖江王陵而建立的遗址类专题博物馆，为国家三级博物馆。洪武三年（1370 年）朱元璋封其侄孙朱守谦为靖江王，靖江王共历 14 王 280 年，其中有 11 王葬于尧山，除 11 座藩王陵墓外，靖江王陵内还有次妃墓、将军、中尉、宗室、王亲藩戚等墓共 300 多座，是中国规模最大、陵墓数量最多、保存最完整的明代陵墓群之一，被称为“岭南第一陵”。靖江王陵博物馆是复原庄简王陵后开辟而成的，馆内陈列展出墓群出土文物，涵盖陶瓷器、金银器、玉器、金属器等门类，其中明代中晚期青花梅瓶数量达 300 余件，极具特色。

金秀瑶族自治县瑶族博物馆

开馆时间：9：00-17：00（周二至周日）
停止入馆时间：16：30
休息时间：周一（其他时间参考博物馆公告）
地址：广西来宾市金秀瑶族自治县县城平安路 6 号

金秀瑶族自治县瑶族博物馆，是以当地世居瑶族历史、文化、艺术为主题的地方性专题博物馆，为国家三级博物馆。博物馆主体建筑仿瑶族民居式。馆内设有世界瑶族、中国瑶族、金秀瑶族等展厅，陈列展出“序厅”“瑶族溯源”“瑶山人家”“瑶绣多姿”“瑶都神韵”“汉代遗存”“瑶医瑶药”“石牌文化”“情系瑶乡”9 个版块。馆内藏品以瑶族服饰最具特色。

靖西市壮族博物馆

开馆时间：8：30-17：30（周二至周日）
停止入馆时间：16：00
休息时间：周一（其他时间参考博物馆公告）
地址：广西壮族自治区百色市靖西市中山公园西北侧

靖西市壮族博物馆，是收藏、研究、展示、宣传靖西地区历史文化及各民族历史文化的地方性综合博物馆，为国家三级博物馆。博物馆主体建筑具有浓郁地方民族特色，馆内设有 4 个基本陈列，即“历史文物展”“多彩壮乡展”“边城烽火展”“壮族文化艺术展”，另有 1 处露天碑园。馆内藏品涵盖石器、玉器、青铜器、陶瓷器、银器、木器、书画、民族文物等。

雕刻：包罗万象的塑形艺术

中国雕刻艺术最早起源于新石器时代早期，古代先人们就是在制作石器和陶器的过程中，逐渐获得了雕刻技术的训练。随着人们对世界的认识和雕刻技艺的发展，生活中的物品都成为雕刻家的创作对象，可以是生活中的园林竹木，也可以是岩石、玻璃、金属等物品，详细一些便是牙、玉、木、石、泥、面、竹、骨。

因材质不同，雕刻也可以细分为：石刻、木雕、玉雕、竹雕、陶瓷雕塑、金属雕刻、牙雕、砖雕等。

芙蓉石蟠螭耳盖炉

这件通体粉红、晶莹剔透的芙蓉石盖炉，是清代玉雕工艺的集中体现，现藏于南京博物院。这件盖炉通体布满长短不一、大小相同的天然纹理，造型古拙敦厚，雕琢工艺精湛。

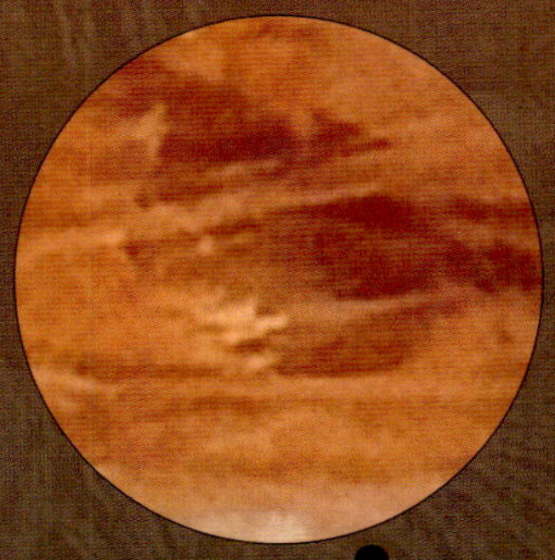

工艺之美

这件盖炉用一整块芙蓉石雕刻而成。芙蓉石质地易脆，盖炉需要经过切割、打磨、雕刻、抛光等多道工序才可成型。

用料之美

原料为芙蓉石，又名粉晶，以粉红色的天然纹理而闻名，石质内部含有天然的冰花般的纹理。

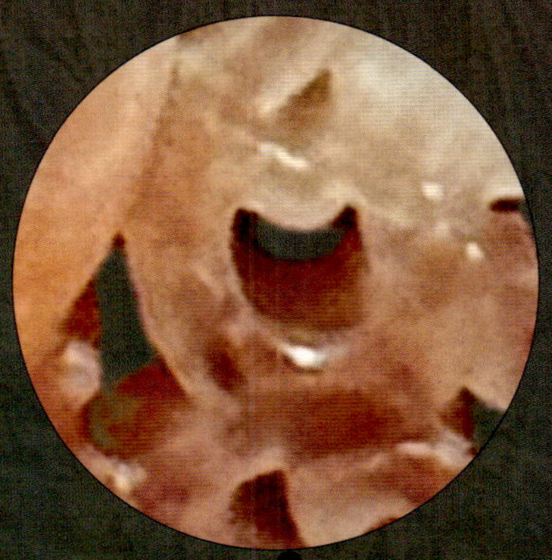

工艺之美

雕刻在盖顶、器身两侧的蟠螭，灵动秀逸又不失庄重。

中国（海南）南海博物馆

中国（海南）南海博物馆，国家一级博物馆，创建于 2018 年 4 月，是一座旨在展示南海人文历史和自然生态，保护南海文化遗产，促进海上丝绸之路沿线国家和地区文化交流的综合性博物馆。

博物馆位于海南省琼海市潭门镇千年渔港旁，距离博鳌亚洲论坛会址 9 千米。占地面积 150 亩，建筑面积 70593 平方米。整体建筑分为南、北二区，通过最大跨度约为 60 米的空中平台和屋盖连接为一体。

南区为博物馆主体，是主要的展览区域，有 8 个室内展厅和一个敞开式室外展廊；北区有 2 个展厅，主要用于引进临时展览。馆中还建有文物保护和修复中心，以及化学实验室、分析检测室、精密分析仪器室、出水文物保护修复实验室、器物修复室、书画修复室等硬件设施。

藏品介绍

截至 2022 年，中国（海南）南海博物馆有藏品 93676 件（套）、标本藏品 123 件、征集藏品 1222 件（套），征集各类标本近 900 件（套），接收无偿捐赠藏品 3572 件（套）。

藏品精选

元青花凤穿牡丹纹玉壶春瓶

口径 8.5 厘米，腹径 14.8 厘米，底径 8.5 厘米，高 28 厘米。

此玉壶春瓶腹部主题纹饰为凤穿牡丹纹，上下均饰以一周卷草纹。下腹近足部绘变形仰莲纹，与颈部覆莲纹相互呼应，圈足亦饰卷草纹一周。此玉壶春瓶构图饱满，层次分明，主题突出，画工柔和流畅，器型端庄规整。

展厅陈设

目前，馆内设有 9 个陈列展览，包含“南海人文历史陈列”“八百年守候——西沙华光礁Ⅰ号沉船特展”“南海自然生态陈列”“做海——南海渔家文化展（海南）”“探海寻踪——中国水下考古与南海水下文化遗产保护”等，旨在全方位多角度展示南海人文历史、自然生态、水下文化遗产保护及海上丝绸之路。

海南省博物馆

海南省简称“琼”，是我国最南端的省级行政区，东南在南海中与菲律宾、文莱、印度尼西亚和马来西亚为邻，西隔北部湾与越南相对，北以琼州海峡与广东省划界。

海南岛最早的人类活动遗址，是距今约 10000 年前的三亚市落笔洞古人类文化遗址，以及新石器时代的大港遗址、东方市付龙园遗址、陵水石贡遗址、文昌市凤鸣村遗址等。秦汉时期政府在海南设立崖州，1988 年成立海南省。

作为海南省综合型的现代化博物馆，海南省博物馆是海南省最大的文物收藏单位，其前身是 1984 年开始筹建的海南博物馆，1990 年改为“海南省博物馆”，位于海口市琼山区国兴大道 76 号。

2008 年海南省博物馆一期建成，2018 年二期全面开馆，整个博物馆总面积达 4.45 万平方米，展厅面积约 1.2 万平方米，文物库房约 2000 平方米。自 2008 年开馆以来，海南省博物馆已成为海南省的地标性建筑和人文风景线，是人们全方位了解海南的民族历史、自然地理和文化艺术的窗口。

展厅陈设

海南省博物馆有三大基本陈列：“南溟泛舸——南海海洋文明陈列”“方外封疆—海南历史陈列”“仙凡之间——海南风情陈列”。两大专题展览：“木中皇后——海南黄花梨陈列”“香中魁首——海南沉香陈列”。

其原创展览“大海的方向——华光礁 1 号沉船特展”及二期基本陈列“南溟泛舸——南海海洋文明陈列”先后获得了“全国十大陈列展览精品奖”。

藏品精选

“朱庐执刲”印

边长 2.5 厘米，高 1.9 厘米。银质方形印章，蛇形钮，篆书阴刻“朱庐执刲”。汉武帝元封元年（公元前 110 年），伏波将军路博德的军队自徐闻向南越过琼州海峡，登陆海南岛，设置珠崖、儋耳二郡，从此这个远离大陆的孤岛正式被列入祖国版图。

此印是西汉晚期政府颁给有功的朱庐县守官的赐印。它是海南岛汉代历史发展的有力见证，是国宝级文物。

钓鱼城古战场遗址博物馆
巫山博物馆
成都金沙遗址博物馆
昆明市博物院
易园园林艺术博物馆
贵州水族文化博物馆
贵州省民族博物馆
贵州水族文化博物馆
成都博物馆
成都武侯祠博物馆
崇州天演博物馆
黔南州博物馆
奉节县白帝城博物馆
重庆巴渝民俗博物馆
曲靖市博物馆
重庆自然博物馆
巫山博物馆
大足石刻研究院
贵州省博物馆
成都杜甫草堂博物馆
黔东南州民族博物馆
重庆三峡移民纪念馆
西藏博物馆
重庆巴渝民俗博物馆
黔南州博物馆
自贡市盐业历史博物馆
自贡恐龙博物馆

第七章 西南地区

XINANDIQU

成都武侯祠博物馆

钓鱼城古战场遗址博物馆

崇州天演博物馆

黔南州博物馆

重庆三峡移民纪念馆

云南民族博物馆

成都博物馆

重庆中国三峡博物馆

大足石刻研究院

眉山三苏祠博物馆

昆明动物博物馆

昆明动物博物馆

成都金沙遗址博物馆

昆明市博物馆

重庆自然博物馆

成都许燎源现代设计艺术博物馆

成都许燎源现代设计艺术博物馆

三星堆博物馆

概况

三星堆博物馆新馆位于四川广汉市向新路133号，占地约66万平方米，是我国一座大型现代化的专题性遗址博物馆。三星堆古遗址被称为20世纪人类最伟大的考古发现之一，昭示了长江流域与黄河流域一样同属中华文明的母体，被誉为“长江文明之源”。

展览特点

三星堆博物馆以三星堆遗址考古发现为基础，其展览设计新颖，富有教育意义，分为“世纪逐梦”“巍然王都”和“天地人神”三大展区，为观众展现了三星堆重大的考古发现和研究成果，不仅展示了古蜀文明的物质文化，还解读了古蜀人的精神世界及其文化源流。

荣誉地位

三星堆博物馆在三星堆遗址基础上建立，三星堆遗址为中国西南地区的青铜时代遗址，位于四川广汉南兴镇，1980年起进行系统发掘，其建造年代至迟为商代早期。1988年三星堆博物馆筹备处成立，经过漫长的筹备与设计工作，1997年正式对外开放，让人们得以重新见证古蜀文明的辉煌与灿烂。

博物馆特色

三星堆博物馆不仅以丰富的文物展示吸引着游客，更通过独特的建筑外观和精心策划的各类展览和活动，成为了考古学家、历史学者心目中的研究圣地，也成为了普通游客感知和体验古蜀文化的理想之地。

别出心裁的“古蜀之眼”

三星堆博物馆新馆的设计理念“堆列三星，古蜀之眼”别出心裁，通过屋顶的斜坡覆土形态与三个沿中轴排列的覆土堆体，深刻寓意着三星堆文化的厚重历史与传承不息。从上空俯瞰园区，正是最具古蜀特点的“眼”的造型。馆内绿草如茵与湖光倒影相映成趣，为游客营造了一种宁静而祥和的氛围，让人在参观的同时也能领略到自然之美。

依托三星堆遗址建设

三星堆博物馆最大的特色在于依托三星堆遗址而建设，采用“遗址 + 博物馆”的模式，游客在参观文物展览的同时，还可以实地参观考古遗址。这种独特的展览方式让游客不仅可以通过展出的文物了解古蜀文化，还能够亲身感受到遗址现场的历史氛围，深入了解挖掘过程及其重要性。

展览分布图

注意 本书的文物所在位置是以作者当前写作阶段的位置作为参考标注的，由于各博物馆经常会有临时特展或巡回展，所以无法保证位置固定不变，请各位读者知晓，以实际的参观情形为准。

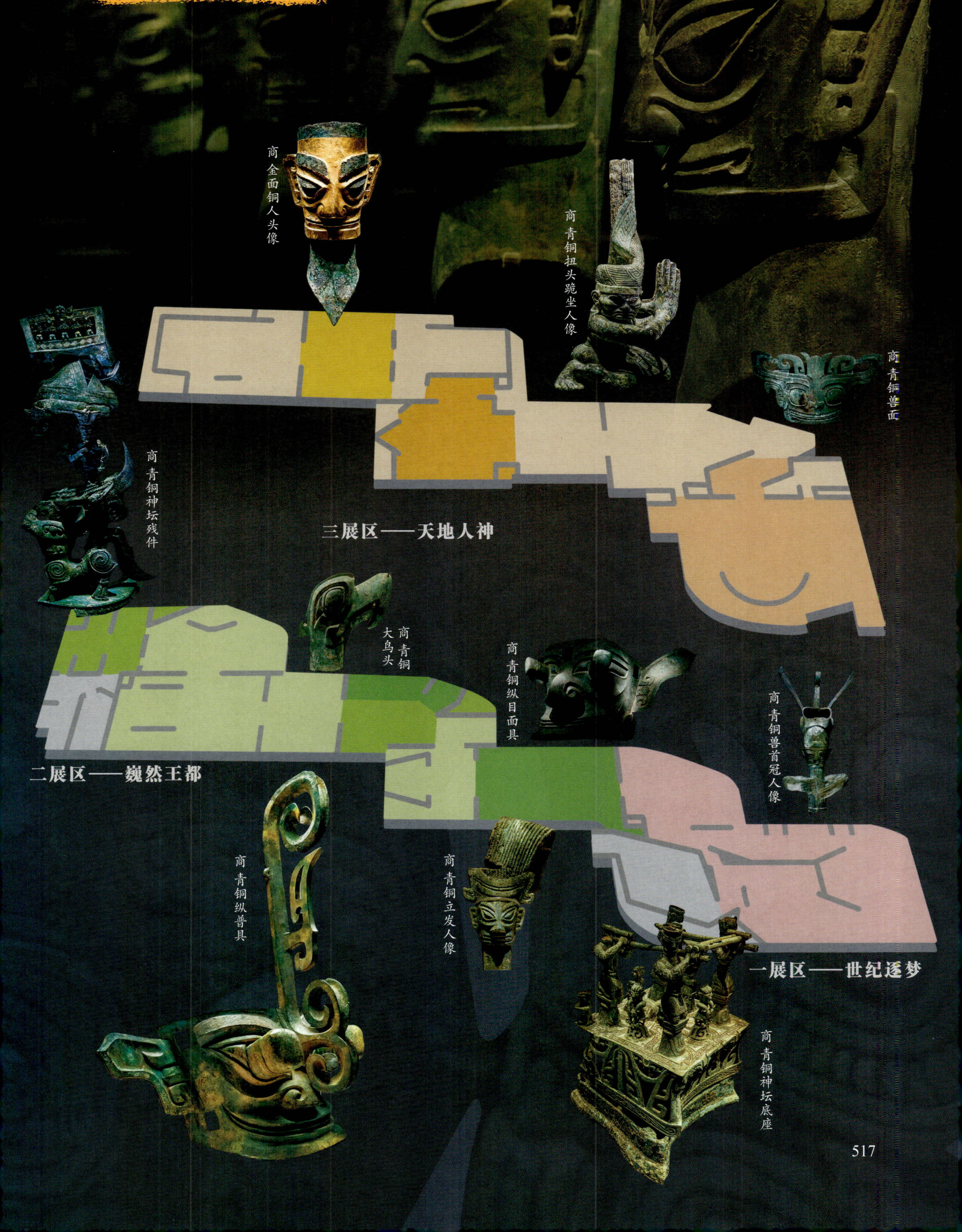

发展沿革

1988年4月，三星堆博物馆筹备处成立。

1992年，三星堆博物馆正式奠基。

1997年，三星堆博物馆正式开放，成为展示三星堆出土文物的重要场所。

2008年7月，三星堆博物馆青铜馆陈列改造工程竣工。

2021年3月，开始筹建三星堆博物馆新馆。

遗址发掘，展馆建立

稳步

展厅陈设

常设展览

三星堆博物馆新馆开馆以来，推出的“古城古国古蜀文化陈列”主题展览，通过“世纪逐梦”“巍然王都”“天地人神”三大常设展厅，全方位展现了三星堆深厚的历史底蕴与文化内涵。其中“世纪逐梦”

2021年9月，三星堆博物馆开放式文物修复馆试运营，透过透明玻璃隔断，观众可以一窥文物修复的魅力。

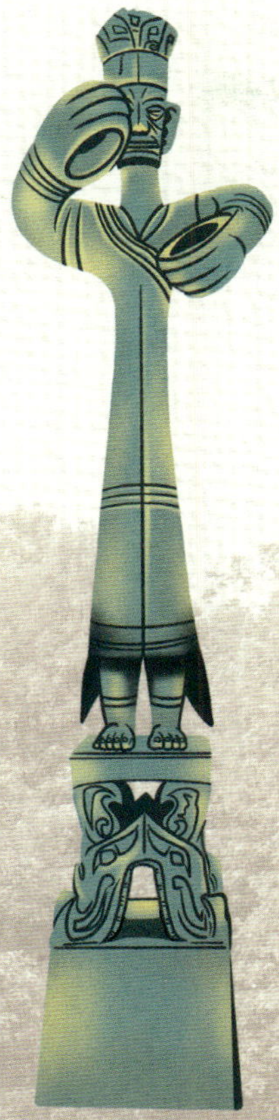

2022年3月29日，位于三星堆博物馆北侧中门的新馆开工建设。

2023年7月，博物馆新馆正式对外开放。

展，锐意创新

建立新馆，发展壮大

展厅以丰富而重要的考古发现和研究历程为主题，展现了三星堆遗址百年的探索发掘之路。“魏然王都”展示了三星堆从兴起到鼎盛时期的发展历程，揭示了其高度发达的产业、复杂的社会结构以及成熟的祭祀体系。在“天地人神”展区，观众可看到诸多令人惊叹的文物，如青铜神坛、青铜太阳形器、1号青铜神树、神树纹玉琮等。

数字化展览

三星堆博物馆的展览陈列别出心裁，将现代科技与传统文化完美融合。通过运用 AI 修复技术、3D 打印、三维数据复原等高科技手段，使得新出土的文物栩栩如生。同时，线上展厅的设置也方便观众足不出户即可轻松在家观展。

青铜立人像

- 商·青铜器
- 总高 260.8 厘米，人像高 180 厘米，底座高 35 厘米
- 三星堆博物馆藏

这件青铜立人像 1986 年于四川广汉三星堆遗址二号祭祀坑出土。我国已出土的青铜器中绝大部分是礼器，主要用于祭祀。但这尊青铜立人像不是礼器，可能是古蜀人“手崇拜”的显化，它集中表现在大型青铜立人身上，两臂一上一下举在胸前，双手各自握成环状，手势十分夸张。这尊青铜立人像整体由立人像和台座两大部分组成，立人像头戴莲花状的兽面纹和回字纹高冠，最外一层为单袖半臂式连肩衣，衣上佩方格状的“绶带”，“绶带”两端在背心处结襻，襻上饰物已脱。衣左侧有两组相同的龙纹，每组为两条，呈“已”字相背状。有学者认为这尊大型青铜立人可能是鱼凫王或某位“群巫之长”的形象。

尊贵的华服

青铜立人像的服饰是其最引人注目的特征之一。他头戴高冠，脚佩足镯，身穿三层衣物，最外层为单臂式短衣，左肩露出，中层半袖式短衣，衣摆为燕尾设计，内层为窄臂式长衣。这种复杂的层叠设计不仅展现了当时人们的审美趋向和服饰工艺，还可能象征其高贵的社会地位。

组合的纹样

青铜立人像服饰上的纹饰极为繁复精丽，以龙纹为主，辅以鸟纹、虫纹和目纹等，展现了古蜀人对自然和超自然力量的崇拜及其独特的艺术表达。

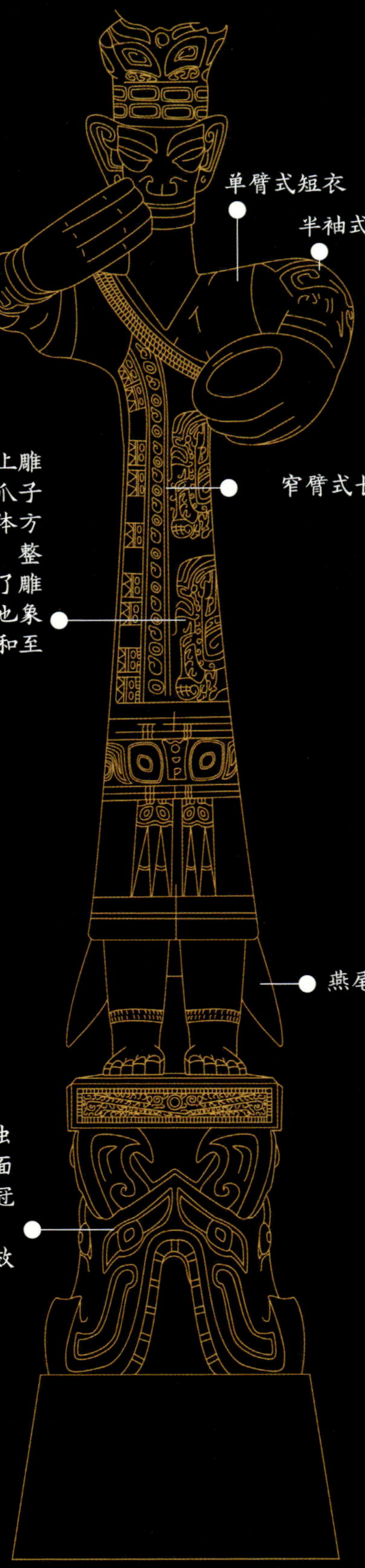

龙纹

青铜立人像最外层短衣上雕有龙纹。这条抽象的龙爪子紧握仿佛拳击手套，身体方折，头部饰有长尾高冠，整体屹立态势，不仅赋予了雕像一种威严的气质同时也象征着统治者的强大力量和至高无上的地位。

兽面纹

衣服的下摆处饰有由虫纹和目纹构成的兽面纹，与头戴锯齿形高冠的倒置兽面纹相结合，形成一种奇特的视觉效果。

工艺之美

铸造传奇

青铜立人像的制作采用了分段浇铸法嵌铸技术，其身体为中空，使雕像在保持巨大体量的同时，还能细致地表现出复杂的纹饰和服饰层次，显示出古蜀铜工的高超技艺。

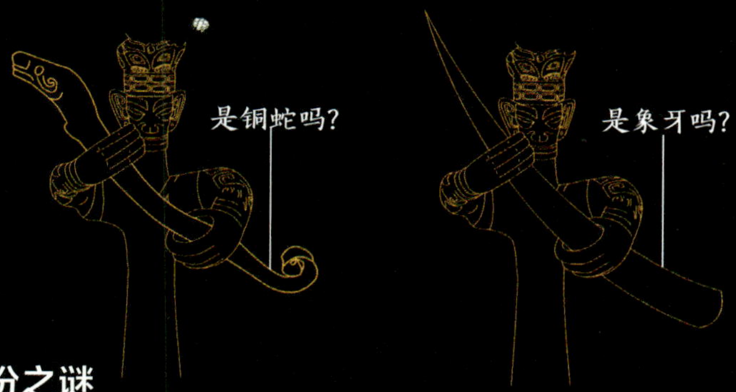

身份之谜

青铜人像的身份目前尚无确切定论。这一未解之谜增添了青铜立人像的神秘感，也引发了学术界对其可能的宗教和仪式功能的深入探讨，极具学术研究价值。

背面图

I号大型青铜神树

- 商·青铜器
- 树高 3.96 米，树干残高 3.59 米
- 三星堆博物馆藏

1986 年夏秋之交，考古专家在三星堆遗址二号祭祀坑中发掘出了 8 棵青铜神树。其中一棵在完整修复后显得尤为高大且结构完整，被誉为全世界已发现的最大单件青铜文物。

此神树由底座、树干和龙三大部分组成，利用分段铸造法制成，并融合了套铸、铆铸、嵌铸等多项精湛铸造工艺。尽管其树干顶部与龙身的后段略有残缺，但经过精心修复，整体高度仍达到了 3.96 米，堪称我国青铜文物中的形体之最。神树的树干被分段设计，并通过套接方式巧妙组合，不仅结构稳固，还呈现出丰富的层次感。树枝上果实累累，鸟儿形象栩栩如生，仿佛正要展翅飞翔，每一处细节都仿佛在讲述着古老的传说。树干一侧，盘踞着一条栩栩如生的龙，仿佛随时都能腾云驾雾、直飞冲天。

神鸟神果

神树主干挺拔，分三层，每层都有三枝主干。这些主干从中段分枝，弯曲下垂的枝端与向上的短枝均绽放花朵，每朵花配有一桃形果实和镂空羽状花瓣。特别的是，每朵向上的花朵中都立有一只鹰嘴状神鸟，加起来共 9 只。这些神鸟尾羽上翘并镂空，虽然翅膀多有残断，但依然面朝外傲然而立，仿佛正在守护着神树。

青铜神树的拱顶与座圈分别饰以对称分布的两组窃曲纹，展现出一种既古老又神秘的美学韵味。

神鸟神果

青铜神树的底座设计独特，以穹窿形态呈现，下方配有直径近一米的圆形座圈。底座由三个镂空的弧边三角区块组成，形成三足鼎立的稳定结构，寓意着三山相连的神圣意象。神树威严地立于这“神山之巅”，展现出直冲云霄的气势。

“通天”使命

在古蜀人的眼中，青铜神树是贯通天地的神秘之桥，它连接了人间与神界，使得人类能够与神灵沟通、交流。这种宇宙观体现了古蜀先民对于天人感应、人神共融的深刻理解，展现了他们对和谐共生的不懈追求。

此外，青铜神树还与太阳崇拜紧密相连。在古蜀人的神话传说中，太阳是万物的源泉，是生命的象征。而青铜神树作为太阳神灵的居所，自然成为了他们祈求风调雨顺、五谷丰登的重要依托。这种信仰不仅体现了古蜀人对自然的敬畏与崇拜，更彰显了他们对美好生活的向往与追求。

神树结构

Ⅰ号神树的结构乍一看似乎错综复杂，令人眼花缭乱，然而细品之下，却发现其中蕴含着严谨的规律和深厚的文化底蕴。底座、树身、龙形装饰，每一部分都经过精心设计，各有其独特的象征意义和实用功能。

神龙攀援

在树干的一侧，有一条铜龙蜿蜒而下，龙爪紧抓树座，龙尾与树梢齐平，龙身与树干巧妙相连，宛如自然之力的完美融合。龙翼上扬，后肢撑壁，四肢并拢，手心手背皆饰以卷云纹，象征着古蜀先民对龙翻云覆雨之力的崇拜。龙额长角，龙眼炯炯有神，项后短翅弯钩状，龙背一爪朝上，一爪朝下化为人手形，手指细长。龙尾虽残断，但卷曲向上，现存残长近1.8米，尽显神秘与威严。

青铜纵目面具

- 商·青铜器
- 长 138 厘米，高 66 厘米，宽 85 厘米
- 三星堆博物馆藏

这件纵目铜面具出土于 2 号祭祀坑，是三星堆出土青铜器中形体最大的两件面具之一。该面具的额部中央留有一个方孔，原本镶嵌的额饰虽已丢失，但其庄严与神秘感依旧扑面而来。面具尺寸庞大，重量更是超过 70 千克，展现了古蜀人高超的铸造技艺和对大型青铜工艺品的熟悉和掌控能力。

面具的双耳高耸，形态夸张，两耳间的最大间距突显了其宏伟的规模。这种设计不仅增强了面具的视觉冲击力，也象征着超凡的听觉能力。面具的眼睛同样夸张，与耳朵相呼应，共同构成了一幅生动的“千里眼、顺风耳”形象，这不仅是对面具视觉和听觉能力的夸张表现，也反映了其在三星堆文化中的重要地位和象征意义。

造型之美

超凡设计

青铜纵目面具的设计气势非凡，其眼部尤为特别，是圆筒状的前伸，彰显出无上的威严与庄重；鼻翼与眼角间流畅的棱线，勾勒出面部的深邃轮廓；微露之舌与唇线和谐共生；耳部竖立而阔大。细节之处无不透露出古代匠人的精湛技艺与无限创意。

功能之美

神秘方孔

在青铜纵目面具的两侧，靠近耳朵的位置，上、下各设有一个方孔，共计四个。这些精心设计的方孔，显然是为了辅助固定面具而设。古时的工匠可能考虑到面具在宗教仪式中的重要性，因此通过这些方孔，他们可以利用绳索，将青铜纵目面具稳固地悬挂在宗庙或神殿的高处，或是紧紧绑缚在柱子上。

成都金沙遗址博物馆

成都金沙遗址博物馆，坐落于四川省成都市青羊区金沙遗址路 2 号，占地面积达 30 万平方米，总建筑面积约 4 万平方米，是一座集保护、研究与展示金沙文化和古蜀文明于一体的综合性考古博物馆，国家一级博物馆。

2001 年 2 月，金沙遗址在成都市区被发现，2007 年 4 月金沙遗址博物馆正式开馆。以深厚的文化底蕴和独特的展陈方式吸引了无数国内外游客的目光。

金沙遗址博物馆分为遗迹馆和陈列馆两大区域，遗迹馆更是中国迄今为止发现的延续时间最长、保存状况最为完好且祭祀礼器埋藏最为丰富的古代遗存之一，为研究古蜀文明提供了宝贵的实物资料。

藏品介绍

博物馆的展览包括常设展“走进金沙——金沙遗址出土文物珍品展”及多个临时展览，如“文明的万花筒——叙利亚古代文物精品展”“虎虎生福——壬寅虎年新春生肖文物联展”等。

截至 2022 年，成都金沙遗址博物馆拥有藏品 3013 件（套），馆藏珍贵文物 2180 件（套），其中包括著名的商周太阳神鸟金饰、大金面具、青铜立人、十节玉琮等珍贵文物，这些文物不仅展示了古蜀文化的独特魅力，还反映了古蜀文明与周边地区的文化交流与融合。

玉琮

藏品精选

商周时期的大金面具

宽 19.5 厘米、高 11 厘米，厚度仅 0.04 厘米，重量为 46 克。这件大金面具为方形，额头平直，眉形如长刀般突出，眼睛大而竖立，鼻梁高耸呈三角形，耳朵为长方形，耳垂上有穿孔，整体显得极为威严。它是目前中国商周时期保存得最完好、体积最大的金面具。2007 年 2 月 12 日，这件大金面具在成都金沙遗址被发掘出土。面具是用黄金制作的人脸面罩，通过在特制的模具上进行捶打加工而成。

成都武侯祠博物馆

成都武侯祠是以刘备的惠陵为基础发展而成，由惠陵、汉昭烈庙、武侯祠、三义庙组成的三国历史遗迹区，占地面积约 15 万平方米，是全国唯一一座纪念刘备、诸葛亮、关羽、张飞等蜀汉英雄的君臣合祀祠庙，也是全世界影响最大的三国遗迹博物馆。1961 年被国务院公布为第一批全国重点文物保护单位，1984 年成立成都武侯祠博物馆，2008 年被评为国家一级博物馆。

追溯其历史，南朝南齐高帝萧道成在位时，诏令刺史傅琰在惠陵东修建刘备祠，即今天的汉昭烈庙。纪念诸葛亮的专祠——武侯祠大约建于南北朝时期。武侯祠位于惠陵东偏南、汉昭烈庙西偏南，三者呈倒“品”字形，各自分立而又成一体。明蜀献王朱椿在明洪武二十四年（1391 年）提出“君臣宜一体”，重修汉昭烈庙，将诸葛亮的塑像纳入汉昭烈庙内，实现了“一祠同祀君臣”的格局。随后，武侯祠就将惠陵、汉昭烈庙等区域囊括进来，统称为“武侯祠”。清康熙十至十一年（1671—1672 年），四川按察使宋可发主持重建武侯祠，形成了刘备殿与诸葛亮殿两殿并立的君臣合祀格局，一直保持到今日。

展厅陈设

成都武侯祠博物馆的展览丰富多样。有三大主题展览区——三国历史遗迹区、西区和锦里民俗区，分别展示了三国文化、抗战历史及川西民俗。此外，博物馆还不定期举办诸葛亮遗存、园林美学等专题展览。

藏品介绍

博物馆藏品涵盖了书画、碑刻、陶器、铜器、钱币等。其中，与诸葛亮相关的研究资料、三国时期的字画及拓片数量尤为丰富，是研究三国历史和文化的重要实物资料。珍贵文物包括蜀汉铭文青铜弩机、唐代“蜀汉丞相诸葛武侯祠堂碑”（唐碑）以及明代“重修忠武侯庙碑”（明碑）等，这些文物不仅展示了三国时期的历史文化，也体现了武侯祠在传承中国文化中的重要作用。

其他博物馆

自贡市盐业历史博物馆

开馆时间：8：30－17：30（周一至周日）
停止入馆时间：16：30
地址：四川省自贡市自流井区解放路173号

自贡市盐业历史博物馆，是收藏展示自贡地区盐业科技史、盐业文化的地方性主题博物馆，是国家二级博物馆。博物馆包含两处馆区：全国重点文物保护单位西秦会馆建筑群、四川省文物保护单位王爷庙。博物馆内主要陈列有“中国井盐科技史”“自贡盐业地质”“自贡盐税史”。

成都杜甫草堂博物馆

开馆时间：9：00－18：00（周一至周日）
停止入馆时间：16：30
地址：成都市青羊区青华路37号

成都杜甫草堂博物馆，是历史名人纪念馆，收藏、展示杜甫研究资料和杜诗书画，是国家二级博物馆。成都杜甫草堂是诗圣杜甫流寓成都时的故居，被誉为中国文学史上的圣地，自唐末、宋、元、明、清至今共14次大规模修葺和扩建，是典型的西蜀古典园林建筑群，内有大廨、诗史堂、工部祠、茅屋、藏经楼、盆景园、兰园、梅园等。馆内设有基本陈列“诗圣著千秋·草堂留后世”，展示杜甫生平经历、人格魅力和创作结晶、精神世界。

成都华希昆虫博物馆

开馆时间：9：00－17：00（周二至周日）
停止入馆时间：16：30
休息：周一（其他时间参考博物馆公告）
地址：中国成都都江堰市青城山青城大道1号附1号

成都华希昆虫博物馆，是以收藏展示昆虫为主题的地方性自然类博物馆，是国家二级博物馆。馆内藏品包括我国各地的蝴蝶、昆虫标本数万种；世界最大与最小的昆虫种类70余种；来自6大洲50余国的世界名贵蝴蝶和观赏昆虫数万种；世界最古老的蚂蚁和蜜蜂化石；恐龙时代的各种昆虫化石等。另有昆虫电影放映厅、蝴蝶树、蝴蝶柱、昆虫巨大仿真模型等。

眉山三苏祠博物馆

开馆时间：9：00－17：00（周二至周日）
停止入馆时间：16：30
休息：周一（其他时间参考博物馆公告）
地址：四川省眉山市中心城区纱縠行南街

三苏祠博物馆，是依托北宋著名文学家苏洵、苏轼、苏辙父子的故居、祠而建立的历史名人纪念馆，是国家二级博物馆。博物馆内有16处古建筑群，是典范的西蜀园林，设有“三苏家训家风”“生平成就”“东坡书法碑刻”等，馆藏文献数千件，包括宋拓本《醉翁亭记》《丰乐亭记》等。

四川泸县宋代石刻博物馆

开馆时间：9：00－17：00（周二至周日）
停止入馆时间：16：30
休息：周一（其他时间参考博物馆公告）
地址：四川省泸县玉蟾山国家温泉度假区

四川泸县宋代石刻博物馆，是收藏研究、展示宣传宋代石刻艺术的地方性主题博物馆，是国家二级博物馆。博物馆内设有“天赐泸县”“地下天国”“梦回南宋”“石韵悠远”等基本陈列展，展示宋代石刻中甲胄武士、四神兽、仕女、妇人启门、伎乐等形象。馆内藏品文物主要出土于泸县地区的南宋古墓。

成都许燎源现代设计艺术博物馆

成都许燎源现代设计艺术博物馆，是以设计艺术为主题的地方性主题博物馆，是国家二级博物馆。博物馆内设有主馆、许燎源当代艺术馆、许燎源青铜艺术馆、许燎源泛博物馆、新艺术实验中心、朴素堂设计工作室、时尚生活体验馆等，展示艺术设计及当代艺术作品，并举办各类临时展览。

开馆时间：9：00 -17：00（周二至周日）
停止入馆时间：16：30
休息：周一（其他时间参考博物馆公告）
地址：成都市锦江区三圣乡街道办事处红砂社区联合三组 303 号

易园园林艺术博物馆

开馆时间：9：00 -16：30（周二至周日）
停止入馆时间：16：30
休息：周一（其他时间参考博物馆公告）
地址：四川省成都市金牛区金泉路 8 号

易园园林艺术博物馆，是以古蜀金牛坝历史文化为基础、展示川派园林文化的地方性专题博物馆，是国家三级博物馆。易园取意于“易学在蜀”，以易经“天人合一、顺应自然”的设计理念，基于金牛坝曾属古蜀皇家园囿的历史沉淀，采用八卦格局，集宫廷院落、南北园林特长，建造园林博览园，内有多个园林景观、展览馆和美术馆。馆内藏品涵盖川派盆景、精品兰花、名木奇石、古建筑构件等。

成都蜀锦织绣博物馆

成都蜀锦织绣博物馆，是展示传承蜀锦历史、文化及技艺的地方性主题博物馆，是国家二级博物馆。博物馆内设有6个基本陈列，即“丝绸起源”“历代蜀锦”“刺绣历史”“明清服饰”“织机沿革”“蜀锦技艺”，另设有大型蜀锦织造工场、蜀绣技艺展示馆，演示清代道光年小花楼木织机手工蜀锦制作工艺和示蜀绣针法技艺。

开馆时间：9：00 -17：00（周二至周日）
停止入馆时间：16：30
休息：周一（其他时间参考博物馆公告）
地址：四川省成都市草堂东路 18 号

成都博物馆

开馆时间：9：00 -17：00（周二至周日）
停止入馆时间：16：30
休息：周一（其他时间参考博物馆公告）
地址：四川省成都市青羊区小河街 1 号

成都博物馆是西南地区迄今规模最大的城市博物馆。博物馆拥有丰富的馆藏文物，包括古代石刻、汉代画像砖等珍贵文物。博物馆常设展览有“花重锦官城——成都历史文化”等，展现了成都的历史文化脉络。此外，成都博物馆还不断推出高水平的临展和特展，吸引众多游客前来参观。

自贡恐龙博物馆

自贡恐龙博物馆是我国第一座专业性恐龙博物馆，也是世界三大恐龙遗址博物馆之一。博物馆馆藏化石标本囊括了距今 2.01 亿 ~1.45 亿年前侏罗纪时期所有已知恐龙种类，是世界上收藏和展示侏罗纪恐龙化石最多的地方之一。这里分为 3 大展览部分，包括介绍恐龙基础知识、展示大山铺恐龙化石和呈现恐龙埋葬遗址。

开馆时间：8：30 -17：30（周二至周日）
停止入馆时间：17：00
地址：四川省自贡市大安区

重庆中国三峡博物馆

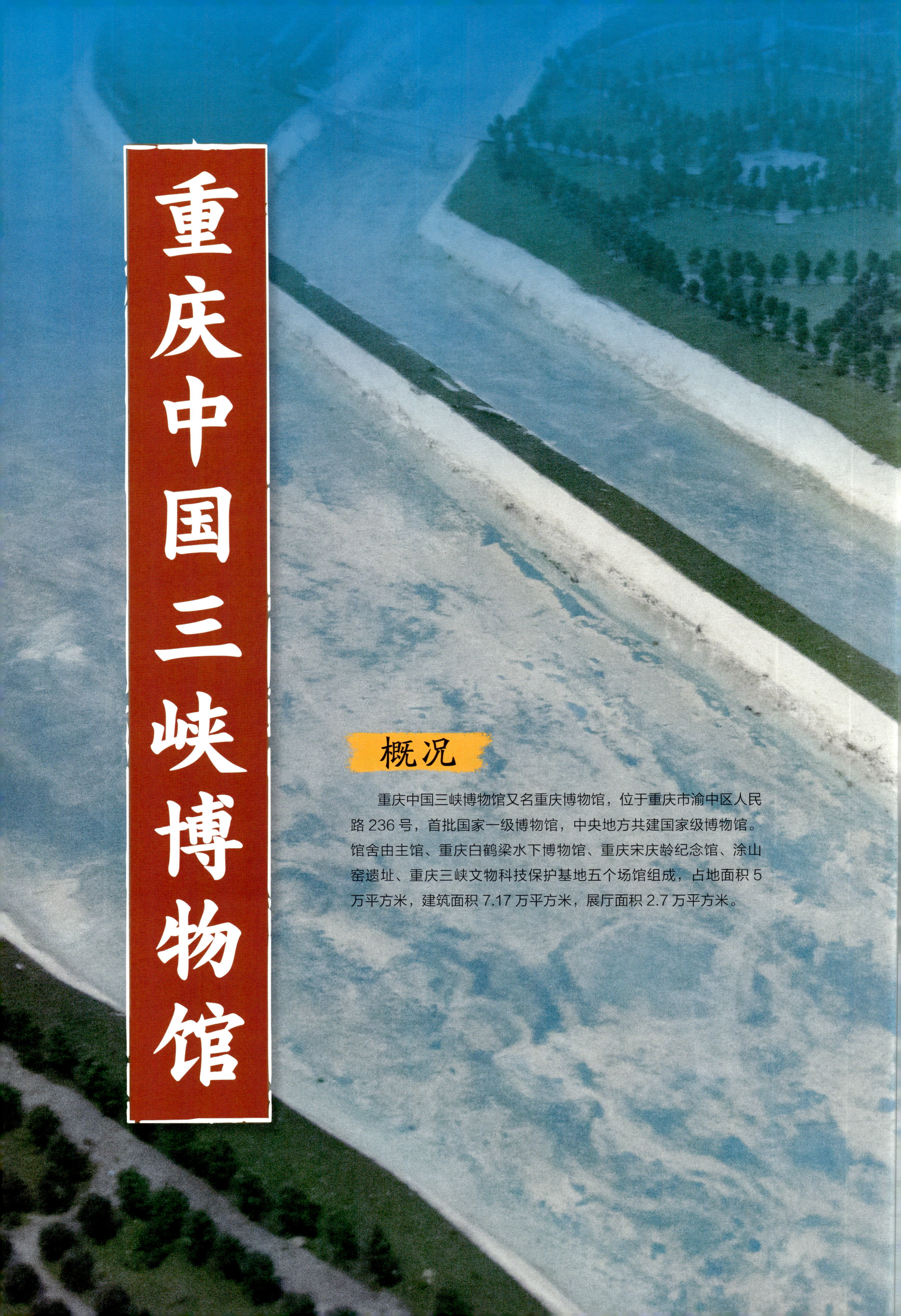

概况

重庆中国三峡博物馆又名重庆博物馆，位于重庆市渝中区人民路 236 号，首批国家一级博物馆，中央地方共建国家级博物馆。馆舍由主馆、重庆白鹤梁水下博物馆、重庆宋庆龄纪念馆、涂山窑遗址、重庆三峡文物科技保护基地五个场馆组成，占地面积 5 万平方米，建筑面积 7.17 万平方米，展厅面积 2.7 万平方米。

展览特点

该博物馆展览内容广泛涵盖巴渝地区的历史文化、三峡流域的独特风貌、抗战时期的重要记忆、移民迁徙的壮阔史诗以及现代城市的文化积淀，逐步形成了“古人类标本、三峡文物、巴渝青铜器、汉代文物、西南民族文物、大后方抗战文物、瓷器、书画、古琴”等特色藏品系列。

藏品介绍

博物馆现有馆藏文物超 11.5 万余件套（单件超 28 万件），珍贵古籍善本 1.8 万余册，涵盖了 23 个文物门类。博物馆还珍藏着源自三峡地区的大量古代文物。这些文物是三峡地区古代社会与文化发展的生动见证。随着举世瞩目的三峡工程的建设，博物馆也精心收集了一系列与之紧密相关的文献与实物，它们见证了人类克服重重困难、实现水利奇迹的历程。

博物馆特色

重庆三峡博物馆的总体布局通过以东西走向的人民大礼堂对称轴为主轴线，形成“三位一体”的建筑格局，通过对整体布局的分解整合、高差变化、肌理对比，形成统一简约而又内涵丰富的象征图形。其余部分顺地势、地貌而建，并与山体融为一体，呈现出山水主题的园林景观。

博物馆的圆形穹顶设计取自“三峡之水天上来”之意，外墙以大面积的蓝色玻璃和古朴的砂岩构成，蓝色玻璃象征着水，砂岩外墙则代表着山，寓示着重庆是“江城”与“山城”的完美组合。

注重公共教育

博物馆注重公共教育服务，通过举办讲座、研讨会、工作坊等活动，向公众普及历史文化知识，提高公众的文化素养。同时，博物馆还针对不同年龄段的观众设计了不同的教育活动，如亲子活动、学生研学活动等，让观众在轻松愉快的氛围中学习历史文化。

展览分布图

注意 本书的文物所在位置是以作者当前写作阶段的位置作为参考标注的，由于各博物馆经常会有临时特展或巡回展，所以无法保证位置固定不变，请各位读者知晓，以实际的参观情形为准。

东汉 牵马俑

商 三羊尊

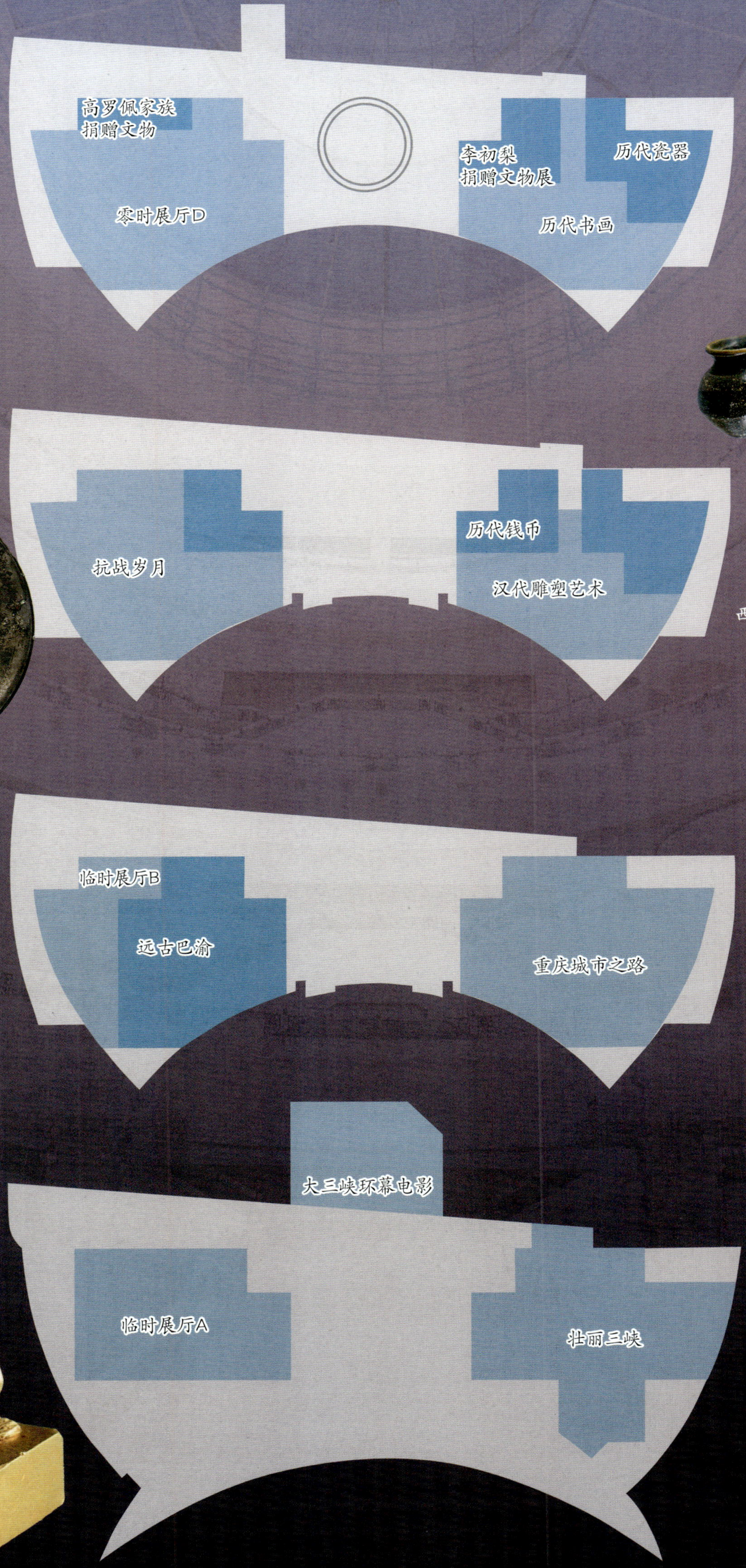

西晋 青釉人物五联瓷罐

东汉 兽面铭文铜镜

清 水晶熏炉

南宋 龙泉窑粉青釉双凤耳瓷瓶

宋 青白釉人物云龙纹瓷魂瓶

东汉 偏将军印章

发展沿革

1951年3月
西南博物院在西南大区首府重庆正式成立，标志着重庆中国三峡博物馆的前身诞生。

1951年10月
西南博物院正式对外展出。

1953年10月
西南人民科学馆（原名西部科学院）并入西南博物院。

1955年6月
西南博物院更名为重庆市博物馆。

西南博物院时期（1951年~1955年）

新馆规划与建

展厅陈设

基本陈列

基本陈列展览是该博物馆的核心展示内容，旨在全面展现三峡地区及巴渝文化的深厚底蕴。“壮丽三峡”生动展现三峡地区的自然风光与人文历史。“远古巴渝”则聚焦于巴渝地区的古代文明，展示古人类标本、青铜器、汉代文物等珍贵藏品。此外，“重庆·城市之路”和“抗战岁月”等展览，分别从城市变迁和抗战历史等角度，深入讲述了重庆这座城市的过去与现在。

2000年9月
经国务院办公厅批准成立重庆中国三峡博物馆，原重庆市博物馆正式并入，加挂重庆博物馆馆名。

2005年6月
重庆中国三峡博物馆新址正式对外开放。

2009年7月
重庆中国三峡博物馆与埃及努比亚博物馆签订了《友好合作意向书》。

2013年10月
重庆中国三峡博物馆成为海峡两岸文化交流基地。

段（1955年~2000年）

重庆中国三峡博物馆时期（2000年至今）

临时展览

博物馆每年还会推出多个临时展览，这些展览通常具有鲜明的主题和较高的观赏性。“玉出大江——长江流域史前玉器特展”展出了长江流域史前时期的玉器精品，使观众感受到了古代玉文化的魅力。

虚拟展览

除了实体展览外，重庆三峡博物馆还推出了虚拟展览服务。虚拟展览利用现代信息技术手段，将实体展览的展品进行数字化处理，并配以详细的文字说明。观众可以通过博物馆的官方网站或相关平台，在线浏览精美藏品。

鸟形尊

- 战国 • 青铜器
- 通体长 28 厘米，宽 16.8 厘米，高 29 厘米
- 重庆中国三峡博物馆藏

鸟形尊于2002年出土于重庆涪陵小田溪墓地。其形态独特，完美融合了鱼嘴之灵动、鹰喙鼻之锐利、兽耳之威严、凤冠之高贵、鸽身之优雅与鸭脚之稳健，整体呈现出一种非凡的鸟形风貌。其表面密布着细腻的羽纹，增添生动之态，羽纹间有规律镶嵌的绿松石，使整器富于色彩美，展现出极高的工艺水准。

按传统分类，青铜器中的“尊”多为酒器，但这尊青铜鸟形尊造型独特，除却鱼形嘴外，周身并无他孔，显然不具备实用容器的功能。它更像是对中原地区鸟兽尊艺术风格的传承与创新之作。其体轻壁薄，内部中空，这样的设计极大地考验当时的铸造技术，彰显了巴人高超的金属加工能力。

呆萌神情

头戴华冠，宽短之嘴，圆睁双目，配以硕大耳饰与强健颈部，鱼的嘴巴、鹰的喙鼻、让人无法分辨这一动物的具体种类。不过其可爱的神态引人共鸣，圆眼睛瞪得大大的，嘴巴微张，一副好奇又惊讶的表情，令观者忍俊不禁。

面部纹路细密，通过整齐的斜线与流畅的曲线勾画出眉眼的神韵。

尾部纹样

尾部呈扇形微微上翘，表面细腻地刻画着卷曲的双翼纹饰，这些纹饰层层叠叠地延伸至尾部末端，仿若羽毛覆盖鸟身，既展现了鸟类的灵动之美，又凸显了古代匠人精湛的铸造技艺。在羽纹之上，还隐约可见绿松石镶嵌的痕迹，绿松石虽已脱落，但仍能想象其曾经的辉煌与华丽，为这尊青铜鸟形尊增添了几分神秘与高贵。

神秘鸟形

这一鸟尊的形态十分奇怪，其头部略异于常见鸟类，但身体部分却颇具家禽特征，体态丰腴，尾羽短小，足生蹼，周身遍布羽毛状纹饰，极具艺术美感。这只鸟的造型“独一无二”，在目前发现的史料中并未见到相同的造型。也许是古人的大胆想象，又或者真的存在过这样奇特的鸟类，今天的我们都不得而知。

景云碑

- 东汉 • 石碑
- 高 239 厘米，宽 93 厘米，厚 21 厘米
- 重庆中国三峡博物馆藏

景云碑在 2004 年 3 月出土于重庆市云阳县旧县坪遗址，是三峡地区唯一的汉碑，堪称巴蜀地区第一汉碑。碑身正中阴刻 367 个隶书碑文，字字珠玑。据碑文首句“汉巴郡朐忍令广汉景云叔于，以永元十五年季夏仲旬己亥卒”，拟碑名为“汉巴郡朐忍令景云碑”。

碑身四周雕刻花纹，两侧有青龙、白虎图案浮雕。碑身与碑额连接处有“碑穿”，上部碑额为半圆形，有三幅图案。碑身内嵌隶书铭文，铭文前半部分追溯了景云的家族渊源及生平成就，后半则转为对景云个人品德的高度赞誉及对其英年早逝的深切哀悼。碑文主人公为景云，字叔于，东汉永元十五年（公元 103 年）去世，死时为巴郡朐忍县的县令。同乡人（也是继任者）的雍陟为其立碑。景云碑现展于重庆中国三峡博物馆的“壮丽三峡”展厅内，成为连接过去与现在，展现三峡地区深厚文化底蕴的重要文物。

三峡历史的生动记载

由朐忍令雍陟于熹平二年（即公元 173 年）亲手树立，以缅怀七十年前同样在此地任职的杰出县令——景云。此碑是对景云个人功绩的颂扬，碑文细致描绘了景云家族自楚国迁徙至汉中、广汉的历史，以及景云在任期间“政化如神”，深受百姓爱戴的生动场景，深刻反映了三峡地区政治变迁、地理特色及移民文化。

方整严谨

细览景云碑全文，其文字构造展现出一种方正而缜密的风格，与东汉时期多数隶书作品所呈现的圆润流畅、舒展自如之态形成鲜明对比，有“汉代西南第一碑”的美誉。碑文中一些文字的横、撇、捺、钩等笔画的收尾处气势十足、锋芒毕露，呈现出东汉后期隶书的特点。

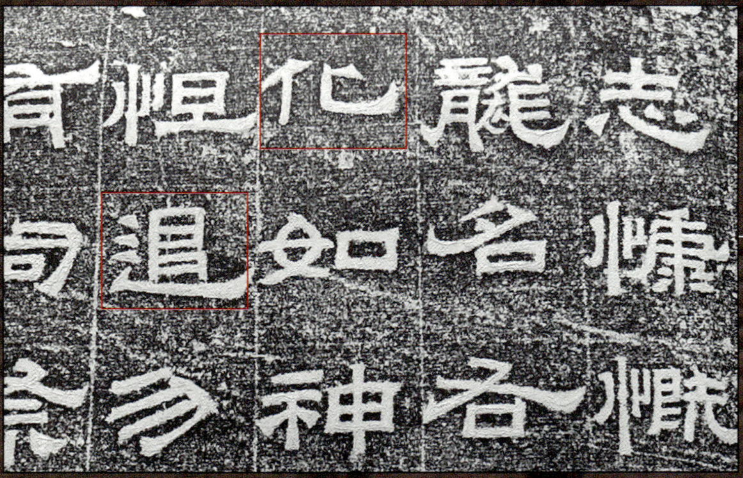

如“追”“化”等字，主体笔画沉雄稳重，强调笔力，收尾的一笔却以燕尾形态结束，蓄势高挑，夸张自如。

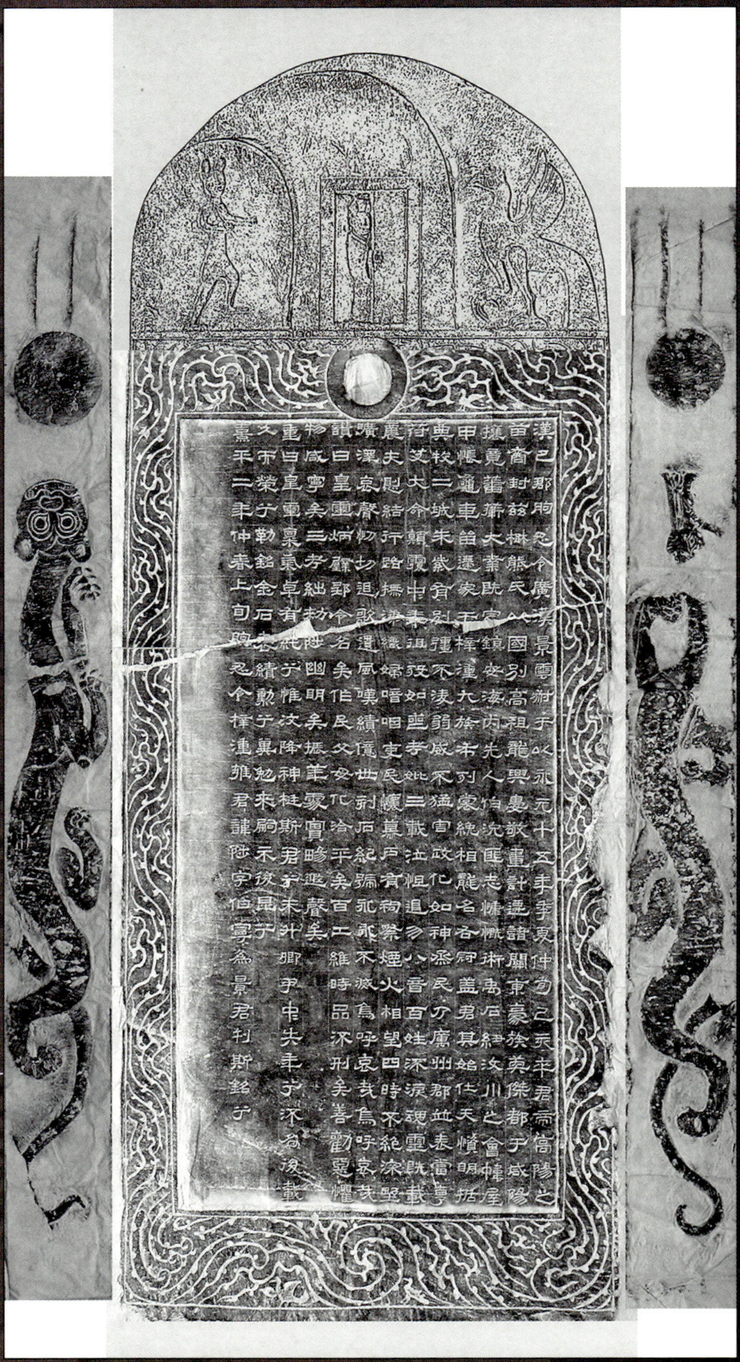

碑身及两侧拓印

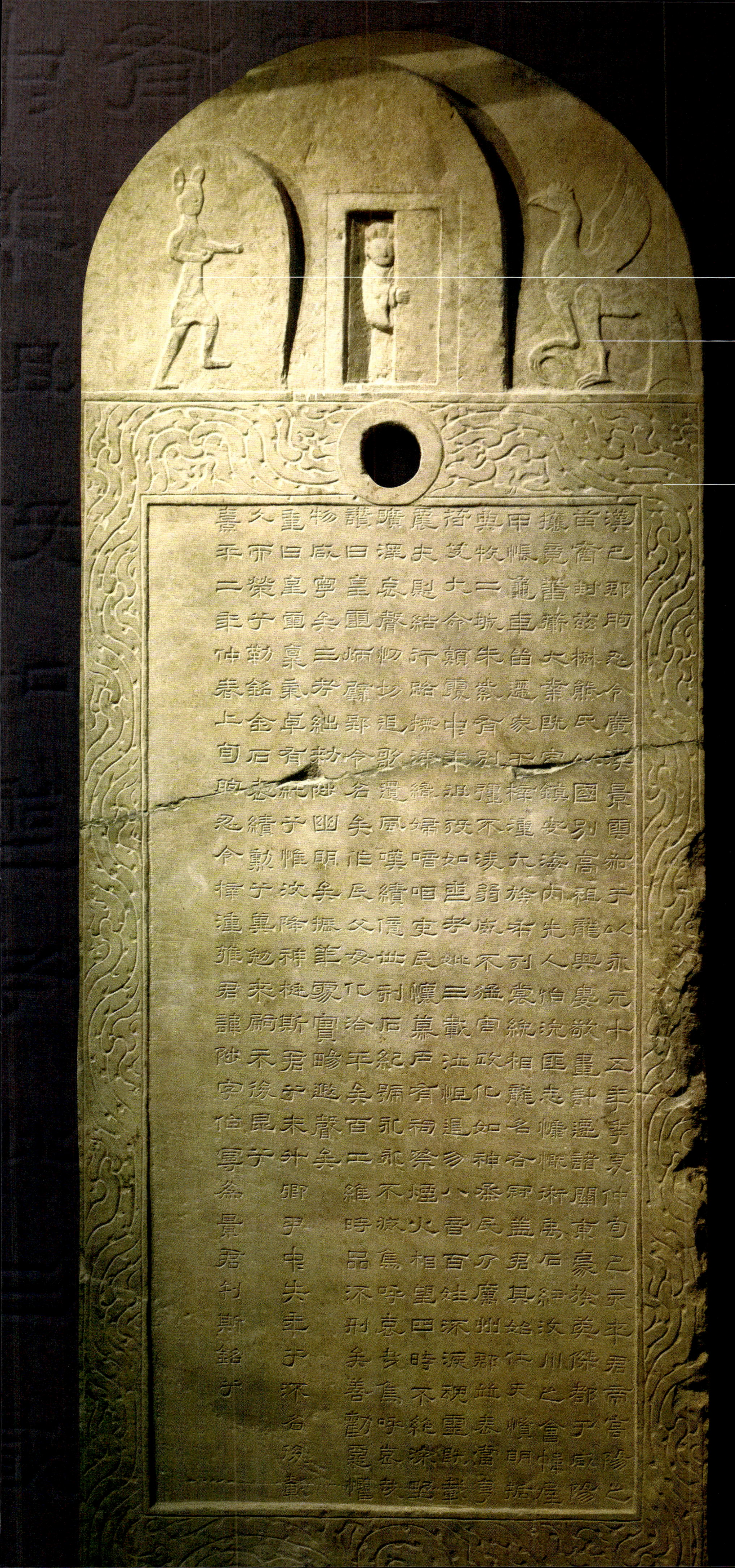

丰富浮雕

碑首呈优雅的圆弧形，其上精雕细琢三幅浮雕图案：正中为一妇人启门图，寓意深远；妇人两侧则分别雕刻着展翅欲飞的凤鸟与手持仙药的玉兔，寓意吉祥与长寿。碑身两侧，青龙与白虎威武对峙，守护着这段不朽的历史记忆。碑之正面，四周环绕细腻的阴刻云气纹边栏。

其他博物馆

重庆三峡移民纪念馆

开馆时间：9：00—17：00（周二至周日）
停止入馆时间：16：30
休息：周一（其他时间参考博物馆公告）
地址：重庆市万州区南滨路 1469 号

重庆三峡移民纪念馆，为纪念三峡工程百万大移民而修建的专题性纪念馆，是收藏保护、研究展示三峡库区重要历史文化和移民文化的专题性博物馆，国家一级博物馆。馆内常设展览“伟大壮举 辉煌历程”，由“百年宏愿 筑梦三峡”“伟大壮举 百万移民”“万众一心 破解难题”“生态环境 永续发展”“文物保护 历史传承”“高峡平湖 沧桑巨变”“彪炳史册 历史丰碑”7 个单元组成。

巫山博物馆

开馆时间：9：00—17：00（周二至周日）
停止入馆时间：16：30
休息：周一（其他时间参考博物馆公告）
地址：重庆市巫山县平湖西路 369 号

巫山博物馆，是收藏研究、展示宣传巫山县历史文化的地方综合性博物馆，国家二级博物馆。馆内设有 1 个基本陈列“巫山、巫水、巫文化”，2 个专题陈列“长河遗珍”“灵山毓秀”和 1 个临时展厅，展示巫山地域历史和文化特色，反映三峡文物抢救保护成果。馆内藏品涵盖陶器、瓷器、青铜器、玉器、金银器、骨器、化石标本、书画、碑刻、钱币、砖瓦等门类。

重庆自然博物馆

开馆时间：9：00—17：00（周二至周日）
停止入馆时间：16：30
休息：周一（其他时间参考博物馆公告）
地址：重庆市北碚区金华路 398 号

重庆自然博物馆，是以自然标本收藏、展示、科学研究和科学普及为职责的地方专题性博物馆，国家一级博物馆。下辖北碚陈列馆，位于全国重点文物保护单位中国西部科学院旧址中。馆内设有 6 个基本陈列，“动物星球”“恐龙世界”“山水都市”“地球奥秘”“生命激流”“生态家园”，展示地球演变、生命进化、生物多样性及重庆的自然地理。另有多处室外展区。馆内藏品涵盖动物、植物、古生物、古人类、旧石器、地质矿产、岩石、土壤等 8 大种类。

重庆巴渝民俗博物馆

开馆时间：9：00—17：00（周二至周日）
停止入馆时间：16：30
休息：周一（其他时间参考博物馆公告）
地址：重庆市渝北区双龙大道二支巷

重庆巴渝民俗博物馆，是收藏研究、展示宣传巴渝地区民俗文化的地方专题性博物馆，国家二级博物馆。博物馆由博物馆主馆和婚礼院两个专区组成，博物馆主体建筑为仿古的宫殿式建筑，婚礼院为典型的二重堂式的川东民居院落。馆内设有 2 个基本陈列，分别是“清代木雕精品展”“巴渝地区人生礼仪陈列”。馆内藏品涵盖陶瓷器、金属器、木器，纸质类、石器、丝织品等门类。

奉节县白帝城博物馆

开馆时间：8：00—19：00（周二至周日）
停止入馆时间：18：30
闭馆时间：19：00（周二至周日）
休息：周一（其他时间参考博物馆公告）
地址：奉节县白帝城博物馆位于重庆市奉节县白帝镇

奉节县白帝城博物馆，是收藏研究、展示宣传白帝城历史文化的地方综合性博物馆，国家三级博物馆。博物馆依托白帝城古建筑设立，由古遗址、古建筑群、夔门古象馆组成。馆内设有基本陈列“刘备托孤”“悬棺陈列”“崖墓陈列”“三峡库区奉节出土文物展”“三国遗迹寻踪展”“家俱陈列”“历代碑刻陈列”“老关庙遗址现场展示”“夔门古象化石陈列”“竹枝词碑刻陈列”等，馆藏文物涵盖石器、玉器、骨器、木器、铁器、青铜器、陶器、瓷器、碑刻、钱币、字画等门类。

钓鱼城古战场遗址博物馆

开馆时间：8：30—17：00（周一至周日）（馆内，馆外全天开放）
休息时间：其他时间参考博物馆公告
地址：重庆市合川区石马街4号钓鱼城

钓鱼城古战场遗址博物馆，是依托国家重点文物保护单位钓鱼城遗址而建立的历史遗址专题博物馆。博物馆历史陈列馆位于钓鱼城护国寺、忠义祠内，是保存完整的清代古建筑群。博物馆设内外景陈列，馆内设有基本陈列“千古凛然：钓鱼城”，包括序厅“历史风云”（钓鱼城抗战的历史渊源与时代背景）、“独钓中原”（钓鱼城36年抗战历程）、“磨战鱼城”（蒙哥汗亲征钓鱼城之战）、“上帝折鞭”（蒙哥汗战死的历史影响、古战场遗址现状照片）、“宋代兵器”“攻防器械”“历史评述”。馆外有多处古战场遗址。

大足石刻研究院

开馆时间：9：00—17：00（周二至周日）
停止入馆时间：16：30
休息：参考博物馆公告
地址：重庆市大足区龙岗街道北山路7号

大足石刻研究院（大足石刻博物馆），是依托世界文化遗产大足石刻而设立的专题性博物馆，以大足石刻的保护、研究、管理和合理利用等为职能，国家一级博物馆。博物馆由北山石窟、宝顶山石窟、石门山石窟、南山石窟、石篆石窟等部分组成。基本陈列有：北山石窟“唐宋陈列馆”，宝顶山石窟“宋代的辉煌”，南山石窟“古老的道教神系”，石门山石窟“仙释宫”区，石篆山石窟“三教合一”区，展示大足区境内始建于初唐、历经五代、盛于两宋、延续至明清的摩崖龛窟造像，包含儒、释、道三教造像数万尊，铭文10余万字。另有常设陈列“艺术涅槃：大足石刻展”、360度环幕影院及学术报告厅等。

云南省博物馆

概况

云南省博物馆，始建于1951年，2015年新馆建成并投入使用，位于云南省昆明市广福路6393号。博物馆占地面积150亩，建筑面积达到6万平方米，展厅面积更是高达1.65万平方米，是云南省最大的综合博物馆，2008年，被国家文物局评为首批国家一级博物馆。

展览特点

云南省博物馆的基本陈列叙述了从远古文明直至云南和平解放的历史发展进程，展示了云南各族人民在红土高原上创造的厚重历史和辉煌文明。其中民族服饰的展览将云南地区的民俗风情充分展现了出来。

藏品介绍

云南省博物馆拥有众多珍贵文物，藏品数量达23万余件，居云南省之首。这些文物涵盖了青铜器、古钱币、陶瓷器、古书画、碑帖及工艺品等多个种类，尤以滇文化青铜器、南诏与大理国时期的佛教文物最具特色。

博物馆特色

云南省博物馆独特的地理位置，使得它汇聚了云南深厚的历史文化，更聚集了全球艺术的精髓，成为展示云南古今历史、领略全球文化的璀璨窗口。

仿苏式建筑风格

云南省博物馆设计灵感来源于云南传统居民“一颗印”式建筑，外形呈方形，平面呈“回”字形，外墙由错落有致的折面体和贯穿多层的长缝造型铝拆组成外墙颜色为红铜色，在阳光下熠熠生辉，展现了云南“有色金属”的风采。

汇聚艺术精髓

云南省博物馆不仅汇聚了云南深厚的历史文化，还聚集了全球艺术的精髓。馆内珍藏有中国古代及近代绘画佳作，如北宋郭熙的《溪山行旅图》、元代黄公望的《剡溪访戴图》等稀世之宝。同时，还珍藏有南诏大理国时期的佛教文物，包括精美的金银铜造像、法器、珠宝、经卷等。

展览分布图

注意 本书的文物所在位置是以作者当前写作阶段的位置作为参考标注的，由于各博物馆经常会有临时特展或巡回展，所以无法保证位置固定不变，请各位读者知晓，以实际的参观情形为准。

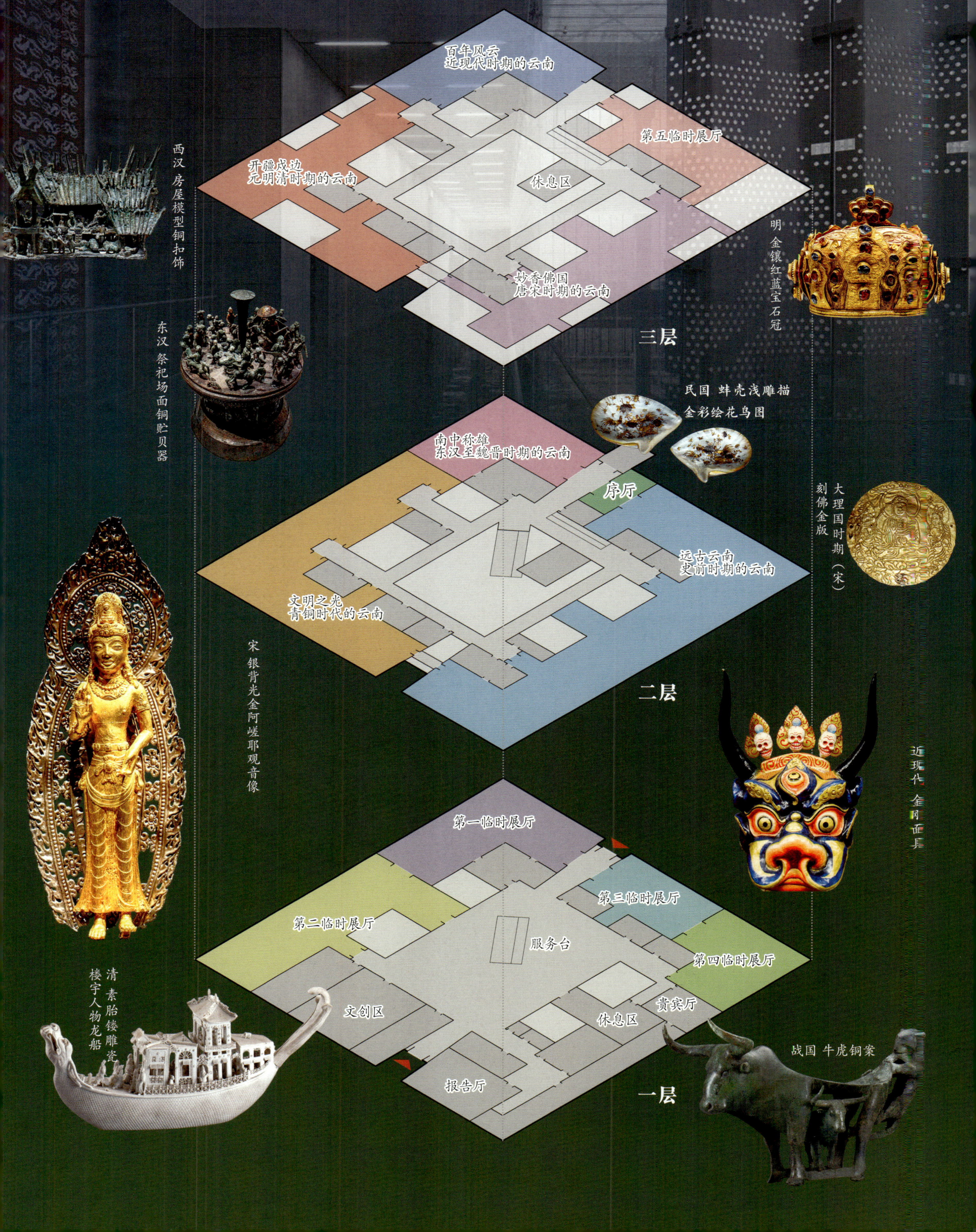

发展沿革

1911年7月
云南图书馆的博物馆初具规模，在馆内成立博物馆，改名为“云南图书兼博物馆”。

1929年7月
“云南图书兼博物馆”一分为二，博物馆迁往昆明文庙，改名“云南博物院”。

1951年8月
云南省博物馆筹建委员会成立。

1959年
“云南博物院”正式更名为“云南省博物馆”。

1965年
云南省博物馆迁至昆明五一路（后改为118号）。

更名换姓，雏形建立（1911年~1964年）

迁入新址，大量

展厅陈设

基本陈列

云南省博物馆设立多个基本陈列，分时期展现云南大地出土的丰富文物，带领观众了解云南独特的历史文化。远古云南，聚焦地质奇迹与遗址瑰宝；文明之光，通过四大部分勾勒青铜时代的辉煌，重现滇国盛世；南中称雄，展示了滇王国落幕时期，汉文化与云南民族文化多元融合的发展进程；妙香佛国，跨越

1970年代

博物馆对江川李家山与楚雄万家坝古墓群相继进行了大量发掘，丰富了战国至两汉时期的文物。

2015年

新馆正式完工，博物馆迁移至广福路6393号。

2024年

博物馆的“数字技术创新中心”正式成立。现代化新兴技术的使用增强了博物馆数字文旅的创新力。

（1965年~2015年）

创新发展，更新技术（2015年至今）

六百年，从蒙氏崛起到大理兴衰，展现南诏大理佛教文化的繁荣与社会风貌。开疆戍边，元明清三代，多民族融合高潮。风云百年，六大主题串联近现代史，从古城战场到曙光初现，通过新型方式，共述云南近代变革篇章。

临时展览

坐落于一楼的临时展厅，四季更迭间持续绽放着各类精彩绝伦的展览。“绣罗云裳——海派旗袍与云南服饰展”“茶马古道——八省区文物特别展览”“南方霸主——庄蹻故国楚文物大展”等，从国画书法到华美服饰，从茶马古道到楚文化探秘，精彩不断。还有海外文化瑰宝相继展出，累计呈现了无数场精彩的展览盛宴。

狩猎纹

这件贮贝器的腰部，线刻着精致细腻的狩猎纹。纹样共有八名男子，有的赤身裸体，有的穿着简单衣物。他们分别手持棍棒、矛，也有用来翻土的宽弧刃锄、插等武器，作追逐野兽状。

神秘造型

器盖两侧各置一小铜鼓，正中立一铜柱，柱中段盘绕二蛇，顶端立一虎，底座横卧一鳄鱼。柱之右侧竖立一牌。这些神秘的造型带对观众有很强的吸引力。

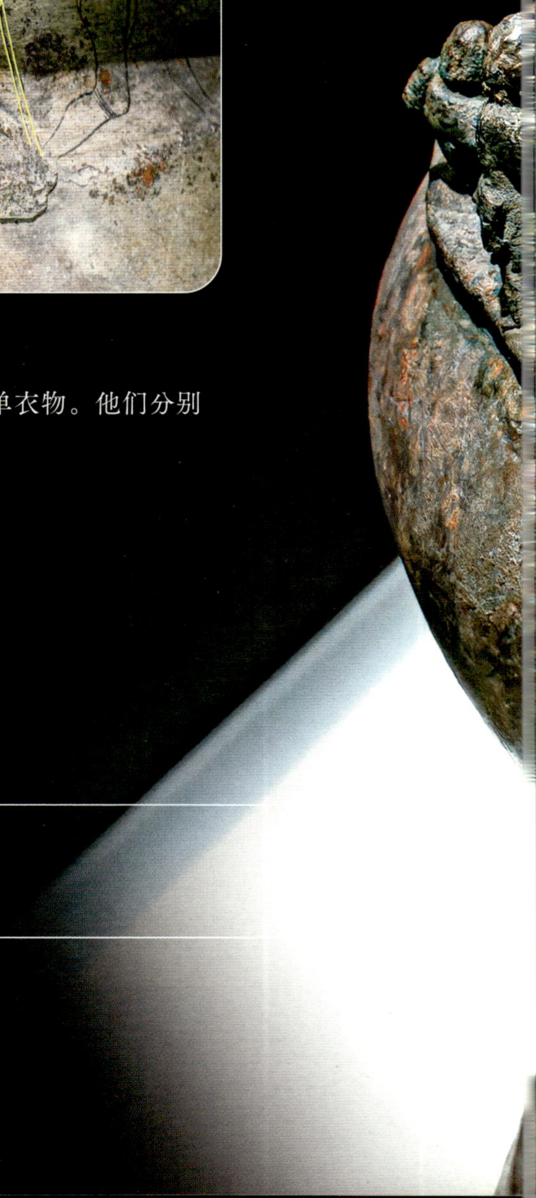

严肃的主祭人

器盖另一端，乘肩舆的妇女安然端坐，似为主祭人。肩舆一侧，两个妇人面向肩舆，肃立作揖祈祷，场面严肃庄重。

形象具体的生动人物

贮贝器上的人物高约 3 厘米，但形象具体，动作鲜明传情。整个场面布局井然有序，显示出一种成熟的礼仪传统。人物雕刻上还非常完整。从一个又一个小人物身上来看，他们各司其职，正在共同经历一件事。其场面反映了古滇国神秘的祭祀文化。

宋大理国银鎏金镶珠金翅鸟

- 大理国时期（宋）·金银器
- 高 18.5 厘米
- 云南省博物馆藏

在 1979 年文物部门在对崇圣寺三塔整理维修期间，在主塔千寻塔内发现了宋大理国银鎏金镶珠金翅鸟。这座金翅鸟鸟头饰羽冠，羽翅向内卷作欲飞状，两爪锋利有力，立坐于莲座之上；背后有镂空火焰形背光插在尾、身之间，上面有水晶珠 5 粒。在制作这座金翅鸟时，需要先将头、翼、身、尾分别锤刻成薄片，再将它们焊接为一个整体。大理国银鎏金镶珠金翅鸟细腻的工艺和绝妙的造型使这件作品精美绝伦，亦代表了大理国金银器工艺的高超水平。

工艺之美 根根分明的羽毛

细赏金翅鸟，雕刻工艺精湛无比，羽翼层次错落，华丽而不失细腻，绒毛卷曲自然，每根羽毛都清晰可辨，形态逼真，仿佛随时展翅高飞，栩栩如生，令人叹为观止。

大鹏金翅鸟

金翅鸟梵名迦楼罗，汉译为大鹏金翅鸟，为佛教护法神中的“天龙八部”之一。传说金翅鸟是一种极其凶狠的大鸟，以龙为食，可慑服诸龙。而后金翅鸟皈依佛法，成为佛的护卫神鸟。

造型之美

昂首展翅

这尊金翅鸟呈昂首展翅飞翔状，头饰美丽的羽冠，尾羽呈火焰状向上伸展并饰 5 粒水晶珠，体态雄健，生机勃勃。整器鎏金，显得珠光宝气，雍容华贵。金翅鸟振翅高飞，成为大理民族心中不变的图腾。

其他博物馆

云南民族博物馆

开馆时间：9：00—16：30（周二至周日）
停止入馆时间：16：00
休息：周一（其他时间参考博物馆公告）
地址：云南民族博物馆位于昆明市滇池路1503号

云南民族博物馆，是以云南地区民族历史文化为主题的地方专题性博物馆，国家一级博物馆。博物馆内的基本陈列有“民族服饰与制作工艺”“民族文字古籍”“民族乐器”“民族民间陶艺”“民族民间面具”“民间瓦当”“民族工艺美术”“铸牢中华民族共同体意识 建设全国民族团结进步示范区：中国特色解决民族问题正确道路的云南实践”等主题。馆内藏品涵盖云南各族服饰、纺织机具、工艺品、乐器、生活器具、文体娱乐、宗教品、生产工具、文字古籍、其他文物等门类。

昆明动物博物馆

开馆时间：9：00—17：00（周二至周日）
停止入馆时间：16：30
休息：周一（其他时间参考博物馆公告）
地址：云南省昆明市五华区教场东路32号

昆明动物博物馆，是隶属于中国科学院昆明动物研究所的、以云南及周边地区动物为主题的专题类博物馆，国家二级博物馆。博物馆由东西两栋楼组成。馆内设有序厅、生物多样性展厅、亚洲象展厅、恐龙及化石展厅、骨骼展厅、两栖爬行动物生境柜和鱼类、两爬类瓶装标本展厅、鸟类标本及其生境的展示、昆虫资源及其生境展示，水生生物（含淡水鱼和海洋生物）及其生活环境、滇西北生境的缩影、寒温带生境柜和热带—亚热带模拟自然综合大型室内生态景观等。

曲靖市博物馆

开馆时间：9：00—16：30（周二至周日）
停止入馆时间：16：00
休息：周一（其他时间参考博物馆公告）
地址：云南省曲靖市麒麟区紫云北路1710号文化体育公园内

曲靖市博物馆，是展示宣传曲靖市历史文化的地方综合性博物馆，是国家二级博物馆、云南省省爱国主义教育基地。博物馆主体建筑造型新颖别致，内设有6个陈列展厅，分别展出“珠江正源”“爨乡福地”“锦绣滇东”“三江烽火”“功在传承”“三线建设”，另有2个临时展厅。馆内藏品，涵盖古生物化石、青铜器、陶瓷器、书画、玉石、民族民俗艺术品等门类。

昆明市博物馆

开馆时间：9：00—17：00（周二至周日）
停止入馆时间：16：30
休息：周一（其他时间参考博物馆公告）
地址：云南省昆明市拓东路93号

昆明市博物馆，是展示宣传昆明历史文化的地方综合性博物馆，国家一级博物馆。馆内设有以下基本陈列，即“古滇探幽：滇国、滇人、滇文化”“天龙八部的世界：艺术史视野下的地藏寺经幢”“云中青韵：馆藏明代民窑青花瓷”“扇韵遗香：清代云南名家扇面精品展”“滇池沧桑：藏在石头里的昆明”“长空飞虎：飞虎队文物展”。馆藏文物以古滇国青铜器、云南历代书画、云南青花瓷器、飞虎队文物等最具特色。

大理市博物馆

开馆时间：9：00—17：00（周二至周日）
停止入馆时间：16：30
休息：周一（其他时间参考博物馆公告）
地址：云南省大理市大理古城复兴路111号

大理州博物馆，是收藏展示大理地区历史文化的地方综合性博物馆，国家三级博物馆。馆内设有5个固定展馆，即“大理历史文物展厅”“明代陶俑馆”“佛教艺术馆”“古代书画艺术馆”“云南提督历史沿革展”，另有碑林1处。馆内藏品以东汉青铜双龙衔柱摇钱树、明舞乐俑、明彩釉陶十二生肖、明四大天王木雕像等最具特色。

青铜时代，你从未见过的存钱罐

提起古代云南，大多数人想到的可能是大理，其实云南的历史非常久远，3800多年前，古滇国就开始了冶铸青铜器，并拉开了云南青铜时代的序幕。古滇时期的青铜器，在充分汲取多种文化精华的基础上，用现实主义的手法、巧夺天工的冶铸技巧，将社会生活的千姿百态熔铸成一件件青铜艺术杰作，堪称世界青铜艺术史上罕见的、不可复制的个案。古滇时期的青铜器种类繁多，造型各异，制作精良，以铜鼓、贮贝器、矛及扣饰最为独特。

战国 牛虎铜案

四牛鎏金骑士铜贮贝器

高50厘米，盖径26厘米，西汉时期器物，云南省博物馆藏。

该器属于束腰筒状贮贝器，腰部内收，两侧各装饰一个虎形耳，虎作向上攀爬状，底部有3个兽爪形足。盖子上外围有4头体格健硕的牛，中心有一个圆柱柄托盘，托盘上有一位鎏金骑马武士，胯下战马昂首挺立，马尾挥洒上扬，马口微张，目光锐利且炯视前方。

骑士华丽的服饰和佩剑，表示墓主人非常有权势，而牛在滇国是财富的象征，说明墓主人生前地位非一般人，很有可能是一位古滇国皇族成员。

骑马武士，头梳椎髻，身着铠甲，腰系长剑。

4头膘肥体壮的大角牛，围绕中心作逆时针奔跑状。

贵州省博物馆

贵州省东毗湖南省，南邻广西壮族自治区，西连云南省，北接四川省和重庆市，简称“黔”或“贵”。贵州省少数民族众多，包括苗族、侗族、水族、仡佬族、布依族、彝族、土家族等17个少数民族，可谓民族齐全，人口占比高且分布广。正是基于这样的历史文化背景，贵州博物馆的文物收藏与展陈呈现出极为强烈的民族地域特色。

贵州省博物馆1958年开馆，老馆位于贵阳市云岩区北京路，新馆于2007年立项，2015年对外开放，位于贵阳市观山湖区林城东路中段北侧，占地面积70860平方米，总建筑面积46450平方米。

展厅陈设

贵州省博物馆建筑大致分为中部、东部和西部三部分，东区为公众服务区，包含临展、非遗展演、摄影与书画展、4D影院、青少年数字体验馆；中区为核心功能区，一层和二层为“民族贵州”基本陈列展厅，三层为“历史贵州”基本陈列展厅，其他区域为大厅、餐厅、文物库房等功能用房；西区为博物馆行政办公区。

藏品介绍

该博物馆藏品有 8 万余件，其中民族文物在中国国内首屈一指，中国苗族服饰库和中国苗族银饰库位居全国第一。此外，藏品还有瓷器、青铜器、书画、陶器、金银、漆器、玉石、蜡染、服饰、古生物、刺绣、革命文物等不同种类。

其他博物馆

贵州省民族博物馆

开馆时间：9：00—16：30（周二至周日）
9：00—20：00（周六，7月至9月）
停止入馆时间：16：00
休息：周一（其他时间参考博物馆公告）
地址：贵州省贵阳市南明区箭道街23号

贵州省民族博物馆，是展示宣传中国西南地区18个世居民族的历史与文化的综合性博物馆，国家一级博物馆。馆内常设基本陈列展“记忆与传承：贵州世居民族历史文化展”，展出各民族传统服饰、银饰、面具、刺绣、农民画、乐器、摄影作品及影（音）像资料。

黔东南州民族博物馆

开馆时间：9：00—17：00（周二至周日）
停止入馆时间：16：30
休息：周一（其他时间参考博物馆公告）
地址：贵州省凯里市广场路5号

黔东南州民族博物馆，是收藏研究、展示宣传黔东南州各族人民历史与文化的地方综合性博物馆，国家二级博物馆。馆内设有多个常设展厅，如“锦绣黔东南：黔东南州历史文化馆”“秘境黔东南：黔东南州民族文化馆”“多彩非遗：黔东南州文化遗产展示馆”“衣见黔彩：服饰展示馆”“家风文化馆”等。

黔南州博物馆

开馆时间：9：00—17：00（周二至周日）
停止入馆时间：16：30
休息：周一（其他时间参考博物馆公告）
地址：贵州省黔南布依族苗族自治州杉木湖湿地公园内

黔南州博物馆，是展示黔南州各民族历史文化的地方综合性博物馆，国家三级博物馆。馆内设有基本陈列“黔南州历史文化综合展”，以黔南州的历史进程为主线，展示包含史前文明、政治治理、经济发展、文化遗产、人物事迹、红色文化、科技发展等内容。馆藏文物主要为民族文物和革命文物。

贵州水族文化博物馆

开馆时间：9：00—17：00（周二至周日）
停止入馆时间：16：30
休息：周一（其他时间参考博物馆公告）
地址：贵州省黔南布依族苗族自治州三都水族自治县206省道

贵州水族文化博物馆，是研究保护中国水族历史与文化的民族类专题博物馆，国家三级博物馆。馆内设有两大展区，展出6个专题展览，分别是水族概况、美丽家园、民族历史与社会发展、水族文化、习俗与节日、水家新貌等，全面呈现了水族悠久的历史和水书文化及水族风情。

贵州茶文化生态博物馆

开馆时间：9：00—17：00（周二至周日）
停止入馆时间：16：30
休息：周一（其他时间参考博物馆公告）
地址：贵州省湄潭县湄江街道天文大道北面“中国茶城”七区内

贵州茶文化生态博物馆，是研究展示贵州制茶历史与文化的专题博物馆，由贵州茶文化生态博物馆中心馆、茶工业博物馆、民国中央实验茶场纪念馆共同组成，国家三级博物馆。馆内设有10个基本陈列，包括序厅及“前言”“茶的起源”“古代茶事”“历史名茶”“民国中央实验茶场”“茶叶农垦”“茶叶科研”“茶叶供销与外贸”“当代茶业”“茶礼茶俗”等。茶工业博物馆以场景复原陈列为主，原貌保存了贵州省湄潭茶场制茶工厂车间场景。

千年审美严选：金银制品

人类发现和使用黄金已有 7000 年的历史，而我国开采和使用黄金至少有 4000 年的历史。在新石器时代，先民就已经认识了黄金。金，从发现以来就是富与贵的象征。

目前我国发现的最早的黄金制品是商代早期的出土品，主要是装饰品，形制工艺比较简单，器形小巧，纹饰少见。此后随着社会变革，金银制品在数量和种类上都有了明显增加，工艺也越来越繁多，形成了精美绝伦的八大金工工艺，分别是鎏金、花丝镶嵌、锤鍱、金银错、掐丝、炸珠、錾花和累丝。

金镶红蓝宝石冠 镶嵌、錾花工艺

商代金面具 锤鍱工艺

造型生动

金龙的造型生动有力，气势雄伟。

明代金翼善冠

金翼善冠是定陵出土的金丝编织冠饰，又名金丝翼善冠。通高 24 厘米，后山高 22 厘米，重 826 克，是明神宗万历皇帝的皇冠。

金冠由 3 部分组成：前屋、后山和两角。前屋指的是帽壳部分，工匠编织的花纹均匀，疏密一致，中间无结，薄如轻纱。半圆形的帽山上挺立着两个状如兔耳的金丝网片，即两角，俗称“纱帽翅”；后山的正前方是精彩的二龙戏珠图案，是金冠制作过程中最难做的一部分。金冠之珍贵除质地全为金丝外，还在于整体的拔丝、编织、焊接等方面的高超技艺。金冠在我国仅此一顶，堪称国宝。

工艺精湛

工匠从上至下用 518 根直径为 0.2 毫米的细金丝手工编结而成。

西藏博物馆

西藏博物馆位于拉萨市城关区罗布林卡路19号，北望布达拉宫，是西藏第一座具有现代化功能的国家一级博物馆。1999年10月，博物馆落成开馆。

西藏博物馆老馆占地面积53959平方米，总建筑面积23508平方米，展厅面积10451平方米。由主馆区、办公生活区、民族文化苑三部分组成。

2022年博物馆新馆建成，占地面积达6.5万平方米，馆区中轴线上依次坐落着序言厅、主展馆和文物库房。

藏品精选 贝叶经

西藏博物馆珍藏的贝叶经，多刻写在贝多罗树叶上，主要用梵文书写，内容涵盖佛教经典、传说故事及历史记载等，是极为珍贵的佛教文献，源于古印度，有 2500 多年历史。贝叶经历经 25000 多年却依然质地坚韧，字迹清晰让人叹为观止。西藏博物馆所藏贝叶经种类繁多，数量可观，其中不乏孤本、善本。

台北故宫博物院
台北市立美术馆
香港杜莎夫人蜡像馆
澳门大赛车博物馆
高雄市立历史博物馆
震旦艺术博物馆
台北市立美术馆
澳门博物馆
台北市立美术馆
澳门大赛车博物馆
震旦艺术博物馆
澳门回归贺礼陈列馆
香港故宫文化博物馆
香港故宫文化博物馆
台北艺术大学关渡美术馆
台北市立美术馆
高雄市立历史博物馆
香港电影资料馆
台湾博物馆
香港故宫文化博物馆
香港故宫文化博物馆
台北艺术大学关渡美术馆
台北市立美术馆
震旦艺术博物馆
香港艺术馆
澳门博物馆

第八章 港澳台地区

GANG'AOTAIDIQU

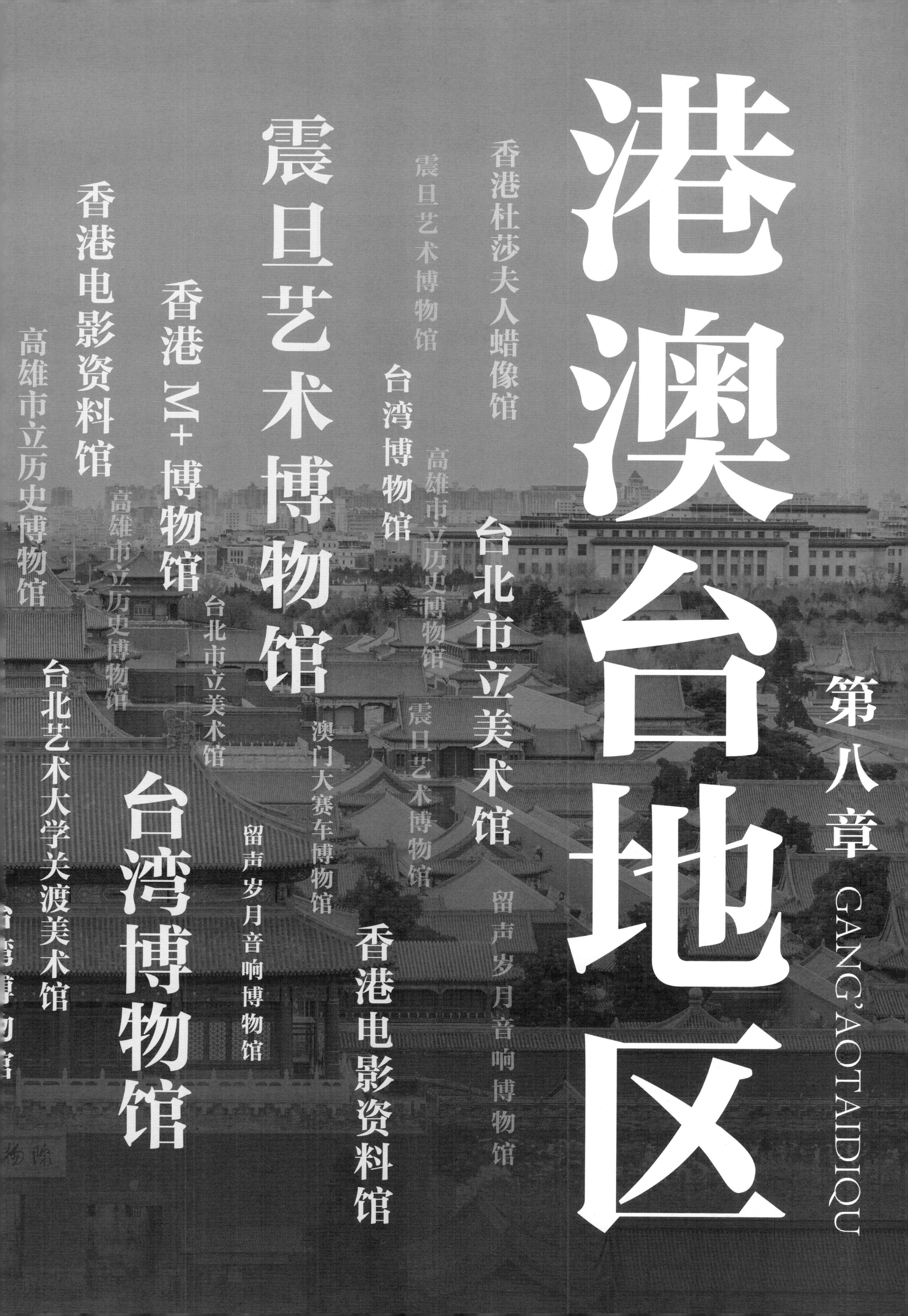

台北故宫博物院

概况

台北故宫博物院又称为中山博物院，1965 年开馆，位于台湾省台北市士林区至善路二段 221 号，占地总面积约 16 万平方米，是中国乃至世界最负盛名的博物馆之一。由博物馆正馆、文物储藏山洞与廊桥、中央园林与步道三部分组成。

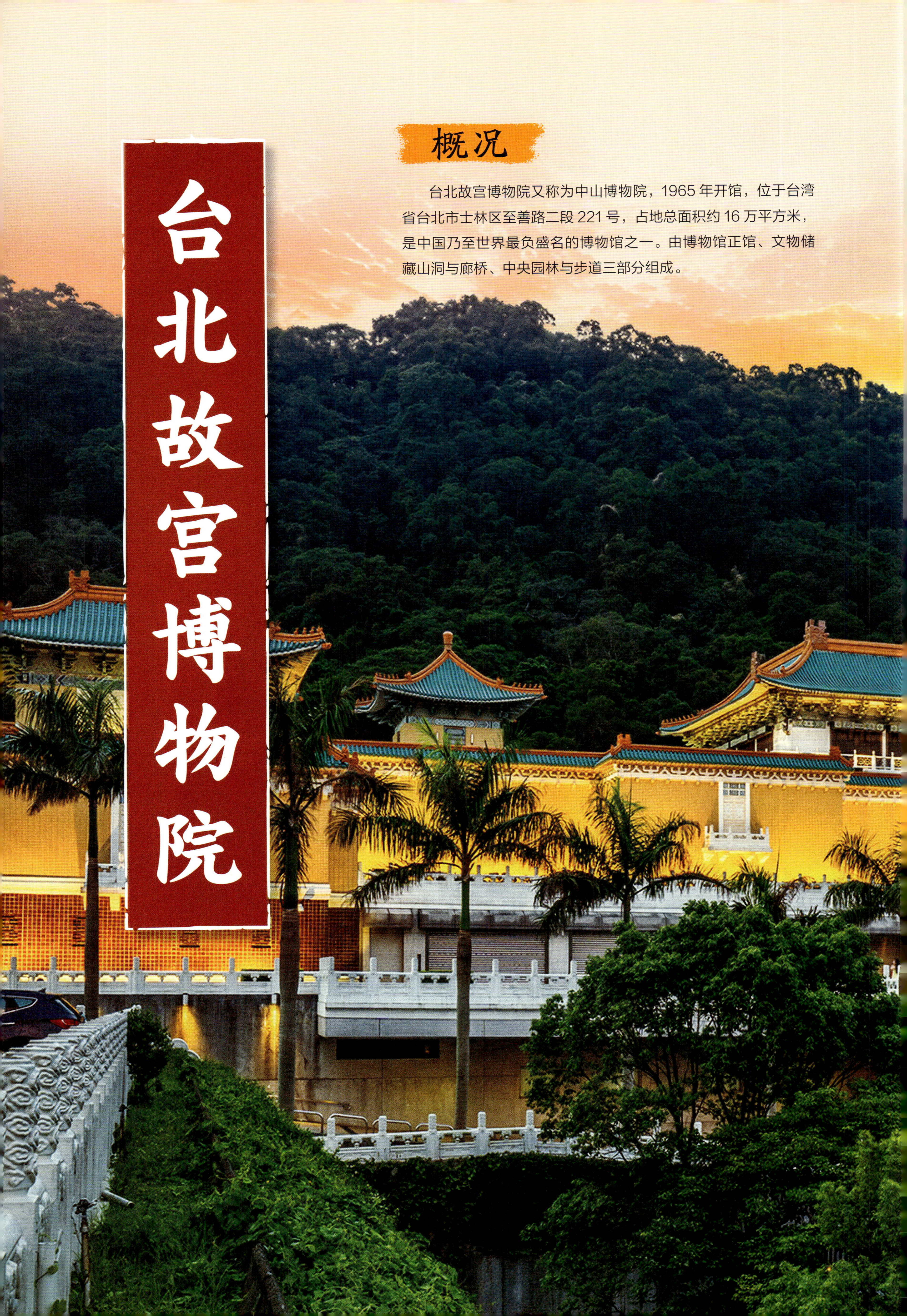

藏品介绍

台北故宫博物院馆中近 70 万件珍贵文物，收藏有紫禁城、沈阳故宫、避暑山庄、颐和园和国子监等多处皇家旧藏之精华，还有来自海内外各界人士捐赠的文物精品。其中青铜器多达数千件，包括著名的宗周钟、散氏盘、毛公鼎等。其收藏甲骨档案 2 万多片，陶瓷器近 2.6 万件、玉器 1.3 万余件、铜器 1 万多件、漆器约 800 件、雕刻作品近 600 余件。

博物馆特色

台北故宫博物院馆藏文物包含铜器、绘画、陶瓷、书法、玉器、档案文献等众多门类，集北京故宫博物院、沈阳故宫博物院、原热河行宫等多处皇家旧址藏品之大成。因此素有“北京故宫看建筑，台北故宫看文物”一说。

古典建筑，韵味悠长

台北故宫博物院建筑风格十分独特，北部院区仿照中国传统的宫殿式建筑与古典园林，整体庄重典雅，古韵满溢；南部院区的建筑设计源于中国书法中的浓墨、飞白、渲染三种笔法，塑造出虚、实量体，形成了流线型的建筑外观。

甲骨文献，重中之重

台北故宫博物院的甲骨文献馆藏是其另一大特色。甲骨档案数量庞大，质量极高，甲骨收藏数量居世界第二。这些甲骨档案不仅记录了商代晚期的社会、政治、经济、文化等多方面内容，对于研究中国古代史、书法史、考古学也有着重大意义，更是中华民族宝贵的文化遗产。

展览分布图

注意 本书的展览所在位置是以作者当前写作阶段的位置作为参考标注的，由于各博物馆经常会有临时特展或巡回展，所以无法保证位置固定不变，请各位读者知晓，以实际的参观情形为准。

清 铜胎画珐琅荷叶笔砚

汉 铜鎏金山纹兽足樽

宋 定窑白瓷婴儿枕

清 翠玉白菜

宋 汝窑青瓷莲花式温碗

明成化 斗彩鸡缸杯

清 肉形石

清 掐丝兼画珐琅酥油茶罐

302 306 308	玉器
305 307	铜器
303 304	特展
300 301	休息区
202 204 206 208 210 212	书画
201 205 207	陶瓷
203	特展
101	佛像
102	导览大厅
103 104	图书文献
105 107	特展
101	珍玩
108	家具

发展沿革

1925年
故宫博物院成立，宫廷旧藏出现在了大众视野当中。

1931年
为免文物遭到损毁，故宫等地的文物开始了漫长的迁移之路。

1933年
故宫珍宝1万多箱随同古物陈列所、颐和园、内政部、国子监、先农坛等地的文物迁往上海。

1948年
故宫数千箱精品文物漂洋过海到达中国台湾。

早期历史（1924年~1932年）

文物迁移

展厅陈设

基本陈列

台北故宫博物院的展览主要有：“敬天格物——院藏玉器精华展”“吉金耀采——院藏铜器精华展”“抟泥幻化——院藏历代陶瓷精华展”“慈悲与智慧——宗教雕塑艺术”“集琼藻——院藏珍玩精华展”等。这些展览跨越时间和空间，从玉器、青铜器，到陶瓷、雕塑等，向世人展示各种品类不同的精美文物。

1965年
台北故宫博物院新馆落成并正式对外开放。

1966年
第一期新馆左右两翼扩建工程完工。

1971年
二期扩建工程完工。

2007年
北部院区进一步扩建，将台北故宫博物院推向新高度，大幅增加了展览空间。

（1933年~1965年）

建馆及拓展（1966 年至今）

现代化技术

台北故宫博物院不拘泥于传统陈列式，而是采用创新的展览设计和科技手段，为观众提供全新的参观体验。除此之外，台北故宫博物院还设有图书馆、创意工坊、多功能展演厅、多媒体放映厅等，以新时代的技术手法更加全面、多方位地展现文物以及进行文化交流活动。

专题陈列

台北故宫博物院经常举办各种丰富多彩的专题展览，涵盖了中国古代文化的各个方面。其中包含故宫珍玩、历史文献、东西方文化交流下的文物等多元化的专题。这些专题展览不仅为大众提供了学习的机会，还为其他博物馆提供了学习与交流的机会。

毛公鼎

- 西周晚期·青铜器
- 高 53.8 厘米，口径 47.9 厘米
- 台北故宫博物院藏

毛公鼎出土于清朝道光末年，由陕西省岐山县董家村的村民无意发现，被誉为“海内三宝”之一，也是书法史上的“四大国宝”之一。毛公鼎辗转古董商苏亿年、金石学者陈介祺、大收藏家叶恭绰、戴笠等人之手，至 1948 年运送至台湾，在 1965 年台北故宫博物院建成后，作为“镇馆之宝”之一留存至今。毛公鼎重达 34.7 公斤，从它敦厚的外形就可见一斑，器身内壁多达 497 字的铭文书写了一篇宏大的青铜史诗。因此即使毛公鼎从外形上没有过多华丽之处，但仍是一件重要的国宝。

蹄状足

双立耳

敦厚器型

毛公鼎器身浑圆典雅，三个蹄状足与器身侧的双立耳使得整个青铜器浑厚庄重。

环带纹饰

毛公鼎身上的纹样并非十分繁复，该鼎的腹部饰有一圈重环纹饰，厚重的纹样雕刻和敦厚的器身相得益彰，更显出了毛公鼎的浑厚。

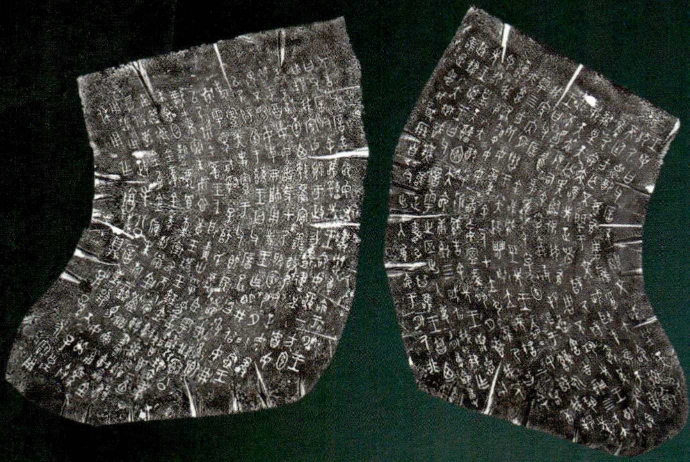

歌功颂德的古老文字

毛公鼎上的铭文分七段，每段以“王若曰”“王曰”为开头，为五个主题，分别讲述了周文王、周武王的政绩，周宣王命毛公治理邦国事务，给予毛公治国理政特权，鼓励毛公以善从政，赐予毛公大量封赏，毛公铸鼎纪念，表达对毛公的祝福和期望等七部分内容。而此鼎正是为感激周宣王而铸，用以歌颂宣王的美德。鼎中的铭文也具有极高的书法价值，书法笔法圆润，结体方正，较散氏盘规整，是非常成熟的西周金文的代表。

散氏盘

- 西周晚期·青铜器
- 高 20.6 厘米，底径 41.4 厘米
- 台北故宫博物院藏

散氏盘因盘中有“散氏”二字得名，又称“夨人盘”。散氏盘与大盂鼎、虢季子白盘、毛公鼎并称书法史上的“四大国宝”。由铭文中的人物大致可推断此盘的铸作年代约为周厉王时期，原为故宫旧藏，后运抵台湾，藏于台北故宫博物院直至今日。

本盘盘身有丰富的纹样，盘内刻有大量铭文字体朴拙大气，铭文将夨、散两国战后谈判的细节与约定内容进行了详细的记录，是研究西周时期历史与土地制度的重要实物史料。散氏盘形浅而圆，双附耳，高圈足，盘身有夔龙纹、兽面纹，线条繁复。整体造型庄重，纹饰细致。无论从书法研究、审美价值，还是历史价值来看都是国宝级的精美文物。

国宝小知识：铜盘的应用

在商周时期的青铜器当中，铜盘并非像我们现在生活中的盘子一样都是用来盛放饭菜的，而是多用作祭祀、记录之用。除了上图的散氏盘作为记录了夨国与散国战后交接土地的证明，还有大克鼎也是用作祭祀的传国重器。

《富春山居图》无用师卷

《富春山居图》为黄公望创作于 1347 年至 1350 年之间的杰作，描绘了浙江富春江的秀美景色。这幅作品被誉为黄公望的代表之作，被后世称为“画中之兰亭”“山水画第一神品”，并列为中国十大传世名画之一。卷首小图称为“剩山图”，横 51.4 厘米，纵 31.8 厘米，占原画 1/14；后段画幅较长，称为“无用师卷”，横 636.9 厘米，纵 33 厘米，占原画 12/14。黄公望在创作中耗时多年，他常常会带着自己的墨宝，兴致所至就填上几笔，使得整幅《富春山居图》前段和后段呈现出不尽相同的艺术风貌。画中山峦起伏，山水疏密得当，墨色或浓或淡，生动地表现出了富春江畔初秋时节的美景。

- 元·书画
- 横 636.9 厘米，纵 33 厘米
- 台北故宫博物院藏

诗意的留白

在大片留白的江岸上，两叶小舟悠然划过，舟上带着斗笠、身披蓑衣的两人仿佛已融入了美景中。作者仅用简单的笔致勾勒，使得人类在广袤的大自然的衬托下显得十分渺小。

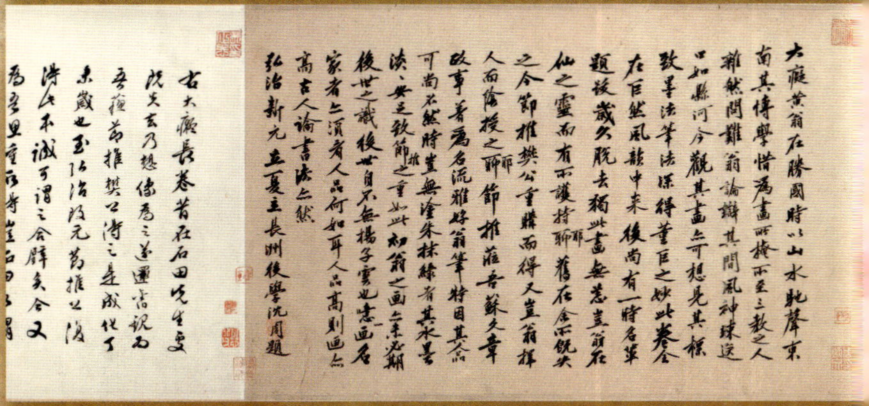

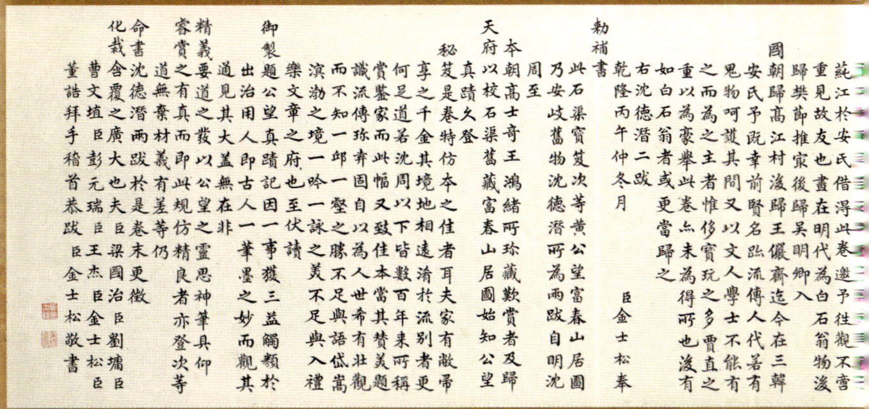

长披麻皴

黄公望描绘山峰运用了长披麻皴，笔墨沿山体向下披刷，线条浓淡有致，干湿结合，表现了江南山水的清丽。

点苔画法

在山脚下的树石用浓墨点苔画法，用笔或横或竖，用墨或湿或干，下部山体则运用了较短促的皴法，将前面坚硬陡峭的山体与后面巍峨的高山区别开来。

披麻皴

河岸的描绘采用横披麻皴，这是富春山居图中描绘河岸用的最多的皴法，横向寥寥几笔，加之岸上或浓厚或稀疏的树丛，皴、擦、点、染间河岸景致跃然纸上。

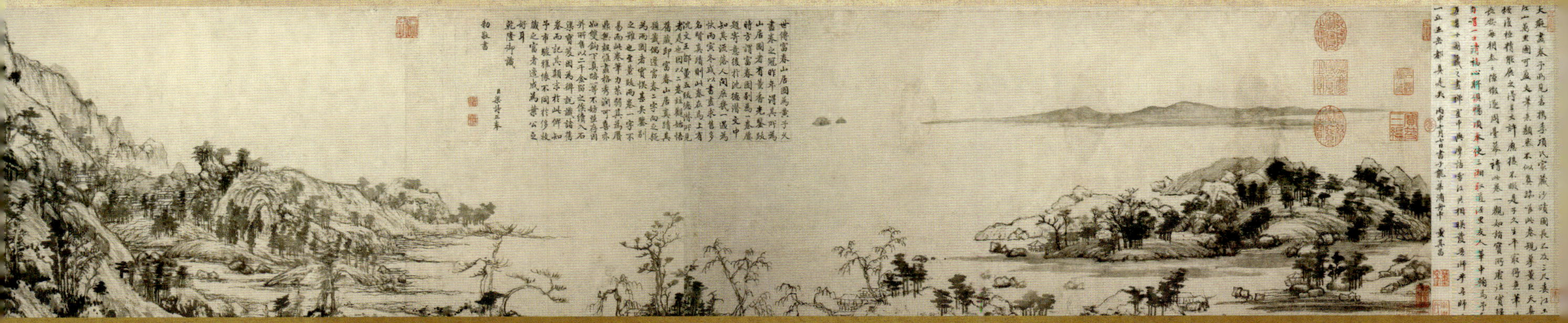

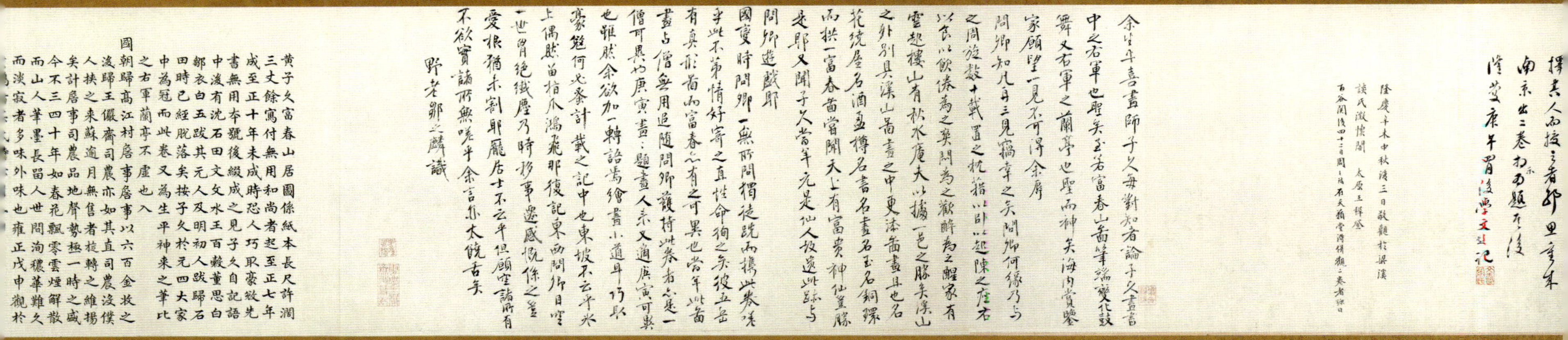

《溪山行旅图》

- 北宋·书画
- 纵 206.3 厘米，横 103.3 厘米
- 台北故宫博物院藏

《溪山行旅图》是中国北宋时期画家范宽的著名作品。整幅画画面布局疏密有致，层次清晰，下笔苍劲有力，充分展现了范宽独特的山水画风格。《溪山行旅图》中，雄伟山峰直插云霄，山顶林木繁茂，山谷间细瀑如练。山脚下巨石嶙峋，树木挺拔。溪边商队缓缓前行，为静谧山林带来一丝人间烟火的气息。

层峦叠嶂的高山

画中高山高耸入云，画面层次分明，用笔坚定有力，雨点皴法细密。同时远处的高山占据整幅画面的三分之二，使画面具有稳定、广大的包容感。

构图之美 震撼的比例关系

范宽的《溪山行旅图》的构图中，前景、中景、远景的比例大致为 1：3：9，使中轴线上的主体山峰显得十分雄伟巨大，给人以强烈的视觉冲击力。

隐秘署名

画卷右下方隐秘的树丛中，范宽的题名若隐若现。范宽很喜欢将自己的署名隐藏在作品之中。

国宝小知识：雨点皴

雨点皴顾名思义笔法像雨点一般，下笔细密，下落方向一致，笔墨质朴厚实，用笔与“小斧劈皴”类似，但更浑厚，由王维所创，范宽则将该笔法运用得更为成功。

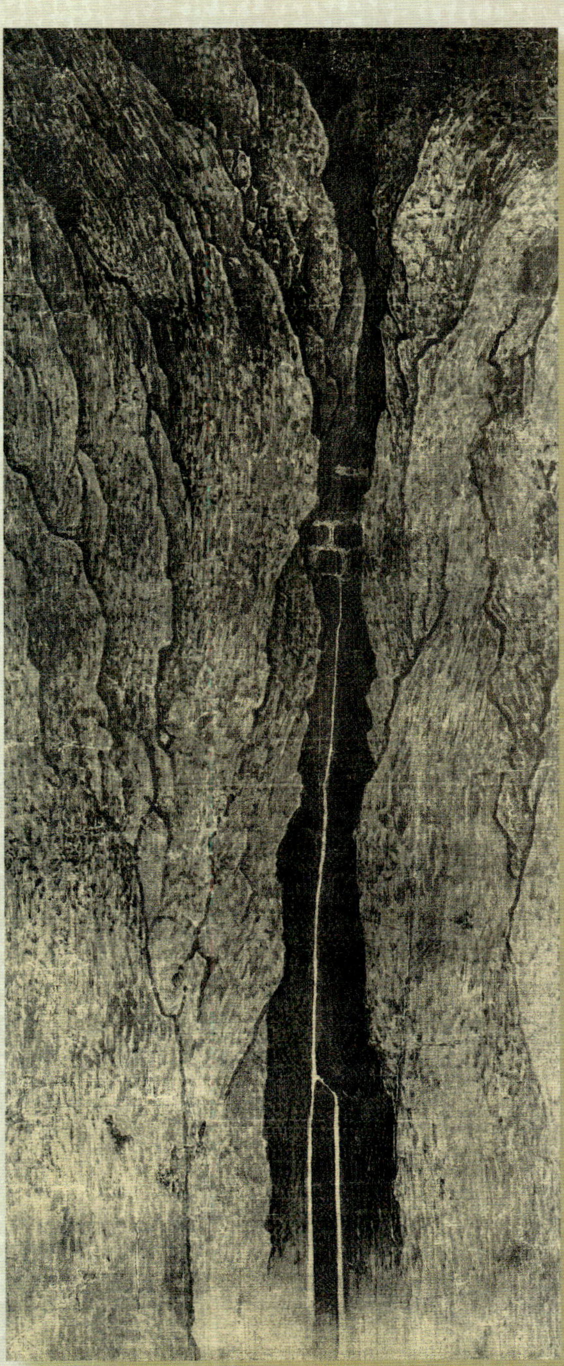

飞流直下的瀑布

画中的瀑布由高处的山峦飞流直下，沟通了画面中的远山与近景，观看者耳边仿佛已响起瀑布的飞流之声。

生动鲜活的旅人

画面前景画有两位赤膊的旅人牵着四头驴子在山间小道蹒跚前行，驴子驮着重物，仿佛前方道路永远走不到头。人物的出现给画面增加了几分世俗感。

翠玉白菜

- 清·翡翠
- 长 18.7 厘米，宽 9.1 厘米
- 台北故宫博物院藏

目前翠玉白菜文物可知的有六颗，而以台北故宫博物院的最为有名，是镇馆“明星”文物之一，曾经存放在紫禁城的永和宫，传说是“瑾妃”的嫁妆，其中白菜谐音百财，而白菜本身的色泽又象征着清清白白，层层叠叠的菜叶与菜叶上的昆虫象征着开枝散叶，多子多孙，因此寓意吉祥的翠玉白菜深受清代皇亲国戚与老百姓的喜爱。

这件翠玉白菜由一块半灰半绿的天然翡翠雕刻而成，玉石绿色的部分和白色部分巧妙分配至菜叶和菜梗，白菜上的昆虫雕琢得更是活灵活现，整器既有美好的祈愿，又有巧妙的设计，造型与真实的白菜相似度近乎百分之百。

生动之美 象形的昆虫

螽斯和蝗虫就是我们俗称的“蝈蝈儿”与“蚱蜢”，在白菜顶端的菜叶上爬着的螽斯与蝗虫雕刻细致生动，每一根触角都清晰可见，昆虫腿上的纹路都栩栩如生。

刻画逼真的叶脉

材质之美 莹透的翡翠

翡翠在 19 世纪由于清廷皇室的喜爱用量大增，台北故宫博物院所藏翡翠玉器多为这个时期的作品。这件翠玉白菜就是由一块半灰半绿的翡翠制成。工匠巧妙地将灰绿渐变的部分作为菜梗和绿叶的分界点，过渡自然逼真，菜叶茎脉分明。

灰绿渐变

雕刻如意云纹的底座

精致的掐丝珐琅底盆

国宝小知识：翠玉白菜

翠玉与白菜的组合在清代中晚期十分流行，而白菜与昆虫的组合早在元末明初的花鸟画当中就常常出现，是皇家与民间都喜爱的吉祥题材。白菜因其清清白白的寓意也常常被文人暗喻清白之身。制作这件翠玉白菜的玉料来自缅甸，在翡翠鉴赏中讲究“种”，透明度高、颜色纯、杂质少的被称为“老坑玻璃种”，且玉石雕刻讲究顺应石料自身。因此这件翠玉白菜无论从材质还是后期从工艺上看都属于难得的瑰宝。

肉形石

- 清·玛瑙
- 高 6.9 厘米，横 23 厘米，宽 16.4 厘米
- 台北故宫博物院藏

这件肉形石来自内蒙古阿拉善左旗，曾经是清代宫廷旧藏，它与翠玉白菜、毛公鼎并称为台北故宫博物院的镇馆三宝，同时也称为四大奇石之一。这件雅俗共赏的奇石虽被专家们定位为三等品，即没有特定历史价值的观赏品，但依然挡不住每年源源不断来台北故宫博物院赏石的游客。

制作肉形石的玛瑙石料经过漫长岁月的沉积，以及杂质的影响，形成了层层叠叠不同的质感，再经过工匠的细心打磨，染色，使得冰冷的石头拥有了肥瘦相间的质感。观看这块逼真的奇石，仿佛隔着书本就闻到了红烧肉的香气。

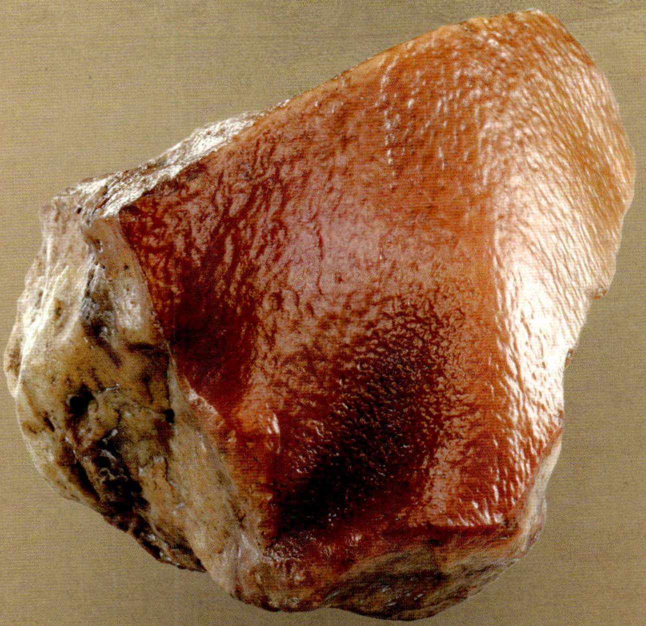

纹饰之美 诱人的“皮肉”

石头表面有一种肉被炖煮后晶莹肥腻的油润感，而薄薄的一层瘦肉层则是石头经过漫长的岁月沉积所形成的杂质层，创作者对肉形石料的选择正是在天然排布的杂质层与人工制作的东坡肉巧妙吻合中而显得巧夺天工。

细节之美 逼真的“毛孔”

肉形石的“肉皮”不仅模仿了五花肉烧制过后晶莹肥厚的质感，连肉皮上的毛孔都栩栩如生。肉形石表皮由工匠精细雕琢出细密的毛孔，并打磨上色，表现出东坡肉晶莹剔透胶质满满的视觉效果。当然也有学者认为其颜色与气孔为天然形成，目前尚无定论。

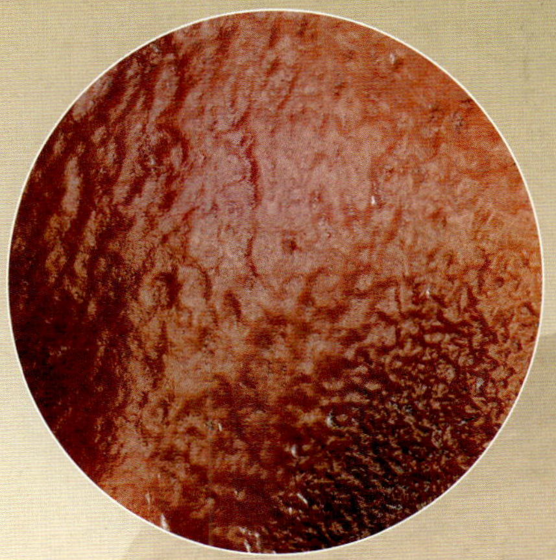

其他博物馆

台湾博物馆

开馆时间：9：30—17：00（周二至周日）
休息：周一（其他时间以博物馆公告为准）
地址：台湾省台北市二二八和平公园内

台湾博物馆，是展示宣传台湾历史文化的地方综合性博物馆，由馆内及二二八和平公园北侧露天陈列区 2 个展区组成。露天陈列区有台湾东海岸出土岩棺、石轮等古物、清代古炮、德制蒸汽老火车头、碑林等。馆内设有“台湾生物”“台湾少数民族的传统文化”2 个常设陈列，另有主题展。馆内藏品涵盖人类学、地质学、动物学、植物学等种类，以台湾最珍贵的哺乳动物早氏犀牛化石等最著名。

台湾自然科学博物馆

开馆时间：8：00—17：00（周二至周六）
停止入馆时间：16：30
休息：周一（其他时间以博物馆公告为准）
地址：台湾省台中市馆前路 1 号

台湾自然科学博物馆是台湾省第一座将自然科学生活化、趣味化的大型博物馆。该博物馆占地 20 公顷，拥有最现代化的科学仪器设备，以主题单元规划展示，有太空剧场、科学中心、生命科学厅等。如太空剧场，内部是一个直径 27 米，倾斜 30 度的半球形空间，设有星象模拟系统；生命科学厅以生命演化和自然的奥秘为主题，分区介绍生命的起源、恐龙世界、彩色世界、数与形等 14 个项目。

台北市立美术馆

开馆时间：9：30（周二至周日）
闭馆时间：17：30（周二至周五、周日）、20：30（周六）
休息：周一（其他时间参考博物馆公告）
地址：台湾省台北市中山北路三段 181 号

台北市立美术馆，是以收藏、展览现当代艺术为主的美术馆。主要展陈空间集中于地上三层与地下一楼，设有 26 个室内展览室、12 个雕塑中庭。馆内展览以展出台湾地区及世界各地现当代艺术为主，并辅以多媒体室、研讨会、影片放映室、美术图书室等。馆内藏品主要以 20 世纪以来台湾地区及世界各地重要艺术家具代表性、创意性的优秀美术品为主。

震旦艺术博物馆

开馆时间：9：30—17：00（周二至周日）
停止入馆时间：16：30
休息：周一（其他时间参考博物馆公告）
地址：台湾省台北市健康路 156 号震旦 21 世纪大楼内

震旦艺术博物馆，是展示科普中国古代文化艺术的艺术类综合性博物馆，另设有上海分管。博物馆陈列展览以中国古代玉器、佛教文物、陶瓷器、青铜器、画像石等为主，按照不同主题，以历史发展脉络为序展陈。馆内另设古器物学研究中心，开展学术研究和学生交流，资料室藏有图书、相关研究参考品及拓片、出土实物相片等资料，供学术研究之用。

台北艺术大学关渡美术馆

开馆时间：10：00—17：00（周二至周日）
停止入馆时间：16：30
休息：周一（其他时间参考博物馆公告）
地址：台湾省台北市北投区学园路 1 号

台北艺术大学关渡美术馆，是以当代艺术为主题的高校美术馆，是台湾第一所设立在大学校园内的美术馆。美术馆主体建筑设计新颖，造型前卫，采用不对称的设计风格，本身就是一件当代艺术建筑作品。馆内展览以展出台湾地区当代年轻艺术家、世界各地知名艺术家及校内学生作品为主，馆内藏品以艺术家及校友的绘画及版画作品为主。

高雄市立历史博物馆

开馆时间：9：00—17：00（周二至周日）
停止入馆时间：16：30
休息：周一及除夕
地址：台湾省高雄市盐埕区中正四路 272 号

高雄市立历史博物馆，是收藏展示高雄市历史文化的地方综合性博物馆。馆内设有 4 个展览室、1 个特展室，设有“二二八 · 0306”“高小雄冒险记”2 个基本陈列，主题展览和特展每约半年更换，展示主题以呈现台湾南部发展轨迹、先民生活史为主。

800 年前画家的自由：南宋极简主义画家梁楷

人物画是中国传统绘画三大科目中最早出现的一科，在中国传统绘画发展的过程中扮演着极其重要的角色。

中国传统人物画以线描为表现手段，形成了自己的艺术特色。它通常以简练的白描线条为主，用以概括确定作品的构图关系和把握所摹绘对象的基本表现形式。一代代人物画大师将线的表现力推到巅峰，直到南宋时梁楷出现，他从院体画转型至“减笔”人物画，开创了一种前所未有的新画风。

梁楷的画构图简洁，讲究用墨的气韵，往往能挥洒出一种幽远的意境。南宋僧人释居简评价“梁楷惜墨如惜金，醉来亦复成淋漓”。梁楷在南宋时期与北宋白描画宗师李公麟并驾齐驱，有“白描五马李公麟，写意减笔人梁楷”之称。

泼墨仙人图

纵 48.7 厘米，横 27.7 厘米，台北故宫博物院藏。图中仙人身躯肥胖，赤胸袒腹，阔步前行。两肩高耸，头略低垂，双眼朦胧，嘴边挂着一丝神秘的微笑。寥寥几笔，一位酒醉独行，一脸眯笑的仙人形象跃然纸上。

五官纠结一堆，生动地抓住了人物的表情动态，却不在意太多细节。

用粗阔的笔势和有浓淡的水墨，几笔就刷出衣服折叠的形态。

笔简神具

画面上几乎没有对人物做严谨工致的细节刻画，通体采用泼墨技法抒写，那浑重而清秀、粗阔而含蓄的大片泼墨，可谓笔简神具、自然潇洒。

香港故宫文化博物馆

香港故宫文化博物馆位于中华人民共和国香港特别行政区油尖旺区西九文化区博物馆道 8 号，是一座展示中华文化艺术的专题博物馆，由故宫博物院与西九文化区管理局合作建立。

该博物馆于 2022 年 6 月 22 日开馆，7 月 3 日正式对外开放，占地面积 1.3 万平方米，建筑面积约 3 万平方米，共有 6 层，其中地下 2 层，地上 4 层，设有 9 个展厅。它全面和深入地展示北京故宫博物院的珍藏，包括书画、陶瓷、青铜器、玉器等，成为香港全新的文化地标。

香港故宫文化博物馆的建筑，把中国传统建筑和文化元素与现代建筑手法以及香港城市景观相融合。其布局和建筑设计细节多方位参考了紫禁城元素，建筑外形相当于一个上宽下窄的青铜方鼎，展现出中国文化中的巧妙平衡感。

展厅陈设

香港故宫文化博物馆有常设展和特展。常设展厅以紫禁万象、凝聚中华、紫禁一日等为主题，系统展示故宫博物院藏品的精华。特展厅则定期举办各类专题展览，呈现中华文化的多元面貌。

藏品介绍

博物馆藏品丰富，涵盖书画、陶瓷、青铜器、玉器等多个类别。其中包括珍贵的《唐虞世南（传）行书摹兰亭序帖卷》、北宋赵佶的《雪江归棹图》等书画作品，以及五代阮郜的《阆苑女仙图》等传世真迹。此外，还有明嘉靖官窑青花五彩瓷器、清代圆雕玉器等精美文物。

藏品精选

留声机

香港故宫文化博物馆中的留声机是一件珍贵的文物，它来自民国时期，是 20 世纪初的新式留声机。该留声机由旋转机构、唱头和喇叭三部分组成，能够播放当时的京剧唱片和外国歌曲唱片，具有极高的历史和文化价值。在香港故宫文化博物馆中，这台留声机成了连接古今、中外文化的桥梁，让参观者能够聆听到往日美好的声音，感受到那个时代的独特魅力。

M+ 博物馆

香港 M+ 博物馆坐落于风景秀丽的香港维多利亚港畔的西九文化区，是亚洲首座全球性现代与当代视觉文化博物馆。自 2021 年 11 月 12 日开放以来，这里迅速成为香港的文化新地标。

M+ 博物馆由赫尔佐格与德梅隆设计，建筑本身就是一件艺术品。其总面积达 6.5 万平方米，内有 1.7 万平方米的展览空间，共设 33 个展厅，其中沿地铁隧道而建的下沉展厅，是 M+ 最具特色的展示空间。馆内重要藏品涵盖设计、建筑、流动影像、视觉艺术等范畴，同时也不乏香港本地元素。

M+ 博物馆不仅是一个展示空间，更是一个文化交流的平台。这里定期举办各类艺术展览和活动，如小型电影节、艺术工作坊等，让观众在艺术的海洋中畅游。

值得一提的是，M+ 博物馆的建筑设计和藏品陈列都充分考虑了观众的体验，旨在消除观众与美术馆物理上和心理上的距离感。这里不仅是一个艺术的殿堂，更是一个让每个人都能找到精神共鸣的地方。

展厅陈设

M+ 博物馆展览涵盖视觉艺术、设计、建筑等领域。常设展览展示全球及香港本地艺术家的作品，同时举办专题展览，如“山鸣水应”探索人与山水的复杂联系，“宋怀桂：艺术先锋和时尚之母”展现时尚与艺术的交融。

藏品介绍

M+博物馆藏品丰富多元，来自香港本地及世界各地，包括绘画、雕塑、摄影、装置艺术、数字艺术、海报、电子产品等多种形式。特别是“M+希克藏品”系列，记录了中国艺术40年发展与演变，包括众多珍贵的中国当代艺术作品。这些藏品共同展示了多元丰富的艺术叙事和跨文化历程。

其他博物馆

澳门回归贺礼陈列馆

开馆时间：10：00（周二至周日）
停止入馆时间：18：30
闭馆时间：19：00（周二至周日）
休息时间：周一（公众节假日开放时间以博物馆公告为准）
地址：澳门特别行政区新口岸冼星海大马路澳门文化中心

澳门回归贺礼陈列馆，是专门展示澳门回归贺礼、纪念澳门回归祖国盛事的纪念性专题陈列馆。主体建筑为3层，馆内设有回归贺礼展厅和专题展厅，回归贺礼展厅以展示由中国国务院、全国各省、直辖市、自治区和香港特别行政区赠送澳门的回归贺礼为主，专题展厅以展示各类主题的澳门历史和本土文化为主。

澳门博物馆

开馆时间：9：00（周二至周日）
停止入馆时间：17：30
闭馆时间：18：00（周二至周日）
休息时间：周一（公众节假日开放时间以博物馆公告为准）
地址：澳门特别行政区澳门博物馆前地112号

澳门博物馆，建于澳门历史遗迹大炮台上，是收藏研究、展示宣传澳门历史文化的地方综合性博物馆。主体建筑为3层，馆内设有3个基本陈列，分别是“澳门的早期历史明展”“澳门民间艺术与传统”及“当代澳门”。馆内藏品以书画、火柴业、外销瓷、民俗礼仪、路环黑沙考古遗址、爆竹业物品等门类为主。

澳门艺术博物馆

开馆时间：10：00（周二至周日）
停止入馆时间：18：30
闭馆时间：19：00（周二至周日）
休息时间：周一（公众节假日开放时间以博物馆公告为准）
地址：澳门特别行政区新口岸冼星海大马路澳门文化中心

澳门艺术博物馆，前身是贾梅士博物院，是收藏、展示文物及艺术品的地方综合性博物馆。主体建筑高5层，馆内设有多个展览空间，其中4楼以展出中国传统书画艺术为主，3楼以展出馆藏精品为主，2楼以展出现当代及西方艺术品为主。馆内藏品涵盖石湾陶瓷、明清广东书画、反映澳门及邻近地区19世纪风物人情的西洋绘画和外销画。

“留声岁月”音响博物馆

开馆时间：11：00—17：00（周三至周五）
停止入馆时间：16：30
休息时间：周六、周日（公众节假日开放时间以博物馆公告为准）
地址：澳门特别行政区草堆街13—15号太平电器广场三楼

“留声岁月”音响博物馆，是收藏展示留声机发展历史与各类音响设备的主题性博物馆。馆内设有2个展区，分别是电力音响设备展区、古董及手动音响设备展区，其中古董及手动音响设备是从世界各地收集的，部分音响设备可以在没有任何电源和光源的情况下以手动方式运作。馆内展览展示了音响设备在一百多年间从手动到电动的发展历程。

澳门大赛车博物馆

开馆时间：10：00（周一、周三至周日）
停止入馆时间：17：30
闭馆时间：18：00（周一、周三至周日）
休息时间：周一（公共节假日开放时间以博物馆公告为准）
地址：澳门特别行政区大堂区高美士街431号旅游活动中心内（近红酒博物馆）

澳门大赛车博物馆，是依托于澳门格兰披治大赛车40周年设立的主题性博物馆，以展示介绍澳门格兰披治大赛为主要职能。博物馆主体建筑高四层，馆内设有早期F1赛车的故事、澳门格兰披治三程方程式大赛及冠军选手展示、澳门格兰披治电单车大赛及传奇电单车英雄展示等，另有互动游戏设施、多媒体装置、比赛模拟器等，提升参观者的临场体验感。

香港杜莎夫人蜡像馆

开馆时间：11：00（周一至周日及公众假期）
停止入馆时间：19：30
闭馆时间：20：00（周一至周日及公众假期）
地址：香港特别行政区山顶道128号凌霄阁P101号铺

香港杜莎夫人蜡像馆，简称香港蜡像馆，是专门展示名人蜡像的主题博物馆。总馆位于英国伦敦，香港馆设有11个展区，分别是“魅力香江”“时尚专区”“风云人物”“艺术馆”“世界首映”“功夫专区”“韩流展区”“体坛猛将”“乐坛巨星”“动漫游戏世界”“幕后之旅”，展出超100尊国际、中国名人的蜡像，比如足球明星大卫·贝克汉姆。

香港电影资料馆

开馆时间：10：00（星期一、三至日）
闭馆时间：17：00（星期一、三至日）
休息时间：星期二（公众假期除外）、农历年初一及二
地址：香港特别行政区西湾河鲤景道50号

香港电影资料馆，是艺术类电影艺术专题博物馆。馆内设有小型电影院、展览厅、资源中心、藏品库及修复工作室。馆内藏品约90.7万件，其中影片约8000套、电影资料约89.9万项，涵盖影片、数码影碟、录像带、数码录像带、唱片、激光唱片、录音带、数码录音带、计算机光盘、多媒体数据、书籍、宣传单张、期刊、剧照、人物照、电影特刊、海报、歌/曲谱、剧本等门类。

香港艺术馆

开馆时间：10：00—18：00（星期一至星期三及星期五至星期日）
休息时间：星期四（公众假期除外），农历年初一、二，圣诞节前夕、大除夕及农历年除夕17：00休馆
地址：香港特别行政区九龙尖沙咀梳士巴利道10号

香港艺术馆，是以中国艺术为主的综合性艺术类博物馆。馆内设有7个展览厅，包括陶瓷厅、绘画厅、版画厅、演讲厅、资源中心及临时展厅等，另有艺术馆书店、艺术茶座、艺术馆之友室、户外雕塑院。馆内基本陈列藏品以中国艺术及本地艺术为主，包括中国书画、虚白斋藏中国书画、中国文物、历史绘画及现代艺术，陈列主题及展品不定期更换。

附录1：其他博物馆简介

周口店北京人遗址博物馆

周口店北京人遗址博物馆位于北京市房山区周口店大街1号，该馆藏有大量古人类、古动物、文化遗物等文物，展现了远古人类的生活场景，是中国第一座古人类遗址陈列馆。

北京考古遗址博物馆

北京考古遗址博物馆（金中都水关遗址）位于北京市丰台区右安门外玉林小区甲40号，是迄今所发现的唯一一处完整的金中都建筑遗址，为研究金中都的城市建设和水利设施提供了珍贵的实物资料。

北京石刻艺术博物馆

北京石刻艺术博物馆位于明成祖永乐年间敕建的真觉寺内，以收藏、研究、展示北京地区石刻文物为主。馆藏涵盖了从汉魏至明清等多个历史时期的石刻精品。

中华世纪坛艺术馆

中华世纪坛艺术馆位于北京市海淀区复兴路甲9号，为中国第一家收藏、展示、研究世界艺术的公益性国家文化事业机构。

北京奥运博物馆

北京奥运博物馆位于北京市朝阳区国家体育场南路1号，全方位展示了奥林匹克运动的历史发展、文化内涵和精神实质，同时也完整展现了北京奥运会和冬奥会的申办、筹备以及举办的历程。

北京民俗博物馆

北京民俗博物馆坐落于朝阳区朝阳门外大街141号，全国重点文物保护单位北京东岳庙内，馆藏珍品主要有金银器、纺织绣品以及竹木漆器等，反映了老北京人的民俗文化与生活场景。

中国长城博物馆

中国长城博物馆位于北京市延庆区八达岭镇八达岭长城景区内，全面反映了长城的历史、军事、建筑、经济、文化艺术及当前现状，是一座以万里长城为主题的专题性博物馆。

民航博物馆

民航博物馆位于北京市朝阳区首都机场辅路民航200号，是民用航空专题博物馆。该馆收藏了中国民航不同历史时期使用的运输机，完整呈现了中国民航的发展脉络。

上海公安博物馆

上海公安博物馆坐落于上海市徐汇区瑞金南路518号，是国内首座公安专题博物馆，该博物馆完整地展现了上海公安自诞生伊始一百多年来的历史沿革、各类功绩。

上海纺织博物馆

上海纺织博物馆坐落于普陀区澳门路150号，原上海申新纺织第九厂旧址，全面生动地展示了上海地区纺织业发展的历史轨迹。

上海土山湾博物馆

上海土山湾博物馆地处徐汇区蒲汇塘路55号，此馆借助文献实物、场景复原以及影视多媒体等诸多手段，生动地呈现了土山湾在近代上海工艺和海派文化中的重要意义。

上海市银行博物馆

上海市银行博物馆位于黄浦区复兴中路301号，是中国工商银行创办的中国首家金融行业博物馆，展现了上海150年的银行发展史，是上海乃至全国金融文化的重要展示窗口。

上海韬奋纪念馆

上海韬奋纪念馆位于上海市黄浦区重庆南路205弄53、54号，这里曾是我国杰出的新闻记者、出版家和政论家邹韬奋在沪期间居住时间最长的一处住所。

西安半坡博物馆

西安半坡博物馆位于陕西省西安市灞桥区半坡路155号，是中国首座史前聚落遗址博物馆。该遗址揭示了距今大约6000多年前的新石器时代仰韶文化的社会生活。

昭陵博物馆

昭陵博物馆位于陕西省咸阳市礼泉县烟霞镇西侧，依傍唐太宗昭陵而设，馆藏文物丰富多样，其中以欧阳询、褚遂良等人书写的碑石最为突出，素有“昭陵碑林”之称，是研究唐代历史文化的重要场所。

凤翔区博物馆

凤翔区博物馆位于陕西省宝鸡市凤翔区文化路西段，馆内文物种类繁多，时间跨度上起石器时代，下至近现代，其中尤以雍城遗址出土的春秋战国时期文物最具代表性。

西安市高家大院古典服饰博物馆

西安市高家大院古典服饰博物馆位于陕西省西安市莲湖区北院门 144 号，该馆依托清同治十年榜眼高岳崧的故居高家大院而建，生动展现了明清官宦人家的日常生活。

内蒙古河套文化博物院

内蒙古河套文化博物院位于内蒙古自治区巴彦淖尔市临河区五一街文博广场，该馆全面呈现了河套文化的发展脉络，是我国首个以文化丛命名和展示的博物院。

白银市博物馆

白银市博物馆位于甘肃省白银市白银区长安路 330 号，全面展示了白银地区从史前到近现代的历史文化、民俗风情和自然生态等方面的发展脉络。

甘肃三木自行车博物馆

甘肃三木自行车博物馆位于甘肃省兰州市城关区新港城张家滩 1 号，珍藏了从 1775 年至 1975 年近 200 年全世界各国生产的古董自行车，是目前世界上体量大、数量多、品种全的自行车专题博物馆之一。

茂陵博物馆

茂陵博物馆坐落于西汉大司马骠骑将军霍去病墓园内，以汉武帝茂陵、霍去病墓以及大型石刻群等为主要展示内容，馆内藏有众多文物，全面地展示了西汉时期在政治、经济、文化、军事等方面的状况。

勉县武侯祠博物馆

勉县武侯祠博物馆坐落于陕西省汉中市勉县武侯镇武侯村，紧邻 108 国道。始建于蜀汉景耀六年（263），有“天下第一武侯祠”之美称，馆内文物以汉代石羊、唐代碑刻最为突出。

内蒙古自治区将军衙署博物院

内蒙古自治区将军衙署博物院位于内蒙古呼和浩特市新城区新华大街 31 号，此馆展览以清代绥远城将军衙署的历史发展为主要脉络，向社会展示了绥远城及将军衙署的丰富历史文化内涵。

临夏回族自治州博物馆

临夏回族自治州博物馆位于甘肃省临夏市东区思明路 1 号，国家一级博物馆，馆内设有多个基本陈列展览，从多个角度系统地展示了临夏地区从史前到近现代的历史文化发展脉络。

张家川回族自治县博物馆

张家川回族自治县博物馆位于甘肃省天水市张家川回族自治县张家川镇滨河西路 6 号，馆内展品涵盖了马家塬战国墓出土文物、民族文物、纸质文物等多种类型，反映了当时的社会风貌和文化交流情况。

药王山博物馆

药王山博物馆（孙思邈纪念馆）位于铜川市耀州区药王大道药王山景区内，处于景区东西轴线的核心位置，藏品主要展示了孙思邈的生平事迹与杰出贡献。

商洛市博物馆

商洛市博物馆地处陕西省商洛市工农路中段大云寺内，依托重点文物保护单位大云寺建立，以商州东龙山遗址发掘出土的文物最有代表性为馆藏特色。

鄂伦春民族博物馆

鄂伦春民族博物馆位于内蒙古自治区呼伦贝尔市鄂伦春自治旗青年路与朝阳街交叉口东南约 120 米处，该馆全面展现了鄂伦春族文化、社会、生活、风俗等方面的内容。

和政古动物化石博物馆

和政古动物化石博物馆位于甘肃省临夏回族自治州和政县城关镇梁家庄村，国家二级博物馆，是中科院古脊椎动物与古人类研究所和政科研基地、邱占祥院士专家工作站，为古动物化石的研究提供了重要的实物资料和科研平台。

庆城县博物馆

庆城县博物馆位于甘肃省庆阳市庆城县庆城镇北街普照寺巷 1 号，馆内设有庆城历史文物、墓志碑碣、唐代彩绘陶俑等 3 个基本陈列，系统地展示了庆城地区不同历史时期的文化风貌和发展脉络。

伊犁哈萨克自治州博物馆

伊犁哈萨克自治州博物馆坐落于新疆伊宁市如意街 44 号。馆内的历史、民族民俗展览丰富多样，充分展现出伊犁深厚的文化底蕴与独特的民族风情。

哈密市文博院

哈密市文博院位于新疆哈密市伊州区环城路 72 号，集文物博物考古研究、保护利用、非物质文化遗产保护传承和弘扬等职责于一体，是哈密市重要的标志性建筑之一。

西北农耕博物馆

西北农耕博物馆位于宁夏回族自治区固原市原州区八一路与北京路交叉路口往南约 110 米，是西北五省（区）唯一一家以农耕文化为展览内容的专业性博物馆，全面反映了西北地区农耕文化的发展脉络。

塔城地区博物馆

塔城地区博物馆位于新疆维吾尔自治区塔城市和平区文化路 18 号，馆内陈列展出的文物涵盖了青铜时代到近现代的各个历史时期，从不同角度反映了塔城地区的历史文化、社会生活和经济发展状况。

西藏牦牛博物馆

西藏牦牛博物馆位于拉萨市柳梧新区察古大道 16 号，是我国唯一一座以牦牛和牦牛文化为专题的博物馆，也是世界第一座以牦牛为主题的国家级专题博物馆。

青海藏文化博物院

青海藏文化博物院位于青海省西宁市城北区生物科技产业园区经二路 36 号，是世界上唯一一座以藏医药为主题、藏文化为特色的综合型国家一级博物馆。

黑龙江省民族博物馆

黑龙江省民族博物馆位于黑龙江省哈尔滨市南岗区文庙街 25 号，国家一级博物馆。博物馆以哈尔滨文庙为馆舍，是中国首家省级专业性民族博物馆。

伊春森林博物馆

伊春森林博物馆位于黑龙江省伊春市伊美区红松路与兴安街交叉路口往东北约 200 米处，该馆以小兴安岭森林为主题，全方位、立体式展现了伊春因林而生、因林而兴的历史发展脉络。

哈尔滨市阿城区金上京历史博物馆

金上京历史博物馆位于黑龙江省哈尔滨市阿城区金源路 49 号，是全国唯一以金源文化为主题的专业性展馆，集中展示了金朝从立国至迁都 38 年间的金上京地区的社会发展概况。

大兴安岭资源馆

大兴安岭资源馆位于黑龙江省大兴安岭地区加格达奇区会展中心内，为大兴安岭林区内唯一集各类资源标本、科学研究和科普教育及宣传为一体的展馆。

大庆油田历史陈列馆

大庆油田历史陈列馆位于黑龙江省大庆市萨尔图区中七路 32 号，是中国第一个以石油工业为题材的原址性纪念馆，是展示大庆油田文化、石油员工风采的重要基地。

北大荒博物馆

北大荒博物馆位于哈尔滨市香坊区红旗大街 175 号，是国内唯一一座以传承弘扬北大荒精神为主线，以北大荒开发建设历程和发展成就为主要陈列内容的综合性博物馆。

五大连池世界地质公园博物馆

五大连池世界地质公园博物馆位于黑龙江省黑河市五大连池风景区药泉西路 8 号，该馆全面而系统地呈现了五大连池地区的地质、生态、文化等多方面的特色与价值。

图强林业博物馆

图强林业博物馆位于黑龙江省大兴安岭地区漠河市图强林业局光明路文化街 200 米处，是一家体现林业生产过程、展现林区四季景观、收藏当地动植物标本、展示林业发展前景的林业博物馆。

大连市世纪留声音乐文化博物馆

大连市世纪留声音乐文化博物馆位于辽宁省大连市中山区东港区 F01-03 号，馆内收藏有古乐器、古八音盒、古留声机、重要音乐文献、珍稀唱片等，其中具有全球音乐文化代表性文物超过 500 件。

辽阳博物馆

辽阳博物馆位于辽宁省辽阳市白塔区文圣街道中心路 2 号，此馆通过丰富的文物陈列，完整地展现了辽阳从远古到元明清时期的历史发展脉络，是人们了解东北第一古城辽阳的重要窗口。

吉林市博物馆

吉林市博物馆（吉林市陨石博物馆）坐落于吉林省吉林市丰满区吉林大街 100 号，该馆收藏的石陨石——“吉林一号陨石”，其重达 1770 千克，是目前世界上已知的最重单体石陨石。

马鞍山市三国朱然家族墓地博物馆

马鞍山市三国朱然家族墓地博物馆位于安徽省马鞍山市雨山区朱然路 3 号，该馆通过丰富多样的陈列展示，全面地展现了朱然家族的历史以及三国时期的文化风貌。

池州市秀山门博物馆

池州市秀山门博物馆位于安徽省池州市贵池区杏村西路 302 号，馆内藏品围绕皖南地域文化，集中展现了池州的历史文化魅力。

杭州胡庆余堂中药博物馆

杭州胡庆余堂中药博物馆位于浙江省杭州市上城大井巷 95 号，是我国首家以中药为主题的国家二级博物馆。

本溪市博物馆

本溪市博物馆位于辽宁省本溪市明山区峪明路 324-1，其馆藏文物以本地区出土文物为主，完整地展现了本溪地区从远古到明清的历史脉络。

马鞍山市博物馆

马鞍山市博物馆位于安徽省马鞍山市雨山区太白大道 2006-1 号，该馆全面展示了马鞍山自远古时期至今的人类活动遗迹和文明演进历程。

太湖县博物馆

太湖县博物馆位于安徽省安庆市沪渝高速太湖收费站西侧 400 米五千年文博园内，全面展示了太湖县不同历史时期的文化发展脉络。

嵊州市越剧博物馆

嵊州越剧博物馆位于浙江省嵊州市甘霖镇问越路 1 号，生动展现了越剧发展历程中的各个方面，是全国首家专业戏曲博物馆。

浙江中医药大学
浙江中医药博物馆

浙江中医药博物馆坐落于浙江中医药大学滨文校区内，该博物馆由校史陈列馆、医史馆、中药标本馆三个展馆组成，全面且系统地展现了中医药在不同历史阶段的发展成就与突出贡献。同时也为浙江中医药大学提供了教学资源。

白山市长白山满族文化博物馆

白山市长白山满族文化博物馆位于吉林省白山市长白山大街 2625 号，是我国第一座以长白山满族文化为背景的民族民俗专题博物馆。

靖宇火山矿泉群地质博物馆

靖宇火山矿泉群地质博物馆位于吉林省白山市靖宇县靖宇大街 154 号，此馆全面展示了靖宇县特殊的火山地质构造、矿泉水形成机制及生态环境。

合肥市李鸿章故居陈列馆

合肥市李鸿章故居陈列馆坐落于合肥市庐阳区淮河路 208 号，馆内陈列多维度地展现了李鸿章的生平事迹以及淮军在历史上的重大地位和作用。

余姚市河姆渡遗址博物馆

余姚市河姆渡遗址博物馆位于浙江省余姚市河姆渡镇芦山寺村，由出土文物陈列馆、河姆渡遗址发掘现场展示区、河姆渡原始生态园及田螺山遗址现场馆等部分组成，充分展现了河姆渡时期人们的生产生活状况。

义乌市博物馆

义乌市博物馆（老馆）位于义乌市清波路 99 号，此馆按义乌历史发展顺序，展出从新石器时代至明清时期的出土文物和当地主要历史名人的事迹，系统地反映了义乌各个历史时期政治、经济、文化等方面的发展状况。

景德镇陶瓷民俗博物馆

景德镇陶瓷民俗博物馆位于江西省景德镇市昌江区瓷都大道古窑路1号古窑民俗博览区内，馆内藏品涵盖五代到现代各时期的陶瓷作品，反映了景德镇历史发展的全过程，展示了历代景德镇陶瓷工人的聪明智慧和伟大创造。

湘西土家族苗族自治州博物馆

湘西土家族苗族自治州博物馆位于湖南省湘西经济开发区武陵山大道22号，馆藏文物包括青铜器、金银饰品、陶瓷、书画、服饰等种类，涵盖了湘西地区从远古到现代的各个历史时期。

资兴市五岭农耕文明博物馆

资兴市五岭农耕文明博物馆位于资兴市东江镇凉树湾寿佛文化广场旁，其藏品充分展示了明清时期五岭地区的特色，形象生动地反映了五岭地区农业生产、民俗风情等生活特征。

潜江市曹禺纪念馆

潜江市曹禺纪念馆位于湖北省潜江市章华北路26号曹禺公园内，藏品来源主要通过征集、捐赠、收购等途径取得。现有的文物藏品中，绝大多数为通过征集获得。藏品类别分实物、照片、题字、手稿等。

河边民俗博物馆

河边民俗博物馆是定襄县河边镇依靠阎锡山故居成立的历史类博物馆，馆内陈列品以民俗文物为主，按照农、食、住、行、娱、信为内容的六大系列布局，包括民间面塑、刺绣、雕刻、饮食、信仰、婚俗和元宵节民俗一条街等共58个陈列室。

抚州市汤显祖纪念馆

抚州市汤显祖纪念馆位于抚州市临川区文昌大道1325号，该纪念馆以多元化的展陈方式，引领人们深入探寻汤显祖的生平经历，深刻领悟其作品的丰富内涵。

澧县城头山古文化遗址博物馆

澧县城头山古文化遗址博物馆位于湖南省常德市澧县城头山镇周家坡居委会，展示了以城头山遗址为核心的澧阳平原史前遗址群所代表的中国南方古文明。

蕲春县李时珍纪念馆

蕲春县李时珍纪念馆位于湖北省黄冈市蕲春县蕲州镇时珍路168号，隶属于蕲春县文化局，是一所社会科学类名人专题纪念馆，主要纪念明代医学家李时珍。

沁县文物馆

沁县文物馆（南涅水石刻馆），位于山西省沁县城南1千米处的二郎山上。馆内藏品以南涅水村出土的石刻为主，积累了北魏、东魏、北齐、隋、唐、宋等6个朝代的民间石雕艺术珍品。

宜城市博物馆

宜城博物馆，位于湖北省襄阳市宜城市宜城大道9号，隶属于宜城市文化旅游和新闻出版局，是一所社会科学类历史专题博物馆，宜城市博物馆先后举办过《楚国车马坑》《馆藏历史文物》和《楚风汉韵》及多项专题陈列。

凤凰县山江苗族博物馆

凤凰县山江苗族博物馆位于湖南省湘西土家族苗族自治州凤凰县山江镇总兵营社区黄茅坪村，馆内有藏品一万余件（套），是目前全国规模最大、水平最高、展品最多的民营苗族博物馆之一。

湖北明清古建筑博物馆

湖北明清古建筑博物馆位于湖北省武汉市黄陂区演武路1号，该馆用4个展厅展出明清家具、生活用品、器物、建筑构件、砖、木、石雕的建筑类博物馆。

武汉琴台钢琴博物馆（非国有）

琴台钢琴博物馆是位于武汉文化艺术中心区琴台大剧院一楼艺术展厅的非国有钢琴博物馆，收藏世界名琴300余台，镇馆之宝为1864年的9尺施坦威黄金大钢琴。

大同市雕塑博物馆

大同市雕塑博物馆位于大同市平城区武定街10号，主要开展雕塑艺术作品的收藏、展览、研究和公共教育工作，是我国目前唯一一座雕塑专题博物馆。

中南民族大学民族学博物馆

中南民族大学民族学博物馆，位于湖北省武汉市洪山区民族大道182号（中南民族大学校园内），是社会科学类民族学专题博物馆，有《美美与共》《记忆武陵》《工艺奇葩》等7个展厅。

桐乡市丰子恺纪念馆

桐乡市丰子恺纪念馆坐落于浙江省桐乡市石门镇西市街大井弄1号，是全国唯一的专职漫画馆，亦是浙江省廉洁文化教育基地和爱国主义教育基地。

海宁市博物馆

海宁市博物馆位于浙江省嘉兴市海宁市硖石街道西山路542号，馆藏文物以玉器、瓷器为特色，包含陶瓷、玉石、字画等，结构完整，种类丰富，能让观众系统地了解不同历史时期的文化风貌。

苏州戏曲博物馆

苏州戏曲博物馆坐落于全晋会馆内，巧妙地将建筑文物与陈列文物相融合，借助实物、史料、图片等多种展示形式，达成了动静结合、视听结合、古今结合的独特效果，让观众能够更为深入地领略苏州戏曲文化的发展脉络与艺

明孝陵博物馆

明孝陵博物馆位于江苏省南京市玄武区四方城2号，其“大明孝陵”主题展厅由孝陵雄姿、传奇帝王、选址建陵、创新规制、历史地位、孝陵沧桑6个部分构成，多方位地呈现了明孝陵的整体全景以及朱元璋的生平事迹。

盐城中国海盐博物馆

盐城中国海盐博物馆位于江苏省盐城市开放大道2号，是全国唯一一座经国务院批准的全面展现中国海盐历史文明的大型专题博物馆。

南通中国珠算博物馆

南通中国珠算博物馆位于江苏省南通市崇川区濠北路58号，馆舍占地30亩，建筑面积6000平方米，藏珠算文物史料10000余件，是世界上最大的珠算专题博物馆。

溧阳市天目湖酒文化博物馆

溧阳市天目湖酒文化博物馆位于常州市溧阳市溧城镇西大街，是一座以酒文化为主题的非国有博物馆。

镇江焦山碑刻博物馆

镇江焦山碑刻博物馆位于镇江市润州区东吴路焦山公园内，涵盖了从六朝到民国时期的各种碑刻，包括墓志、碑碣、摩崖石刻等多种类型，为研究古代文人社会生活和思想文化的重要资料。

南通中华慈善博物馆

南通中华慈善博物馆位于江苏省南通市崇川区虹桥路9号，专注于展示中华慈善事业的发展历程、慈善思想、慈善组织、慈善人物等，为全国唯一的国家级慈善专题博物馆。

江苏省南通市海门区张謇纪念馆

张謇纪念馆位于江苏省南通市海门区常乐镇状元街东首张公故里祠堂旧址，系统地介绍了张謇先生的生平以及他在各个领域所做出的杰出贡献。

求雨山文化名人纪念馆

求雨山文化名人纪念馆位于南京市浦口区江浦街道雨山路48号，为纪念当代书画艺术大师林散之、胡小石、高二适、萧娴而建，馆藏丰富，为研究中国近现代书画艺术提供了珍贵的实物资料。

九江市周敦颐纪念馆

九江市周敦颐纪念馆位于濂溪区濂溪大道西段，是为纪念北宋哲学家、教育家、文学家、宋明理学的奠基人周敦颐而设立的名人纪念馆。

宜春市博物馆

宜春市博物馆位于江西省宜春市袁州区芦洲北路536号，基本陈列围绕宜春历史沿革和特色品牌文化，通过实物、图片、文字、场景复原等多种形式，全面展示了宜春的历史文化风貌。

江西客家博物院

江西客家博物院位于赣州市赣县县城杨仙大道1号，为江西省第一座全方位展示客家文化、客家民俗风情的专题博物院。

景德镇十大瓷厂陶瓷博物馆

景德镇十大瓷厂陶瓷博物馆位于景德镇市珠山区风景弄，是景德镇目前唯一一家研究、陈列景德镇计划经济年代陶瓷历史文化的专题性博物馆，集中展现了这一时期景德镇陶瓷产业的发展历程和文化内涵。

隆化民族博物馆

隆化民族博物馆位于承德市隆化县兴州路 381 号，国家三级博物馆。现有藏品 1 万余件，其中属国家级珍贵文物 519 件，馆内现有“隆化历史文物展”“兴州窑瓷器陈列”等基本陈列。

秦皇岛市玻璃博物馆

秦皇岛市玻璃博物馆位于河北省秦皇岛市海港区文化路 44 号，是我国第一家国有玻璃专题博物馆，是集收藏、研究、教育、展示、休闲功能于一体的公共文化设施。

武强年画博物馆

武强年画博物馆是全国第一家年画专题博物馆，坐落在武强县城。它既是年画艺术之乡的象征，又是展示、研究农耕文化的艺术殿堂。

河北海盐博物馆

河北海盐博物馆位于河北省沧州市黄骅市渤海东路 66-2 号，是河北省内首家盐业博物馆，也是中国盐业博物馆中资料最为丰富的博物馆。

莲池书院博物馆

莲池书院博物馆原名保定市莲池博物馆，位于河北省保定市莲池区裕华西路 246 号，是集园林、行宫、书院为一体，兼有中国南北园林之美的古典园林博物馆。

曲阳北岳庙博物馆

曲阳北岳庙博物馆位于河北省曲阳县恒州镇北岳路，依托始建于南北朝北魏宣武帝时期的北岳庙建立的一座历史文化类专题博物馆，保存碑、碣、经幢 200 余通，是集古建、壁画、碑碣、书法、雕刻等于一体，是一座优秀文化历史的宝库。

青岛啤酒博物馆

青岛啤酒博物馆位于青岛市市北区登州路 56 号，是一座集啤酒文化展示、酿造工艺介绍和休闲娱乐为一体的综合性博物馆。

青岛贝壳博物馆

青岛贝壳博物馆位于青岛市西海岸新区漓江西路 680 号唐岛湾步行街，博物馆主要由贝壳标本展示区、贝壳观赏区、儿童互动区、科普区、贝类商品展示区及贝类生物科学研究院 6 部分组成。

墨子纪念馆

墨子纪念馆坐落于山东省滕州市府前路龙泉塔畔下的龙泉广场，是集学术研讨、图书资料收藏、科技教育、参观游览于一体的综合性庭院式建筑群体。

青岛宝龙美术博物馆

青岛宝龙美术博物馆位于青岛胶州少海国家级旅游度假区，少海北路 10 号，宝龙大沽河艺术村内，本馆主要以收藏展示国画、书法为主，收藏量千余件，每年举办常设馆藏展 2 期，临展 10 期左右，公共教育活动 25 场左右。

潍坊鸢都红木嵌银漆器博物馆

潍坊鸢都红木嵌银漆器博物馆位于山东省潍坊市坊子区老区北海路 9002 号，是集文物收藏、非遗传承等于一体的专题性博物馆。

山东省刘氏古钟表博物馆

山东省刘氏古钟表博物馆位于济南市市中区齐鲁七贤文化城 13 排。钟表藏品分为 5 大系列，38 个类别。分别为座钟系列、挂钟系列、台表系列、怀表系列、手表系列，是一个主要收藏钟表的博物馆。

山东省天宇自然博物馆

山东省天宇自然博物馆位于临沂市平邑县厚德路与莲花山路交叉路口往北约 100 米处，是山东省第一座自然博物馆。该馆以收藏和保护古生物化石、矿物标本为主要特色，拥有多项吉尼斯世界纪录，是了解自然历史和地球科学的重要场所。

张裕酒文化博物馆

张裕酒文化博物馆位于山东省烟台市芝罘区大马路 56 号，该馆由酒文化广场、综合大厅、历史厅、影视厅、现代厅、字画厅、珍品厅、地下大酒窖组成。

梁山民俗博物馆

梁山民俗博物馆位于山东省济宁市梁山县水泊南路 108 号杏花村，是一家非国有博物馆，建筑面积 14115 平方米，藏品总数丰富，是了解梁山民俗文化的重要窗口。

高青玉明民俗博物馆

高青玉明民俗博物馆位于淄博市高青县“山东老董家古玩文化市场”中段，馆内设6个展厅和体验区，展览的5661件历代生活生产遗物，反映高青及鲁北地区社会制度、经济和民俗。

宝丰汝窑博物馆

宝丰汝窑博物馆位于河南省平顶山市宝丰县大营镇清凉寺汝官窑遗址南50米，展示内容分为汝瓷之源、青瓷典范、汝窑遗绪3个部分，是展示汝窑瓷器的重要专题博物馆。

三门峡市虢国博物馆

三门峡市虢国博物馆位于河南省三门峡市湖滨区，是一座展示西周虢国文化和珍贵文物的专题性遗址博物馆。

安阳民俗博物馆

安阳民俗博物馆位于原府城隍庙内（鼓楼东街6号），主要收藏秦氏绢艺、汤阴剪纸、滑县木版画，突出展示了当地的非物质文化遗产和民间艺术。

成都市成华区拾野自然博物馆

成都市成华区拾野自然博物馆位于双林路339号A栋3层，馆内主要展示服务区包括野兽部落、物种天堂、爬虫秘境区域，以“城市中心＋野生自然＋互动体验”的全新模式，开启了中国自然博物馆入驻MALL的先河。

中国文字博物馆

中国文字博物馆位于河南省安阳市北关区人民大道东段656号，是经国务院批准的一座集文物保护、陈列展示和科学研究功能为一体的国家级专题博物馆，也是中国首座以文字为主题的博物馆。

洛阳民俗博物馆

洛阳民俗博物馆位于河南省洛阳市老城区新街433号，是一座以弘扬河洛文化、展示民俗风情为主的专题性博物馆，是在全国重点文物保护单位潞泽会馆古建筑群的基础上兴建的专题性博物馆。

平遥县票号博物馆

中国票号博物馆是位于平遥县西大街日昇昌票号旧址的历史文物博物馆，日昇昌票号前身是颜料庄，李大全和雷履泰于清道光四年出资改营，是中国第一家专营存款、放款、汇兑业务的私人金融机构，以“汇通天下”著称于世。

云南省茶文化博物馆

云南省茶文化博物馆位于昆明市五华区钱王街86号，是云南省级茶文化专项博物馆。主要展览馆藏的云南普洱茶、茶具、并为参观博物馆的游客提供云南普洱茶茶艺、茶文化知识和互动体验。

皇泽寺博物馆

皇泽寺博物馆坐落于四川省广元市利州区皇泽路96号，是一座集文物展示、历史研究与女皇文化宣传为一体的专题性博物馆。

汝州青瓷博物馆

汝州青瓷博物馆位于河南省平顶山市汝州市朝阳东路与云禅大道交叉口西北角，馆藏瓷器品类丰富，是河南省一座以收藏和展示青瓷为主的非国有专题性博物馆。

四川省建川博物馆

四川省建川博物馆位于四川省成都市大邑县安仁镇迎宾路，馆藏主要分为抗战系列、红色年代系列、抗震救灾系列、民俗系列。是国内民间资本投入最多、建设规模和展览面积最大、收藏内容最丰富的民间博物馆。

成都永陵博物馆

成都永陵博物馆位于四川省成都市金牛区永陵路10号，由文物保护区、综合馆、园林保护区三大部分组成，是依托永陵（王建墓）设立的古墓葬类博物馆。

江油市李白纪念馆

江油市李白纪念馆位于绵阳市江油市文风街1号，是纪念唐代大诗人李白的仿唐园林建筑群。馆内收藏有历代李白诗集版本、历代名家书画精品等文物资料，还有桃花潭、洗墨池、大石狮、明代的雷鸣堰等文物古迹。

成都川菜博物馆

成都川菜博物馆位于郫都区三道堰镇荣华北巷8号，包含了四川本土文化的重要部分：川菜、川酒、川茶、川戏等，是世界唯一以菜系文化为陈列内容的活态主题博物馆。

内江市张大千纪念馆

内江市张大千纪念馆位于四川省内江市东兴区东桐路圆顶山大千园内，是纪念国画大师张大千而建的名人纪念馆，展示了其生平事迹与艺术成就。

永川博物馆

永川博物馆（陈子庄艺术陈列馆）位于重庆市永川区文昌路 801 号，是一座集自然、历史、人文为一体的综合博物馆。

射洪市书画博物馆

射洪市书画博物馆位于四川省遂宁市射洪市洪达家鑫路上段 35 号，是展示丰富书画藏品及传承历史文化的重要场所。

奢香博物馆

奢香博物馆位于贵州省毕节市大方县顺德街道城北社区步行街，博物馆以“彝族珍粹”“人民智慧”两部分为基本陈列，馆内共收藏彝族文物藏品 1400 余件。

广州货币金融博物馆

广州货币金融博物馆位于广州市天河区迎福路 527 号广东金融学院内，是一座社会科学类货币专题博物馆。展厅分设中国古代货币、民国时期货币、根据地货币、新中国货币等十个展区。

广东环亚美容化妆品博物馆

广东环亚美容化妆品博物馆位于广东省广州市黄埔区南云一路 18 号，是综合类化妆品专题博物馆。藏品类别有铜镜、玻璃镜、粉盒、首饰盒、肥皂盒、梳妆匣、梳子、头簪等 8 大系列。

重庆市巴渝名匾文化艺术博物馆

重庆市巴渝名匾文化艺术博物馆位于重庆市渝中区李子坝正街 44 号，是艺术类匾额艺术文化专题博物馆。馆内匾可分为五类：官匾、寿匾、商匾、房匾、治学匾。

广州体育文化博物馆

广州体育文化博物馆（广州亚运会亚残运会博物馆）位于广州市天河区体育西路 299 号，是展示广州体育文化和亚运、亚残运历史的专题博物馆。

桂海碑林博物馆

桂海碑林博物馆位于桂林市七星区龙隐路 1 号，是国家二级博物馆，占地总面积 40795 平方米，藏有唐至民国时期摩崖石刻 213 件等珍贵文物。

桂林甑皮岩遗址博物馆

桂林甑皮岩遗址博物馆位于桂林市象山区甑皮岩路，包括独山山脚坡地、水塘及独山山体，是展示华南史前文化的综合性博物馆。

厦门奥林匹克博物馆

厦门奥林匹克博物馆位于厦门市思明区吕岭路 2017 号，是中国第一家奥林匹克专题博物馆，馆内藏有丰富的奥运会相关文物。

东莞市钱币博物馆

东莞市钱币博物馆位于东莞市鸿福东路 2 号东莞农商银行大楼 1 层，是一座弘扬货币文化、普及金融知识的专题博物馆。

深圳市艺之卉百年时尚博物馆

深圳市艺之卉百年时尚博物馆位于龙华区浪腾路 2 号，是深圳第一家由民营企业创办的以服装纺织为主题、深港地区面积最大、中国第一家以时尚为主题的博物馆。

深圳（宝安）劳务工博物馆

深圳（宝安）劳务工博物馆位于广东省深圳市宝安区石岩街道上屋居委永和路 6 号，是劳务工史料和文物标本的收藏展示基地、劳务工历史和劳务工问题的研究基地、劳务工事迹和劳务工文化的参观教育基地，是我国第一座以劳务工历史为题材的专题博物馆。

福建省昙石山遗址博物馆

福建省昙石山遗址博物馆位于闽侯县甘蔗街道，主要展示昙石山文化遗物，包括陶器、石器、贝器和骨器等，是展示福建史前文化及昙石山文化遗物的重要专题博物馆。

中国船政文化博物馆

中国船政文化博物馆位于福州市马尾区（马尾区联安支路 53 号）中国船政文化城内，是以弘扬船政文化为主题的专题博物馆，原名为中国近代海军博物馆。

三明市万寿岩遗址博物馆

三明市万寿岩遗址博物馆位于三明市三元区万寿岩遗址保护区内，是一座展示旧石器时代文化和人类早期活动的专题博物馆。其展品主要为万寿岩遗址历次考古发掘出土的旧石器时代的石制品和哺乳动物化石，

龙环葡韵住宅式博物馆

龙环葡韵住宅式博物馆位于澳门特别行政区氹仔岛海边马路，是一座展示葡萄牙式建筑风格和澳门土生葡人文化的专题博物馆。

台北爱乐暨梅哲音乐文化馆

台北爱乐暨梅哲音乐文化馆位于台湾省台北市中正区济南路一段 7 号，是音乐爱好者不可错过的文化场馆。

客家族谱博物馆

客家族谱博物馆位于福建省龙岩市上杭县龙翔大道 1 号客家缘文化中心，是海内外规模最大、藏品最丰富的客家族谱收藏中心和研究交流基地，是客家人主要的家族史料收藏单位，是中国唯一的收藏客家族谱的专题博物馆。

饶宗颐文化馆

饶宗颐文化馆位于香港九龙青山道，是由前荔枝角医院百年老建筑群改建而成的文化地标。该馆包括书法、绘画等艺术作品及学术著作成果，以推广国学大师饶宗颐的文艺成就。

澳门海事博物馆

澳门海事博物馆位于澳门特别行政区风顺堂区妈阁庙前地 1 号，是中国澳门历史最悠久的一家博物馆，主要介绍这地区的主要海事活动，包括中国南部的捕鱼方法和传统渔船、科学技术和交通工具、葡萄牙中国的海事历史。

台北市立天文科学教育馆

台北市立天文科学教育馆位于台湾省台北市士林区基河路 363 号，馆内设施包括宇宙剧场、展示场、宇宙探险区、立体剧场、天文观测室、天文教室、图书馆等，设备及规模都具国际水准。

海南农垦博物馆

海南农垦博物馆位于海南省海口市龙华区滨海大道 103 号财富广场 1-2 层，该馆以“绿色丰碑”为主题，通过文物、图片、文献、微缩场景等手段展示海南农垦历史和文化的专题博物馆。

香港中文大学文物馆

香港中文大学文物馆位于香港中文大学林荫大道，是一所集教学、研究、展览于一体的综合性博物馆，致力于收藏、保存、研究及展览中国文物。

北投温泉博物馆

北投温泉博物馆位于台湾省台北市北投区中山路 2 号，是昔日的北投温泉浴场改建而成，展示了北投温泉的历史和发展，以及温泉相关的硬设备和奇特矿石北投石。

台湾民俗北投文物馆

台湾民俗北投文物馆位于台湾省台北市北投区幽雅路 32 号，是展示台湾民俗文物和原住民文物的重要场所。

附录 2：其他博物馆名录

北京市

国家典籍博物馆

梅兰芳纪念馆

中国工艺美术馆、中国非物质文化遗产馆

北京大觉寺与团城管理处（大觉寺管理处）

北京艺术博物馆

香山革命纪念馆

茅盾故居

文天祥祠

北京市钟鼓楼文物保管所

北京王府井古人类文化遗址博物馆

保利艺术博物馆

北京人民艺术剧院戏剧博物馆

北京皇城艺术馆

北京警察博物馆

中国中医科学院医史博物馆

雍和宫藏传佛教艺术博物馆

北京龙顺成京作非遗博物馆

北京戏曲博物馆

北京宣南文化博物馆管理处

郭守敬纪念馆

天津市

天津美术馆

天津鼓楼博物馆

李叔同（故居）纪念馆

天津戏剧博物馆

天津文庙博物馆

天津市烈士陵园（在日殉难烈士 · 劳工纪念馆）

天津市体育博物馆

中国共产党天津历史纪念馆（中共中央北方局旧址纪念馆）

天津邮政博物馆

利顺德博物馆

天津市军事管制委员会和中共天津市委旧址纪念馆

天津杨柳青木版年画博物馆

天津市老城博物馆

天津市民俗博物馆

南开大学博物馆

天津觉悟社纪念馆

天津梁启超纪念馆

天津美术学院美术馆

天津电力科技博物馆

曹禺故居纪念馆

河北省

河北文学馆

华北军区烈士陵园

晋冀鲁豫革命纪念馆

正定县博物馆

灵寿县博物馆

高邑县博物馆

深泽县博物馆

平山县博物馆

石家庄市毗卢寺博物院

白求恩纪念馆

柯棣华纪念馆

石家庄市中国人民银行成立旧址纪念馆暨河北钱币博物馆

石家庄市藁城区梅花惨案纪念馆

河北省英烈纪念园

河北地质大学地球科学博物馆

河北省供石雕塑博物馆

河北省金文渊青铜艺术博物馆

河北省北方雕塑博物馆

河北省龙骧古泉博物馆

河北省佛像艺术博物馆

山西省

山西澄观佛教艺术博物馆

山西霆钰玉器博物馆

山西五方佛教文化艺术博物馆

山西厚土瓷壶博物馆

山西烽火抗战博物馆

山西面食文化博物馆

山西振兴晋商文化博物馆

山西锦言斋晋作家具博物馆

山西慧光古灯博物馆

山西晋韵砖雕艺术博物馆

山西三晋奇石博物馆

大同市北朝艺术博物馆

大同市德聚老酒博物馆

大同古城地质博物馆

大同市大同服饰文化历史博物馆

大同市陨石博物馆

广灵剪纸艺术博物馆

广灵平舒民俗博物馆

浑源县锦茂博物馆

长治通顺和广播文化博物馆

内蒙古自治区

内蒙古警察博物馆
内蒙古自然博物馆
内蒙古草原文化博物馆
内蒙古电影博物馆
内蒙古古陶瓷博物馆
内蒙古百世珍一红木艺术博物馆
内蒙古草原游牧文化博物馆
内蒙古马头琴艺术博物馆
内蒙古国际蒙医蒙药博物馆
内蒙古明博草原文化博物馆
内蒙古土默特博物馆
和林格尔蒙古文字文献博物馆
乌海市民俗博物馆
赤峰松州博物馆
巴林左旗契丹博物馆
巴林古韵博物馆
西拉沐沦民俗博物馆
翁牛特古代艺术博物馆
鄂尔多斯市生态文化博物馆

陕西省

陕西唐三彩艺术博物馆
大明宫遗址博物馆
西影电影博物馆
西安市团结民俗博物馆
陕西亮宝楼艺术博物馆
西安毛泽东敬览馆
西安锦业美术博物馆
西安柴窑文化博物馆
西安市羊文化博物馆
陕西科学技术馆
西安市长安民居博物馆
西安建筑科技大学校史馆
延安革命纪念馆
西安建筑科技大学音乐史博物馆
军用航空科技博物馆
陕西科技大学轻工业博物馆
长安大学地质博物馆
西安美术学院美术博物馆
西安市曲江丝路遗珍博物馆
陕西师范大学博物馆
西安市蓝田玉文化博物馆
西安中国书法艺术博物馆
西北大学博物馆
西安交通大学博物馆
西安市非物质文化遗产博物馆
交大西迁博物馆

甘肃省

张掖湿地博物馆
石窝会议纪念馆
梨园口战役纪念馆
高台县中国工农红军西路军纪念馆
山丹艾黎纪念馆
张掖市三缘博物馆
张掖市金阳丝路文化博物馆
张掖市边塞文化博物馆
高台县西部连环画博物馆
高台民俗博物馆
甘肃地质博物馆
甘肃中医药大学博物馆
西北民族大学西北民族博物馆
兰州大学博物馆
甘肃钱币博物馆
兰州市城关区中共甘肃工委纪念馆
兰州战役纪念馆
兰州市地震博物馆
西北师范大学博物馆
酒泉卫星发射中心历史展览馆

宁夏回族自治区

须弥山博物馆
火石寨地质博物馆
王洛宾文化园
六盘山生态博物馆
中华龙文化宫
沙漠博物馆
中卫市黄河奇石博物馆

新疆维吾尔自治区

新疆地质矿产博物馆
新疆日报报史馆
新疆机场历史陈列馆
新疆活体昆虫博物馆
西域文化博物馆

上海市

中国证券博物馆
上海消防博物馆
上海院士风采馆
复旦大学博物馆
同济大学博物馆
上海民族乐器博物馆
上海吴昌硕纪念馆
上海天文馆（上海科技馆分馆）
上海自然博物馆（上海科技馆分馆）
上海城市规划展示馆
上海气象博物馆
衡复风貌博物馆群
中国科学院上海昆虫博物馆
上海电影博物馆
上海市长宁区革命文物陈列馆
上海凝聚力工程博物馆
上海纺织服饰博物馆

上海静安区文物史料馆（中国劳动组合书记部旧址陈列馆）
中共二大会址纪念馆
上海四行仓库抗战纪念馆
上海棋牌文化博物馆
上海印刷字体展示馆
上海铁路博物馆

浙江省

杭州江南锡器博物馆
杭州世界钱币博物馆
杭州土火斋古陶瓷博物馆
杭州高氏照相机博物馆
浙江观吟艺术博物馆
杭州西湖本山龙井茶叶博物馆
杭州江南明清古建筑博物馆
杭州西湖丝绸文化博物馆
杭州西湖龙井茶博物馆
杭州市萧山区吴越历史文书博物馆
杭州市萧山区开运通宝民俗博物馆
杭州市萧山区湘湖吴越古文化博物馆
浙江省现代陶瓷艺术博物馆
浙江安贤生命博物馆
杭州余杭禹昊博物馆
淳安县千岛湖自然博物馆
东钱湖民俗文化艺术馆
宁波市千峰越窑青瓷博物馆
宁波市奉化区民间中医药博物馆
宁波市奉化区布袋弥勒博物馆
象山德和根艺美术馆
象山县才华剪纸博物馆
象山县大旸博物馆
宁海县江南民间艺术馆
宁海县海洋生物博物馆
宁海县得心坊艺术馆
宁海东方艺术造像博物馆
宁海县许家山石文化展示馆
浙江省浙东越窑青瓷博物馆
余姚市看云楼科举文化博物馆

江苏省

南京鲁迅纪念馆
南京消防博物馆
陶行知纪念馆
南京中华指纹博物馆
南京市西善桥历史文化博物馆
南京雨花石博物馆
南京钢铁博物馆
南京古生物博物馆
南京天文历史博物馆
南京大学拉贝与国际安全区纪念馆
南京市江宁区民俗博物馆
南京直立人化石遗址博物馆
南京市江宁区金陵佛教文化博物馆
南京市宝缘斋博物馆
金陵竹刻艺术博物馆
南京清城韵翠玉博物馆
南京钰缘泉博物馆
南京名城老字号博物馆
南京镜见律师博物馆
南京金陵文化博物馆
南京麻凡艺术馆
南京金都金箔技艺博物馆
南京民间抗日战争博物馆

安徽省

安徽省古文化博物馆
徽州税文化博物馆
歙县徽班纪念馆
安徽省陶行知纪念馆
歙县新安医学陈列馆
黟县柯村暴动纪念馆
安徽祁红博物馆
安徽省祁门红茶博物馆
安徽省农业博物馆
安徽革命烈士事迹陈列馆
中国科学技术大学博物馆
中国共产党合肥历史馆
安徽省稻米博物馆
合肥市勤利书画博物馆
安徽省农业博物馆
安徽革命烈士事迹陈列馆
中国科学技术大学博物馆
中国共产党合肥历史馆
安徽省稻米博物馆
合肥市勤利书画博物馆

山东省

山东省地质博物馆
山东华侨博物馆
齐鲁钱币博物馆
济南战役纪念馆（济南革命烈士陵园）
山东省邮电博物馆
中国共产党山东省党史陈列馆
山东眼科博物馆
山东华夏书信文化博物馆
山东建筑大学博物馆
齐鲁体育文化博物馆
山东省中医药博物馆
莱芜战役纪念馆
济南东方玉器艺术博物馆
山东祥石斋国石博物馆
山东华夏汽车博物馆
山东省权衡天下秤砣博物馆
山东云水普洱茶博物馆

山东伴山紫砂博物馆
青岛 · 海底隧道博物馆
青岛一战遗址展览馆
铁道游击队纪念馆
长岛海洋生态文明综合试验区博物馆

江西省

乐平市博物馆
景德镇昌南粉彩瓷博物馆
景德镇御窑文化艺术博物馆
芦溪县博物馆
庐山抗战博物馆
九江市柴桑区陶渊明纪念馆
永修县博物馆
庐山石刻博物馆
庐山地质博物馆
庐山宗教文化博物馆
庐山诗词博物馆
白鹿洞书院博物馆
新余夏布绣博物馆
鹰潭市黄蜡石艺术博物馆
赣州市南康区博物馆
峡江县博物馆
万安县博物馆
井冈山民俗博物馆
吉安市刘品三吉州窑陶瓷艺术博物馆

福建省

福建省阳光木雕博物馆
福建省仙作梦民俗博物馆
福建省仙游县竹木人家文化艺术博物馆
福建省藏珑艺术博物馆
福建省单勇地质古生物博物馆
泉州市泉港区博物馆
南安市郑成功纪念馆
德化县顺美海丝陶瓷历史博物馆
福建省世茂海上丝绸之路博物馆
福建省海丝钟表博物馆
建瓯市博物馆

河南省

黄河博物馆
河南新闻博物馆
郑州博物馆古荥汉代冶铁遗址分馆
荥阳市博物馆
新密市博物馆
登封历史博物馆
郑国车马坑遗址博物馆
粮食博物馆
河南戏曲声音博物馆
郑州自然博物馆
嵩山地质公园博物馆
登封市革命烈士纪念馆
河南（豫西）抗日根据地纪念馆
郑州天成博物馆
郑州天祥博物馆
郑州聚瓷博物馆
郑州瓷源博物馆
郑州瞻世客家文化博物馆
共襄润德文化艺术博物馆
郑州晶石造器博物馆
郑州市丝路文化博物馆
新密市国辰艺术博物馆
郑州市登封窑陶瓷博物馆
登封嵩山少林古兵器博物馆
开封市包公司法文化博物馆
开封市兰生电影艺术博物馆

湖北省

湖北地质博物馆
武汉市黄陂区博物馆
问津博物馆
湖北警察史博物馆
东湖毛泽东故居陈列馆
宋庆龄汉口旧居纪念馆
湖北省电力博物馆
横渡长江博物馆
建筑博物馆
湖北邮政文史展馆
硚口民族工业博物馆
武汉汉绣博物馆
张之洞与武汉博物馆
武汉白求恩纪念馆
武汉奇石文化博物馆
桥梁博物馆
湖北音乐博物馆
湖北大学博物馆
华中农业大学博物馆
华中师范大学博物馆
中南财经政法大学货币金融历史博物馆
湖北省兰文化博物馆
武汉钻石艺术博物馆
武钢博物馆

湖南省

湖南湘绣博物馆
湖南和平解放史事陈列馆
李富春故居纪念馆
贾谊故居陈列馆
毛泽东与第一师范纪念馆
新民学会成立会旧址陈列馆
中国共产党长沙历史馆
刘家岭壁画墓陈列馆
湖南雷锋纪念馆
杨开慧纪念馆

黄兴故居纪念馆
徐特立故居纪念馆
浏阳市博物馆
谭嗣同纪念馆
王震故居纪念馆
宁乡市博物馆（炭河里青铜博物馆）
湖南·中国书院博物馆
湖南省茶叶博物馆
衡阳工业博物馆
湘西土家族苗族自治州地质公园博物馆

四川省

成都川剧艺术博物馆
西南民族大学民族博物馆
华西口腔医学博物馆
成都直升机博物馆
成都体育学院博物馆
成都大熊猫博物馆
巴金纪念馆
成都饮食文化博物馆
西部客家博物馆
四川荣军博物馆
成都中医药大学博物馆
川藏公路博物馆
四川新绿色中医药博物馆
四川大学博物馆
成都理工大学博物馆
成都百家堂姓氏文化博物馆
成都瑞鑫汉陶艺术博物馆
成都蜀绣博物馆
四川茂林博物馆

重庆市

重庆美术馆
重庆抗战戏剧博物馆
重庆嘉陵江索道博物馆
重庆川剧博物馆
重庆白鹤梁水下博物馆
重庆市万州区博物馆
重庆市涪陵区博物馆
明玉珍睿陵陈列馆
重庆郭沫若纪念馆
重庆张治中纪念馆
重庆科技馆
重庆史迪威博物馆
重庆市万州革命烈士陵园管理中心
重庆市万州良公祠民俗博物馆
王琦美术博物馆
重庆湖广会馆
重庆巴渝民间中医药博物馆

云南省

云南抗战胜利纪念堂博物馆
云南大学人类学博物馆
云南钱币博物馆
昆明理工大学地学博物馆
云南电信博物馆
云南石龙坝水电博物馆
云南民俗博物馆
云南省中医药民族医药博物馆
云南民族大学民族博物馆
大理非物质文化遗产博物馆
大理武庙民间造像艺术博物馆
大理苍山世界地质公园博物馆
大理市璞真白族扎染博物馆
大理市喜洲镇严家大院博物馆
瑞丽珠宝翡翠博物馆

贵州省

贵州省非物质文化遗产博览馆
贵州省地质博物馆
贵阳市图云关抗战纪念馆
贵州省贵阳市五彩黔艺民族服饰博物馆
贵阳苗疆故事民族服饰博物馆
贵州习水宋窖博物馆
关岭地质公园博物馆
黔东南州太阳鼓苗侗服饰博物馆

西藏自治区

西藏自治区布达拉宫管理处
藏香博物馆
西藏拉萨唐卡之都博物馆
日喀则博物馆
林芝市藏东南文化遗产博物馆
日喀则石刻艺术博物馆

海南省

海南省民族博物馆
海南省珍宝博物院
海南锦绣织贝黎锦博物馆
海南明清家具博物馆
三亚自然博物馆
三亚南山非物质文化遗产博物馆
乐东黎族自治县佛罗镇白沙河谷博物馆
陵水黎族自治县博物馆

辽宁省

沈阳市东三省总督府博物馆
关向应纪念馆
大连大学博物馆
大连惠丰博物馆
大连吴越楼博物馆
大连华夏古文化博物馆
大连紫檀艺术博物馆
辽宁天巳历史博物馆

大连体育博物馆

大连聂潍枢景泰蓝唐卡博物馆

大连市千川俄罗斯艺术博物馆

大连贝壳博物馆

大连旅顺潜艇博物馆

大连古乐楼留声机博物馆

大连市张立旗雕塑艺术博物馆

大连花园口经济区民俗博物馆

鞍山青籽世家玉石博物馆

岫岩满族自治县雨桐玉文化博物馆

锦州道光廿五文化博物馆

凌海市凌河流域历史文化博物馆

阜新市福宇博物馆

盘锦辽河房地契博物馆

葫芦岛关东民俗博物馆

吉林省

长春大学萨满文化博物馆

长春市方志馆（长春道台衙门博物馆）

吉林大学地质博物馆

长影旧址博物馆

吉林省民间工艺美术馆

关云德满族民俗博物馆

吉林市革命烈士纪念馆

吉林市劳工纪念馆

辽源市民俗博物馆

靖宇县杨靖宇将军殉国地（纪念馆）

前郭尔罗斯查干湖渔猎文化博物馆

延边大学博物馆

长白山自然博物馆

黑龙江省

黑龙江省地质资料档案馆（黑龙江省地质博物馆）

哈尔滨工业大学博物馆

哈军工纪念馆

哈尔滨历史博物馆

哈尔滨音乐学院博物馆

哈尔滨市文园古生物化石博物馆

黑龙江省北国农民书画艺术馆

哈尔滨市八旗满族服饰博物馆

黑龙江太阳岛俄罗斯风情小镇博物馆

富裕牧场克尔克孜民俗博物馆

北大荒开发建设纪念馆

马永顺纪念馆

牡丹江市博物馆和烈士纪念馆

黑河学院中苏抗战历史纪念馆

孙吴抗日战争纪念馆

瑷珲卫国英雄园

兰西锡伯民族博物馆

远东林木博物馆

五大连池世界地质公园博物馆

广东省

广东华侨博物馆

广东外事博物馆

粤海关博物馆

詹天佑故居纪念馆

廖仲恺何香凝纪念馆

深圳钢结构博物馆

深圳南山法律文化博物馆

深圳大鹏半岛国家地质公园博物馆

深圳市当代名家文房四宝博物馆

深圳市龙岗区毕昇印刷文化博物馆

深圳市梵亚艺术博物馆

深圳红木家具博物馆

深圳市翰熙古陶瓷博物馆

珠海罗西尼钟表博物馆

汕头市潮剧艺术博物馆（姚璇秋艺术传习所）

佛山市岭南酒文化博物馆

广东大观博物馆

梅州市客侨博物馆

东莞市观音山古树博物馆

潮州市韩江府城民俗博物馆

广西壮族自治区

广西建林博物馆

广西壮锦博物馆

柳州市云波摩尔石艺术博物馆

三江侗族民俗工艺馆

三江侗绣博物馆

桂林千年红鸡血玉博物馆

广西地球记忆自然博物馆

北海贝雕博物馆

贺州民族文化博物馆

北海涠洲岛火山国家地质公园地质博物馆

柳州白莲洞洞穴科学博物馆

三江侗族生态博物馆

灵川县长岗岭商道古村生态博物馆

桂北民俗博物馆

龙胜龙脊壮族生态博物馆

北海近代洋行历史陈列馆

图书在版编目（CIP）数据

中国博物馆全书 / 王照宇主编. -- 武汉 : 华中科技大学出版社, 2025. 1. -- （中国瑰宝系列）.
ISBN 978-7-5772-1414-6

Ⅰ. G269.2

中国国家版本馆CIP数据核字第2024KP7260号

中国博物馆全书
Zhongguo Bowuguan Quanshu

王照宇　主编

出版发行：华中科技大学出版社（中国・武汉）　　电话：（027）81321913
华中科技大学出版社有限责任公司艺术分公司　　（010）67326910-6023
出 版 人：阮海洪

责任编辑：张　颖　杨志新　王　巍　张　洋　　封面设计：李静娴
责任监印：赵　月　张　丽

制　　作：北京金彩恒通数码图文设计有限公司
印　　刷：河北朗祥印刷有限公司
开　　本：765mm × 1092mm　1/8
印　　张：76
字　　数：700千字
版　　次：2025年1月第1版第1次印刷
定　　价：998.00元

華中出版

本书若有印装质量问题，请向出版社营销中心调换
全国免费服务热线：400-6679-118 竭诚为您服务